환경직 | 환경부
보건직 | 해경 | 연구사

환경보건(학)
기출예상문제집

**Stand by
Strategy
Satisfaction**

새로운 출제경향에 맞춘 수험서의 완벽서

머리말 INTRO

오늘날 환경오염은 인간에게 심각한 위협을 주고 있습니다. 환경보건의 시각에서 환경문제에 접근하여 환경오염과 그에 관한 관리 대책을 마련하는 데 중요한 역할을 수행할 수 있는 환경보건 전문인을 양성하는 것이 매우 중요해졌습니다.

본 교재는 보건직, 보건연구사, 환경직, 환경연구사, 공무원 경력경쟁 시험 등을 준비하는 수험생들을 위한 환경보건(학) 최신 기출 문제를 수록하였습니다.

환경보건 문제는 환경관련 법령, 유해화학 물질에 대한 전반적인 이해와 생물농축, 환경독성, 산업보건, 보건미생물학 등 매우 넓은 범위에서부터 지엽적인 내용까지 고른 출제경향을 띠고 있습니다. 또한 최근 심각한 환경문제로 다루어지는 전지구적 이슈와 같은 절대 간과할 수 없는 문제들의 출제 빈도가 높아지고 있습니다.

공무원 시험에 대한 관심도가 높아지면서 문제의 난도 역시 높아지는 경향입니다. 본 교재에 수록된 기출 문제들은 **출제 경향 분석**을 통해 정답과 오답에 대한 설명을 꼼꼼히 수록하였습니다. 또한 충분한 해설과 파생되는 다양한 이론, 지엽적인 내용들을 정리하여 학습을 보충할 수 있도록 구성하여 **이론서를 찾아보는 수고로움을 덜고자** 하였습니다.

미래의 공무원을 꿈꾸는 수험생들에게 이 책이 조금이라도 도움이 되기를 간절히 바라며, 기나긴 여정의 마지막을 함께하는 마음으로 늘 최선을 다하겠습니다.

아울러 교재를 만드는 데 물심양면으로 도와준 남편에게, 그리고 도서출판 서울고시각 관계자분들, 항상 응원해 주신 양가 부모님을 비롯한 가족들에게 고마움을 전합니다.

성혜정

GUIDE

환경직 공무원

종류	전국 지방별 지방직 공무원 시험
	환경부 환경직 공무원 시험
	해양경찰청 환경직 공무원 시험

1 업무

- 환경문제를 관리·감독
- 환경 관련 연구와 기술 개발
- 관할구역 청소·수질·대기가스 등의 관리
- 해양오염사고 대응과 예방, 해양오염물질 감식 분석 등의 관리(해양경찰청 환경직)

2 응시요건(변동사항이 생길 수 있으니 해당 시험공고가 나오면 반드시 확인 필요)

- 자격요건

연구사 (환경연구)	• 환경(일반) : 환경공학(환경학, 환경독성학), 화학, 화학공학, 농화학, 환경화학, 기상학(대기과학, 기후에너지공학), 지구과학, 지질학, 지리정보학, 생물학 또는 해양학을 전공하고 관련분야 석사학위 이상을 취득한 사람으로 학교장의 추천을 받은 사람
환경직 9급	• 환경 관련 산업기사 자격 이상 소지자(경력제한없음) • 위생사 소지자(경력제한없음) • 환경관련 기능사 자격증 소지 후 2년 이상 관련분야에서 연구 또는 근무한 경력이 있는 자 ※ 관련분야 : 환경(공)학, 환경화학, 환경계획, 상하수도공학, 소음진동학, 폐기물처리, 환경미생물학, 환경영향평가론, 대기오염관리, 수질오염관리, 환경보건학
해양경찰청 일반직 9급(일반환경)	• 해양·대기관리·수질관리·폐기물처리 기술사 자격증 중 하나 이상 소지 • 해양환경·대기환경·수질환경·폐기물처리 기사 자격증 중 하나 이상 소지 • 해양조사·대기환경·수질환경·폐기물처리 산업기사 자격증 중 하나 이상 소지 • 환경 기능사 자격증 소지한 후 관련분야에서 연구 또는 근무한 경력이 2년 이상 → 위의 요건 중 하나 이상에 해당하는 사람 ※ 관련분야 : 수질환경, 대기환경, 해양환경 분석과 연구개발 등의 업무

3 시험과목(지역마다 과목이 다를 수 있으니 응시지역의 공고를 확인 요함)

연구사(환경연구)	환경공학, 환경화학, **환경보건학**
지방직 8·9급(경력) 해양경찰청 일반직 9급	환경공학개론, 화학, **환경보건**

4 시험방법
- 필기시험 : 선택형 필기시험(과목별 20문제, 4지택1형, 시험시간은 과목별 20분)
- 서류전형 : 응시자격 요건의 적합성(자격, 경력 등) 심사
- 면접시험 : 직무 수행에 필요한 능력, 적격성 등을 심사
- 최종 합격자 결정

보건연구직 공무원

1 업무
6급 대우의 공무원으로 응시지역 내 보건환경연구원에서 보건 관련 정책 수립, 식품, 질병 분야 등의 업무를 한다.

2 응시요건
과목, 시험일정 등의 정보가 응시지역에 따라 다르므로 **응시지역 공고문**에서 시험 등의 관련 정보를 확인하는 게 가장 정확하다.

구성과 활용

환경보건(학) 기출예상문제집

55 [19년 경북경력연구사]
아황산가스에 예민한 지표식물은?
① 진달래
② 알팔파
③ 토마토
④ 동백나무

해설

아황산가스	자주개자리(alfalfa)
PAN	강낭콩
오존	담배
염소	장미

KEYWORD
대기오염의 피해

56 [19년 경북경력]
대기오염물질을 형태상으로 분류할 때 연무(mist)에 해당하는 설명은?
① 연료의 불완전 연소에 의해 생기는 탄소 입자이다.
② 연소된 물질이 휘발하여 생긴 기체가 응축할 때 생기는 고체입자로 상호 응결하여 때로는 충돌 결합한다.
③ 증기의 응축이나 화학반응에 의해 생긴 큰 액체 입자가 부유 상태로 존재하는 것을 말한다.
④ 아주 작은 수많은 물방울이 공기 중에 떠 있는 현상으로 수평 시정이 1km에 미치지 않으며 습도 100%에 가까운 경우이다.

해설
mist : 가스나 증기의 응축 또는 화학반응에 의해 생성되는 액체입자로 주성분은 물이며 안개와는 상대습도로 구분한다. 연무는 안개보다는 투명하며, 전형적인 입자크기는 $0.5 \sim 3.0 \mu m$이다.

오답 해설
① 매연(Smoke) : 연소 시 발생하는 유리탄소를 주로 하는 미세한 입자상 물질이다.
② 훈연(Fume) : 융융된 물질이 휘발해서 생긴 기체가 응축할 때 생기는 고체입자로 상호응결하며 충돌 결합하기도 한다. 금속산화물과 같이 가스상 물질이 승화, 증류 및 화학반응 과정에서 응축될 때 생성되는 입자($0.03 \sim 0.3 \mu m$)이다.
④ 안개 : 작은 물방울이 공기 중에 떠 있는 현상으로 시정거리가 1km 이하이다. 습도는 100% 이상에 가까운 현상으로 분산질이 액체이고, 눈에 보이는 연무질을 의미하며 일반적으로 응축에 의해 생성된다.

KEYWORD
입자상물질

적중률 높은 문제와 상세한 해설수록
적중률 높은 문제와 최신 기출문제를 단원별로 배치하고 문제마다 해설을 상세하게 수록하여 최신 출제경향을 파악할 수 있게 하였으며 효율적인 학습이 가능하도록 구성하였습니다.

정답 55.② 56.③

| 14년 경북 8급 보건진료직 |

08 다음 중 실내오염 지표는?
① SO₂
② 이산화질소
③ 이산화탄소
④ 일산화탄소

해설
이산화탄소는 실내 공기오염의 지표로 실내공기의 전반적인 오탁정도를 잘 나타내므로 환기의 적부를 결정하는 척도의 하나로 이용된다.

보충학습
이산화탄소
㉠ 특성 : 무색, 무취, 비독성 약산성 가스, 대기의 0.3% 정도 차지
㉡ 적외선의 복사열을 흡수하여 온실효과를 일으키는 가스이다.
㉢ 호기공기의 4%를 차지하고, 안정 시 1시간에 약 20L를 배출한다(약 20~22L/hr).
㉣ 서한량 : 1,000ppm(0.1%, 8시간 기준)
  ※ 서한량 : 실내공기의 오탁이나 환기의 가부 결정 척도로 어떤 경우에도 넘어서는 안 되는 경계량
㉤ 농도에 따른 건강장해
  ⓐ 3% 이상 : 불쾌감, 호흡촉진
  ⓑ 7% 이상 : 호흡곤란
  ⓒ 10% 이상 : 의식상실, 사망

KEYWORD
• 공기의 성상

| 14년 인천 보건9급 |

09 태양광에 대한 설명으로 옳지 않은 것은?
① 파장의 길이는 적외선<가시광선<자외선순이다.
② 자외선은 체내에 비타민 D를 생성시킨다.
③ 자외선은 과량조사 시 두통, 현기증, 일사병을 일으킨다.
④ 가시광선은 망막을 자극하여 명암과 색채를 식별하게 한다.

해설
각 전자파에 해당되는 파장의 분류

침투력(낮→높)	γ선 < X선 < 자외선 < 가시광선 < 적외선 < 마이크로파(전파)
에너지 강도(약→강)	마이크로파(전파) < 적외선 < 가시광선 < 자외선 < X선 < γ선
파장의 길이(짧은→긴)	γ선 < X선 < 자외선 < 가시광선 < 적외선 < 마이크로파(전파)

KEYWORD
• 태양광선

정답 08.③ 09.①

CONTENTS

PART 01	환경보건	1
PART 02	대기환경과 대기오염	23
PART 03	물 위생과 수질오염	81
PART 04	하·폐수 처리, 폐기물 및 토양오염	121
PART 05	집합소·의식주 위생	149
PART 06	식품위생	173
PART 07	소음과 진동	201
PART 08	위생곤충 및 방제	211
PART 09	역학과 감염병 관리	231
PART 10	산업보건	287
부록	최신 기출문제	327

PART

01

환경보건

환경보건(학)
기출예상문제집

PART 01 환경보건

01 다음 여러 환경오염 사건 중 특히 대기오염으로 인한 것은?
① 가네미유 사건
② 미나마타 사건
③ 욧가이 사건
④ 아모코카디즈 사건

해설
욧가이 사건 : 일본 욧가이 시 공장에서 대기오염물질이 배출되어 천식 등 호흡기 질환으로 지역주민 80여 명이 사망한 사건. 이 사건을 계기로 일본에는 공해건강 피해보상법이 제정되었다.

오답해설
① 가네미유 사건 : 일본 기타큐슈에 있는 가네미 회사에서 식용유의 제조과정(탈취공정) 중에 가열 매체로 PCB를 사용했는데, 가열파이프가 부식되어 PCB가 식용유 속으로 혼입되어 발생한 사건이다.
② 미나마타 사건 : 일본 미나마타 시 공장에서 바다로 배출된 메틸수은 함유 폐수가 어패류에 축적되고 어부와 그 가족 등 지역주민들이 메틸수은에 오염된 물에서 어패류를 잡아먹고 수은중독이 발생한 사건이다.
④ 아모코카디즈 사건 : 미국 아모코 석유회사 소유의 22만 톤급 유조선 아모코카디즈 호가 160만 배럴의 원유를 만재하고 항해하던 중 암초와 충돌하여 원유가 유출되어 해양이 오염된 사건이다.

KEYWORD
대기오염 물질

---

02 [14년 서울시]

다음 중 환경위생의 역사에 대한 설명으로 옳지 않은 것은?
① 14세기 프랑스에서는 처음으로 검역법이 제정·실시되었다.
② 로마시대의 공공 위생시설인 급수시설, 하수시설, 대중 목욕탕 시설 등의 유적이 남아있다.
③ 19세기 독일에서는 실험위생학이 확립되었다.
④ 1972년 스톡홀름 회의에서 국제연합 환경계획을 설립하였다.

해설
1972년 스톡홀름 회의에서 제1차 국제연합 인간환경회의를 개최하여 인간환경선언을 채택하였다.

KEYWORD
환경보건학의 역사

정답 01.③ 02.④

03 　14년 서울시

교토의정서 채택에 관한 설명으로 옳지 않은 것은?
① 2008~2012년의 5년간 온실가스 배출량을 1990년 배출량 대비 평균 5.2% 감축해야 한다.
② 1997년 12월 일본 교토에서 기후변화협약 제3차 당사국 총회에서 채택되었다.
③ 감축 대상 가스는 이산화탄소(CO_2), 아황산가스(SO_2), 메탄(CH_4), 아산화질소(N_2O), 불화탄소(PFC=CFC), 수소화불화탄소(HFC), 불화유황(SF_6) 등이다.
④ 의무이행 당사국의 감축이행 시 신축성을 허용하기 위하여 배출권거래, 공동이행, 청정개발체제 등의 제도를 도입하였다.
⑤ 지구온난화 규제 및 방지의 국제협약인 기후변화협약의 구체적 이행방안으로 선진국의 온실가스 감축목표치를 규정하였다.

KEYWORD
● 교토의정서

해설
감축 대상 물질은 이산화탄소(CO_2), 메탄(CH_4), 아산화질소(N_2O), 불화탄소(PFC=CFC), 수소화불화탄소(HFC), 불화유황(SF_6)이다.

04 　15년 서울시

국제 환경협약에 대한 내용 설명으로 옳은 것은?
① 바젤협약은 유해 폐기물의 수출입과 처리를 규제할 목적으로 맺은 협약
② 기후변화 방지협약은 오존층 파괴 물질인 염화불화탄소의 생산과 사용 규제 목적의 협약
③ 몬트리올 의정서는 지구 온난화를 일으키는 온실가스배출량을 억제하기 위한 협약
④ 람사르협약은 폐기물의 해양투기로 인한 해양오염 방지를 위한 국제협약

KEYWORD
● 환경협약

해설
② 기후변화(방지)협약 : 지구온난화 방지를 위한 온실가스의 규제로 규제 대상 물질은 이산화탄소(CO_2), 메탄(CH_4), 아산화질소(N_2O), 불화탄소(PFC=CFC), 수소화불화탄소(HFC), 불화유황(SF_6) 등이다.
③ 1987 몬트리올 의정서 : 오존층 파괴물질에 대한 생산 및 사용 규제
④ 람사르협약(람사르 조약) : 자연자원과 물새 서식지의 보전과 현명한 이용에 관한 최초의 국제협약으로 정식 명칭은 '물새 서식지로서 국제적으로 중요한 습지에 관한 협약(The Convention on Wetlands of International Importance, especially as Waterfowl Habitat)'이며, 1971년 2월 2일 이란의 람사르에서 열린 국제회의 때 채택되어 1975년 12월에 발효되었다.

정답 03.③ 04.①

05 〔15년 지방직〕

유해폐기물의 국가 간 이동에 제약을 가하는 국제협약은?
① 바젤협약　　　　　　② 리우환경회의
③ 런던협약　　　　　　④ 인간환경선언

해설
② 리우환경회의 : 1992년 지구환경 보전을 위한 회의
③ 런던협약 : 1972년 선박, 항공기, 또는 해양시설로부터 폐기물이나 다른 물질의 투기를 규제하는 해양오염 방지조약
④ 인간환경선언 : 인간환경의 보호, 개선의 중요성에 대해 유엔 인간환경 회의에서 채택

KEYWORD
유해폐기물

06 위험요인으로부터 인간을 보호하기 위한 대책으로 감염병의 전파예방을 위하여 효과적인 방법은?
① 치환　　　　　　② 격리
③ 차단　　　　　　④ 파괴

해설
환경제어에 대한 관리 원칙

격리	• 환경제어의 주된 목표인 질병예방을 위한 감염소, 병원소, 병원체의 격리 • 감염병, 검역병 등 특정 질환에는 격리가 효과적으로 이용된다.	
치환	• 방역활동의 일환으로 저렴하고 효과적이다. • 유해한 세정액을 분해하고 정결한 세정액으로 교체하는 것이다. • 미생물의 증식, 발육을 억제하는 활동이다(방부, 살균, 멸균, 소독).	
피복 및 차단(차폐)	• 격리와 구분되는 것이며, 보호 장비를 이용하는 오염인자와의 차단이다. • 보호안경이나 보호복의 착용 • 음식물의 위생적 보관 및 저장으로 각종 세균으로부터 보호하는 행위가 속한다.	
처리	파괴	• 식품의 가열 조리로 미생물을 사멸하는 경우 • 인수 공통 감염병의 경우 동물을 도살하는 경우 • 생물학적 요인에 의한 장애에 적용
	전환	• 미생물을 이용한 폐수의 생물학적 분해 방법 • 산・알칼리를 이용해서 폐수를 중화시키는 방법

KEYWORD
환경제어에 대한 관리 원칙

정답　05.①　06.②

01 [15년 9급]

다음 중 근대의학을 발전시킨 사람으로 미생물 병인설을 확인하였고 건열멸균법, 고압증기멸균법, 저온소독법을 개발하고 승홍수($HgCl_2$) 소독법을 발표한 사람은?

① R. Koch
② E. Jenner
③ J. Lister
④ L. Pasteur

해설

② E. Jenner(영국, 1745~1821) : 천연두 예방접종법(우두법)을 발명
③ J. Lister(영국, 1872~1912) : 석탄산 살균법 소독 수술 성공
④ L. Pasteur(프랑스, 1822~1895) : 저온살균법, 광견병 예방백신

KEYWORD: 역사 – 근대기

08 [15년 해양경찰 일반직]

습지보호에 관한 국제협약은?

① 바젤협약
② 런던협약
③ 람사르협약
④ 로테르담협약

해설

① 바젤협약 : 1989년 3월 유해 폐기물에 대한 국제적 이동의 통제와 규제를 목적으로 맺은 협약
② 런던협약 : 1972년 폐기물이나 다른 물질의 투기를 규제하는 해양오염 방지조약
④ 로테르담협약 : 1998년 특정 유해화학물질 및 농약의 국제교역 시 사전 통보 승인 절차에 관한 협약으로 인류의 건강과 환경에 나쁜 영향을 미치는 것을 방지하기 위하여 정보교환을 촉진하고, 수출입에 관한 각국의 결정 절차 주지를 목적으로 한다.

KEYWORD: 국제협약

09 [15년 지방직]

WHO의 환경보건 사업 분야와 관련이 적은 것은?

① 환경 분석
② 방사선 물질 관리
③ 도시와 지역계획
④ 소음방지

해설

WHO 환경보건의 범위
㉠ 고형폐기물 처리 : 위생적 취급과 처리를 포함
㉡ 급수 : 시민에 대하여 양질의 안전하고 풍부한 물의 공급을 위해 계획, 설계, 관리, 기타 이용 상황을 고려한 수원의 위생 감시
㉢ 가정하수・오물과 기타 폐액의 처리, 지표수(해수 포함)와 지하수의 수질오염 방지

KEYWORD: 환경보건의 범위

정답 07.① 08.③ 09.①

② 산업위생 특히 물리적·화학적·생물학적 위험방지
⑩ 소음방지
⑪ 사고방지
⑫ 방사선 방지
⑬ 대기오염 방지
⑭ 도시와 지역계획
⑮ 주택과 그 인접환경 특히 주택, 공립 및 공공건물의 공중위생
⑯ 공수, 해상, 육지 수송의 환경보건
⑰ 식품위생과 우유위생
⑱ 인간의 오물 및 인간, 동·식물의 폐기물 처리(위생적 취급과 처리)
㉮ 유해곤충 절족동물, 연체동물, 설치류와 중간숙주의 구제
㉯ 전면적 환경보건 대책에 의한 위해방지
㉰ 감염병, 구급, 재해와 인구이동에 관련된 조치
㉱ 공공 레크리에이션과 관광여행 특히 공공해안, 수영장, 캠프장 등의 환경보건

10 15년 경남

환경보전을 위한 국제협력회의에서 인간은 좋은 환경에서 쾌적한 생활을 영위할 권리가 있으며 현재와 미래에 있어서 공기, 물 등의 자연생태계를 포함하여 지구의 천연자원이 적절히 계획, 관리되어야 한다는 내용을 원칙으로 채택된 선언은 무엇인가?

① 인간환경선언
② 교토의정서
③ 리우선언
④ 아젠다 21

KEYWORD
스톡홀름회의

해설

인간환경선언 4대 원칙
1972년 스톡홀름회의에서 단 하나뿐인 지구를 보전하자는 공동 인식을 바탕으로 인간환경선언을 선포하고 4대 원칙을 채택함
㉠ 인간은 좋은 환경에서 쾌적한 생활을 영위할 기본권리가 있다.
㉡ 현재와 미래에 있어서 공기, 물 등의 자연생태계를 포함하여 지구의 천연자원이 적절히 계획·관리되어야 한다.
㉢ 유해물질의 배출 등으로 생태계가 회복될 수 없는 상태로 악화되지 않도록 한다.
㉣ 경제, 개발, 사회개발, 도시화 계획 등의 모든 계획은 환경의 보호와 향상을 고려하여 계획되어야 한다.

오답해설

② 교토의정서 : 지구온난화 방지와 규제를 목표로 하는 UN의 기후변화협약에 따른 선진국의 온실가스 감축목표에 따른 의정서(구체적 이행방안)
③ 리우선언 : 1992년 지구환경 보전을 위한 회의
④ 아젠다 21 : 1992년 6월 리우회의(유엔환경개발회의 : UNCED)를 통해 채택된 '리우선언'의 실천계획으로, 역시 리우회의에서 채택되었으며 21세기를 향한 지구환경 보전 종합계획이다.

정답 10.①

11. 현대의 환경문제 중 3P에 속하지 않는 것은?

〔15년 전남경력〕

① 교란 ② 오염
③ 인구 ④ 빈곤

해설

3P	Poverty (빈곤-식량, 자원부족)	• 식량문제(빈곤) : 식량, 자원의 수용력이 인구증가율에 미치지 못하고 있다. • 경작지 개간으로 인한 산림의 훼손과 환경 악화
	Population (인구)	인구의 급격한 증가로 인한 도시화(집중화), 공업화, 산업화, 가치관 결여 문제가 복합적으로 작용하여 주택, 교통, 교육, 자원부족 등 현대 사회에서 심각한 부작용 초래
	Pollution (환경오염, 공해)	• 산업화에 따른 연료 등의 과다 소비로 CO_2를 비롯한 온실가스가 대기 중에 배출되어 에너지 부족문제뿐만 아니라, 지구온난화현상으로 전 세계적인 이상기후 초래(대규모 홍수, 가뭄 등) • 생태계 파괴, 각종 오염물질 방출로 질병 발생
3M complex		기아(malnutrition), 질병(morbidity), 사망(mortality)

KEYWORD
환경문제의 본질

12. 대한민국 정부 수립 이후의 보건행정기관의 명칭이 아닌 것은?

① 보건후생부 ② 보건사회부
③ 보건복지부 ④ 보건복지가족부

해설

해방 후 미군정 시대(1945~1948) : 주한 미군 사령부 군정청 법령 제1호로 위생국이 설치되었다가 1945년 보건후생국으로, 1946년 보건후생부로 명칭이 변경되었다.

보충학습

1. 대한민국 정부 수립
㉠ 1948년 8월 15일 대한민국 최고 통치 기구가 세워진 날이다.
㉡ 5·10 총선거를 기점으로 헌법 제정, 초대 대통령 선출, 내각 구성 등 나라의 기반을 세운 후 광복 3주년을 기념하여 선포되었다.
2. 대한민국 정부 수립 이후 중앙보건행정력(1948년 이후)
㉠ 1949년 보건부와 후생부의 분리
㉡ 1955년 보건부와 후생부 통합→ 보건사회부
㉢ 1994년 보건복지부
㉣ 2008년 보건복지가족부
㉤ 2010년 보건복지부와 여성가족부(청소년 가족업무) 분리

KEYWORD
보건행정기관 명칭

정답 11.① 12.①

13 〔16년 환경부〕
생물 다양성의 3대 요소로 옳은 것은?
① 생태계 다양성-종 다양성-유전 다양성
② 생태계 다양성-인류 다양성-유전 다양성
③ 인류 다양성-문명 다양성-유전 다양성
④ 인류 다양성-유전 다양성-문화 다양성
⑤ 생태계 다양성-문화 다양성-유전 다양성

해설
생물 다양성은 종 다양성, 유전적 다양성, 그리고 가장 상위에 있는 생태계 다양성의 3가지로 구분된다.

KEYWORD
• 생물 다양성의 요소

14 〔16년 환경부〕
환경성 질환으로 옳지 않은 것은?
① 실내 공기 질에 의한 아토피
② 유해물질로 인한 천식
③ 실내바이러스로 인한 전염병
④ 석면으로 인한 폐질환
⑤ 대기오염물질로 인한 기관지염

해설
환경성 질환 : 환경성 안질환, 알러지 비염, 환경성 호흡기 질환, 환경과 심질환, 석면 질환, 기후온난화와 꽃가루 알러지, 아토피 피부염의 예방, 천식의 예방과 치료

KEYWORD
• 환경성 질환의 종류

15 〔16년 환경부〕
국제협약과 관련된 내용의 연결로 옳지 않은 것은?
① 람사르협약 – 습지
② 몬트리올 의정서 – 오존층보호
③ 기후변화협약 – 지구온난화
④ 로테르담협약 – 유해폐기물
⑤ 미나마타협약 – 수은

해설
로테르담협약 : 특정 유해화학물질 및 농약의 국제교역 시 사전 통보 승인 절차에 관한 협약

KEYWORD
• 국제협약

정답 13.① 14.③ 15.④

> **보충학습**
>
> ㉠ 바젤협약 : 유해폐기물의 국가 간 이동 및 처리에 관한 국제협약
> ㉡ 람사르협약(람사르 조약) : 자연자원과 물새의 서식지의 보전과 현명한 이용에 관한 최초의 국제협약
> ㉢ 몬트리올 의정서 : 오존층 파괴 물질에 대한 생산 및 사용 규제
> ㉣ 기후변화(방지)협약 : 지구온난화 방지를 위한 온실가스의 규제
> ㉤ 미나마타협약 : 수은 및 수은화합물의 노출로부터 인간 건강과 환경보호를 위해 유엔환경계획에서 2013년 채택한 국제조약으로 2017년 8월 발효되었다.

16 [16년 경북]

EU공중보건 위원회는 건강에 대한 평가에 대하여 5가지 주요 단계를 권고하고 있다. 이에 해당하지 않는 것은?

① 관찰
② 평가
③ 스코핑
④ 스크리닝

해설

스크리닝 → 스코핑 → 평가 → 권고 → 모니터링
㉠ 스크리닝 : 프로젝트가 EIA로서 조사 요구의 여부를 결정하는 것
㉡ 스코핑 : 조사가 요구되는 핵심영향을 확인하고 연구를 위한 과업의 범위를 준비하는 것
㉢ 평가 : 중대한 영향을 확인하고 분석하여 평가하는 것
㉣ 권고
㉤ 모니터링 : 예측에 대한 점검, 이행을 위한 영향의 저감 수단과 모니터링을 이행하는 것

17 [17년 환경부]

노출평가방법 중 직접적 방법으로 옳은 것은?

| 가. 생물학적 모니터링 | 나. 설문조사 |
| 다. 개인노출 측정 | 라. 환경매체 측정 |

① 가, 나
② 가, 다
③ 나, 다
④ 나, 라
⑤ 다, 라

정답 16.① 17.②

해설	
직접적 환경	• 간접적 방법보다 우선시 되며, 직접적 방법의 생물학적 모니터링과 개인노출은 상호보완적이다. • 생물학적 모니터링 : 환경오염 물질에 노출된 사람의 생물학적 검체인 혈액, 대·소변 등에서 유해인자 내재용량을 측정하여 노출정도, 건강위험도를 평가하는 것으로 소화기, 호흡기, 피부에 의한 통합적 노출을 제공한다. • 개인노출 : 신체 부위에 측정기를 부착하고 공기 오염 물질이 흡수되는 양이나 강도를 측정하여 가정하는 것으로, 호흡기 근처의 측정이며 용량 모형에 적용될 수 있다.
간접적 환경	모델링, 환경모니터링, 설문지, 활동도 → 노출모델

18 18년 지방직 9급

환경보건에 속하지 않는 것은?

① 소음
② 식품가공
③ 자외선
④ 위생곤충

해설
환경보건

자연적 환경	이화학적 환경	• 공기 : 기온, 기습, 기류, 기압, 매연, 공기 조성, 공기이온 • 물 : 강수, 수질, 수량, 지표수, 지하수 • 빛 : 광선, 자외선, 적외선 • 토지 : 지균, 지온, 토지조성 • 소리 : 진동, 소음
	생물학적 환경	• 위생곤충(파리, 모기, 바퀴 등), 병원미생물 등
사회적 환경		• 인위적 환경 : 의복, 식생활(식품 위생), 주거지, 산업시설, 위생시설 등 • 사회문화적 환경 : 정치, 경제, 문화, 종교, 교육 등

19 18년 연구사

〈보기〉의 우리나라 환경보건 피해 사건을 발생연도에 따라 시간순으로 바르게 나열한 것은?

(가) 구미 불산가스 누출 사건
(나) 가습기 살균제 사건
(다) 태안군 허베이 스피리트호 사건
(라) 여천공단 피해 사건
(마) 울산 온산병 사건
(바) 대구 페놀 유출사건

① (가)—(나)—(다)—(라)—(마)—(바)
② (바)—(마)—(라)—(가)—(나)—(다)
③ (라)—(마)—(바)—(나)—(다)—(가)
④ (마)—(바)—(라)—(다)—(나)—(가)

정답 18.② 19.④

해설

(가) 구미 불산가스 누출 사건 : 2012. 9. 27.
(나) 가습기 살균제 사건 : 1994 ~ 2011(판매), 2011. 5월 이후 폐 질환자 발생 급증
(다) 태안군 허베이 스피리트호 사건 : 2007. 12. 7.
(라) 여천공단 피해 사건 : 1989년 보도, 1996. 7. 환경부 실태조사, 1997. 여천공단 지역 주민 건강 조사
(마) 울산 온산병 사건 : 1983. 양식장과 농작물 피해로 시작
(바) 대구 페놀 유출사건 : 1991. 두산 전자공장

18년 전남보건

20 환경보건학의 범위에 해당되지 않는 것은?
① 식품안전
② 식품가공
③ 전자파
④ 소음

해설

WHO, 환경보건학의 영역과 범위

환경보건영역	물 위생 및 건강, 대기오염, 화학적 안전, 건강과 지속 가능한 발전, 건강 결정요인
	직업보건, 응급상황 환경보건, 기후변화와 건강, 환경 영향평가
	자외선, 전리방사선, 전자기장, 환경보건의 영향, 어린이의 환경 건강
환경보건범위	수질오염, 대기오염, 식품오염, 위생해충 구제, 분뇨 및 폐기물 오염, 작업환경관리

18년 경북 의료기술

21 유엔의 환경 관련 정책을 수립하고 환경관련국제협력 및 조정을 담당하는 기구는?
① UNEF
② UNICEF
③ WHO
④ UNDP

해설

① 국제연합환경계획(UNEF)
  ㉠ 1972년 스웨덴 스톡홀름에서 개최된 최초의 유엔인간환경회의의 권고에 따라 1973년 2월 1일 출범하였다.
  ㉡ 1992년 리우선언 : 브라질 리우에서 열린 지구 환경 정상회담에서 채택
  ㉢ 6월 5일을 '세계환경의 날'로 지정하였다.
  ㉣ 역할
    ⓐ 유엔의 환경 관련 정책 수립
    ⓑ 지구환경의 감시
    ⓒ 환경 관련 국제 협력 및 조정
    ⓓ 환경관련 지식 발전 등을 목적으로 하는 활동

정답 20.② 21.①

오답해설
② UNICEF : 유엔아동기금
③ WHO : 세계보건기구
④ UNDP : 유엔개발계획

19년 서울시

22 다음에서 온실가스 규제와 관련이 있는 것으로 가장 옳은 것은?

| ㄱ. 바젤협약 | ㄴ. 런던협약 |
| ㄷ. 교토의정서 | ㄹ. 람사르 협약 |

① ㄱ
② ㄴ
③ ㄷ
④ ㄹ

KEYWORD
국제협약

해설
교토의정서 : 지구온난화 방지와 규제를 목표로 하는 UN의 기후변화협약에 따른 선진국의 온실가스 감축목표에 따른 의정서(구체적 이행방안)

오답해설
① 바젤협약 : 유해폐기물의 불법교역 및 처리 – 유해폐기물의 처리능력이 부족한 국가로의 이동에 따른 환경오염 증가
② 런던협약 : 폐기물이나 다른 물질의 투기를 규제하는 해양오염 방지에 관한 조약
④ 람사르협약(람사르 조약) : 물새의 서식지의 보전과 현명한 이용에 관한 최초의 국제협약

보충학습

1) 기후변화협약 : 지구온난화 방지를 위한 온실가스의 규제
2) 몬트리올의정서 : 오존층 파괴 물질(CFC, Halon)로 인한 인체 농작물, 생태계의 자외선 투과량에 의한 피해를 막기 위한 규제
3) 생물다양성보존협약 : 생물종의 멸종위기를 극복하기 위해 체결된 국제협약
4) CITES : 멸종위기에 처한 야생 동·식물 국제거래를 일정한 절차를 거쳐 제한함으로써 생존위협을 방지하기 위한 협약(워싱턴 협약)
5) 사막화 방지협약 : 무리한 개발과 오남용으로 인한 사막화 방지를 위해 체결된 협약으로, 사막화 방지와 심각한 한발 및 사막화·토지 황폐화 현상을 겪고 있는 개발도상국의 사막화방지를 통한 지구환경 보호 협약
6) 비엔나 협약 : 오존층 파괴의 영향으로부터 지구와 인류를 보호하기 위해 최초로 만들어진 보편적 국제 협약

정답 22.③

23
[19년 환경부]

레이첼 카슨의 저서인 침묵의 봄(Silent Spring)은 일반인들에게 환경오염의 경각심과 위험성을 일깨워 주었다. 이를 계기로 규제 대상이 된 것으로 옳은 것은?

① 중금속
② 트리할로메테인
③ 유기염소계 농약
④ 유기인계 농약
⑤ 카바메이트계 농약

KEYWORD
● 환경 관련 서적

해설
1962년 미국의 레이첼 카슨은 '침묵의 봄'이라는 저서에 DDT로 대표되는 유기염소계 농약의 위험성을 강조했다.

24
[19년 충북보건연구사]

환경이 가지는 특성으로 적절하지 않은 것은?

① 시차성
② 광역성
③ 독립성
④ 유한성

KEYWORD
● 환경의 특성

해설
① 시차성
  ㉠ 문제발생과 더불어 그 영향이 나타나기까지 상당한 시차가 존재
  ㉡ 문제가 표면화된 후 규제를 해도 유해한 영향이 감소할 때까지 긴 시간이 소모된다.
② 광역성
  ㉠ 환경문제는 범지구적, 국제 간의 문제
  ㉡ 개방체계인 환경의 특성에 따라 광범위한 영향권 형성
  ㉢ 현대의 급격한 사회변동은 환경문제의 공간 확산을 더욱 심화시킨다.
  ㉣ 지구보전, 광역적인 통제, 국제협약 체결 등
③ 상호관련성화 : 환경문제는 문제 간 상호연결된 복합체로 파악될 수 있으며 여러 변수에 의해 발생되므로 인과관계가 성립되며, 문제해결이 어렵고 문제 간 상승작용으로 인해 그 심각성을 더해간다.
④ 유한성 : 오염물질이 방출되어 자연이 자정능력의 한계를 넘어서면 공해 환경파괴로 표면화되고 더 진행이 되면 지역주민의 건강피해로 나타나 사회문제가 된다. 즉, 생태계 파괴가 진행되면 환경용적을 초과하여 인류 및 생물의 생존이 위협받는다는 견해이다.

정답 23.③ 24.③

25 〔19년 경북〕

유해화학물질의 안정성평가에 있어서 최대무작용량에 대한 안전계수치 구분이 "사람의 만성 결과가 유효할 경우"에 해당하는 값은?

① 0.1
② 0.01
③ 0.001
④ 0.0001

해설

최대무작용량에 대한 안전계수치

안전계수	구분
0.1	사람의 만성폭로 경과가 유효할 경우
0.01	사람의 경우 자료가 불완전하나 동물의 경우 충분할 경우
0.001	사람의 경우나 동물의 경우 자료가 충분하지 않을 경우

보충학습

최대무작용량(maximum non-effect level)
유해화학물질의 건강영향을 알기 위해 양-반응 관계를 조사해서 어떠한 효과도 없는 농도를 구할 수 있는 것으로 만성독성실험, 역학조사로부터 MNEL이 구해지면 안전계수를 곱하여 도출된 값으로 각종 환경기준을 설정한다.

KEYWORD
유해화학물질의 안정성평가

---

26 〔19년 서울시〕

2020년 이후 선진, 개도국 모두 온실가스 감축에 동참하는 신(新) 기후체제 근간을 마련하여 기존 교토의정서를 대체하는 협정을 체결한 기후변화 협약 당사국 총회는?

① 제19차 당사국총회(폴란드 바르샤바)
② 제20차 당사국총회(페루리마)
③ 제21차 당사국총회(프랑스파리)
④ 제22차 당사국총회(모로코마라케시)

해설

21차 UN기후변화협약(2015년 파리 기후변화협약)
㉠ 세계 195개국 정부 대표들이 프랑스 파리에 모여 2015년 12월 12일 폐막한 유엔 기후변화협약 당사국 총회에서 온실가스를 줄이는 데 합의한 신(新) 기후체제인 파리협정을 만장일치로 체결하였다.
㉡ 극한적인 홍수와 가뭄 등 글로벌 기후 변화에 대응하기 위해 교토의정서를 채택한 지 18년 만에 기후·환경·경제부문을 망라해서 영향을 미치는 새로운 국제 행동규범이 마련되었다.

KEYWORD
UN기후변화협약

정답 25.① 26.③

27 〔 19년, 환경부 〕

지구온난화로 인한 영향을 설명한 것으로 옳지 않은 것은?

① 인체로 침입하는 병원체의 수가 증가한다.
② 병원체 매개동물의 수가 증가한다.
③ 해수면이 상승하고 아열대사막의 면적이 감소한다.
④ 특정지역에선 수분증발이 늘어나 산불이 증가한다.
⑤ 인체에 영향을 주는 환경스트레스가 증가한다.

해설

사막화방지회의에서 세계 45개 지역의 사막화 현상을 조사한 결과, 이상기후나 기상조건의 변화로 인한 자연적인 원인에 의해 사막화가 된 경우는 13% 정도이고, 87%는 이산화탄소와 같은 온실가스에 의한 지구온난화로 대기의 기온이 상승하여 사막화가 가속화된다는 것이다.

KEYWORD
● 사막화 방지 회의

---

28 〔 20년, 전남보건 〕

다음에서 설명하는 국내 환경오염 사건으로 옳은 것은?

- 원인 물질은 구아니딘 계열의 PHMG, PGH, CMIT 등이다.
- 2011년 원인미상의 폐손상으로 다수가 사망하였고, 질병관리본부의 역학조사를 통해 원인이 밝혀졌다.
- 2017년 피해구제를 위한 특별법이 제정되면서 피해지원이 이루어지고 있다.

① 가습기 살균제 사건
② 낙동강 페놀유출 사건
③ 구미 불산가스 누출사건
④ 영월 시멘트 분진 피해 사건

해설

가습기 살균제는 1994년 처음 개발되어 현재 20개 이상의 고형, 액상 제품이 판매되었고, 문제를 일으킨 제품은 PHMG, PGH, CMIT 등 Guanidine 계열의 살균제 성분을 주성분으로 사용한 것들이다.

KEYWORD
● 환경오염

정답 27.③ 28.①

29

[20년 경기보건연구사]

다음 내용은 어떤 책에 대한 설명인가?

> 모든 질병은 나쁜 공기에 의해 전파·전염된다는 장기설(miasma theory)이 기술되어 있고, 기타 생활위생·공기·수질·토양과 건강과의 관계도 수록되어 있어, 이것이 환경보건학의 시초로 볼 수 있다.

① 히포크라테스 전집
② 의학정전
③ 광산병 연구
④ 침묵의 봄

KEYWORD
서양의학의 지리적 관점

해설

히포크라테스 전집의 공기, 물, 장소는 역학의 고전에 해당하는데, 히포크라테스는 의학과 지리학의 습관성을 명료하게 설명하였다.

오답해설

② 의학정전 : 중국 명나라 의서
③ 광산병 연구 : Paracelsus(1493~1541)
④ 침묵의 봄 : 미국 해양생물학자인 레이첼 카슨이 1962년에 발표한 환경관련 저서

30

[20년 경기보건연구사]

국내에서 발생한 환경오염사건과 그 원인 물질의 연결이 옳은 것은?
① 낙동강 오염사건 - 톨루엔
② 인천 고잔동 사건 - 석면
③ 고성 폐광산 사건 - 카드뮴
④ 가습기 살균제 사건 - 내독소

KEYWORD
환경오염 물질

해설

고성 폐광산 사건 : 2004. 06. 경남 고성군 삼산면 병산리 폐광산 일대에 거주하는 주민들이 카드뮴 중독으로 인한 '이타이이타이' 병에 이환된 가능성 제기

오답해설

① 낙동강 오염사건 - 페놀
② 인천 고잔동 사건 - 1994년 인천 시 고잔동에서 저수지 매립 공사 중에 불법으로 매립한 유리섬유가 다량으로 발견됨
④ 가습기 살균제 사건 - PHMG, PGH, MCIT

정답 29.① 30.③

31

[20년 경기보건연구사]

다음 용어 중 법적 규제를 갖는 것은?
① 기준치
② 지침서
③ 목표치
④ 판정기준

해설

기준치 : 행정적인 행위를 위해 법적 규제를 갖는 기준

오답해설

② 지침서 : 지역 환경의 행정적 대처를 위한 지침
③ 목표치 : 지역 환경의 행정, 기술적 대처를 위한 목표
④ 판정기준 : 환경오염 상태 판정기준

KEYWORD
• 용어정의

32

[20년 경기]

수은 노출과 건강영향에 대한 설명으로 옳은 것은?
① 금속수은은 주로 소화기를 통해 흡수되어 간에서 대사된다.
② 무기수은은 혈액 뇌 장벽을 통과하여 뇌에 축적되는 것이 특징이다.
③ 유기수은은 신경계 독성이 특징적인데, 구심성 시야 협착, 보행장애 등이 발생한다.
④ 환경성 수은 노출의 가장 중요한 경로는 먹는 물을 통해서이다.

해설

유기수은은 페닐수은 등 아릴(aryl) 수은 화합물과 메틸, 에틸 등 알킬(alkyl) 수은 화합물이 있다. 메틸수은은 섭취 시 95%가 흡수되고 뇌, 신장, 간, 피부, 머리카락에서 무기수은으로 축적된 후 독성을 나타낸다. 중독은 주로 중추신경증상으로 경증일 때는 손의 떨림, 구내염, 정신의 불안정 등이 나타나지만 중증일 때는 몸의 운동이나 언어의 장애, 시야 협착, 청력저하 등의 신경증상이 주로 나타난다.

오답해설

① 금속수은은 상온에서 쉽게 증발되어 수은 증기가 호흡기를 통해 들어오게 되며, 흡입된 수은증기의 80%가 폐포에서 빠르게 흡수된다.
② 무기수은은 호흡기로 흡수되지만 피부와 위장계에서도 흡수되며, 주로 신장에 축적된다.
④ 환경성 수은은 대부분 무기수은으로 구성되어 있으며, 주요 노출 경로는 어패류 섭취에 기인한 것으로 본다.

KEYWORD
• 수은

정답 31.① 32.③

33 「환경보건법」상 위해성기준에 대한 내용으로 가장 적절한 것은?

① 초과 발암위해도를 적용할 경우 10^{-6} 10^{-4}의 범위에서 보건복지부장관이 정하도록 한다.
② 초과 발암위해도를 적용할 수 없는 경우 위해성기준은 위험지수 2로 한다.
③ 초과 발암위해도는 독성역치가 없는 환경유해인자에 일시적으로 노출되었을 때 암 발생 확률을 말한다.
④ 초과 발암위해도를 적용할 수 없는 경우 위해성기준은 위험지수 1로 한다.

해설

위해성평가(환경보건법) : 환경유해인자가 사람의 건강이나 생태계에 미치는 영향을 예측하기 위해 환경유해인자의 노출과 독성정보를 체계적으로 검토하고 평가하는 것이다.

■ 환경보건법 시행규칙 [별표 1] 〈개정 2019. 12. 20.〉

위해성기준(제3조 관련)

1. 초과발암위해도(超過發癌危害度)를 적용할 경우 위해성기준은 $10^{-6} \sim 10^{-4}$의 범위에서 환경부장관이 정한다.
2. 초과발암위해도를 적용할 수 없는 경우 위해성기준은 위험지수 1로 한다.

[비고]
1. "초과발암위해도"란 독성역치(독성을 보이는 최소한의 수준)가 없는 환경유해인자에 평생 노출되었을 때 이로 인하여 추가적으로 암이 발생할 수 있는 확률을 말한다.
2. "위험지수"란 독성역치가 있는 환경유해인자에 대한 노출 수준을 동일 노출기간의 최대허용 노출량으로 나눈 값을 말한다.

정답 33.④

34

[22년 해양경찰 일반직]

다음 〈보기〉 중 국제 환경협약의 내용과 그 협약의 연결로 옳은 것은 모두 몇 개인가?

> ㉠ 물새 서식지로서 국제적으로 중요한 습지에 관한 협약 – 람사협약
> ㉡ 오존층 파괴의 영향에서 지구와 인류를 보호하기 위해 최초로 만들어진 국제협약 – 비엔나 협약
> ㉢ 지구의 온난화 방지를 위해 각국의 온실가스 배출 감축에 대한 기본 내용을 규정한 협약 – 기후변화협약
> ㉣ 바이오 안전성에 관한 생물다양성 협약 – 카르티헤나 의정서
> ㉤ 특정 유해화학물질 및 농약의 국제 교역에 있어서 사전통보 승인 협약 – 로테르담 협약
> ㉥ 잔류성 유기오염물질에 관한 협약 – 바젤협약
> ㉦ 선박으로부터의 오염방지를 위한 국제협약에 관한 의정서 – MARPOL 협약
> ㉧ 유해폐기물의 수출입과 처리를 규제할 목적으로 만든 협약 – OPRC 협약

① 2개
② 4개
③ 6개
④ 8개

KEYWORD
• 국제협약

해설

① 바젤 협약: 1989년 3월 유해 폐기물에 대한 국제적 이동의 통제와 규제를 목적으로 맺은 협약
② 스톡홀름협약 : 독성, 생물농축성 등 잔류성 유기오염물질로부터 인간의 건강과 환경을 보호하기 위해 2001년 스웨덴에서 채택한 협약이다.
③ 유류오염 대응·대비 및 협력에 관한 국제협약(OPRC, international Convention on Oil Pollution preparedness Response and Cooperation) : 해양오염사고 발생 시 신속하고 효과적인 대응 및 대비를 위한 제반사항을 규정한 국제협약으로 1990년에 국제해사기구(IMO)에서 채택되었다.

보충학습

① 바이오 안전성에 대한 카르타헤나 의정서: 2000년 1월 29일 캐나다몬트리올(Montreal)에서 개최된 특별당사국총회에서 생물다양성보존협약(Convention on Biological Diversity)의 부속의정서로 유전자변형생물체(Living Modified Organisms:LMO)의 국가 간 이동에 대한 규제를 목적으로 하는 최초의 국제협약이다.
② 1973년 선박으로부터의 오염방지를 위한 국제협약에 관한 1978년 의정서(기름 및 유해 액체물질에 의한 오염의 규제, MARPOL)
  ㉠ 협약 채택 : 1978년 2월 17일
  ㉡ 협약 발효 : 1983년 10월 2일
  ㉢ 채택 배경
    선박으로부터의 기름에 의한 해양오염의 규제 조치로서는 1954

정답 34.③

년 5월 12일에 채택되어 1958년 7월 26일 발효된 1954년 유류에 의한 해양오염방지 협약(OILPOL; International Convention for the Prevention of Pollution of the Sea by Oil, 1954 as amended in 1962 and 1969)이 있었으나, 1973년 10월 8일부터 11월 2일 사이에 런던에서 개최된 해양오염에 관한 국제회의에서 기름 이외의 선박으로부터 배출될 수 있는 각종 오염물질의 배출도 규제하기 위하여 1973년 해양오염방지 협약이 채택되었다.

이 협약은 1978년 2월 17일 1978년 의정서에 의하여 수정되었고, 1980년 11월 4일 그 명칭을 "이 협약에 관한 1978년 의정서에 의하여 수정된 1973년 선박으로부터의 오염방지를 위한 국제협약(The International Convention for the Prevention of Pollution from Ships 1973, as Modified by The Protocol of 1978 relating thereto)"으로 통일하였다.

35. [22년 해양경찰 일반직]

다음 중 수은 노출과 건강영향에 대한 설명으로 가장 옳지 않은 것은?

① 금속수은은 상온에서도 쉽게 증발되므로 수은 증기가 호흡기를 통하여 들어오게 된다.
② 무기수은은 호흡기, 피부 등으로 흡수되며 주로 신장이 표적 장기가 된다.
③ 유기수은은 아릴 수은 화합물과 알킬수은 화합물이 있으며 메틸수은은 뇌, 신장, 간, 머리카락, 피부 등에서 무기수은으로 전환되어 축적된 후 독성을 나타내기 시작한다.
④ 환경 중의 수은은 대부분 유기수은으로 구성되어 있으며 생물체 내에서는 주로 어패류 섭취에 의한 메틸수은 비중이 90% 이상이다.

KEYWORD
수은

해설
환경성 수은은 대부분 무기수은으로 구성되어 있으며, 주요 노출 경로는 어패류 섭취에 기인한 것으로 본다.

정답 35.④

36

[22년 해양경찰 일반직]

다음 중 0.05%를 pphm 단위로 환산했을 때 가장 옳은 것은?

① 50,000pphm　　② 10,000pphm
③ 500pphm　　　④ 50pphm

해설

㉠ 백분율(%)
- 중량백분률[(W/W)%]=(g/g)% : 고체·액체 질량 100g 중위 성분질량(g)을 표시한 것이다.
- 용량백분률[(V/V)%]=(ml/ml)% : 액체용량 100ml 또는 기체용량 100ml 중 성분용량(ml)의 표시이다.
- 중량 대 용량 백분율[(W/V)%] = (g/ml)% : 액체 100m 중의 성분질량(g) 또는 기체 100ml 중의 성분질량(g)을 표시한 것이다.

㉡ 1억 분률(pphm ; Part Per Hundred Million)=10-8
- 기체 : 용량 대 용량(V/V)
- 액체 : 중량 대 중량(W/W)

KEYWORD
- 단위환산

37

[23년 해양경찰 일반직]

다음 중 세계보건기구(WHO, World Health Organization)에서 규정하고 있는 건강의 개념에 가장 포함되지 않는 것은?

① 경제적 안녕의 완전한 상태
② 사회적 안녕의 완전한 상태
③ 육체적 안녕의 완전한 상태
④ 정신적 안녕의 완전한 상태

해설

세계보건기구(WHO)의 건강개념

① 1948년 : 건강이란 다만 질병이 없거나 허약하지 않다는 것만을 말하는 것이 아니라 신체적·정신적 및 사회적으로 완전히 안녕한 상태에 놓여있는 것이다 (사회적 측면 강조).
② 1957년 : 유전적, 환경적으로 주어진 조건하에서 적절한 생체기능을 나타내고 있는 상태로 건강에 대한 실용적인 정의를 내렸다.
③ 1974년 : 개인을 부분의 합으로 보기보다는 전체로서의 인간으로 보았다(총체성).
④ 1998년 : 건강은 단순히 질병이 없거나 허약하지 않은 상태만을 의미하는 것은 아니라 신체적·정신적·사회적, 그리고 영적 안녕이 완전한 역동적 상태를 말한다(영적부분 삽입).

KEYWORD
- 건강의 개념

정답　36.①　37.①

PART 02

대기환경과 대기오염

환경보건(학)
기출예상문제집

PART 02 대기환경과 대기오염

01 [11년 경기 의료기술]

다음 중 기후의 3요소는?
① 기온, 강설, 강우
② 기온, 기습, 복사열
③ 기온, 기류, 강설
④ 기온, 기습, 기류

해설

기후의 개념

기후(climate)	매년 반복되는 정상상태에 있는 대기 현상의 종합된 평균기온상태
기후요소(climate Element)	• 기후를 구성하는 각각의 요소로 기온, 강우, 기류, 기습, 강설, 구름, 일광, 복사열 등 • 기후의 3대 요소 : 기온, 기습(습도), 기류(바람)
기후요인(climate Factor)	기후의 분포와 변화를 일으키는 요인으로 위도, 지형, 수륙분포, 해발고도 등

KEYWORD
기후요소

02 [11년 인천]

자외선의 인체 내 미치는 영향을 설명한 것으로 옳은 것은?
① 안구진탕증, 피부색소 침착
② 열적 반응, 런던 스모그 발생
③ 열중증, 열쇠약의 주원인
④ 전기성 안염, 피부암

해설

자외선에 의한 인체 영향
㉠ 피부 : 홍반작용, 색소 침착, 피부암, 피부 비후
㉡ 눈 : 결막염, 급성 각막염, 전기성 안염, 설안염, 백내장 등

오답해설
① 안구진탕증 : 가시광선
② 런던스모그 : 대기오염 물질
③ 열중증, 열쇠약 : 고온에 의한 장애

KEYWORD
의료기술 중 자외선

정답 01.④ 02.④

03 [11년 서울시]

불쾌지수를 측정하는 데 고려해야 할 요소로 알맞은 것은?
① 기온, 기류
② 건구온도, 흑구온도
③ 기류, 복사열
④ 습구온도, 기압
⑤ 습구온도, 건구온도

해설

불쾌지수(Discomfort Index, DI) 계산공식
㉠ DI=(건구온도℃+습구온도℃)×0.72+40.6
㉡ DI=(건구온도℉+습구온도℉)×0.4+15

보충학습

불쾌지수 개념
㉠ 날씨에 따라서 사람이 불쾌감을 느끼는 정도를 기온과 습도를 이용하여 나타낸 수치이다.
㉡ 기온과 기습을 인자로 하고 복사열과 기류가 포함되지 않아 감각온도와 차이가 있을 수 있는 결함이 있다.
㉢ 각종 기상조건에 따라 공장, 사무실 등에서 전력소비량을 예측하기 위해 고안된 것으로, E. Thom 등에 의해서 개발되었으며 미국에서는 1959년 이래 불쾌지수로 이용되었다.

• KEYWORD
• DI 계산방법

04 [13년 서울시]

대기오염농도 측정의 항목, 기준, 수치 연결이 잘못된 것은?
① 아황산가스(SO_2) - 0.05PPM 이하 - 24시간
② 일산화탄소(CO) - 9PPM 이하 - 8시간
③ 이산화질소(NO_2) - 0.06PPM 이하 - 24시간
④ 미세먼지(PM-10) - $100\mu g/m^3$ 이하 - 24시간
⑤ 오존(O_3) - 0.06PPM 이하 - 24시간

해설

오존(O_3) : 8시간 평균치 0.06PPM 이하, 1시간 평균치 0.1PPM 이하

• KEYWORD
• 대기의 환경기준

정답 03.⑤ 04.⑤

환경정책기본법 시행령 대기환경 기준

항목	기준
아황산가스(SO_2)	• 연간 평균치 0.02ppm 이하 • 24시간 평균치 0.05ppm 이하 • 1시간 평균치 0.15ppm
일산화탄소(CO)	• 8시간 평균치 9ppm 이하 • 1시간 평균치 25ppm 이하
이산화질소(NO_2)	• 연간 평균치 0.03ppm 이하 • 24시간 평균치 0.06ppm 이하 • 1시간 평균치 0.1ppm 이하
미세먼지(PM-10)	• 연간 평균치 50$\mu g/m^3$ 이하 • 24시간 평균치 100$\mu g/m^3$ 이하
초미세먼지(PM-2.5)	• 연간 평균치 15$\mu g/m^3$ 이하 • 24시간 평균치 35$\mu g/m^3$ 이하
오존(O_3)	• 8시간 평균치 0.06ppm 이하 • 1시간 평균치 0.1ppm 이하
납(Pb)	연간 평균치 0.5$\mu g/m^3$ 이하
벤젠	연간 평균치 5$\mu g/m^3$ 이하

※ PM-10 : 입자의 크기가 10㎛ 이하인 먼지
　PM-2.5 : 입자의 크기가 2.5㎛ 이하인 먼지

---

05 [14년 경북보건진료]

자외선에 대한 설명으로 옳지 않은 것은?
① 비타민 D 생성으로 구루병을 예방한다.
② 6,000nm 이상의 파장을 가진다.
③ 미생물의 단백질을 파괴함으로써 살균작용을 한다.
④ 광이온 작용을 가지고 있어 대기 중의 광화학 반응에 영향을 미친다.
⑤ 장시간 노출 시에 피부암을 일으키는 것으로 알려져 있다.

해설
자외선은 200~400nm의 파장을 가진다.

자외선(ultraviolet, UV)
㉠ 자외선은 가시광선과 전리방사선 사이의 복사에너지이며, 2,000~4,000Å(200~400nm) 파장대의 전자파로써 사진감광 작용, 형광 작용, 광이온 작용 등의 특성을 가지고 있다.

정답 05.②

ⓛ 일광의 자외선 중 대기 중의 오존층에 흡수되고 도달하는 파장은 2,900Å(290nm) 이상의 파장이다.
ⓒ 도르노선(Dorno-ray)
  ⓐ 2,800~3,200Å(280~320nm)의 파장을 갖는 가장 강력한 반응을 일으키는 빛으로 스위스의 Dorno-Arla가 발견하였다. 인체에 유익한 작용을 하기 때문에 일명 건강선(생명선)이라고 한다.
  ⓑ 소독작용, 비타민 D의 생성, 피부색소 반응 등과 같은 생물학적 활성을 나타내는 동시에 피부나 눈과 같은 조직에는 잠재적인 유해인자로 작용할 수 있다.
ⓔ 종류

원자외선(UV-C)	1,000~2,800Å(100~280nm)
중자외선(UV-B, Dorno-ray)	2,800~3,200Å(280~320nm)
근자외선(UV-A)	3,200~4,000Å(320~400nm)

ⓜ 자외선의 작용

| 생물학적 작용 | 피부 | • 자외선 중 짧은 파장은 각질층에 흡수된다.
• 300~400nm : 피부를 검게 변색시킨다.
• 200~290nm : 강한 홍반작용을 나타낸다.
• 자외선이 흡수되면 2~5시간 후에 히스타민양(樣) 물질이 유리되어 모세혈관을 확장시킨다.
• 자외선의 조사가 많으면 조직부종, 수포형성과 박피현상이 유발된다.
• 색소침착 : 기저세포층까지 도달한 자외선에 의해 멜라닌 색소가 진피층으로 이동하고 증식하여 일어나는 현상이다.
• 피부 비후 : 자외선에 의해 표피와 진피의 두께가 증가하여 발생하는 일종의 순화 현상이며 자외선 양이 많을수록 현저하다.
• 피부암 : 280~320nm의 파장의 자외선에 의해 발생, 선원, 임업 종사자, 농부들에게 흔하고 90%는 태양광에 노출되는 신체부위에 발생한다. |
| | 눈 | • 240~310nm 파장의 자외선은 눈의 각막상피에 거의 흡수되며, 360nm 파장의 자외선은 시력감퇴와 눈의 피로를 초래한다.
• 급성 각막염 : 전기 용접 작업자나 자외선 살균 취급자에서 유발
  - 잠복기 : 30분~24시간
  - 증상 : 동통, 이물감, 밝은 빛을 잘 보지 못하는 수명(photophobia), 충혈, 눈물, 안검경련, 궤양, 혼탁, 수포 유발
• 자외선은 눈의 각막, 결막, 수정체에 흡수되며, 나이가 많을수록 흡수량이 많아 백내장을 일으킬 수 있다
• 결막염, 각막염을 일으키는 설맹(snow blindness)도 태양광의 과다노출로 발생하며, 전기성 안염, 설안염도 일으킨다. |

	비타민 D 생성	280nm~320nm의 파장을 가진 자외선에 의하여 체내 물질과 광화학 작용을 일으켜 진피층에서 생성되며 구루병을 예방한다.
	살균작용	• 자외선 살균작용은 254nm~280nm의 파장 부분이 가장 강력하며, 핵단백을 파괴함으로써 살균이 된다. • 자외선에 계속 폭로되는 경우 적혈구, 백혈구 및 혈소판이 증가하는 경향이 있다. • 330nm 이상에서는 신진대사 항진효과가 있다. • 피부질환에 자외선을 조사할 경우 병적조직의 증식을 파괴하고 건강조직을 촉진시킨다.
	광화학적 작용	50nm~400nm의 파장을 가지는 자외선은 대기 중의 질소산화물과 올레핀(Olefin)계 탄화수소와 광화학적 반응을 일으켜 오존(O_3), 알데히드(Aldehyde), PAN(peroxyacetyl nitrate) 등의 광화학적 산화물을 발생시켜 대기오염의 원인이 된다.

※ nm=10Å

06 다음 중 온열조건에 영향을 미치는 온열 인자가 아닌 것은?
① 복사열
② 기압
③ 기류
④ 습도

온열조건 : 방열작용에 영향을 주는 인자로 기온, 기습(습도), 기류(바람), 복사열을 4대 온열인자라고 한다.

(14년 인천 9급)

07 지구온난화에 기여도가 가장 높은 기체는?
① CO_2
② CFC
③ CH_4
④ SO_2

지구온난화
㉠ 대기 중의 이산화탄소 등이 지표로부터 복사하되 적외선을 흡수하여 열의 방출을 막을 뿐만 아니라, 흡수한 열을 다시 지상에 복사하여 지구 기온을 상승시키는 현상
㉡ 교토의정서 감축 대상 물질 : 이산화탄소(CO_2), 메탄(CH_4), 아산화질소(N_2O), 불화탄소(PFC=CFC), 수소화불화탄소(HFC), 불화유황(SF_6)
㉢ 이산화탄소 농도 상승의 원인 : 화석연료사용의 증가

정답 06.② 07.①

[14년 경북 8급 보건진료직]

08 다음 중 실내오염 지표는?

① SO_2
② 이산화질소
③ 이산화탄소
④ 일산화탄소

해설

이산화탄소는 실내 공기오염의 지표로 실내공기의 전반적인 오탁정도를 잘 나타내므로 환기의 적부를 결정하는 척도의 하나로 이용된다.

보충학습

이산화탄소
㉠ 특성 : 무색, 무취, 비독성 약산성 가스, 대기의 0.3% 정도 차지
㉡ 적외선의 복사열을 흡수하여 온실효과를 일으키는 가스이다.
㉢ 호기공기의 4%를 차지하고, 안정 시 1시간에 약 20L를 배출한다(약 20~22L/hr).
㉣ 서한량 : 1,000ppm(0.1%, 8시간 기준)
  ※ 서한량 : 실내공기의 오탁이나 환기의 가부 결정 척도로 어떤 경우에도 넘어서는 안 되는 경계량
㉤ 농도에 따른 건강장해
  ⓐ 3% 이상 : 불쾌감, 호흡촉진
  ⓑ 7% 이상 : 호흡곤란
  ⓒ 10% 이상 : 의식상실, 사망

KEYWORD
공기의 성상

[14년 인천 보건9급]

09 태양광에 대한 설명으로 옳지 않은 것은?

① 파장의 길이는 적외선<가시광선<자외선순이다.
② 자외선은 체내에 비타민 D를 생성시킨다.
③ 자외선은 과량조사 시 두통, 현기증, 일사병을 일으킨다.
④ 가시광선은 망막을 자극하여 명암과 색채를 식별하게 한다.

KEYWORD
태양광선

해설

각 전자파에 해당되는 파장의 분류

침투력(낮→높)	γ선 < X선 < 자외선 < 가시광선 < 적외선 < 마이크로파(전파)
에너지 강도(약→강)	마이크로파(전파) < 적외선 < 가시광선 < 자외선 < X선 < γ선
파장의 길이(짧은→긴)	γ선 < X선 < 자외선 < 가시광선 < 적외선 < 마이크로파(전파)

정답 08.③ 09.①

10

14년 서울시

다음 내용은 무엇에 대한 설명인가?

- 미국의 톰이 1959년에 고안하여 발표한 체감기후를 나타내는 지수이다.
- 값을 구하는 공식은 (건구온도℃+습구온도℃)×0.72+40.6이다.
- 실제로 이 지수는 복사열과 기류가 포함되어 있지 않아 여름철 실내의 무더위 기준으로 사용한다.

① 지적온도　　② 불쾌지수
③ 감각온도　　④ 체감온도
⑤ 실내 쾌감대

KEYWORD
온열지수

해설

불쾌지수(DI)

㉠ 날씨에 따라 인간이 느끼는 불쾌감의 정도를 기온과 습도를 조합하여 나타낸 수치이다.
㉡ 기온과 기습을 인자로 하고 건구온도와 습구온도만 알면 구할 수 있기 때문에 여름철 실내의 무더위를 예보하는 데 주로 이용된다.
㉢ 각종 기상조건에 따라 공장, 사무실 등에서 전력소비량을 예측하기 위해 고안된 것으로 미국에서는 1959년 이래 불쾌지수로 이용되었다.
㉣ DI = (건구온도℃+습구온도℃)×0.72+40.6
　　　 = (건구온도℉+습구온도℉)×0.4+15

오답해설

① 지적온도(쾌적온도, 최적온도)
　㉠ 생리적 지적온도 : 최소한의 에너지 소모로 최대의 생리적 활성을 할 수 있는 온도(기능적 지적온도, 건강온도)
　㉡ 주관적 지적온도 : 감각적으로 가장 쾌적하게 느끼는 온도(쾌적 감각온도)
　㉢ 생산적 지적온도 : 노동 시 생산능률을 최대로 높일 수 있는 작업온도(최고 생산온도)
③, ④ 감각온도(체감온도=실효온도) : 기온, 기습, 기류의 요소를 종합하여 얻어지는 체감온도
　㉠ 사람이 느끼는 환경의 온도는 습도, 기류가 영향을 주어 느껴지기 때문에 반드시 그때의 기온과 일치하지 않는다.
　㉡ 포화습도(습도 100%), 무풍(0.1m/sec) 상태에서 동일한 온감을 주는 기온
　㉢ 피복, 계절, 성별, 연령 및 기타 조건에 따라 변한다.
　㉣ 쾌감 감각온도 : 여름 64~79℉(18~26℃), 겨울 60~74℉(15.6~23.3℃)
　㉤ 최적 감각온도 : 여름 71℉(21.7℃), 겨울 66℉(18.9℃)
⑤ 실내 쾌감대
　㉠ 기온, 기습, 기류의 종합적인 작용에 의해 쾌감과 불쾌감을 느끼게 되며, 신체적 조건, 의복 착용 상태, 활동량 등 여러 가지 여건에 따라서 달라진다.
　㉡ 안정 시 적당한 착의 상태에서 쾌감을 느낄 수 있는 조건
　　ⓐ 온도(17~18℃), 습도(60~65%), 기류(0.2~0.3m/sec)
　　ⓑ 여름철 쾌감대 : 18~26℃(64~79℉)
　　ⓒ 겨울철 쾌감대 : 16~23℃(60~74℉)

정답 10.②

11 ┌ 15년 경기보건 ┐

기후요소에 대한 설명 중 옳지 않은 것은?
① 기온, 기습, 기류를 기후의 3대 요소라고 한다.
② 일상생활에 쾌적함을 주는 습도범위는 40~65%이다.
③ 공기 $1m^3$ 중에 함유될 수 있는 포화수증기량에 대해 현재 함유된 수증기량의 비율을 상대습도라고 한다.
④ 불쾌지수 70일 경우 50%의 사람이, 불쾌지수 75일 경우 100%의 사람이 불쾌감을 느낀다.

불쾌지수와 불쾌감의 관계
㉠ DI≥70 : 약 10%의 사람들이 불쾌감을 느끼는 상태
㉡ DI≥75 : 약 50%의 사람들이 불쾌감을 느끼는 상태
㉢ DI≥80 : 대부분의 사람들이 불쾌감을 느끼는 상태
㉣ DI≥85 : 참을 수 없는 상태

KEYWORD
● 온열요소의 종합작용

12 ┌ 15년 경기 9급 ┐

자외선 중 생명선으로 불리는 도르노선의 파장은?
① 3,900 Å
② 2,900~3,250 Å
③ 2,800~3,200 Å
④ 2,600~2,800 Å

도르노선(건강선)의 파장은 2,800~3,200 Å (280~320nm)이다.

KEYWORD
● 자외선

13 일산화탄소는 헤모글로빈과의 결합력이 산소의 몇 배인가?
① 250배
② 30배
③ 100배
④ 320배

일산화탄소는 산소보다 헤모글로빈과의 결합력이 200~300배 정도 강하다.

KEYWORD
● 일산화탄소

정답 11.④ 12.③ 13.①

14 〔15년 전남경력〕

동태평양을 가로지르는 무역풍의 증가로 동태평양 적도 부근의 수면의 온도가 5개월 이상 평년보다 0.5℃ 이상 낮게 지속적으로 유지되는 이상기후 현상은?

① 라니냐 현상 ② 엘니뇨 현상
③ 스프롤 현상 ④ 버블 현상

해설

엘니뇨 현상 (El Nino, 신의 아들)	• 해수면의 온도가 5개월 이상 평균 수온보다 0.5℃ 이상 높아지는 경우 • 서부 태평양 적도 해수면의 온도가 평상시보다 2~3℃ 높게 형성되어 남미의 페루 해안까지 영향을 미쳐 기존의 기상모형과 다른 에너지 순환상태를 나타내는 것으로 세계 각지에 홍수, 가뭄, 폭설 등의 기상이변 현상이 나타나게 되었다.
라니냐 현상 (La Nina, 여자아이)	• 적도 동태평양의 해수면 온도가 5개월 이상 평균 수온보다 0.5℃ 이상 낮아지는 경우로 적도 무역풍이 강해지며 차가운 바닷물이 솟아오르게 되는데, 이 결과 엘니뇨처럼 기상이변이 발생한다. • 영향 : 저수온 현상이 강화되어 인도네시아는 폭우로 홍수가 나며, 페루는 서늘해지고 건조해져 가뭄이 들게 된다. 우리나라도 겨울철 저온현상이 나타나 이상추위 현상이 나타난다.

오답해설

③ 스프롤 현상 : 도시가 급격히 팽창하면서 시가지가 교외지역으로 질서 없이 확대되는 현상
④ 버블 현상 : 실체가 없는 가격상승이 투기를 유발하여 가격이 급등하지만 얼마 못 가서 거품이 꺼지듯 급격히 원상태로 돌아가는 현상

15 〔15년 전남경력〕

다음 중 온실효과 기여도가 가장 큰 온실가스는 무엇인가?

① 이산화탄소 ② 프레온가스
③ 메탄   ④ 아산화질소

해설

온난화 기여도 : 이산화탄소 64%, 메탄 18%, 아산화질소 6%

16 　15년 서울시

다음 온실가스 중 온난화 지수가 가장 높은 것은?
① 이산화탄소(CO_2)　　② 메탄(CH_4)
③ 아산화질소(N_2O)　　④ 불화유황(SF_6)

해설

지구온난화지수(GWP) : 이산화탄소 1kg과 비교하였을 때 어떤 온실기체가 대기 중에 방출된 후 특정 기간 그 기체 1kg의 가열 효과가 어느 정도인가를 평가하는 척도 즉, 이산화탄소가 지구온난화에 미치는 영향을 기준으로 각각의 온실가스가 지구온난화에 기여하는 정도를 수치로 나타낸 값이다(단위질량당 온난화 효과).

메탄(CH_4)	21
아산화질소(N_2O)	310
수소불화탄소(HFC_S)	1,300
과불화탄소(PFC_S)	7,000
불화유황(SF_6)	23,900

KEYWORD
● 온실효과

17 쾌감대에 관한 설명으로 옳은 것은?
① 온도가 높아지면 습도가 높아져야 건조하지 않다.
② 쾌감대는 Vernon에 의해 고안된 것이다.
③ 가장 쾌적한 상태는 기류 0.5m/sec 이하, 온도 17~18℃, 습도 60~65%이다.
④ 한국인 및 일본인의 쾌감대는 유럽인, 미국인에 비해 고온 쪽으로 기울어져 있다.

해설

① 온도가 높아지면 습도는 낮아져야 한다.
② 쾌감대는 Hill-Shephrard에 의해 고안된 것이며, Vernon에 의해 고안된 것은 복사열측정의 흑구온도계(65°F 쾌적)이다.
④ 동양인은 서양인에 비해 쾌감대가 저온 쪽으로 기울어진 것으로 밝혀졌다.

KEYWORD
● 온열지수

정답 16.④ 17.③

18 다음 중 기온역전 현상에 관한 설명으로 옳은 것은?

① 상층부와 하층부의 기온이 같다.
② 상층부의 기온이 하층부보다 높다
③ 공기의 수직운동이 활발하다.
④ 하층부의 기온이 상층부보다 높다

해설

기온역전

㉠ 정의 : 대기 중의 상부 공기층 온도가 하부 공기층 온도보다 높아서 공기의 대류가 일어나지 않고 가스나 오염 물질이 지표면에 침체되어 생기는 현상

종류	특징
복사성 역전	• 지표면에 접한 층 내에서 상층의 기온이 하층보다 높아져 있는 상태. 야간 복사로 인해 지표면 가까이의 기층이 상층보다 냉각이 크기 때문에 발생하는 접지역전 또는 지표성 역전이라고도 한다. • 낮 동안의 태양복사열이 큰 경우 지표의 온도는 높아지나 밤에는 복사열이 적어 지표의 온도가 낮아져서 발생한다. • 겨울철(바람이 적고 맑은 날, 습도가 낮은 자정부터 새벽) 또는 이른 아침(해뜨기 전)에 발생하는 단기적 대기오염이다. • 복사성 역전의 높이는 500m 이하 혹은 120~250m인 낮은 상공에서 일어나는 경우도 있고, 기온의 차이는 10℃나 되는 경우도 있다. • 봄이나 해가 뜨면 감소한다. 예 1952 런던 스모그
침강성 역전	• 맑은 날 고기압 중심부 공기가 침강하여 압축을 받아 따뜻한 공기층을 형성하는 것(200~300mm 두께)으로 1,000m 내외의 고도에서 발생(주로 여름철) • 이 층은 대개 지표 상층부에서 발생되어 대기가 매우 안정하여 하층의 대기에 대하여 덮개 역할을 함으로써 오염물질의 연직 확산을 억제하며 해가 뜬 후 복사열에 의한 지표면이 가열되면서 소멸되기 시작한다. • 장기적으로 지속되며, 대기오염 물질의 수직 확산을 방해한다. 예 LA스모그
지형성 역전	• 해안지대에서 낮 동안 찬 해풍이 불어와 육지의 더운 공기가 상승함으로써 생기는 역전 • 계곡이나 분지에서 생긴 무거운 냉기가 경사면을 따라 아래로 내려가면서 골짜기 아래의 기온이 하강하면서 역전층 형성 • 산 너머에서 바람이 불 때 바람이 불어가는 쪽에서는 공기가 남거나 약한 열풍이 생겨 양자 사이에 역전 면이 생길 수 있다. • 또 맑은 날 밤 산허리가 방사에 의해 냉각되어 그곳에 접한 공기가 아래 방향으로 흘러 산기슭 평지에 고여 역전층이 생길 수 있으며, 이러한 경우 평지의 접지 역전이 강해지며 분지에는 높은 농도의 오염이 생기기도 한다. 예 1930 뮤즈계곡 사건
전선성 역전	• 한랭전선이나 온난전선에 의해 발생하는 역전 • 대기 중에서는 보통 상공으로 올라가면서 기온이 낮아지지만 더운 공기가 찬 공기의 위를 타고 상승하는 전선면(Frontal surface) 부근에서는 그 전이 층에서 기온의 역전 현상이 발생한다. • 이 역전층 내에서는 보통 혼합비도 증가하는 경향을 보이며 전선성 역전은 지형이나 계절에 관계없이 발생한다.

정답 18.②

ⓒ 기온역전의 결과
    ⓐ 대류현상이 생기지 않는다.
    ⓑ 공기의 수직운동을 억제한다.
    ⓒ 대기오염 물질의 대기층 확산이 쉽지 않다.
    ⓓ 지표면의 오염농도가 높아진다.
    ⓔ 하층에서 생긴 대류현상이 역전층에서 억제된다.

19 대기의 수직혼합이 억제되어 대기오염을 심화시키는 기온역전현상은 생성과정에 따라 여러 종류가 있는데, 다음 설명은 어떤 기온역전층에 대한 내용인가?

- 지표면 부근의 공기가 냉각되어 발생
- 맑고 건조하며 바람이 약한 날 야간에 주로 발생
- 일출 후 지표면으로부터 역전층이 서서히 해소

① 침강역전
② 복사역전
③ 난류역전
④ 전선역전

KEYWORD
- 기온역전

해설
복사역전
㉠ 지표면에 접한 층 내에서 상층의 기온이 하층보다 높아져 있는 상태. 야간복사로 인해 지표면 가까이의 기층이 상층보다 냉각이 크기 때문에 발생하는 접지역전 또는 지표성 역전이라고도 한다.
㉡ 낮 동안의 태양복사열이 큰 경우 지표의 온도는 높아지나 밤에는 복사열이 적어 지표의 온도가 낮아져서 발생한다.
㉢ 겨울철(바람이 적고 맑은 날, 습도가 낮은 자정부터 새벽) 또는 이른 아침에 발생하는 단기적 대기오염이다.
㉣ 봄이나 해가 뜨면 감소한다.

20 우리나라 오존경보제 중 경보에 해당하는 내용은?
① 한 시간 평균 0.12ppm 이상일 때
② 주민의 실외 활동 자제 및 자동차 사용의 제한 명령
③ 주민의 실외활동 금지, 자동차 통행금지, 사업장 조업시간 단축 명령
④ 한 시간 평균 0.3ppm 이상일 때

KEYWORD
- 대기오염 경보 단계

해설
① 주의보
② 주민의 실외 활동 자제 → 주의보, 자동차 사용의 제한 명령 → 경보
③ 중대 경보

정답 19.② 20.④

대기오염경보 단계별 대기오염물질의 농도기준(제14조 관련)

대상물질	경보단계	발령기준	해제기준
미세먼지 (PM-10)	주의보	기상조건 등을 고려하여 해당지역의 대기자동측정소 PM-10 시간당 평균농도가 150μg/m³ 이상 2시간 이상 지속인 때	주의보가 발령된 지역의 기상조건 등을 검토하여 대기자동측정소의 PM-10 시간당 평균농도가 100μg/m³ 미만인 때
미세먼지 (PM-10)	경보	기상조건 등을 고려하여 해당지역의 대기자동측정소 PM-10 시간당 평균농도가 300μg/m³ 이상 2시간 이상 지속인 때	경보가 발령된 지역의 기상조건 등을 검토하여 대기자동측정소의 PM-10 시간당 평균농도가 150μg/m³ 미만인 때는 주의보로 전환
초미세먼지 (PM-2.5)	주의보	기상조건 등을 고려하여 해당지역의 대기자동측정소 PM-2.5 시간당 평균농도가 75μg/m³ 이상 2시간 이상 지속인 때	주의보가 발령된 지역의 기상조건 등을 검토하여 대기자동측정소의 PM-2.5 시간당 평균농도가 35μg/m³ 미만인 때
초미세먼지 (PM-2.5)	경보	기상조건 등을 고려하여 해당지역의 대기자동측정소 PM-2.5 시간당 평균농도가 150μg/m³ 이상 2시간 이상 지속인 때	경보가 발령된 지역의 기상조건 등을 검토하여 대기자동측정소의 PM-2.5 시간당 평균농도가 75μg/m³ 미만인 때는 주의보로 전환
오존	주의보	기상조건 등을 고려하여 해당지역의 대기자동측정소 오존농도가 0.12ppm 이상인 때	주의보가 발령된 지역의 기상조건 등을 검토하여 대기자동측정소의 오존농도가 0.12ppm 미만인 때
오존	경보	기상조건 등을 고려하여 해당지역의 대기자동측정소 오존농도가 0.3ppm 이상인 때	경보가 발령된 지역의 기상조건 등을 고려하여 대기자동측정소의 오존농도가 0.12ppm 이상 0.3ppm 미만인 때는 주의보로 전환
오존	중대경보	기상조건 등을 고려하여 해당지역의 대기자동측정소 오존농도가 0.5ppm 이상인 때	중대경보가 발령된 지역의 기상조건 등을 고려하여 대기자동측정소의 오존농도가 0.3ppm 이상 0.5ppm 미만인 때는 경보로 전환

[비고]
1. 해당 지역의 대기자동측정소 PM-10 또는 PM-2.5의 권역별 평균 농도가 경보단계별 발령기준을 초과하면 해당 경보를 발령할 수 있다.
2. 오존 농도는 1시간당 평균농도를 기준으로 하며, 해당 지역의 대기자동측정소 오존 농도가 1개소라도 경보단계별 발령기준을 초과하면 해당 경보를 발령할 수 있다.

21. [15년 전남경쟁력]

표준상태의 대류권 공기성분 중 농도가 안정된 물질이 아닌 것은?

① 산소 ② 아르곤
③ 암모니아 ④ 이산화탄소

KEYWORD
공기의 화학적 성상

해설

구분	화학기호	체적백분율	호기 시 배출량
농도가 안정된 물질	N_2	78	79
	O_2	21	16
	Ar	0.93	
	CO_2	0.03	4
농도가 쉽게 변하는 물질	SO_2	미량	
	NO_2	미량	
	O_3	미량	
	NH_3	미량	
	CO	미량	

22.

산소결핍 시 호흡곤란이나 구토 증상이 나타나는 산소농도의 범위는?

① 12~16% ② 10% 이하
③ 14% 이하 ④ 7% 이하

KEYWORD
공기의 조성

해설
산소 결핍 시 증상
㉠ 14% 이하 : 저산소증, 호흡수 증가, 맥박 상승, 중노동 곤란
㉡ 10% 이하 : 호흡곤란, 구토, 안면창백
㉢ 7% 이하 : 정신착란, 감각둔화, 질식, 혼수

보충학습

산소(O_2)
㉠ 산소는 호흡작용에 절대로 필요한 물질로 영양소 연소에 사용되며, 식물의 동화작용과 공기의 이동에 의해 보충된다.
㉡ 인체가 감당할 수 있는 대기 중 산소의 변동 범위는 15~27%이며, 대기 중 평균 산소 농도는 일반적으로 21%이다. 이보다 낮은 산소 분압에서는 저산소증을 유발시키고 높은 산소분압에서는 산소중독증을 초래한다.

※ 산소중독증
1) 대기 중 산소의 농도(21% 이상)가 높거나 분압(160mmHg 이상)이 높은 산소를 장기간 흡입할 때 발생
2) 증상 : 폐부종, 충혈, 이통, 흉통, 호흡억제, 폐출혈, 서맥 등

정답 21.③ 22.②

ⓒ 산소 소비량
  ⓐ 1회 호흡 시 4~5% 산소 소비
  ⓑ 정상 성인 1일 공기 흡입량 12~13KL
  ⓒ 성인 1일 산소 소비량은 520~650L/day(13KL×0.04=520L)
ⓔ 산소분압의 저하
  ⓐ 고공으로 올라갈수록 산소량이 감소되어 지상 3~4km에서 일반인들은 호흡과 순환기능의 항진으로 조직에 산소공급 부족으로 인한 장애가 오지만, 고산에서 순화된 사람은 5.5km에서 생활이 가능하다.
  ⓑ 6~7km에서는 의식상실, 7km 이상에서는 사망에 이르게 되므로 그 이상의 고도에서는 산소마스크가 필요하다.

23. 〔15년 전남경쟁력〕

다음 중 환경정책기본법에서 정한 대기환경기준 물질이 아닌 것은?

① 이산화탄소
② 아황산가스
③ 일산화탄소
④ 미세먼지

해설
이산화탄소는 실내공기오염의 지표이다.

KEYWORD
환경 기준 항목

24.

대기환경 기준 8시간 평균치 9ppm 이하 1시간 평균치 25ppm 이하는 어떤 대기오염 물질인가?

① 오존
② 아황산가스
③ 일산화탄소
④ 이산화질소

KEYWORD
환경 기준 항목

해설
환경정책 기본법의 대기환경 기준

항목	기준	세계보건기구 기준
아황산가스 (SO_2)	• 연간 평균치 0.02ppm 이하 • 24시간 평균치 0.05ppm 이하 • 1시간 평균치 0.15ppm	• 24시간 평균치 $20\mu g/m^3$ (0.008ppm) 이하 • 10분 평균치 $500\mu g/m^3$ (0.19ppm) 이하
일산화탄소 (CO)	• 8시간 평균치 9ppm 이하 • 1시간 평균치 25ppm 이하	
이산화질소 (NO_2)	• 연간 평균치 0.03ppm 이하 • 24시간 평균치 0.06ppm 이하 • 1시간 평균치 0.1ppm 이하	• 연간 평균치 $40\mu g/m^3$ (0.021ppm) 이하 • 1시간 평균치 $200\mu g/m^3$ (0.106ppm) 이하

정답 23.① 24.③

미세먼지 (PM-10)	• 연간 평균치 50μg/m³ 이하 • 24시간 평균치 100μg/m³ 이하	• 연간 평균치 20μg/m³ 이하 • 24시간 평균치 50μg/m³ 이하
초미세먼지 (PM-2.5)	• 연간 평균치 15μg/m³ 이하 • 24시간 평균치 35μg/m³ 이하	• 연간 평균치 10μg/m³ 이하 • 1시간 평균치 25μg/m³ 이하
오존 (O_3)	• 8시간 평균치 0.06ppm 이하 • 1시간 평균치 0.1ppm 이하	• 8시간 평균치 100μg/m³ (0.051ppm) 이하
납(Pb)	연간 평균치 0.5μg/m³ 이하	
벤젠	연간 평균치 5μg/m³ 이하	

※ 2011년 3월 28일부터 개정 시행. 1시간 평균치는 전체 측정 수를 1000개로 환산하여 그 999번째의 수의 값이 그 기준을 초과하여서는 안 되고, 8시간 및 24시간 평균치는 전체 측정 수를 100개로 환산하여 그 99번째의 수의 값이 그 기준을 초과하여서는 안 된다.
※※ PM-10 : 입자의 크기가 10μg 이하인 먼지
※※※ PM-2.5 : 입자의 크기가 2.5μg 이하인 먼지

25 [15년 전남경쟁력]

이상저온 현상 시 인체에 미치는 영향은?
① 열경련
② 열피로
③ 일사병
④ 급성일과성 염증

해설

급성 일과성 염증 반응(acute transient inflammatory reaction)
㉠ 찬 공기가 피부표피의 모세혈관을 수축시켜 간헐적으로 반응성 혈관이완이 일어나 피부에 국소적인 발적을 유발한다.
㉡ 냉감각에 의한 냉통증을 느끼며 감각마비 현상이 나타난다.

보충학습

이상기온 - 저온에 의한 건강장해

국소작용(local action)	• 찬 공기가 혈류분포가 적은 피부에 작용하면 국소적 발적에 이어 빈혈이 오며 격심한 동통이 수반 • 피부는 감각을 잃고 계속되면 피부의 궤양이 발생 • 사지, 귀뿌리, 코끝 등 노출된 부위에 호발
참호족 · 침수족(trench foot, immersion foot)	사지가 심하게 습하고 차게 되면 초기 증상은 말초 소동맥의 경련을 동반한 급성 일과성 반응이 일어나고, 이어서 모세혈관의 확장, 부종, 조직과 신경의 퇴화가 발생한다.
동상(frostbite)	• 강렬한 한랭으로 인해 손, 발과 얼굴의 조직에 장애가 오거나 심부혈관의 변화 및 조직의 동결이 오는 것 - 1도 동상 : 피부가 창백해지고 감각이 둔해지며 따끔따끔한 통증 발생 - 2도 동상 : 수포를 동반한 광범위한 삼출성 염증

KEYWORD
• 이상기온 - 저온폭로

정답 25.④

	− 3도 동상 : 조직의 깊은 부위까지 동결하여 조직의 괴사 발생
전신작용(systemic action)	한랭에 대처하기 위해 말초모세혈관의 축소가 일어나고 맥박이 증가하며 더 나아가서 내장, 복부 장기의 혈관 수축
동사(death from cold)	한랭에 대한 생리적 방어기전이 점차적으로 약화되어 각 기관의 기능을 상실하며, 체온이 하강하고 생체기능이 저하되면서 사망에 이르게 된다.
응급처치	• 보온과 산소공급 • 충분한 영양공급

26 공기의 자정작용에 대한 설명으로 옳지 않은 것은?
① 식물에 의한 여과작용
② 자외선에 의한 살균작용
③ 산소 및 오존에 의한 산화작용
④ 중력에 의한 침강작용

KEYWORD
공기의 자정작용

해설
공기의 자정작용
㉠ 공기 자체의 희석작용
㉡ 강우, 강설에 의한 공기 중의 용해성 가스나 분진의 세정작용
㉢ 산소, 오존 및 과산화수소(H_2O_2)에 의한 산화작용
㉣ 자외선에 의한 살균작용
㉤ 식물의 탄소동화작용에 의한 교환작용($CO_2 \rightarrow O_2$)
㉥ 중력에 의한 침강작용

15년 서울시

27 인체의 고온순화(acclimatization) 현상으로 옳지 않은 것은?
① 땀 분비 감소
② 맥박수의 감소
③ 땀의 염분농도 감소
④ 심박출량 증가

KEYWORD
기후순화

해설
㉠ 고온순화가 되었을 경우 알도스테론 분비증가에 의해 땀 속의 염분농도가 감소하게 되어 같은 양의 땀을 흘리더라도 염분 손실이 적다.
㉡ 맥박 수가 감소하더라도 심박출량은 증가할 수 있다.

정답 26.① 27.①

기후순화
㉠ 사람들이 주어진 기후환경에 적응하여 인체의 기질적 또는 기능적 변화를 일으키는 것
㉡ 순화기전

대상성 순응	새로운 환경에 세포 또는 기관이 적응하는 것
수동적 순응	약한 개체가 자신의 최적 기능을 찾아가는 것
자극적 순응	환경 자극에 의해 저하되었던 기능이 정상적으로 회복되는 것

㉢ 기후와 질병

감염병	한대지방보다 온대나 열대지방에 많으며, 열대지방에서는 연간 감염병이 지속된다.
기상병	기후 상태에 따라 기존의 질병이 악화되거나, 새로 발생하는 것 예 관절염, 뇌졸중 또는 뇌혈관 질환(뇌경색, 뇌출혈)
계절병	계절에 따라 주로 발생하는 병의 총칭 예 여름 : 소화기 병, 단독(丹毒) 등의 피부질환, 뇌염, 장티푸스, 장염, 말라리아 예 봄에 이르러 차고 메마른 기후 : 급성인플루엔자, 폐렴, 급성기관지염, 천식
풍토병	어느 지역의 기후 또는 기후로 인한 조건에 의해 그 지역에 주로 발생하는 질환 예 열대 지역의 수면병, 말라리아, 콜레라 등

28 [16년 경기의료기술]

우리나라 대기환경 오염물질 배출 허용 기준 중 매연은 링겔만 비탁표에서 몇 도 이하로 규정하고 있고 이때의 매연농도는 몇 %인가?

① 1도 - 20%
② 2도 - 40%
③ 3도 - 30%
④ 5도 - 50%

KEYWORD
대기오염 판정기준

해설
우리나라 매연의 대기허용기준은 2도(40%) 이하이며 매연의 농도와 비교해서 농도의 도수를 측정한다.

오염물질 기준치 - 배출 허용 기준
㉠ 환경 기준치를 달성하기 위해 법적인 구속력을 갖는 배출규제이다.
㉡ 배출을 규제하는 방법
 ⓐ 배출량 규제
 ⓑ 배출조건 규제(굴뚝이나 배출시간)

정답 28.②

ⓒ 배출지역 규제
ⓓ 착지농도가 어떤 환경수준을 달성하도록 지상의 농도 규제
ⓒ 배출허용기준 : 대기오염 물질의 총량으로 규제하고 있으며, 가스상 물질과 입자상 물질로 구분하여 그 기준을 정하고 있다.
ⓔ 링겔만 농도표 : 굴뚝으로부터 배출되는 배기가스의 농도를 측정할 때 사용하는 농도기준표로서 백선에서 흑선까지 6단계가 있다.
  ⓐ 측정방법
    ㉠ 무풍 시 연기의 흐름에 수직(직각)인 위치에서 태양광을 측면으로 받는 위치에서 한다.
    ㉡ 관측자의 전방 16m에 링겔만 비탁표를 수직으로 세워서 굴뚝과 관측자의 거리를 40m로 하고 굴뚝 출구에서 30~45cm 위치의 매연이 태양광선을 차단하는 비율과 이 표를 비교한다.
  ⓑ 특징
    ㉠ 매연의 색과 비교하는 것이 아니라 태양광선이 매연에 흡수되는 상황을 비교한다.
    ㉡ 이 표에 의한 매연농도의 측정은 오차가 생기기 쉬우나 간편한 것이 특징이다.

농도표	흑선의 폭	백선의 폭	백색비율	매연농도
0도	전백		100%	0%
1도	1.0mm	9.0mm	80%	20%
2도	2.3mm	7.7mm	60%	40%
3도	3.7mm	6.3mm	40%	60%
4도	5.5mm	4.5mm	20%	80%
5도	전흑		0%	100%

29 〔16년 환경부〕
대기오염물질과 측정방법의 연결과 옳지 않은 것은?
① PM-10 : 베타선(β-ray) 흡수법
② 석면 : 적외선 흡수법
③ 일산화탄소 : 비분산적외선 분석법
④ 아황산가스 : 자외선 형광법
⑤ 이산화질소 : 화학발광법

해설

항목	기준	측정방법
아황산가스 (SO_2)	• 연간 평균치 0.02ppm 이하 • 24시간 평균치 0.05ppm 이하 • 1시간 평균치 0.15ppm	자외선 형광법 (Pulse U.V Fluorescence Method)

정답 29.②

일산화탄소 (CO)	• 8시간 평균치 9ppm 이하 • 1시간 평균치 25ppm 이하	비분산적외선 분석법 (Non-Dispersive infrared Method)
이산화질소 (NO_2)	• 연간 평균치 0.03ppm 이하 • 24시간 평균치 0.06ppm 이하 • 1시간 평균치 0.1ppm 이하	화학발광법 (Chemiluminescent Method)
미세먼지 (PM-10)	• 연간 평균치 $50\mu g/m^3$ 이하 • 24시간 평균치 $100\mu g/m^3$ 이하	베타선흡수법 (β-ray Absorption Method)
초미세먼지 (PM-2.5)	• 연간 평균치 $15\mu g/m^3$ 이하 • 24시간 평균치 $35\mu g/m^3$ 이하	중량농도법 또는 이에 준하는 자동측정법
오존(O_3)	• 8시간 평균치 0.06ppm 이하 • 1시간 평균치 0.1ppm 이하	자외선 광도법 (U.V Photometric Method)
납(Pb)	연간 평균치 $0.5\mu g/m^3$ 이하	원자흡광 광도법(Atomic Absorption Spectrophotometry
벤젠	연간 평균치 $5\mu g/m^3$ 이하	가스크로마토그래프법 (Gas Chromatography)

30 다음 중 적외선에 대한 설명으로 옳지 않은 것은?

① 7,800 Å의 광선으로 일명 열선이라고도 한다.
② 열을 방출하는 가장 중요한 파장이다.
③ 생물학적 작용으로 일사병, 열경련, 화상 등이 있다.
④ 근적외선은 유리를 투과한다.

근적외선은 물을 투과한다.

적외선

㉠ 7,800~30,000 Å(또는 780nm 이상)의 광선으로 일명 열선이라고 부르며 온실효과를 유발한다.
㉡ 종류

근적외선	• 75,000~30,000 Å • 물 투과
중적외선	• 30,000~300,000 Å • 유리 투과
원적외선	• 30,000~1,000,000 Å • 암염, 형석 투과

㉢ 적외선 장애 : 피부온도 상승, 혈관확장, 피부홍반, 두통, 현기증, 열경련, 일사병, 백내장, 실명 등

30.④

31

〔 16년 경기 〕

링겔만 비탁표의 주요 측정 대상 물질은?

① 아황산가스 ② 매연
③ 미세먼지 ④ 오존

해설

링겔만 농도표는 굴뚝에서 나오는 매연의 농도를 측정할 때 사용하는 농도 기준표로 흑선에서 백선까지 6단계로 나누어 표현하였다. 우리나라 대기 허용기준은 2도(40%) 이하이며, 매연의 농도와 비교해서 농도의 도수를 측정한다.

KEYWORD
매연농도 측정

32

〔 16년 환경부 〕

아래에서 설명하는 오염물질로 옳은 것은?

- 어린이의 지능저하를 초래한다.
- 주로 뼈에 축적된다.
- 고농도로 농축되면 미성숙 적혈구를 성장시키며 조혈계통 장애를 유발한다.

① 일산화탄소 ② 오존(O_3)
③ 납(Pb) ④ 수은(Hg)
⑤ 석면

KEYWORD
대기오염 물질

해설

㉠ 납 배출원 : 공기, 흙, 페인트, 크리스탈 용기 사용, 납 수도관, 부적절한 한방요법, 축전지 제조 공장, 화장품 공장, 장난감 공장 등

㉡ 납의 체내 대사

흡수	호흡기	• 입자의 크기가 5μm 이하의 호흡성 분진, 흄만이 체내에 흡수되어 호흡기로 들어온 납은 30~40% 정도가 폐의 혈액을 통해 흡수된다. • 비강폐색으로 인한 구강호흡일 경우 체내 흡수가 증가된다. • 상기도 질환으로 인한 기관지 섬모운동이 미약할 경우 체내 흡수가 증가한다.
	위장관	• 흡기를 통해 들어온 납 분진, 흄의 입자가 크면 기관지 섬모운동에 의해 상기도로 나와 침을 삼킬 때 위장관으로 들어갈 수 있다(5~15%). • 철분이나 칼슘이 부족한 경우 납의 위장관 흡수율이 높아진다.
체내 축적		• 납은 적혈구에 친화성이 높아 순환혈액 내에 있는 납의 95%는 적혈구에 결합되어 있다. • 장기별로 납의 분포가 다르지만 뼈에 대한 강한 친화성으로 인하여 소아에서는 체내 납의 70%, 성인에서는 90% 정도는 뼈에 존재한다. • 치아에도 침착되며 태반도 통과한다.
배설		신장(소변)과 위장관(대소변)을 통한 배설

정답 31.② 32.③

ⓒ 납 중독의 병리
  ⓐ 헴(heme) 합성 장애 : 납 중독의 중요 증상 중의 하나인 빈혈증은 헴의 생합성 과정에 장해가 생겨 혈색소량이 감소하고 적혈구의 생존기간이 단축되어 파괴가 촉진되기 때문이다.
  ⓑ 납 중독은 K^+와 수분의 손실을 가져와 삼투압이 증가함으로써 적혈구가 위축된다. 그 결과로 적혈구의 생존기간이 짧아지고(120일 → 105일), 골수의 조혈기능이 항진되어 미숙적혈구(망상적혈구, 호염기성 적혈구)가 증가한다.
  ⓒ 중증의 납 중독 환자에서는 용혈성 빈혈이 나타난다.
ⓔ 임상증상
  ⓐ 납 중독의 5대 징후 : 납창백, 연선과 연연(Lead Line), 소변 중 코프로포르피린(coproporphyrin) 배출, 호염기성 적혈구 증가, 신근마비(Wrist Drop)
  ⓑ 위장장애 : 납 산통(lead colic), 식욕부진, 변비, 복부팽만감, 급성 복부 산통 등
  ⓒ 신경근육계통 장해 : 신장근(extensor muscle)의 쇠약이나 마비가 나타나는데 손 처짐을 동반하는 팔과 손의 마비가 특징적이다. 그 외 관절통, 근육통, 두통 현기증 등이 나타난다.
  ⓓ 중추신경계통 장해 : 급성 뇌증상(acute encephalopathy)으로 알려진 심한 뇌 중독 증상, 정신장해
ⓜ 저농도의 납 노출 : 어린이의 지능, 문제해결 능력, 기억력을 저하시키고 학업능률 저하, 주의력결핍–과잉행동장애(ADHD)의 위험과 운동기능저하를 가져온다.

33

16년 환경부

태양광선에 노출되어 나타나는 인체 건강영향과 직접적인 관련성이 낮은 것은?

① 피부노화의 위험성
② 안구돌출증
③ 피부암
④ 백내장
⑤ 비타민 D 형성

해설
㉠ 가시광선 : 안구진탕증
㉡ 안구돌출증 : 안구가 안와 밖으로 돌출하는 증세(그레이브스병, 안와 종양)

보충학습

가시광선
㉠ 정의 : 전자기파 중에서 사람의 눈에 보이는 범위의 파장(명암 구분)을 가지고 있는 것으로 사람에 따라 다소 다르나 대체로 3,800~7,700Å이다.
㉡ 가시광선은 망막을 자극하여 명암과 색채를 구별한다.
㉢ 가시광선 중 가장 강한 빛을 느끼는 파장은 5,500Å이다.

KEYWORD
• 일광

정답 33.②

ⓔ 눈은 0.5~10,000lux에서 물체를 구별할 수 있으나, 적당한 조도는 100~1,000lux이다.
ⓜ 시각기관을 통해 정신기능에 작용하여 적색은 온감을, 청색은 냉감, 검은색은 압박감을 준다.
ⓑ 장애
- 과다 조명 : 시력장애, 암순응능력 저하, 시야협착, 망막변성, 결막 자극으로 인한 수명(photophobia), 두통 등
- 낮은 조도 : 안정피로, 안구진탕증, 작업능률 저하, 시력 저하
- 불량 조명 : 불쾌감, 근육긴장, 눈의 피로, 시력감퇴 초래

34

[16년 환경부]

여름철 다수인이 냉방이나 환기시설이 없는 극장 등 밀폐된 공간에 있을 때 두통, 불쾌감 등 군집독이 발생한다. 이 원인으로 옳지 않은 것은?

① 이산화탄소의 증가
② 산소의 감소
③ 실내온도의 증가
④ 실내습도의 증가
⑤ 세균 번식

해설

군집독

㉠ 개념 : 밀폐된 방에 다수의 사람이 장시간 있을 때 실내공기의 물리적·화학적 조성의 변화로 불쾌감, 권태감, 두통, 구토, 식욕부진, 현기증 등을 일으키는 것
㉡ 원인

물리적 변화	실내온도 증가, 실내습도 증가
화학적 변화	무기류, 이산화탄소 농도의 증가, 산소의 감소, 먼지, 가스, 악취, 각종 실내 공기의 이화학적 변화

㉢ 예방 : 실내 환기

정답 34.⑤

35 다음 설명에 해당하는 것은?

- 공기 중 함유량은 약 78% 정도를 차지한다.
- 불활성 기체로 생리적 작용이 없는 기체이나 급격한 기압 변화 시 인체에 위해를 끼칠 수 있다.
- 고압상태에서 잠함병을 유발하는 원인이 된다.

① 일산화탄소
② 산소
③ 질소
④ 먼지

KEYWORD
- 공기

해설

질소(N_2)
㉠ 공기의 78%로 가장 많은 비중을 차지한다.
㉡ 생리적 작용이 없는 불활성 기체이나 급격한 기압 변화 시 인체에 해를 끼친다.
㉢ 건강장해
- 잠함병(감압병) : 주로, 신체에 가해지던 주위 압력이 낮아질 때 이전 압력 조건에서 체내에 용해되었던 질소, 헬륨 등의 불활성기체가 혈액과 조직에 기포를 형성하는 데 기인한다.
- 이상기압 : 1.7기압 이하, 이상고압 : 1기압 초과
- 고기압상태

3기압	자극
4기압	마취, 환각
10기압	의식상실

17년 환경부

36 일산화탄소에 대한 설명으로 옳지 않은 것은?

① 무색, 무미, 무취의 무자극 기체이다.
② 불완전 연소 시 다량 발생하며 주로 타기 시작할 때와 꺼질 때 많이 발생한다.
③ 산화력이 강해 살균, 탈취효과가 있다.
④ 중독 시 신경장애, 정신기능 장애, 호흡기능 장애 등이 발생한다.
⑤ 노출정도 및 노출시간 건강상태, 감수성에 따라 중독증상 차이가 있다.

KEYWORD
- 대기오염 물질

해설

오존에 관한 내용이다.

정답 35.③ 36.③

보충학습

일산화탄소(CO)

㉠ 특징
  ⓐ 화석연료(석탄, 디젤, 휘발유, 자동차 배기가스)가 불완전 연소할 때 많이 발생한다.
  ⓑ 일산화탄소는 낮은 농도로 인체에 치명적인 영향을 주는 가스로 무색, 무취, 무자극의 공기보다 약간 가벼운 기체이다.

㉡ 중독 기전
  ⓐ 일산화탄소는 혈색소와 결합하여 카르복시헤모글로빈(COHb)을 생성함으로써 산소전달 능력을 떨어뜨린다.
    예) 허혈성심장질환 환자의 경우 COHb 상승에 따른 저산소증 보상능력이 부족하므로 일산화탄소에 민감하다.
  ⓑ 공기와 거의 유사한 비중(0.976)으로 혼합되기 쉽고 헤모글로빈(Hb)과 결합력이 산소에 비해 250~300배 강하므로 COHb를 형성하고 HbO_2를 방해하여, 산소운반 장애와 산소해리 촉진 작용으로 산소결핍의 원인이 된다.
  ⓒ 저농도 노출 : 피로, 두통, 어지럼증
  ⓓ 고농도 노출 : 시력장애, 운동조절장애, 구역질, 사망
  ⓔ 만성적인 노출 : 신경성장애, 정신기능장애, 만성 호흡기질환 발생, 직업병 악화 등

㉢ 혈중 COHb 농도에 따른 중독증상
  ⓐ 10% 미만 : 무증상
  ⓑ 10~20% 미만 : 두통, 판단력 저하, 피부혈관 확장 등 임상 증상이 나타난다.
  ⓒ 50% : 구토증, 때때로 환각
  ⓓ 60% : 혼수, 대소변 배설
  ⓔ 80% : 사망

---

37 [17년 서울시]

오존층의 파괴로 가장 많이 증가하는 것으로 알려져 있는 질병은?

① 알레르기 천식 ② 폐암
③ 백혈병 ④ 피부암

KEYWORD
● 오존층

해설
오존층 파괴로 인한 인체 건강문제의 가장 큰 원인은 자외선 조사량의 증가이며, 이로 인해 피부암 발생률이 가장 높다.

정답 37.④

38

[17년 경기]

대기오염을 일으키는 입자상 물질의 생성 및 분류에 대한 설명으로 옳지 않은 것은?

① 흄(Fume) : 고체 핵을 중심으로 액체가 응축되어 생긴 물방울
② 매연(Smoke) : 연료의 불완전 연소에 의해 생긴 0.01~1㎛ 사이의 탄소입자
③ 미스트(Mist) : 액체물질이 붕괴되거나 화학반응에 의해 핵 주위에 응축되어 생긴 액체상의 물질
④ 분진(Dust) : 유기 혹은 무기질이 물리적으로 부서져서 공기 중에 부유되어 있는 고체상의 물질

KEYWORD
- 대기오염물질의 형태상(성상) 분류

해설

흄(훈연Fume) : 기체가 응축하면서 생성된 고체입자로 용융된 물질이 증발되어 생긴 것으로 크기는 0.03~0.3㎛이다.

보충학습

입자상 물질(particles, 분진) : 아주 작은 액체 및 고체상의 부유물질

구분	특징	크기
박무(mist, 엷은 안개)	• 가스나 증기의 응축에 의해 생성되거나 공기, 기체 속에 부유 상태로 존재하는 액상물질 • 시정거리(가시거리) 1km 이상	0.5~3.0㎛
훈연(fume)	물질이 연소, 승화, 증발, 화학반응 등으로 생성된 콜로이드 상태인 일종의 고체상 입자	0.03~0.3㎛
분진(dust, 먼지)	• 각종 작업장이나 공장, 자연적 침식 및 붕괴에 의해 발생하는 고체 입자로 대기 중에 부유하거나 흩날리는 물질 • 강하분진 : 10㎛ 이상의 크기를 가지며 비교적 무거워 침강하기 쉬운 것 • 부유분진 : 10㎛ 이하의 크기로 가벼워서 장시간 공기 중에 부유하는 것	1~100㎛
검댕(soot)	탄소화합물의 불완전 연소 시 발생하는 유리탄소가 응결하여 입자의 지름이 1㎛ 이상이 되는 입자상 물질	1㎛ 이상
매연(smoke)	연료의 불완전 연소 시 발생하는 유리탄소를 주로 하는 고체 혹은 액체의 미세한 입자상 물질	0.01~1.0㎛
스모그(smog)	대기 중 광화학반응에 의해 생성된 가스의 응축으로 발생(액체)	1㎛ 이하
연무(haze)	• 수분, 오염물질, 먼지 등으로 구성된 시야를 방해하는 입자상 물질 • 안개와는 상대습도로 구별한다. • 습도는 75% 미만 • haze는 습기만으로 이뤄진 것이 아니므로 오후에도 뿌옇게 남아 있어 시야를 흐리게 하는 경우가 많다.	1㎛ 이하

정답 38.①

비산재(fly ash)	연료가 연소하면서 생긴 재와 불완전 연소된 연료의 성분이 굴뚝 안에 있다가 배출되는 것
연무질 (aerosol)	• 고체 또는 액체의 미세한 입자가 공기 중에 분산된 운상형태로 존재하며 입자의 입경 범위가 넓은 입자상의 물질 • 가스 내에 액체입자와 미세한 고체입자가 분산되어 있는 상태
안개(fog)	• 작은 물방울이 공기 중에 부유하는 현상 • 습도는 100% 정도 • 시정거리(가시거리) 1km 미만 • 보통 오후가 되면 소산된다.

17년 경기

39. 온열환경에 대한 설명으로 옳은 것은?

① 온대지방의 기온은 북반구 기준 7월이 최고이고 연교차가 적다.
② 적도지방의 기온은 춘분과 추분이 최저이고 연교차가 극히 적다.
③ 상대습도란 현재 공기 $1m^3$ 중에 함유한 수증기량을 뜻한다.
④ 포화습도란 일정공기가 함유할 수 있는 수증기량이 한계에 달했을 때, 공기 중의 수증기량을 뜻한다.

상 중 하
KEYWORD
• 온열조건

해설
① 온대지방 : 가장 더운 달의 평균 기온이 18도가 넘고, 가장 추운 달의 평균기온이 영하 3도가 넘는 지역(우리나라 해당). 여름엔 열대지방처럼 덥고 겨울엔 한대지방처럼 추운 경우도 있다.
② 적도지방 : 춘분과 추분 때 최고 온도, 동지와 하지일 때 최저온도
③ 상대습도 : 현재 공기 $1m^3$가 포화 상태에서 함유할 수 있는 수증기량과 현재 그 중에 함유된 수증기량의 비를 %로 표시한 것이다.

상대습도(%) = 절대습도/포화습도 × 100(맑은 날 건구온도↑, 습구온도↓)

㉠ 절대습도 : 현재 공기 $1m^3$ 중에 함유된 수증기량 또는 수증기장력이다.
㉡ 포화습도 : 일정 공기가 함유할 수 있는 수증기량에는 한계가 있는데, 한계에 달했을 때를 포화상태라고 하고, 이때의 공기 중 수증기량(g)이나 수증기장력(mmHg)이다.
㉢ 포차 : 포화습도-절대습도

보충학습

연교차
㉠ 1년 동안 최고기온과 최저기온의 차이이다.
㉡ 해안 < 내륙, 저위도 < 고위도
㉢ 한대 > 온대 > 열대
㉣ 적도지방은 춘분과 추분 때 최고온도, 동지와 하지일 때 최저온도, 한대 지방은 7월이 최고온도, 1월이 최저온도이다.

정답 39.④

40 소기후와 관계가 깊은 것은 무엇인가?
① 기류 ② 군집독
③ 낮은 습도 ④ 살균력

해설

소기후
㉠ 좁은 지역 내의 기후
㉡ 실내 공기는 환경적인 조건에 의해 물리적, 화학적 조성의 변화를 일으킬 수 있는데 이러한 특정한 공간 내의 공기상태를 소기후라고 한다.
㉢ 군집독 : 밀폐된 방에 다수의 사람이 장시간 있을 때 실내공기의 물리적·화학적 조성의 변화로 불쾌감, 권태감, 두통, 구토, 식욕부진, 현기증 등을 일으키는 것

KEYWORD
소기후

17년 경기

41 대기오염의 정의에 대한 설명으로 옳지 않은 것은?
① 오염물질이 외부공기에 존재할 경우만을 의미한다.
② 소음처럼 감지할 수 없는 물질도 대기오염의 범주에 포함한다.
③ 사람뿐만이 아니고 동·식물과 재산상의 해를 줄 수 있는 양이어야 한다.
④ 오염물질의 발생원이 인위적이어야 한다.

해설

대기오염의 정의
㉠ 대기 중의 오염물질이 인위적으로 배출되어 생물이나 재산에 직접적으로 해를 끼칠 만큼 다량으로 대기 중에 존재하는 상태로 옥외의 대기에 인위적이거나 자연적으로 방출된 오염물이 존재함으로써 대기 성분의 상태가 변하고, 질이 악화되어 인간과 동·식물의 생활에 해를 줄 때를 말한다.
㉡ 대기오염은 도시의 발전과 인구증가로 인해 문제가 심각해지고 있다.
㉢ 대기오염은 인간의 활동 결과 발생한 물질이 인간 생활에 직·간접적으로 불쾌감을 주고, 재해의 위험성을 내포하고 건강, 재산에 위협을 줄 정도의 상태를 말한다.
㉣ WHO : 대기오염이란 실외 대기 중에 인공적으로 오염물질이 혼입되어 그 양, 질, 농도, 지속시간이 상호작용하여 다수의 지역주민에게 불쾌감을 일으키거나, 보건상의 위해를 끼치며 인류의 생활이나 식물의 생장을 방해하는 상태를 말한다.
㉤ 미국 의학협회 산업보건위원회 : 개인의 복지에 불리한 영향을 끼치거나 또는 재산상의 손해를 야기하는 대기 중 외부물질의 과잉 농도를 말한다.

KEYWORD
대기오염의 정의

정답 40.② 41.②

대기환경보전법 시행규칙 [별표 1] 〈개정 2017. 1. 26.〉

대기오염물질(제2조 관련)
1. 입자상물질 2. 브롬 및 그 화합물 3. 알루미늄 및 그 화합물 4. 바나듐 및 그 화합물 5. 망간화합물 6. 철 및 그 화합물 7. 아연 및 그 화합물 8. 셀렌 및 그 화합물 9. 안티몬 및 그 화합물 10. 주석 및 그 화합물 11. 텔루륨 및 그 화합물 12. 바륨 및 그 화합물 13. 일산화탄소 14. 암모니아 15. 질소산화물 16. 황산화물 17. 황화수소 18. 황화메틸 19. 이황화메틸 20. 메르캅탄류 21. 아민류 22. 사염화탄소 23. 이황화탄소 24. 탄화수소 25. 인 및 그 화합물 26. 붕소화합물 27. 아닐린 28. 벤젠 29. 스틸렌 30. 아크롤레인 31. 카드뮴 및 그 화합물 32. 시안화물 33. 납 및 그 화합물 34. 크롬 및 그 화합물 35. 비소 및 그 화합물 36. 수은 및 그 화합물 37. 구리 및 그 화합물 38. 염소 및 그 화합물 39. 불소화물 40. 석면 41. 니켈 및 그 화합물 42. 염화비닐 43. 다이옥신 44. 페놀 및 그 화합물 45. 베릴륨 및 그 화합물 46. 프로필렌옥사이드 47. 폴리염화비페닐 48. 클로로포름 49. 포름알데히드 50. 아세트알데히드 51. 벤지딘 52. 1,3-부타디엔 53. 다환방향족 탄화수소류 54. 에틸렌옥사이드 55. 디클로로메탄 56. 테트라클로로에틸렌 57. 1,2-디클로로에탄 58. 에틸벤젠 59. 트리클로로에틸렌 60. 아크릴로니트릴 61. 히드라진 62. 아세트산비닐 63. 비스(2-에틸헥실)프탈레이트 64. 디메틸포름아미드

42. [17년 경기]

이산화탄소, 메탄, 아산화질소 등으로 인한 지구의 기온변화로 나타나는 현상과 가장 거리가 먼 것은?

① 지구온난화
② 감염병 발생률의 증가
③ 인간의 노화 현상 가속화
④ 호흡기 및 피부의 면역성 질환의 악화

해설

기후변화와 건강영향
㉠ 기후변화는 전 지구의 기후 또는 지역적 기후의 시간에 따른 변화를 말하며 이러한 변화 중 지구온난화는 우리의 관심과 염려의 대상이다.
㉡ 기후변화의 건강영향
 ⓐ 기후변화는 홍수 및 가뭄 등의 자연재해를 통하여 사망과 질병을 증가시키는 것 외에 혹서에 의한 감염성질환 발생의 증가를 가져온다.
 ⓑ 여러 가지 중요한 질병들이 기온, 강수의 변화에 의해 민감하게 변화될 수 있는데 이러한 질병으로 말라리아, 뎅기열(모기개체 수 증가)과 같은 매개체 전염질환이 있다.
 ⓒ 수온의 상승으로 콜레라를 일으킬 수 있는 비브리오균의 농도가 증가하여 감염성질환이 증가할 것으로 예측된다.
 ⓓ 호흡기 및 피부질환이 증가하고 재해로 인한 피난민의 증가와 이로 인한 건강상의 문제가 발생할 수 있다.
 ⓔ 기온의 상승은 대기오염물질의 농도에 영향을 미치고 기온 자체에 의한 일사병 등 고온관련 질환 및 사망이 늘어날 수 있다.

KEYWORD
• 기후변화

정답 42. ③

> **보충학습**
>
> 기후변화에 의한 건강위험의 특성
> ㉠ 기후변화에 의한 건강 위험은 매우 다양하고 지구적인 규모로 일어나며 비가역적일 수 있다.
> ㉡ 이러한 위험성은 국가 간에 불평등하게 적용된다(후진국일수록 위험성이 크다).
> ㉢ 같은 국가 내에서도 도시 빈민, 해안지역, 노인과 어린이, 영세농가 등은 기후변화의 피해를 더 많이 받는다.

43 〔17년 경기〕

인간의 방열작용에 영향을 주는 온열인자들의 종합작용으로 인하여 여러 가지 온열상태 또는 온열조건들이 나타나게 된다. 다음 온열 조건들에 기여하는 인자들이 바르게 연결된 것은?

① 쾌감대 : 기온, 기습, 기류, 복사열
② 냉각력 : 기온, 기류
③ 불쾌지수 : 기온, 기습, 복사열
④ 감각온도 : 기온, 기습, 기류

KEYWORD
● 온열지수

해설
온도, 습도, 기류(무풍)의 3가지 인자에 의해 이루어지는 체감을 감각온도라고 하며, 피복, 계절, 성별, 연령별, 기타 조건에 따라 변화한다.

오답해설
① 쾌감대 : 인간이 쾌감과 불쾌감을 느끼는 것은 기온, 기습, 기류의 상호작용에 의해서 형성되는 미기후(microclimate)에 의해 결정되지만 신체조건, 의복착용, 활동 등 여러 가지 조건에 따라 달리 느낀다.
② 카타 냉각력 : 기온, 기습이 낮고 기류가 클 때 인체의 체열 방산량이 증가하는데 이때 인체의 열을 뺏는 힘을 그 공기의 냉각력이라고 한다(기온, 기류, 기습에 의해 인체로부터 열을 뺏는 힘).
③ 불쾌지수 : 온도와 습도의 영향에 의해서 인체가 느끼는 불쾌감을 수치화한 것으로 기류와 복사열은 고려되지 않는다.

44 성인의 경우 하루에 평균 필요한 공기량은 얼마인가?

① 13KL
② 20KL
③ 40KL
④ 13.5KL

KEYWORD
● 산소

해설
정상 성인의 1일 공기 필요량 : 13KL

정답 43.④ 44.①

45
일산화탄소-헤모글로빈(Hb-CO농도)이 몇 %정도일 때 증상 발현이 시작되는가?

① 10~20%
② 1~2%
③ 30~40%
④ 6~7% 이하

해설

㉠ 1~10% : 무증상
㉡ 10% : 거의 무증상, 운동하면 호흡곤란
㉢ 10~20% : 두통, 앞머리 압박감, 피부 혈관 확장
㉣ 40~50% : 구토, 두통
㉤ 60~70% : 경련, 혼수, 사망
㉥ 80% 이상 : 사망

46
습구흑구온도지수(WBGT)에 대한 설명과 거리가 먼 것은?

① 2차 세계대전 당시 열대지방에서 작전하는 미군 병사들에 대한 고온장애 방지를 위해 고안되었다.
② 감각온도 대신 사용한다.
③ 미풍계로 사용된다.
④ 측정 요소는 습구, 흑구, 건구 온도이다.

해설

카타온도계는 불감기류와 같은 미풍을 정확하게 측정할 수 있으므로 기류 측정의 미풍계로 사용한다.

보충학습

습구흑구온도지수(WBGT)

㉠ 2차 세계대전 당시 열대지방에서 작전하는 미군 병사들에 대한 고온장애 방지를 위해 고안된 온열지수이다.
㉡ 태양복사열의 영향을 받는 옥외환경 평가에 사용하도록 고안된 것으로 감각온도 대신 사용하기도 한다.
㉢ 고열작업장의 평가지표로 사용되고 있다.
㉣ 기류를 고려하는 감각온도와 달리 건구온도와 자연습구온도로 계산한다.
㉤ 계산식 : 습구온도, 흑구온도, 건구온도가 측정요소이다.
ⓐ 태양광이 있을 경우 : $WBGT = 0.7T_w + 0.2T_g + 0.1T_a$
ⓑ 실내 또는 태양광이 없는 실외 : $WBGT = 0.7T_w + 0.3T_g$
※ T_w : 습구온도, T_g : 흑구온도, T_a : 건구온도

정답 45.① 46.③

47 대기의 표준상태에서 산소의 체적 백분율은?
① 20.95% ② 58%
③ 75% ④ 68%

해설
정상 공기의 성분과 농도

성분	체적비율(%)	중량 백분율(%)	흡기(%)	호기(%)
질소(N_2)	78.10	75.51	78.10	78.00
산소(O_2)	20.93	23.01	20.93	17.00
이산화탄소(CO_2)	0.03	0.04	0.03	4.00
아르곤(Ar)	0.93	1.286	–	

17년 환경부

48 디젤배기가스에 대한 설명으로 옳지 않은 것은?
① NO_x가 포함되어 있다.
② 직경 1㎛ 이하의 입자상물질이 많이 포함되어 있다.
③ 폐포까지 도달하여 건강영향을 일으킬 수 있다.
④ 자동차 이외의 선박, 건설장비 등에서 광범위하게 배출된다.
⑤ 국제암연구소(IARC)에서 그룹 2A로 분류하였다.

해설
2012년 6월 국제암연구소(IARC)는 디젤엔진배기가스를 2A등급 발암성물질에서 1등급 발암물질로 상향 조정하였다.

보충학습

이동배출원(자동차 배출물질)
㉠ 이동배출원에는 자동차, 비행기, 선박, 기차 등이 있는데 대기오염 물질을 가장 많이 배출하는 것은 자동차이다.
㉡ 자동차 배출가스의 주요 성분 : 연료의 종류(가솔린, 디젤)와 질, 엔진(2사이클, 4사이클), 운전방법(공전, 가속, 감속, 운행), 차의 노후정도 등에 따라 다르다.
ⓐ HC, NO_x, SO_2, CO_2, CO, 매연, 메르캅탄 등
ⓑ 배출 농도 변화

CO	공전 시 많이 배출되고, 감속 시 적게 배출된다.
디젤(경유)엔진	발암 물질인 3·4 벤조피렌 배출
HC	감속 시 많이 배출되고, 운행 시 적게 배출된다.
NO_x	가속 시 많이 배출되고, 공전 시 적게 배출된다.

KEYWORD
공기의 조성

KEYWORD
자동차 배기가스

정답 47.① 48.⑤

18년 서울시 경력

49 역사적으로 유명한 대기오염 사건 중 주 오염물질이 다른 사건은?
① 뮤즈계곡 사건
② 도노라 사건
③ 런던 사건
④ 로스앤젤레스 스모그 사건

상 중 하

KEYWORD
• 대기오염 사건

해설

구분	원인물질	환경조건
뮤즈계곡	공장의 아황산가스(SO_2), 황산미스트 (H_2SO_4 mist), 불소화합물, CO, 미세입자	• 1930년 벨기에에서 발생 • 기상상태 : 무풍, 기온역전, 연무발생, 공장지대(철공, 금속, 아연) • 건강장해 : 호흡기 증상, 급성 심부전으로 60여 명 사망
요코하마	원인불명, 공업지역의 대기오염물질로 추정	• 1946년 일본 도쿄 요코하마에서 발생 • 기상상태 : 겨울, 무풍, 밤과 이른 아침에 진한 연무 발생, 공업지대 • 건강장해 : 천식 등
도노라	공장의 아황산가스(SO_2), 황산미스트 (H_2SO_4 mist)	• 1948년 미국 피츠버그시 도노라에서 발생 • 기상상태 : 계곡, 무풍, 기온역전, 연무발생, 공장지대(철공, 황산, 아연) • 건강장해 : 호흡기 질환 등
포자리카	가스 공장의 조작 사고로 인한 대량의 황화수소(유황가스, H_2S)가 도시로 유입	• 1950년 멕시코에서 발생 • 기상상태 : 기온역전, 분지지형 • 건강장해 : 기침, 호흡곤란, 점막자극, 지역주민의 급성중독증과 사망
런던 스모그	석탄연소 시 아황산가스(SO_2), 분진, 미립에어졸	• 1952년 12월 영국의 런던에서 발생 • 기상상태 : 무풍, 복사역전, 하천의 평지, 아침(0~5℃), 습도 90%, 조밀한 인구, 차가운 스모그 • 건강장해 : 만성기관지염, 호흡기질환자, 사고 당시 4,000명 사망
로스앤젤레스 (광화학스모그)	석유 연소 시 발생한 올레핀계 탄화수소(HC), 질산화물(NO_x) 등이 자외선과 반응하여 생성된 2차 오염물질(O_3)	• 1954년 LA에서 발생 • 기상상태 : 해안분지에서 1년 내내 해양성 백색연무발생, 침강성 역전, 낮(25~30℃), 차량증가로 인한 연료 소비 급증 • 건강장해 : 폐, 기도, 눈, 코 등 • 고무, 가죽 제품의 피해, 건축물 손상, 시정 악화, 과실의 손상 등

정답 49.④

보팔	공장에서 농약 제조 원료 메틸이소시안염(MIC-Methyliso-cyanate)의 유독가스 1시간 누출	• 1984년 12월 3일 인도 보팔시의 유니언 카바이드사의 비료 공장에서 발생 • 기상상태 : 한밤중, 무풍 상태, 쌀쌀한 날씨, 짙은 안개 • 인체장해 : 치명적, 극소량-중추신경계와 면역체계를 일시에 파괴하는 독극물
체르노빌(구소련)	방사성 물질	원자로 방사성 물질 누출
미나마타병	질소비료 공장 폐수의 수은에 의한 수질오염	• 1950년 일본의 규슈 미나마타에서 발생 • 건강장해 : 중추신경손상, 선천성 기형

50 건조온도변화 등 불리한 환경에서도 잘 견딜 수 있는 특징을 가지고 있으나 대기오염물질인 아황산가스에 취약한 대기오염 지표생물로 옳은 것은?

① 지의류 ② 남조류
③ 선태류 ④ 진균류
⑤ 녹조류

해설

지의류는 하얀 균체의 곰팡이와 녹색, 청남색의 조류가 만나 공동생활을 하는 공생체인 '균류'로서 일반적으로 아황산가스의 농도가 0.03ppm 이상이 되면 사라지기 시작한다. 아황산가스에 약한 특성 때문에 지의류는 대기오염의 심각한 정도를 판단하는 지표종으로 여겨진다.

보충학습

지표식물
대기오염을 사람보다 빨리 감지하여 환경파괴의 정도를 알리는 식물

대기오염물질과 지표식물	
아황산가스(SO_2)	알파파(자주개자리), 참깨
불소 및 불화수소	메밀, 글라디올러스
오존	담배(연초)
페록실아세틸나트레이트(PAN)	강낭콩
염화가스(Cl_2)	장미

KEYWORD
대기 오염의 피해

정답 50.①

51 기온의 측정에 대한 설명으로 옳지 못한 것은?

① 정확한 기온을 알기 위해 백엽관을 이용한 수은 온도계를 사용한다.
② 기온의 측정시간은 수은온도계 2분, 알콜 온도계는 3분간 측정한다.
③ 이상 저온 시에는 알콜 온도계를 사용한다.
④ 건구온도는 쾌적 상태에서 습구온도보다 3℃ 정도가 낮다.

KEYWORD
온열요소

해설
습구온도는 쾌적 상태에서 건구온도보다 3℃ 정도가 낮다.

보충학습

기온
㉠ 기온 : 온열요소 중 가장 중요한 인자로 지상 1.5m에서의 건구온도를 말한다.
㉡ 기온의 측정 : 정확한 측정을 위해서는 복사열을 피하기 위해 백엽관이 이용되며 수은온도계를 사용한다.
㉢ 건구온도 : 수은이나 알코올로 만든 봉상온도계로 측정한 온도
㉣ 습구온도 : 기온, 기습, 기류의 종합작용에 기인한 것으로 생물학적 의의가 크며, 쾌적 상태에서 건구온도보다 3℃가 낮다.
㉤ 실제 기온측정
  ⓐ 아스만 통풍 온도계를 사용하고 일반적으로 수은온도계로 2분간 측정한다.
  ⓑ 이상 저온 시 : 알콜 온도계로 3분 측정하고 측정 장소의 접근이 어려울 경우 구부가 큰 온도계로 15분 이상 측정한다.

[18년 서울경력연구사]

52 오존의 특성에 해당하지 않는 것은?

① 상온에서는 약간 청색을 띠는 기체이다.
② 살균력이 강하다.
③ 산소보다 물에 잘 녹는다.
④ 액체가 될 때 암자색을 띤다.

KEYWORD
대기오염물질

해설
상온에서는 약간 청색을 띠는 기체이나, 액체가 될 때에는 흑청색, 고체는 암자색을 띤다.

정답 51.④ 52.④

보충학습

오존(O_3)
㉠ 발생원
  ⓐ 자동차 배기가스가 광산화 반응을 할 때
  ⓑ 아크용접 시 발생하는 자극체
  ⓒ 2차 오염물질: 자동차 배기가스에서 발생하는 NO_2나 탄화수소, 휘발성 유기 화합물 등의 전구물질이 태양광에 의한 광화학 반응으로 생성
㉡ 특징
  ⓐ CFC에 의해 파괴
  ⓑ 대기 중 농도는 낮에 더 높다.
  ⓒ 반감기: 1시간
  ⓓ 무색, 무미, 해초 냄새(마늘 냄새)가 난다.
  ⓔ 상온에서는 약간 푸른색을 띠는 기체이나 액체가 될 때에는 흑청색, 고체가 될 때에는 암자색을 띤다.
  ⓕ 대기 중 오존층은 보호막 역할을 하지만, 지표면에 생성되는 오존은 대기오염물질이 된다.
  ⓖ 온실효과를 일으키는 온실가스이다.
  ⓗ 산화력이 강하여 살균, 악취제거에 이용되며, 고무에 균열과 탄력을 저하시킨다.
㉢ 독작용
  ⓐ 코, 눈, 호흡기 자극
  ⓑ 기침, 흉부압박, 호흡곤란, 천식 악화, 상기도 점막 건조, 비출혈
  ⓒ 폐부종, 폐섬유화 유발
  ⓓ 만성 폭로 시 두통, 피로, 쉰 목소리, 상기도 건조
㉣ 오존 농도: 일사량 및 기온에 비례하여 증가, 상대습도 및 풍속에 반비례하여 감소
㉤ 오존이 발생하기 쉬운 기상 조건

구분	기상조건
풍속	지상의 평균풍속이 3.0m/sec 미만으로 약할 경우
기온	평년보다 높은 경우, 최고 기온이 25℃ 이상으로 기온이 높을 때
일사량	일출 후 정오까지의 총 일사량이 6.4MJ/m²(150cal/cm²)
날씨	지속되는 쾌청한 날씨

53 링겔만 농도표를 이용하여 매연의 농도를 측정한 결과 5도 8회, 4도 12회, 3도 35회, 2도 45회, 1도 60회, 0도 180회였다면 매연의 농도는 얼마인가?

① 1도(20%)
② 2도(40%)
③ 3도(60%)
④ 4도(80%)

매연(%)=총(도수×횟수)/총횟수×20

$$\frac{5\times8+4\times12+3\times35+2\times45+1\times60+0\times180}{8+12+35+45+60+180}\times 20 = 약\ 20.18\%$$

링겔만 농도표
굴뚝으로 배출되는 매연농도를 측정하는 데 링겔만 차트를 사용한다.
㉠ 가로 14cm, 세로 20cm의 백상지에 각각 0/1.0/2.3/3.7/5.5mm 전폭의 격자형 흑선을 그려 백상지의 흑선부분이 전체의 0%, 20%, 40%, 60%, 80%, 100%를 차지하도록 하여 이 흑선과 연도에서 배출하는 매연의 검은 정도를 비교하여 0~5도까지 6종으로 구분한다.
㉡ 매연 농도 : 0~5(6종)
㉢ 백상지의 흑선 부분은 0~100%인데 1도 증가할 때마다 20%씩 증가한다(매연이 20%씩 태양광선을 차단한다는 것).

[19년 경기의료기술]

54 행정기관 관용차량의 운행이 제한되고 사업장의 연료사용량 감축명령이 내려지는 것은 기상조건 등을 감안한 상태에서 초미세먼지의 시간평균 농도가 150μg/m³ 이상이 몇 시간 지속될 때인가?

① 1시간
② 2시간
③ 3시간
④ 4시간

초미세먼지 (PM-2.5)	주의보	기상조건 등을 고려하여 해당지역의 대기자동측정소 PM-2.5 시간당 평균농도가 75μg/m³ 이상 2시간 이상 지속인 때	주의보가 발령된 지역의 기상조건 등을 검토하여 대기자동측정소의 PM-2.5 시간당 평균농도가 35μg/m³ 미만인 때
	경보	기상조건 등을 고려하여 해당지역의 대기자동측정소 PM-2.5 시간당 평균농도가 150μg/m³ 이상 2시간 이상 지속인 때	경보가 발령된 지역의 기상조건 등을 검토하여 대기자동측정소의 PM-2.5 시간당 평균농도가 75μg/m³ 미만인 때는 주의보로 전환

53.① 54.②

55
〔19년 경북경력연구사〕

아황산가스에 예민한 지표식물은?
① 진달래
② 알팔파
③ 토마토
④ 동백나무

KEYWORD
대기오염의 피해

해설

아황산가스	자주개자리(alfalfa)
PAN	강낭콩
오존	담배
염소	장미

56
〔19년 경북경력〕

대기오염물질을 형태상으로 분류할 때 연무(mist)에 해당하는 설명은?
① 연료의 불완전 연소에 의해 생기는 탄소 입자이다.
② 연소된 물질이 휘발하여 생긴 기체가 응축할 때 생기는 고체입자로 상호 응결하여 때로는 충돌 결합한다.
③ 증기의 응축이나 화학반응에 의해 생긴 큰 액체 입자가 부유 상태로 존재하는 것을 말한다.
④ 아주 작은 수많은 물방울이 공기 중에 떠 있는 현상으로 수평 시정이 1km에 미치지 않으며 습도 100%에 가까운 경우이다.

KEYWORD
입자상물질

해설

mist : 가스나 증기의 응축 또는 화학반응에 의해 생성되는 액체입자로 주성분은 물이며 안개와는 상대습도로 구분한다. 연무는 안개보다는 투명하며, 전형적인 입자크기는 0.5~3.0㎛이다.

오답해설

① 매연(Smoke) : 연소 시 발생하는 유리탄소를 주로 하는 미세한 입자상 물질이다.
② 훈연(Fume) : 용융된 물질이 휘발해서 생긴 기체가 응축할 때 생기는 고체입자로 상호응결하며 충돌 결합하기도 한다. 금속산화물과 같이 가스상 물질이 승화, 증류 및 화학반응 과정에서 응축될 때 생성되는 입자(0.03~0.3㎛)이다.
④ 안개 : 작은 물방울이 공기 중에 떠 있는 현상으로 시정거리가 1km 이하이다. 습도는 100% 이상에 가까운 현상으로 분산질이 액체이고, 눈에 보이는 연무질을 의미하며 일반적으로 응축에 의해 생성된다.

정답 55.② 56.③

[19년 경북경력연구사]

57 대기오염 추세에 대한 설명으로 옳지 않은 것은?

① 열대야 : 밤 최저 기온이 25℃ 이상의 무더운 밤으로 여름철에 나타나는 현상이다.
② 열섬효과 : 건물, 포장도로 등으로 인해 도시의 열방출량이 낮아서 생기는 온도상승 효과이다.
③ 온실효과 : 주요원인은 대기 중 CO_2 증가 및 화석연료의 사용량 증가이다.
④ 산성비 : pH 5.6 이하의 강우로 대기 중의 황산화물, 질소산화물, 염소화합물이 원인이다.

KEYWORD
● 대기오염의 변화 추세

해설
공장, 교통기관, 발전소 등에서 방출된 황산화물과 질소·탄소 산화물 등이 수분과 결합하여 황산과 질산, 탄산을 생성하고 이 물질들이 우수에 용해되어 pH 5.6 미만의 강수가 되는 것을 산성비라고 한다.

보충학습

열대야	• 개념 : 여름밤 기온이 25℃ 이상인 경우 • 원인 : 엘니뇨와 같은 기상이변(기온이 밤이 되어도 20~23℃ 정도로 하강하지 않음) • 피해 : 불면증, 불쾌감, 피로감 증가, 탈진 등
열섬현상 (효과)	• 특징 – 대도시의 밀집된 대형건물 및 공장들은 불규칙한 지면을 형성하여 자연적인 공기의 흐름이나 바람을 차단시키고 인위적인 열 생산량의 증가로 도심의 온도가 변두리보다 약 5℃ 증가하는 국지적인 기상변화를 초래하여 도심의 따뜻한 공기는 상승하고 도시 주위로부터 도심으로 바람이 불게 되어 찬바람이 지표로 흐르게 되는 현상이다. – 도심이 먼지 등으로 오염되었을 때 공기의 수직운동이 일어나지 않아 도심 전체가 먼지 기둥(먼지 지붕, Dust Dome) 형태를 만들어 낸다. – 국지적인 기온역전 현상을 일으켜서 근교 공업지대로부터 대기오염 물질이 도심으로 유입된다. – 열대야 현상, 전원풍의 발생은 열섬현상의 영향이다. • 열섬현상의 인자 – 아스팔트 콘크리트 등이 많아 열 보전능력이 시골보다 도시가 크다. – 이산화탄소가 많다. – 인공열이 많다. – 물 증발에 의한 열 소비가 적고 바람이 적게 분다. – 도시상공의 먼지돔, 열대야, 전원풍의 발생은 열섬현상의 영향이다. • 열섬현상이 심해지는 경우 – 고기압의 영향으로 하늘이 맑고 바람이 약할 때 – 일교차가 심한 겨울 – 주로 밤에 발생 – 인구가 밀집되고 높은 건물이 많은 도심지역

정답 57.④

온실효과 : 지구 온난화	• 개념 : 대기 중의 탄산가스(CO_2)가 지표로부터 복사하는 적외선을 흡수하여 열의 방출을 막고 흡수한 열을 다시 지상에 복사하여 지구 기온을 상승시키는 것 • 원인 : 석유, 석탄 원료 사용 및 숲 파괴로 인한 이산화탄소 증가 • 기여물질 : CO_2(66%) > CH_4, CFC > N_2O > HFC_S, PFC_S, SF_6, O_3 등 • 주요 흡수대 : CO_2는 13~17μm, CH_4, N_2O는 7~8μm, CFC(프레온 가스)는 11~12μm, O_3은 9~10μm
산성비	• 대기 중에 방출된 황산화물(SO_x)과 질소산화물(NO_x)이 수분과 결합하여 황산(H_2SO_4)과 질산(NHO_3)을 생성하고 이 물질들이 우수에 용해되어 pH 5.6 미만의 강수가 되는 것 ※ pH 5.6 : 이산화탄소 330ppm이 우수에 녹아 평형을 이루었을 때 산도 • 원인물질 : 황산, 질산, 염산 등 • 피해 – 식물 : 꽃가루 수정 저하와 잎을 말려 죽임 – 인체 : 질병유발의 원인(피부질환, 안질환, 탈모) – 생태계 파괴 : 물고기 알의 부화 저하(수중 pH의 변화) – 재산상의 피해 : 건물부식 – 화학물질의 토양 유실속도 증가

19년 충북 보건연구사

58 다음은 런던형 스모그와 LA형 스모그의 특징을 설명한 것이다. LA형 스모그의 특징을 골라 넣은 것은?

가. 이른 아침	나. 낮
다. 8월~9월	라. 12월~1월
마. 복사역전	바. 침강역전

① 가, 다, 마 ② 나, 다, 바
③ 가, 라, 마 ④ 나, 라, 마

해설

구분	런던형 스모그	LA형 스모그
발생 시 기온	1~4℃	24~32℃
발생 시 습도	85% 이상(안개)	70% 이하
기온역전 형태	방사성(복사성) 역전	침강성(하강형) 역전
풍속	무풍	5m/sec 이하
시정거리	100m 이하	1.6~0.8km 이하
발생하기 쉬운 시기	12월, 1월	8월, 9월
주사용 연료	석탄과 석유계 연료(주택, 공장)	석유계 연료(자동차)
주된 성분	황산화물, 입자상물질, 일산화탄소	오존, 질소산화물, HC, 유기물

정답 58.②

반응의 형	열적	열적 & 광화학적
화학적 반응	환원	산화
최다 발생시간	이른 아침	낮
인체 및 재산에 대한 영향	기관지 자극, 기침, 가래 등 호흡기계 질환	단시간에 눈의 자극, 폐 기능 저하, 고무제품 손상 등

59 (19년 충북)

식물에 피해를 주는 대기오염물질 중 피해가 큰 순서대로 나열한 것 중 옳은 것은?

① $HF > NO_2 > SO_2 > CO$
② $SO_2 > HF > CO > NO_2$
③ $HF > SO_2 > NO_2 > CO$
④ $SO_2 > NO_2 > CO > HF$

해설

식물에 독성이 강한 순서(약→강) : $CO_2 \rightarrow CO \rightarrow NO_2 \rightarrow SO_2 \rightarrow HF$

KEYWORD
• 대기오염물질

60 (20년 전남보건)

대기의 1차 오염물질로 옳은 것은?

① 오존(O_3)
② 아크로레인
③ 스모그
④ 일산화탄소(CO)

해설

㉠ 1차 대기오염 물질 : 오염원으로부터 직접 배출된 물질로서 황산화물, 질소산화물, 일산화탄소, 불화수소가스, 분진 등
㉡ 2차 대기오염물질 : 1차 오염물질이 대기 중에서 물리화학적인 변화에 의해 생성된 물질로 오존, PAN, 산성비, 케톤, 황산미스트, 알데히드, 아크로레인, smog 등

KEYWORD
• 대기오염물질

61 (20년 경기교육청)

지구표면의 온도를 상승시켜 폭염, 폭풍우 및 태풍 등의 기상이변을 일으키는 지구온난화가 심각한 수준에 이르고 있다. 지구온난화를 일으키는 주된 대기오염물질은?

① 이산화탄소(CO_2)
② 오존(O_3)
③ 염화불화탄소(CFC)
④ 메탄(CH_4)

해설

대기 중의 탄산가스가 지표로부터 복사하는 적외선을 흡수하여 열의 방출을 막고 흡수한 열을 다시 지상에 복사하여 지구 기온을 상승시키는 것으로 석유, 석탄 원료 사용 및 숲 파괴로 인한 이산화탄소 증가 때문이다.

KEYWORD
• 지구온난화

정답 59.③ 60.④ 61.①

62 「환경정책기본법 시행령」상 대기환경기준항목으로 옳은 것만 모두 고르시오.

20년 경기교육청

KEYWORD
대기의 환경기준

| ㄱ. 아황산가스 | ㄴ. 초미세먼지 |
| ㄷ. 미세먼지 | ㄹ. 라돈 |

① ㄱ
② ㄱ, ㄴ
③ ㄱ, ㄴ, ㄷ
④ ㄱ, ㄴ, ㄷ, ㄹ

해설

「환경정책기본법 시행령」 대기환경 기준 항목은 아황산가스(SO_2), 일산화탄소(CO), 이산화질소(NO_2), 미세먼지(PM-10), 초미세먼지(PM-2.5), 오존(O_3), 납(Pb), 벤젠이다.

---

63 일정한 온도의 공기 중에 포함되어 있는 수증기의 양을 기습이라고 한다. 기습에 대한 설명으로 옳은 것은?

20년 전남보건

KEYWORD
온열조건

① 인체에 가장 쾌적감을 주는 기습은 20~40%이다.
② 측정기구에는 자기습도계, 카타한랭계 등이 있다.
③ 절대습도란 공기 1㎥ 중에 함유할 수 있는 최대 수증기량을 말한다.
④ 1일 중 습도의 변화곡선은 대체로 기온과 역관계를 나타낸다.

해설

① 인체에 가장 쾌적감을 주는 기습은 40~70% 범위이다.
② 측정기구에는 자기습도계, 아스만 통풍 온습계, 아우구스건습온도계, 모발습도계 등이 있다(카타온도계는 실내기류 측정에 사용).
③ 절대습도란 공기 1㎥ 중에 함유된 수증기량(g) 또는 수증기장력을 말한다.

보충학습

기습(습도)
㉠ 정의 : 일정 온도의 공기 중에 수증기가 포함될 수 있는 정도로서 일반적으로 상대습도(비교습도)를 의미한다.
㉡ 습도의 구분

포화습도	일정 공기가 함유할 수 있는 수증기량이 한계에 달했을 때를 포화상태라고 하고, 이때의 공기 중의 수증기량(g)이나 수증기장력(mmhg)을 의미한다.
절대습도	현재 공기 1㎥ 중에 함유된 수증기량(g)이나 수증기장력(mmhg)
상대(비교)습도	• 현재 공기 1㎥가 포화상태에서 함유할 수 있는 수증기량과 현재 그 공기 중에 함유되어 있는 수증기량과의 비를 %로 표기한 것 • 상대습도 = $\frac{절대습도}{포화습도} \times 100$ (맑은날 : 건구 온도 상승, 습구 온도 하강) • 기온에 따른 습도의 변화 : 기온 상승 ⇒ 포화습도 상승, 상대습도 하강, 절대습도 일정

정답 62.③ 63.④

| 포차 | • 포화습도와 절대습도의 차이
• 포차 = 포화습도 − 절대습도 |

ⓒ 쾌적습도 : 40~70%의 범위로서 15℃에서 70~80%, 18~20℃에서 60~70%, 24℃ 이상에서 40~60%가 적절하다.
② 측정도구
　ⓐ 아스만통풍습도계 : 야외에서 기온이나 습도 관측에 사용하며 구부(球部)에 통과하는 공기의 속도로 측정(기온과 기습 동시 측정)
　　㉮ 습도 측정의 경우에는 습구의 거즈에 물을 떨어뜨려 적신다.
　　㉯ 물의 적심과 동시에 잘 흔들어 물을 뺀 다음 금속 덮개를 씌우고 팬이 4~5분 회전한 후 습구 눈금의 저하가 멈췄을 때 건구와 습구를 읽는다.
　ⓑ 아우구스건습온도계 : 건구온도와 습구온도를 측정하여 공기의 습도를 구한다.
　ⓒ 자기습도계 : 상대습도를 연속적으로 측정하여 자동 기록하므로 시간적 변화 조사에 편리하나 정확도가 낮다.
　ⓓ 모발습도계 : 모발의 습도에 대한 신축도 이용

64
대기오염 모니터링을 하는 이유로 옳지 않은 것은?
① 대기오염물의 양과 종류를 알 수 있다.
② 대기오염원을 파악할 수 있다.
③ 대기오염의 존재를 알 수 있다.
④ 대기오염의 경향 파악은 쉽지 않다.

해설
대기오염의 경향을 알 수 있다.

65
지구의 온도를 높이는 온실효과가 발생하는 이유는 무엇인가?
① 탄산가스의 증가로 적외선 부근의 복사열을 흡수하기 때문이다.
② 대기 중의 먼지가 증가하여 복사열을 흡수하기 때문이다.
③ 일산화탄소 증가로 자외선 부근의 복사열을 흡수하기 때문이다.
④ 아황산가스의 증가로 적외선 부근의 복사열을 흡수하기 때문이다.
⑤ 화산 폭발로 인한 방사열이 대기 중에 흡수되어 있기 때문이다.

해설
대표 온실가스 : 이산화탄소(=탄산가스, 77%), 메탄, 아산화질소, 수소불화탄소, 과불화탄소, 불화유황

정답 64.④ 65.①

66 새집증후군에 대한 설명으로 옳지 않은 것은?

① 신축아파트에서 나는 자극적인 냄새는 폼알데하이드가 주 원인 물질이다.
② 새 가구증후군이란 말을 병용해서 사용하기도 한다.
③ 유해물질 배출 정도는 건물을 지은 후 4개월 후가 가장 심하다.
④ 시간이 지나면 유해물질의 배출량은 감소하지만, 수년 후에도 유해물질이 남아있는 경우도 있다.
⑤ 원인은 환기불량이다.

해설
㉠ 빌딩증후군(실내공기오염현상, Sick Building Syndrome, SBS) : 건물 내에서 두통, 눈의 이상, 피로, 졸음, 호흡곤란 등을 유발하는 현상을 말하며, 불량한 환기가 그 원인이다.
㉡ 새집증후군 : 새로 지은 건물에서 휘발성 유기용제 물질로 인해 빈혈, 아토피 등을 유발하는 현상이다. 이 현상은 건물 신축 직후보다 4개월이 지난 후 배출되는 유해물질의 농도가 가장 높으며, 시간이 지나면서 감소하지만 길게는 3~5년 정도가 걸리는 경우도 있다.

KEYWORD
• 새집증후군

67 조혈기능장애를 일으키는 대기오염 물질은?

① 수은
② 벤젠
③ 아연, 망간
④ 탄화수소(HC)

해설
조혈기능 장애를 유발하는 물질 : 납, 벤젠

오답해설
① 수은 : 중추신경, 말초신경 마비
③ 아연, 망간 : 발열물질
④ 탄화수소(HC) : 호흡기계 질환 유발, 탄화수소 중 3·4벤조피렌은 발암물질

보충학습
㉠ 대기오염물질의 인체에 대한 영향
  ⓐ 고농도의 노출은 눈, 코, 상기도의 급성질환 유발
  ⓑ 저농도의 지속적인 노출 : 알레르기성 질환
  ⓒ 호흡기 장애 유발 물질 : 황산화물과 이산화질소
  ⓓ 전신성 독성 물질 : 수은, 납, 벤젠
  ⓔ 발암성 물질 : 석면, 3·4벤조피렌, 요오드, 니켈, 코발트, 크롬(6가), 비소 등

KEYWORD
• 대기오염 물질

정답 66.⑤ 67.②

ⓒ 오염물질 종류별 인체에 미치는 영향

아황산가스 (SO₂)	• 상기도에 특히 영향이 크다. • 기도염증, 기관지염, 천식, 폐기종 등
황화수소(H₂S) 메르캅탄 NH₃	악취유발
탄화수소(HC)	• 발암물질 : 탄화수소 중 3·4벤조피렌 • 호흡기계 질환 유발
오존(O₃)	시각장애, 폐수종, 유전인자(DNA, RNA)변화
납(연, Pb)	• 주요 배출원 : 공기, 흙, 페인트 공장, 화장품 공장, 장난감 공장 등 • 섭취경로 : 호흡기(흡연), 소화기(음식물), 피부(장난감, 화장) • 배설 : 50%는 몸에 축적되고 50%는 배설된다. • 축적 : 지역, 성별, 나이, 계절에 따라 다르나 90% 이상은 뼈에 축적된다. • 질환 : 미성숙 적혈구, 조혈장애, 안면창백, 적혈구 감소, 빈혈, 신경계 장애, 치아금속연, 지능저하 등
벤젠(C₆H₆)	적혈구 감소, 백혈병, 재생불량성 빈혈
카드뮴(Cd)	이타이이타이병(아프다 아프다 병) : 뼈마디, 골조직의 통증으로 오리걸음
수은(Hg)	• 미나마타병(고양이 춤) - 유기수은 - 중추신경과 말초신경 마비로 시야 협착, 언어장애, 보행장애, 난청, 운동장애, 지각장애 등
시안화수소	맹독성, 호흡작용 방해
석면	석면폐증(폐암)
분진	구루병
입자상 물질	• 기관지 침착률이 가장 높은 입자의 크기는 0.5~5㎛이다. • 0.5㎛ 이하 : 호흡에 의해 배출 • 5㎛ 이상 : 기관지 점막에 침착하여 객담과 함께 배출되거나 위장관을 통해 배설된다.

68 다음 중 복사열 측정에 이용되는 기구는?

① 카타온도계
② 흑구온도계
③ 아스만통풍건습계
④ 아우구스건습계
⑤ 풍차속도계

[해설]
① 카타온도계 : 실내 기류 측정
③ 아스만통풍건습계 : 기온이나 습도 측정
④ 아우구스건습계 : 습도 측정
⑤ 풍차속도계 : 실외 기류 측정

KEYWORD
• 온열조건

정답 68.②

> **보충학습**
>
> ㉠ 복사열
>   ⓐ 정의
>   ㉮ 난로 등 발열체로부터의 열, 온도계에 나타나는 실제 온도보다 큰 온감을 느낄 수 있는 것
>   ㉯ 발열체로부터 제곱에 비례해서 온도가 감소한다.
>   ⓑ 측정 : 흑구온도계
>   ㉮ 구부는 검은 동판으로 되어있다.
>   ㉯ 15~20분간 방치한 후 눈금을 확인한다.
> ㉡ 기류
>   ⓐ 개념
>   ㉮ 실외에서는 기압의 차이로, 실외에서는 기온(온도)의 차이에 의해서 형성되는 공기의 흐름이다.
>   ㉯ 기류는 신체의 신진대사와 방열 작용을 촉진시키고, 가옥 내 자연환기의 원동력이며 대기의 확산과 희석에 영향을 미쳐 기후변화의 원동력이 된다.
>   ⓑ 기류의 강도(풍속) : m/sec, Knot(1m/sec=2Knot)
>   ㉮ 무풍 : 0.1m/sec 이하
>   ㉯ 불감기류 : 0.5m/sec 이하(실내와 의복에 존재)
>   ㉰ 쾌적기류 : 실내 0.2~0.3m/sec, 실외 1m/sec 이하
>   ⓒ 기류의 보건학적 의의
>   ㉮ 신체 방열작용과 신진대사 촉진
>   ㉯ 옥내의 자연환기와 기후변화의 원동력
>   ㉰ 공기성분의 평등화
>   ⓓ 측정도구
>   ㉮ 카타온도계 : 기류의 냉각력을 이용하여 풍속을 측정
>   - 풍속이 작고 풍향이 일정하지 않은 실내기류 측정에 쓰인다.
>   - 최상 눈금은 100°F, 최하눈금은 95°F
>   - 알콜이 100°F의 선에서 95°F로 하강한 시간을 측정하고 이를 4~5회 저온 되풀이한 다음 평균을 계산한다.
>   ㉯ 풍차속도계 : 바람에 의한 회전속도가 풍속으로 나타난다.
>   ㉰ 아네모메타, 피토트 튜브

69 다음의 집진장치 중 제진효율이 가장 좋은 것은?

① 관성력제진
② 원심력제진
③ 세정제진
④ 전기제진

KEYWORD
대기오염의 방지 기술

해설

제진효율

구분	제진효율
중력집진장치	40~60%
관성력집진장치	50~70%
원심력집진장치(사이클론)	85~95%
세정집진장치	85~95%
여과 집진장치(여과기)	90~99%
전기집진장치	90~99.9%

정답 69.④

70 지상의 모든 생물들을 해로운 자외선, 우주선, 감마선으로부터 보호해주는 역할을 하는 생물보호막인 오존층 파괴의 원인물질과 진행고도가 알맞게 연결된 것은?

① CO_2 - 약 25km 근처
② PAN - 약 20km 근처
③ CFCs - 약 25km 근처
④ NO_2 - 약 15km 근처

KEYWORD
• 대기의 수직구조

해설
㉠ 성층권 : 지상 11~50km까지의 구간으로 오존층은 오존의 밀도가 최대가 되는 지상 25km(25~32km)를 오존층이라 한다.
㉡ 오존층 파괴 물질
  • 염화불화탄소(CFCs) : 에어로졸, 스프레이 분사제, 냉매제, 플라스틱 발포제, 전자제품 용매제, 소화기 등
  • NO_x : 초음속 항공기에서 배출(비행고도 17~20km 상공에 잔류)
  • 브롬 : 소방, 훈증 재료

보충학습

대기의 수직 구조
㉠ 대류권 : 최하층으로서 지상 약 11km까지의 범위
  ⓐ 고도 1km 상승할 때 기온은 평균 6.5℃/km율로 점차 하강한다.
  ⓑ 대류운동이 활발하여 일기현상이 일어나며, 대기오염과 밀접한 관계가 있다.
㉡ 성층권 : 11~50km까지의 구간
  ⓐ 온도는 대략 영하 55℃ 정도이며, 기온의 변화가 높이에 관계없이 거의 일정하여 대류가 일어나지 않는다.
  ⓑ 오존층(25~32km)이 존재(고도상승 → 온도상승)
  ⓒ 프레온가스(CFCs)가 성층권에서 자외선에 의해 분해되어 염소원자를 방출하여 오존층을 파괴시킨다.
㉢ 중간권 : 지상 50~80km까지의 구간
  ⓐ 기온이 다시 하강하는 층이며 이온층 D를 포함하고 있다.
  ⓑ 대류권과 비슷한 기류 혼합을 보인다.
㉣ 열권 : 지상 80km 이상의 구간
  ⓐ 공기의 일부분이 이온화되어 있기 때문에 열전도가 높고 전파를 반사하는 E층과 F층이 존재한다.
  ⓑ 고도상승 → 온도상승

정답 70.③

71 [21년 해양경찰 일반직]

해양경찰구조대가 수심 40m인 곳에서 인명구조작업을 하는 경우 이 구조대원에게 작용하는 절대압은?

① 5기압 ② 4기압
③ 3기압 ④ 2기압

해설

지표(해수면)에서는 항상 공기의 압력에 눌려있다. 이 압력을 1기압 또는 1BAR라고 하며 이 압력은 수심에서는 10m 당 1기압씩 증가한다.
예) 수심 0M(지표면, 해수면) = 1절대압(대기압)
수심 10M = 2기압
수심 20M = 3기압
수심 30M = 4기압
수심 40M = 5기압

KEYWORD
● 기압

72 [21년 해양경찰 일반직]

대기오염물질 중 입자상 물질에 의해 폐포 침착률이 높아 '진폐증(pneumoconiosis)'과 관련된 입자크기(입경범위)는?

① $50\mu m$ 이하 ② $5\sim10\mu m$
③ $0.5\sim5\mu m$ ④ $0.1\sim0.5\mu m$

해설

입자상 물질
㉠ 기관지 침착률이 가장 높은 입자의 크기는 $0.5\sim5\mu m$이다.
㉡ $0.5\mu m$ 이하 : 호흡에 의해 배출
㉢ $5\mu m$ 이상 : 기관지 점막에 침착하여 객담과 함께 배출되거나 위장관을 통해 배설된다.

KEYWORD
● 대기오염물질

정답 **71.① 72.③**

73 21년 해양경찰 일반직

다음의 주요 대기오염사고에 대한 설명 중 가장 옳지 않은 것은?

① 1930년 12월 벨기에 뮤즈계곡의 오염사고는 이산화황, 먼지 등으로 인하여 분지 내 무풍상태에서 발생했다.
② 1954년 미국 LA 스모그는 이산화황, 먼지, 매연 등의 물질이 기온역전의 영향을 받아 발생했다.
③ 1950년 11월 멕시코 포자리카의 오염사고는 황화수소 누출에 따른 호흡곤란, 점막자극 등의 피해가 발생했다.
④ 1948년 10월 미국 도노라 오염사고는 황산공장, 제철소 등에서 배출한 이산화황, 황산미스트 등으로 인하여 피해가 발생했다.

KEYWORD
- 대기오염

해설

대기오염사건

대기오염사건	원인 물질	조건
뮤즈계곡 (1930.12)	공장으로부터 아황산가스, 황산, 불소화합물, 일산화탄소, 미세입자 등	계곡, 공장지대, 안개, 무풍상태, 기온역전
도노라 (1948.10)	공장으로부터 아황산가스 및 황산과 미세에어로졸과의 혼합	계곡, 무풍지대, 기온역전, 연무 발생, 공장지대(철공, 전선, 아연, 황산)
런던 (1952.12)	석탄연소에 의한 아황산가스, 미세에어로졸, 분진 등	인구밀집, 하천평지, 무풍지대, 복사성 기온역전, 연무 발생, 겨울(기온 0~5℃, 습도 90%), 이른 아침, 차가운 스모그
로스엔젤레스 (1954년 이후)	석유계 연료, 산·염화물성 탄화수소, 포름알데히드, 오존	해안분지, 연중해양성 기후, 백색연무, 급격한 인구증가, 차량 급증, 여름(8~9월), 기온 24~32℃, 습도 70% 이하)침강성 기온역전, 주간
포자리카 (1950.11)	황화수소(H_2S)	기온역전, 가스공장의 조작 사고
요코하마 (1946)	원인불명이나 요코하마 공업지역의 대기오염물질로 추정	진한 연무, 무풍상태, 공업지대
보팔	메틸이소시아네이트(MIC, 맹독성 농약 원료)	한밤중, 무풍상태, 쌀쌀한 날씨, 짙은 안개, 2,500명 사망

정답 73.②

21년 해양경찰 일반직

74 다음 내용과 가장 관계가 있는 대기오염물질은?

- 인체에 미치는 독성은 강하나 식물에 미치는 영향은 적음
- 만성노출 시 기관지염 → 폐쇄성 질환 → 폐렴 → 폐수종 유발
- 산성비, 광화학스모그 원인물질로 작용
- 이 물질 중에는 '웃음가스'로 알려진 것도 포함됨

① 탄화수소류
② 질소산화물(NO_x)
③ 황산화물(SO_x)
④ 휘발성유기화합물(VOCs)

KEYWORD
- 대기오염물질

해설

질소산화물(NO_x : NO, NO_2, N_2O)

㉠ 질소산화물은 고온의 연소 과정을 통해 생성되는데 대도시에서는 자동차 배기가스가 주요 배출원이다.
㉡ 하루 중에는 차량 통행이 많은 출퇴근 시간에 농도가 높아지는데 계절적 차이는 두드러지지 않는다.
㉢ 질소산화물은 실내 공기의 주요한 오염원이기도 하다. 도시가스를 사용해서 조리나 난방을 하는 경우 또는 흡연자가 있는 경우에 실내 질소산화물의 농도가 높아진다.
㉣ 직업적 노출원으로는 사일로에 저장된 건초나 곡식의 발효, 금속을 질산으로 닦거나 에칭(etching), 절단용 화염, 용접용 아크, 연료 연소, 광부의 지하 폭파 잔여물 노출, 소방관의 질소 포함 물질 연소에 의한 노출 등이다.
㉤ 종류

일산화질소(NO)	• 무색, 무취, 수용성 • 헤모글로빈과의 결합력이 일산화탄소보다 수백 배 강하여 니트로소헤모글로빈이 되어 산소 결핍을 유발한다. • 우리나라의 노출 허용기준 : TLV-TWA는 25ppm
이산화질소(NO_2)	• 적갈색, 자극성, 물에 반응한다. • NO보다 인체의 방어기관에 미치는 영향은 5~7배 정도 강하다. • 대기 중에서 질산염으로 변환되어 2차성 미세먼지를 생성하기도 한다. • 작업현장에서 흡입성 호흡기질환의 주요 원인 물질이다. • 호흡기의 방어기전을 약화시켜 호흡기 감염을 증가시키고, 기도에 손상을 입혀 호흡기 증상을 유발하며, 폐기능을 감소시키는 것으로 알려져 있다. • 사고나 직업적인 이유로 고농도의 이산화질소에 노출되었을 때 급성 폐부종(acute pulmonary edema)이 생겨서 사망에 이를 수 있다. • Silo-filler's disease : 농작물 저장소에서 근무하는 사람들에서 기침, 호흡곤란, 객혈 등의 증상이 나타나는 질환 • 우리나라의 노출 허용기준 - TLV-TWA : 3ppm - TLV-STEL : 5ppm
아산화질소(N_2O, 일산화이질소)	• 일명 스마일 가스라고도 하며, 수술의 마취제로 사용된다. • 장기간 흡입 시 사망할 수 있다. • 질산암모늄을 열분해할 때 생성되며 무색투명한 기체로 물과 알코올에 잘 용해된다. • 오존층 파괴와 지구온난화를 유발한다.

정답 74.②

75 [21년 해양경찰 일반직]

자외선의 전신작용으로 옳은 것은?
① 대사 항진
② 백혈구 감소
③ 대사 저하
④ 혈압상승

[해설]

자외선의 전신 작용
자외선에는 자극 작용이 있어서 대사가 항진되고 적혈구, 백혈구, 혈소판이 증가한다. 과량으로 조사하면 두통, 흥분, 피로, 불면 등을 보일 수 있다.

KEYWORD
● 자외선

76 [22년 해양경찰 일반직]

다음 중 대기오염사건과 주요원인물질의 연결로 가장 옳지 않은 것은?
① 뮤즈계곡사건 – 아황산가스(SO_2)
② 도노라사건 – 아황산가스(SO_2)
③ 포자리카사건 – 황화수소(H_2S)
④ 보팔사건 – 아황산가스(SO_2)

[해설]

보팔사건
① 1984년 12월 3일 인도 보팔 시에서 발생
② 주요 원인 물질 : 미국의 화학 기업 살충제(농약)공장에서 농약 제조과정의 중간생성물인 메틸이소시안염(MIC-Methyliso-cyanate)의 유출

KEYWORD
● 대기오염사건

77 [22년 해양경찰 일반직]

다음 중 기후상태로 인해 인간이 느끼는 불쾌감을 나타내는 지수인 불쾌지수(DI : Discomfort Index)와 불쾌감을 연결한 것으로 가장 옳은 것은?
① 불쾌지수(DI) : 80, 거의 10% 사람이 불쾌감 호소
② 불쾌지수(DI) : 70, 거의 50% 사람이 불쾌감 호소
③ 불쾌지수(DI) : 70, 거의 80% 사람이 불쾌감 호소
④ 불쾌지수(DI) : 80, 거의 100% 사람이 불쾌감 호소

[해설]

불쾌지수와 불쾌감의 관계
㉠ DI≥70 : 약 10%의 사람들이 불쾌감을 느끼는 상태
㉡ DI≥75 : 약 50%의 사람들이 불쾌감을 느끼는 상태
㉢ DI≥80 : 대부분의 사람들이 불쾌감을 느끼는 상태
㉣ DI≥85 : 참을 수 없는 상태

KEYWORD
● 온열요소

정답 75.① 76.④ 77.④

78 [22년 해양경찰 일반직]

다음 중 일산화탄소(CO)에 대한 설명으로 가장 옳지 않은 것은?

① 일산화탄소는 무색·무취·무미의 특징을 가진다.
② 연탄에서 발생되는 일산화탄소는 헤모글로빈과의 친화력이 산소보다 약 250배 정도 높아 조직에 저산소증을 유발한다.
③ 인체 내 혈중 CO-Hb 농도는 80% 이상에서 사망할 수 있다.
④ 일산화탄소의 서한량은 8시간 기준 0.1%(1,000ppm)이다.

[해설]
일산화탄소의 서한량 : 1시간 기준 0.04%(400ppm), 8시간 기준 0.01%(100ppm)이다.

---

79 [22년 해양경찰 일반직]

다음 중 「환경정책기본법 시행령」상 각 물질별 대기환경 기준에 대한 설명으로 가장 옳지 않은 것은?

① 아황산가스 : 연간 평균치 0.02ppm 이하, 24시간 평균치 0.05ppm 이하
② 이산화질소 : 24시간 평균치 0.06ppm 이하, 1시간 평균치 0.10ppm 이하
③ 미세먼지(PM-10) : 연간 평균치 $35\mu g/m^3$ 이하, 24시간 평균치 $75\mu g/m^3$ 이하
④ 오존 : 8시간 평균치 0.06ppm 이하, 1시간 평균치 0.1ppm 이하

[해설]
환경정책기본법 시행령 대기환경 기준

항목	기준
아황산가스(SO_2)	• 연간 평균치 0.02ppm 이하 • 24시간 평균치 0.05ppm 이하 • 1시간 평균치 0.15ppm
일산화탄소(CO)	• 8시간 평균치 9ppm 이하 • 1시간 평균치 25ppm 이하
이산화질소(NO_2)	• 연간 평균치 0.03ppm 이하 • 24시간 평균치 0.06ppm 이하 • 1시간 평균치 0.1ppm 이하
미세먼지(PM-10)	• 연간 평균치 $50\mu g/m^3$ 이하 • 24시간 평균치 $100\mu g/m^3$ 이하
초미세먼지(PM-2.5)	• 연간 평균치 $15\mu g/m^3$ 이하 • 24시간 평균치 $35\mu g/m^3$ 이하

정답 78.④ 79.③

오존(O_3)	• 8시간 평균치 0.06ppm 이하 • 1시간 평균치 0.1ppm 이하
납(Pb)	연간 평균치 0.5$\mu g/m^3$ 이하
벤젠	연간 평균치 5$\mu g/m^3$ 이하

※ PM-10 : 입자의 크기가 10mg 이하인 먼지
   PM-2.5 : 입자의 크기가 2.5mg 이하인 먼지

80 [22년 해양경찰 일반직]

링겔만 차트를 사용하여 굴뚝의 매연농도를 측정했다. 측정결과는 5도 60회, 4도 50회, 3도 30회, 2도 10회, 1도 20회, 0도 30회였다면, 이 매연의 농도는 얼마인가?

① 32%
② 52%
③ 63%
④ 73%

해설

매연(%) = 총(도수×횟수)/총 횟수×20

$$\frac{5\times60+4\times50+3\times30+2\times10+1\times20+0\times30}{60+50+30+10+20+30}\times20=63\%$$

KEYWORD
• 매연농도 측정

81 [23년 해양경찰 일반직]

다음 중 불감기류의 기준으로 가장 옳은 것은?

① 0.5m/s 이하의 기류
② 5~15m/s의 기류
③ 5~25m/s의 기류
④ 1~5m/s의 기류

해설

불감기류 : 0.5m/sec 이하의 우리가 느끼지 못하는 기류로 실내나 의복 안에 항상 존재하며 인체 신진대사를 촉진한다.

KEYWORD
• 온열조건

보충학습

온열조건(Thermal condition) : 체온조절에 영향을 미치는 외부 환경 조건으로는 기온, 기습, 기류, 복사열이 있다. 이 4인자를 온열요소라고 하고, 이들에 의해서 형성된 종합적인 상태를 온열상태 또는 온열조건 이라고 한다.

기 온 (Air temperature)	• 실외의 기온은 인간이 호흡하는 위치인 지상 1.5m에서 주위의 복사온도를 배제한 백엽상 안에서 측정한 건구 온도를 말한다.

정답 80.③ 81.①

	• 기온은 '℃(섭씨)' 또는 '℉(화씨)'로 나타내며, 해발 100m마다 0.5~0.7℃ 낮아진다.
	• 실내 적정 온도 : 거실 18±2℃, 침실 15±1℃, 병실 21±2℃
	• 일교차 : 하루 중 최저기온은 일출 30분 전이고 최고는 오후 2시경으로 그 온도의 차를 말한다.
	  - 분지 > 산림
	  - 구름이 적은 날 > 구름이 많은 날
	  - 내륙 > 해안
	  - 저위도 > 고위도
	• 연교차 : 연중 최고와 최저의 기온차를 말하는데 적도지방에서는 춘분과 추분 때 최고이고, 동지와 하지 때는 최저이지만 연교차는 극히 적다.

기 습 (Air humidity)	• 대기 중에 포함된 수분의 양 • 절대습도(absolute humidity) : 공기 중의 수증기량을 중량(g/㎥)으로 또는 수증기압(mmHg)으로 표시한 것이다. 즉, 현재 공기 1㎥ 중에 함유한 수증기량을 말한다. • 비교습도(RH, relative humidity) : 현재 공기 1㎥가 포화상태에서 함유할 수 있는 수증기량과 현재 그 중에 함유하고 있는 수증기량과의 비를 %로 표시한 것이다. 비교습도(RH)=F(그 온도에 있어서 공기 중의 수증기량)/f(그 온도에 있어서 포화수증기량)×100 • 포화습도 : 일정 공기가 함유할 수 있는 최대 수증기량 • 인체에 쾌적한 습도는 40~70%의 범위로서 15℃에서는 70~80%, 18~20℃에서는 60~70%, 24℃ 이상에서는 40~60%가 적절하다. • 습도가 낮으면 호흡기계 질병이, 높으면 피부질환이 발생하기 쉽다. • 습도는 낮에 열을 흡수했다가 밤에 대기 속으로 방출함으로써 기온의 변화를 완충시키는 장점이 있다. • 기온과는 반대로 오후 2시 전후에 습도가 최저가 되고, 밤에는 증가하여 해 뜨기 직전에 최고로 높다. • 습도가 높으면 고온 시에는 더욱 덥게, 저온 시에는 더욱 차게 느껴지게 되는데 이처럼 기온에 대한 온·냉감을 가중시킨다.
기 류 (Air movement, 바람)	• 기류는 실외는 기압차에 의해 실내의 경우는 온도차에 의해 발생되며, 자체 압력과 냉각력으로 피부에 적당한 자극을 주어 혈관 운동신경과 신진대사에도 좋다. • 쾌적한 기류 : 실내는 0.2~0.3m/sec, 실외는 1.0m/sec • 실외에는 0.5~3m/sec의 기류가 항상 있어서 인체의 방열작용을 촉진시키고 자연환기의 원동력이 된다. • 불감기류 : 0.5m/sec 이하의 우리가 느끼지 못하는 기류로 실내나 의복 안에 항상 존재하며 인체 신진대사를 촉진한다. • 실외는 풍차속도계와 아네모메타, 실내는 카타 한랭계로 측정한다.
복사열 (Radiation heat)	• 적외선에 의한 열이며 태양에너지의 약 50%는 적외선이다. • 발열체로부터의 온도와 다른 물체와의 온도 차이에 의해 발생하며 흑구온도계로 측정된다. • 거리의 제곱에 비례하여 온감이 감소한다.

[23년 해양경찰 일반직]

82 다음 중 자외선의 작용에 대한 설명으로 가장 옳지 않은 것은?

① 비타민 D 생성을 촉진한다.
② 멜라닌 색소 생성을 감소시킨다.
③ 결막염을 유발할 수 있다.
④ 살균작용이 있다.

해설

자외선의 작용

생물학적 작용	피부	• 자외선 중 짧은 파장은 각질층에 흡수된다. • 300~400nm : 피부를 검게 변색시킨다. • 200~290nm : 강한 홍반작용을 나타낸다. • 자외선이 흡수되면 2~5시간 후에 히스타민양(樣) 물질이 유리되어 모세혈관을 확장시킨다. • 자외선의 조사가 많으면 조직부종, 수포형성과 박피현상이 유발된다. • 색소침착 : 기저세포층까지 도달한 자외선에 의해 멜라닌 색소가 진피층으로 이동하고 증식하여 일어나는 현상이다. • 피부 비후 : 자외선에 의해 표피와 진피의 두께가 증가하여 발생하는 일종의 순화 현상이며 자외선 양이 많을수록 현저하다. • 피부암 : 280~320nm의 파장의 자외선에 의해 발생, 선원, 임업 종사자, 농부들에게 흔하고 90%는 태양광에 노출되는 신체부위에 발생한다.

	눈	• 240~310nm파장의 자외선은 눈의 각막상피에 거의 흡수되며, 360nm파장의 자외선은 시력감퇴와 눈의 피로를 초래한다.
		• 급성 각막염 : 전기 용접 작업자나 자외선 살균 취급자에서 유발
		  – 잠복기 : 30분~24시간
		  – 증상 : 동통, 이물감, 밝은 빛을 잘 보지 못하는 수명(photophobia), 충혈, 눈물, 안검경련, 궤양, 혼탁, 수포 유발
		• 자외선은 눈의 각막, 결막, 수정체에 흡수되며, 나이가 많을수록 흡수량이 많아 백내장을 일으킬 수 있다
		• 결막염, 각막염을 일으키는 설맹(snow blindness)도 태양광의 과다노출로 발생하며, 전기성 안염, 설안염도 일으킨다.

	비타민 D 생성	280nm~320nm의 파장을 가진 자외선에 의하여 체내 물질과 광화학 작용을 일으켜 진피층에서 생성되며 구루병을 예방한다.
	살균작용	• 자외선 살균작용은 254nm~280nm의 파장 부분이 가장 강력하며, 핵단백을 파괴함으로써 살균이 된다. • 자외선에 계속 폭로되는 경우 적혈구, 백혈구 및 혈소판이 증가하는 경향이 있다. • 330nm 이상에서는 신진대사 항진효과가 있다. • 피부질환에 자외선을 조사할 경우 병적조직의 증식을 파괴하고 건강조직을 촉진시킨다.
광화학적 작용		50nm~400nm의 파장을 가지는 자외선은 대기 중의 질소산화물과 올레핀(Olefin)계 탄화수소와 광화학적 반응을 일으켜 오존(O_3), 알데히드(Aldehyde), PAN(peroxyacetyl nitrate) 등의 광화학적 산화물을 발생시켜 대기오염의 원인이 된다.

※ nm=10 Å

정답 82.②

83 [23년 해양경찰 일반직]

다음 유해물질의 상호작용 중 어떤 화학물질에 대한 노출이 다른 화학물질의 작용을 극적으로 증가시키는 현상으로 가장 옳은 것은?

① 상감작용
② 길항작용
③ 상가작용
④ 상승작용

KEYWORD 용어정의

해설
④ 상승작용(相乘作用) : 2종류 또는 그 이상이 동시에 작용하도록 화학물질의 투여 내지 폭로의 조합 효과가, 각각의 화학물질이 단독으로 투여 내지 폭로될 때에 개개 효과의 대수합계보다 크게 작용하거나 크게 효과를 나타내는 것이다.

오답해설
② 길항작용(拮抗作用, antagonism) : 조합효과가 대수합계보다 저하되는 경우
③ 상가작용(相加作用) : 조합효과가 대수합계와 같은 경우

정답 83.④

PART 03

물 위생과 수질오염

환경보건(학)
기출예상문제집

PART 03 물 위생과 수질오염

01 〔06년 환경부〕

다음 중 청색아(Blue babies) 문제를 유발하는 물질은?

① CN^-
② NH_4^+
③ NO_3^-
④ PO_4^{2-}

KEYWORD
- 생물학적 오염지표

해설

질소화합물

㉠ 질산화반응 : 단백질을 함유한 하수나 분뇨의 유입 시 오염 후 오염지점, 경과시간, 오염의 진행 상태, 오염시기 등을 알아볼 수 있는 지표로서 가장 타당하다. 즉, 질산화반응은 호기성 상태에서 질소순환과정을 말한다.

㉡ 질산화반응 과정에서 생성된 물질의 특징

암모니아성질소 (NH_3-N, NH_4^+)	• 상수에 대한 분변 오염의 가장 직접적인 지표가 된다. • 대량 검출될 경우 최근에 오염되었다는 것이다.
아질산성질소 (NO_2-N, NO_2^-)	수중에 유기질소가 유입되었을 때 유기질소는 미생물에 의하여 여러 단계를 거쳐 변화되는데 이 과정에서 가장 적은 양으로 존재한다.
질산성질소 (NO_3-N, NO_3^-)	• 질산성질소는 단백질이 질산화 과정을 거친 후 생긴 최종 산물이다. • 질산성질소만 다량 검출될 경우 하수처리가 잘 되었다고 할 수 있다. • 상수에 대한 수질검사 결과 질산성질소만 다량 검출되었다면 유기물에 의한 일시적 오염을 의미한다. • Blue baby syndrome(Methemoglobinemia, 창백아) 질환 유발 물질 • NH_4^+가 박테리아에 의해서 NO_3^-로 산화되는 경우 수중의 H^+ 농도가 증가하여 pH는 감소한다.

정답 01.③

02 우리나라 먹는 물 수질 기준으로 옳은 것은?

① 질산성 질소는 20mg/L를 넘지 아니하여야 한다.
② 총 대장균군은 100㎖에서 검출되지 아니하여야 한다.
③ 암모니아성 질소는 50mg/L를 넘지 아니하여야 한다.
④ 일반세균은 100㎖ 중 100CFU를 넘지 아니하여야 한다.

[11년 경기 의료기술]

KEYWORD
먹는 물 수질기준

해설

총 대장균군은 100㎖(샘물, 먹는 샘물, 염지하수, 먹는 염지하수, 먹는 해양심층수의 경우에는 250㎖)에서 검출되지 아니하여야 한다.

오답해설

① 질산성 질소는 10mg/L를 넘지 아니하여야 한다.
③ 암모니아성 질소는 0.5mg/L를 넘지 아니하여야 한다.
④ 일반세균은 1㎖ 중 100CFU를 넘지 아니하여야 한다.

보충학습

■ 먹는 물 수질기준 및 검사 등에 관한 규칙 [별표 1] 〈개정 2021. 9. 16.〉
먹는 물의 수질기준(제2조 관련)

1. 미생물에 관한 기준
   가. 일반세균은 1mL 중 100CFU(Colony Forming Unit)를 넘지 아니할 것. 다만, 샘물 및 염지하수의 경우에는 저온일반세균은 20CFU/mL, 중온일반세균은 5CFU/mL를 넘지 아니하여야 하며, 먹는 샘물, 먹는 염지하수 및 먹는 해양심층수의 경우에는 병에 넣은 후 4℃를 유지한 상태에서 12시간 이내에 검사하여 저온일반세균은 100CFU/mL, 중온일반세균은 20CFU/mL를 넘지 아니할 것
   나. 총 대장균군은 100mL(샘물·먹는 샘물, 염지하수·먹는 염지하수 및 먹는 해양심층수의 경우에는 250mL)에서 검출되지 아니할 것. 다만, 매월 또는 매 분기 실시하는 총 대장균군의 수질검사 시료(試料) 수가 20개 이상인 정수시설의 경우에는 검출된 시료 수가 5퍼센트를 초과하지 아니하여야 한다.
   다. 대장균·분원성 대장균군은 100mL에서 검출되지 아니할 것. 다만, 샘물·먹는 샘물, 염지하수·먹는 염지하수 및 먹는 해양심층수의 경우에는 적용하지 아니한다.
   라. 분원성 연쇄상구균·녹농균·살모넬라 및 쉬겔라는 250mL에서 검출되지 아니할 것(샘물·먹는 샘물, 염지하수·먹는 염지하수 및 먹는 해양심층수의 경우에만 적용한다)
   마. 아황산환원혐기성포자형성균은 50mL에서 검출되지 아니할 것 (샘물·먹는 샘물, 염지하수·먹는 염지하수 및 먹는 해양심층수의 경우에만 적용한다)

정답 02.②

바. 여시니아균은 2L에서 검출되지 아니할 것(먹는 물 공동시설의 물의 경우에만 적용한다)
2. 건강상 유해영향 무기물질에 관한 기준
   가. 납은 0.01mg/L를 넘지 아니할 것
   나. 불소는 1.5mg/L(샘물·먹는 샘물 및 염지하수·먹는 염지하수의 경우에는 2.0mg/L)를 넘지 아니할 것
   다. 비소는 0.01mg/L(샘물·염지하수의 경우에는 0.05mg/L)를 넘지 아니할 것
   라. 셀레늄은 0.01mg/L(염지하수의 경우에는 0.05mg/L)를 넘지 아니할 것
   마. 수은은 0.001mg/L를 넘지 아니할 것
   바. 시안은 0.01mg/L를 넘지 아니할 것
   사. 크롬은 0.05mg/L를 넘지 아니할 것
   아. 암모니아성 질소는 0.5mg/L를 넘지 아니할 것
   자. 질산성 질소는 10mg/L를 넘지 아니할 것
   차. 카드뮴은 0.005mg/L를 넘지 아니할 것
   카. 붕소는 1.0mg/L를 넘지 아니할 것(염지하수의 경우에는 적용하지 아니한다)
   타. 브롬산염은 0.01mg/L를 넘지 아니할 것(수돗물, 먹는 샘물, 염지하수·먹는 염지하수, 먹는 해양심층수 및 오존으로 살균·소독 또는 세척 등을 하여 음용수로 이용하는 지하수만 적용한다)
   파. 스트론튬은 4mg/L를 넘지 아니할 것(먹는 염지하수 및 먹는 해양심층수의 경우에만 적용한다)
   하. 우라늄은 30μg/L를 넘지 않을 것[수돗물(지하수를 원수로 사용하는 수돗물을 말한다), 샘물, 먹는 샘물, 먹는 염지하수 및 먹는 물 공동시설의 물의 경우에만 적용한다)]
3. 건강상 유해영향 유기물질에 관한 기준
   가. 페놀은 0.005mg/L를 넘지 아니할 것
   나. 다이아지논은 0.02mg/L를 넘지 아니할 것
   다. 파라티온은 0.06mg/L를 넘지 아니할 것
   라. 페니트로티온은 0.04mg/L를 넘지 아니할 것
   마. 카바릴은 0.07mg/L를 넘지 아니할 것
   바. 1,1,1-트리클로로에탄은 0.1mg/L를 넘지 아니할 것
   사. 테트라클로로에틸렌은 0.01mg/L를 넘지 아니할 것
   아. 트리클로로에틸렌은 0.03mg/L를 넘지 아니할 것
   자. 디클로로메탄은 0.02mg/L를 넘지 아니할 것
   차. 벤젠은 0.01mg/L를 넘지 아니할 것
   카. 톨루엔은 0.7mg/L를 넘지 아니할 것
   타. 에틸벤젠은 0.3mg/L를 넘지 아니할 것
   파. 크실렌은 0.5mg/L를 넘지 아니할 것
   하. 1,1-디클로로에틸렌은 0.03mg/L를 넘지 아니할 것
   거. 사염화탄소는 0.002mg/L를 넘지 아니할 것

너. 1,2-디브로모-3-클로로프로판은 0.003mg/L를 넘지 아니할 것
더. 1,4-다이옥산은 0.05mg/L를 넘지 아니할 것
4. 소독제 및 소독부산물질에 관한 기준(샘물·먹는 샘물·염지하수·먹는 염지하수·먹는 해양심층수 및 먹는 물 공동시설의 물의 경우에는 적용하지 아니한다)
  가. 잔류염소(유리잔류염소를 말한다)는 4.0mg/L를 넘지 아니할 것
  나. 총트리할로메탄은 0.1mg/L를 넘지 아니할 것
  다. 클로로포름은 0.08mg/L를 넘지 아니할 것
  라. 브로모디클로로메탄은 0.03mg/L를 넘지 아니할 것
  마. 디브로모클로로메탄은 0.1mg/L를 넘지 아니할 것
  바. 클로랄하이드레이트는 0.03mg/L를 넘지 아니할 것
  사. 디브로모아세토니트릴은 0.1mg/L를 넘지 아니할 것
  아. 디클로로아세토니트릴은 0.09mg/L를 넘지 아니할 것
  자. 트리클로로아세토니트릴은 0.004mg/L를 넘지 아니할 것
  차. 할로아세틱에시드(디클로로아세틱에시드, 트리클로로아세틱에시드 및 디브로모아세틱에시드의 합으로 한다)는 0.1mg/L를 넘지 아니할 것
  카. 포름알데히드는 0.5mg/L를 넘지 아니할 것
5. 심미적(審美的) 영향물질에 관한 기준
  가. 경도(硬度)는 1,000mg/L(수돗물의 경우 300mg/L, 먹는 염지하수 및 먹는 해양심층수의 경우 1,200mg/L)를 넘지 아니할 것. 다만, 샘물 및 염지하수의 경우에는 적용하지 아니한다.
  나. 과망간산칼륨 소비량은 10mg/L를 넘지 아니할 것
  다. 냄새와 맛은 소독으로 인한 냄새와 맛 이외의 냄새와 맛이 있어서는 아니될 것. 다만, 맛의 경우는 샘물, 염지하수, 먹는 샘물 및 먹는 물 공동시설의 물에는 적용하지 아니한다.
  라. 동은 1mg/L를 넘지 아니할 것
  마. 색도는 5도를 넘지 아니할 것
  바. 세제(음이온 계면활성제)는 0.5mg/L를 넘지 아니할 것. 다만, 샘물·먹는 샘물, 염지하수·먹는 염지하수 및 먹는 해양심층수의 경우에는 검출되지 아니하여야 한다.
  사. 수소이온 농도는 pH 5.8 이상 pH 8.5 이하이어야 할 것. 다만, 샘물, 먹는 샘물 및 먹는 물 공동시설의 물의 경우에는 pH 4.5 이상 pH 9.5 이하이어야 한다.
  아. 아연은 3mg/L를 넘지 아니할 것
  자. 염소이온은 250mg/L를 넘지 아니할 것(염지하수의 경우에는 적용하지 아니한다.)
  차. 증발잔류물은 수돗물의 경우에는 500mg/L, 먹는 염지하수 및 먹는 해양심층수의 경우에는 미네랄 등 무해성분을 제외한 증발잔류물이 500mg/L를 넘지 아니할 것
  카. 철은 0.3mg/L를 넘지 아니할 것. 다만, 샘물 및 염지하수의 경우에는 적용하지 아니한다.

타. 망간은 0.3mg/L(수돗물의 경우 0.05mg/L)를 넘지 아니할 것. 다만, 샘물 및 염지하수의 경우에는 적용하지 아니한다.
파. 탁도는 1NTU(Nephelometric Turbidity Unit)를 넘지 아니할 것. 다만, 지하수를 원수로 사용하는 마을상수도, 소규모급수시설 및 전용상수도를 제외한 수돗물의 경우에는 0.5NTU를 넘지 아니하여야 한다.
하. 황산이온은 200mg/L를 넘지 아니할 것. 다만, 샘물, 먹는 샘물 및 먹는 물 공동시설의 물은 250mg/L를 넘지 아니하여야 하며, 염지하수의 경우에는 적용하지 아니한다.
거. 알루미늄은 0.2mg/L를 넘지 아니할 것
6. 방사능에 관한 기준(염지하수의 경우에만 적용한다)
가. 세슘(Cs-137)은 4.0mBq/L를 넘지 아니할 것
나. 스트론튬(Sr-90)은 3.0mBq/L를 넘지 아니할 것
다. 삼중수소는 6.0Bq/L를 넘지 아니할 것

03

11년 9급 보건

다음은 수원지에서 가정까지의 급수계통을 나타내었다. 옳은 것은?
① 취수-도수-정수-송수-배수-급수
② 취수-도수-송수-정수-배수-급수
③ 취수-도수-소독-정수-배수-급수
④ 취수-송수-정수-도수-배수-급수

KEYWORD
상수공급과정

해설

상수도 공급과정
㉠ 수원지-취수-도수-정수-송수-배수-급수
㉡ 용어 정의

취수	수원지에서 원수(물)를 모으는 것
도수	취수한 원수를 정수장까지 도수로를 통해 공급하는 것
정수	정수시설에서 수질을 깨끗하게 하는 과정
송수	정수한 물을 정수지에서 배수지까지 보내는 과정
배수	분배의 과정
급수(각 가정)	배수관에서 각 가정으로 보내지는 것

정답 03. ①

04 [12년 인천 의료기술]

물의 염소 소독 시 발생할 수 있는 부활현상에 대한 설명으로 옳지 않은 것은?

① 염소 손실로 아포성(cyst) 세균이 증식하면 세균을 잡아먹는 수중 생물이 없어지고 조류가 사멸되어 영양원이 됨으로써 세균이 급속히 증식하는 현상을 말한다.
② THM이 발생한다.
③ 아포형성균이 생성된다.
④ 부활현상에 대비하기 위해 불연속점 처리를 해야 한다.

해설
THM은 염소 소독으로 인해 생성될 수 있는 독성물질이다.

부활현상
㉠ 정의 : 소독처리가 완료된 물이 일정 시간이 경과하면 수중에 염소 성분이 없어지고 세균이 다시 늘어나는 현상이다.
㉡ 기전
  ⓐ 염소 소독으로 수중의 식균 생물이 사멸되면 잔존된 세균이 급증한다.
  ⓑ 염소 소독으로 조류가 사멸되면, 잔존하던 세균이 조류를 영양원으로 하여 급증한다.
  ⓒ 염소성분이 소실되면 아포형성균이 발아 증식한다.
㉢ 부활현상을 우려하여 불연속점 이상으로 염소처리를 해야 한다.

05 다음 중 지표수의 특징이 아닌 것은?
① 미생물과 세균번식이 활발하다.
② 부유성 유기물이 적다.
③ 용존산소가 높다.
④ 오염이 되기 쉽다.

해설
부식성 유기물이 많다.

정답 04.② 05.②

보충학습

수원(source of water supply)

천수(우수)	• 지표나 해양에서 증발한 수증기가 응집되어 떨어지는 눈, 비, 우박 등을 말한다. • 우수 자체는 증발한 수증기가 응결한 것으로 불순물을 함유하지 않아 깨끗하며, 광물성 물질이 용해되어 있지 않은 연수로 세탁, 목욕 등에 좋다. • 강하하는 도중에 대기 중에 함유된 오염물질 즉, 불용성의 분진, 미생물, 세균 등을 함유할 수 있다. • 우수는 대기 중 CO_2, SO_x(황산화물), NO_x(질소산화물) 등의 영향으로 산성을 띠는 경우가 많다. • 강우 현상은 대기 중에 포함된 오염물을 씻어 주는 역할도 한다. • 해안에서 가까운 우수에는 염분이 많다.

지표수
(상수도의
원수)
	• 하천수, 호수, 저수지수, 강물 등을 말하며 용수 및 상수도의 원수로 가장 많이 이용되고 있다.
	• 지표를 흐르기 때문에 지하수에 비하여 용존산소가 많다.
	• 특징
	  – 수온은 계절변화가 크다.
	  – 부식성 유기물이 많아 탁도가 높다.
	  – 미생물과 세균의 번식이 많다.
	  – 탁도, pH 등의 변화가 심하다.
	  – 경도가 낮고 오염이 되기 쉽다.
	  – 오염물질의 혼입으로 오염이 되기 쉽다.
	  – 구성성분은 유동적이다.
	  – 집수 지역에 영향을 많이 받는다.
	  – 비주거 지대에 지표수는 유기성 불순물이 훨씬 적다.
	  – 수질의 변동이 비교적 심하다.

지하수	• 천수나 지표수가 땅속으로 침투하여 대수층에 저장된 것
	• 강수는 지표수를 이루고 이 지표수가 지층을 통과하는 사이 토양은 대량의 오염을 방지해 주며 불순물과 세균이 없는 지하수를 이루는 역할을 한다.
	• 광물질(황, 철, 탄산)을 함유하고 있고 유기물, 미생물은 적으며 탁도는 낮고 경도는 높다.
	• 종류
	  – 천층수 : 지하 7m 이내 흙과 모래, 자갈층 내의 틈새 또는 암석층 사이에 존재하는 물로 하수, 폐수 등으로부터 쉽게 오염되므로 위생상 위험성이 크다.
	  – 심층수 : 지하 7m 이상에 있으며, 균이 거의 없고 수온도 일정하며 성분 변화도 적어 위생상 안전하다.
	  – 복류수 : 하천이나 호수의 밑 부분이나 자갈, 모래 등에 침투하여 존재하는 물로 지표수에 비해 수질이 양호하다.
	  – 용천수 : 땅 밑의 물이 위로 용출하는 것
	• 특징
	  – 경도가 높다.
	  – 연중 수온이 거의 일정하다.
	  – 유기물(오염물) 함량이 적다.
	  – 유속과 자정속도가 느리다.
	  – 지표수보다 용존염류량이 다소 많다.
	  – 국지적 조건(지리적 환경 조건)에 따른 영향이 크다.
	  – 지하수는 마을 상수도(농촌 간이상수도)에서 가장 많이 사용하는 수원이다.

해수	• 3%의 식염을 함유하고 있는 바닷물로 지구상 물의 97%를 차지한다.
	• 해수의 화학적 성질
	  – 해수의 pH는 8.2 정도이다.
	  – 해수의 밀도는 담수보다 크다.
	  – 해수에는 Cl, Na^+, SO_4, Mg, Ca 등이 있는데 이중 Cl^-(염소이온)의 농도가 가장 높다.
	  – 해수, 호수의 오염측정은 COD로 한다.
	  – 해수의 용존산소 포화도는 담수보다 작은데 이것은 해수 중의 염류 때문이다.

06. 다음 염소의 살균력을 말하는 것 중 맞지 않는 것은?

13년 인천

① 염소 소독 시 시간을 늘리면 살균력은 증가한다.
② 온도를 올리면 염소의 살균력은 증가한다.
③ 유리잔류염소보다 결합잔류염소가 소독력이 더 강하다.
④ pH가 낮을수록 염소의 소독력이 강해진다.

해설

결합잔류염소는 유리잔류염소보다 잔류성이 크고 냄새가 적지만 살균력은 약하다.

> **보충학습**
>
> **염소 소독법**
> ㉠ 살균효과
> ⓐ 화학반응을 지배하는 요소인 염소의 농도, 반응시간, 온도, pH 및 염소를 소비하는 물질의 양에 따라 좌우된다.
> ⓑ pH가 낮고, 염소의 농도가 높고, 온도가 높을수록, 반응시간이 길수록 살균효과가 증가한다.
> ㉡ 살균력 : $HOCl$ > OCl^- > 클로라민($HOCl$은 OCl^-보다 80배 정도 살균력이 강하다.)
> ⓐ 유리잔류염소($HOCl$ OCl^-) : 수중 $HOCl$이나 OCl^-로 존재하는 염소로 강한 살균력을 가지며 냄새는 증가한다(불연속점 이후 잔류염소).
> ⓑ 결합잔류염소
>   ㉮ 염소($HOCl$)가 암모니아나 질소화합물과 반응하여 존재하는 형태로 클로라민이 대표적인 형태이다(불연속점 이전 잔류염소).
>   ㉯ 약한 살균력과 냄새는 감소하고 잔류효과는 증대된다.

07. 염소에 소독된 물은 세균이 거의 '0' 또는 '0'에 가깝게 감소되어야 하는데, 염소처리 후 시간이 경과함에 따라 세균이 최초 증식하는 현상은?

13년 인천

① 부활현상
② 부영양화
③ 염소잔류
④ 세균증식

해설

부활현상 : 소독처리가 완료된 물이 일정 시간이 경과하면 수중에 염소 성분이 없어지고 세균이 다시 늘어나는 현상이다.

정답 06.③ 07.①

08 수질오염의 지표에 대한 설명으로 옳지 않은 것은?
① BOD가 낮을수록 수질이 양호하다.
② DO가 높을수록 수질이 양호하다.
③ 수온이 높을수록 DO가 증가한다.
④ BOD가 높으면 DO는 낮다.

해설
수온이 낮을수록 DO가 증가한다.

보충학습

수질오염의 지표

용존산소 (Dissolved Oxygen, DO)	• 물에 녹아 있는 유리산소의 양, 물의 오염도를 나타내는 지표 • 깨끗할수록 증가(값이 클수록 좋음)하고 오탁성 유기물이 많을수록 낮아진다. • 수온과 염분은 낮을수록, 기압, 난류, 유속, 경사는 높을수록 DO가 높아진다. • 수중조류의 광합성 작용으로 산소의 공급이 증가하면 DO가 높아진다. • 생물화학적 산소요구량(BOD)이 높으면 DO농도는 감소되어 오염됨을 나타낸다. • WHO 공공수역의 DO 기준 : 4~5ppm 이상으로 규제 • 어족보호 : 5PPm 이상, 보통 물 10ppm 정도
생물화학적 산소요구량 (Biochemical Oxygen Demands, BOD)	• 물속의 유기물질이 호기성 미생물에 의해 20℃에서 5일간 생화학적으로 분해되어 안정화되는 데 요구되는 산소량으로 유기물질의 양을 간접적으로 나타내는 지표이다. • 수질측정의 대표적인 지표로서 BOD가 높다는 것은 수중에 분해되기 쉬운 유기물이 많음을 의미하므로 수질이 나쁘다는 것이다. • BOD가 높으면 물속의 용존산소(DO)를 결핍시켜 수중생물의 서식이 어렵고 각종 세균번식의 원인이 된다. • 어족보호 : 5PPm 이하 • 구분 : 탄소계 화합물이 산화될 때 소비되는 산소량인 1단계 (20일)와 질소화합물의 산화가 끝날 때까지 소비되는 산소량인 2단계(100일)로 구분하며, 보통 20℃에서 5일간 소비되는 산소량 BOD_5로 표시한다.
화학적 산소요구량 (Chemical Oxygen Demands, COD)	• 물속의 유기물질과 산화성 무기물질을 강력한 산화제인 과망간산칼륨($KMnO_4$), 중크롬산칼륨($K_2Cr_2O_7$)에 의해 화학적으로 산화시킬 때, 소비되는 산화제의 양에 상당하는 산소의 소비량을 측정하여 폐수 내 유기물의 양을 간접적으로 측정하는 지표이다. • 생물·화학적으로 분해되지 않는 폐수나 유독물질(독성물질)을 함유한 공장폐수의 오염도와 오염도의 시간적 변화를 알아보는 데 편리하다. • COD는 해양, 호수의 오염지표로 주로 사용한다. 그 이유는 다량의 유기물이나 염류가 BOD값에 오차를 주기 때문에 이러한 저해요인을 피하기 위해 COD 값으로 나타낸다.

정답 08.③

	• COD 값이 클수록 오염 물질이 많은 물임을 의미한다.
	• BOD에 비해 단시간에 처리가 가능하다(2시간 소요).
	• 폐수의 COD>BOD
	  - 미생물에 의해서 분해되지 않는 유기물이 산화제에 의해 산화되기 때문이다.
	  - 미생물에 독성을 끼치는 물질을 함유하고 있다.
	• 폐수의 COD<BOD
	  - BOD 시험 중 질산화 발생
	  - COD 시험에 방해물질이 폐수에 존재한다.
	• COD=BOD : 미생물과 산화제에 의해 완전 분해

부유물질 (Suspended Solids, SS)	• 입자의 크기가 2mm 이하로 물속에 현탁되어 있는 고형물을 말하며 유기질과 무기질이 있다. • 물의 탁도를 유발시키는 원인이 되며 전반적인 수질을 판단하는 데 이용되고 있다. • 수중의 부유물질이 유기물인 경우 용존산소를 소모시키고, 어류 아가미에 부착되어 어패류를 폐사시킨다. • 빛의 수중 전달을 방해하여 수중식물의 광합성 장해를 일으킨다.
수소이온 농도(pH)	• 외부로부터 산성 및 알칼리성 물질이 혼입되면 쉽게 변화를 받기 때문에 오염여부를 판단하는 좋은 지표가 된다. • 어류생존에 적합한 농도는 pH 6.0~8.0

미생물 검사	• 대장균군
	  - 분변성 오염의 지표. 자체의 병원성은 무시할 수 있을 정도로 낮으나, 대장균군이 검출되면 분변에 의해 전파될 수 있는 수인성 전염병의 유해 가능성을 간접적으로 나타내므로 수질오염의 중요한 지표로 이용된다.
	• 특징
	  - 대장균이 검출되지 않으면 병원균 오염이 있었다 하더라도 이미 사멸되었음을 의미한다
	  - 병원균보다 물속에서 생존력이 길고 저항력이 강하다.
	  - 소독에 대한 저항력이 바이러스보다 약하다.
	  - 검출방법이 간단하고 정확하다.
	• 대장균지수 : 대장균이 검출된 최소 검역량의 역수
	  예 물 10ml 중 대장균 양성→0.1

15년 경기

09 수질오염 지표에 대한 설명으로 옳지 않은 것은?

① 일반적으로 폐수의 화학적 산소요구량(COD)은 생물화학적 산소요구량(BOD)보다 높다.
② 용존산소(DO)는 수온이 낮아질수록 증가한다.
③ 수중의 용존산소(DO)가 5ppm 이하가 되면 어류가 생존할 수 없는 오염상태이다.
④ 부유물질이 증가하게 되면 유기물의 부패로 용존산소(DO)를 소모하게 되고 어패류의 아가미에 부착하게 되면 어패류를 질식시킨다.

KEYWORD
• 수질오염지표

정답 09.④

해설
수중의 부유물질이 유기물인 경우 용존산소(DO)를 소모시키고, 어류의 아가미에 부착되어 어패류를 폐사시킨다.

15년 전남경쟁력

10 수질오염 상태를 나타내는 수질오염지표에 대한 설명으로 옳지 않은 것은?

① 호기성 미생물에 의해 유기물을 분해하는 데 소모된 산소량을 BOD라 한다.
② 산화제를 이용하여 유기물을 산화시킬 때 소비된 산소량을 COD라 한다.
③ DO는 수온이 높을수록, 순수한 물일 때 최대이다.
④ BOD가 높으면 DO가 감소한다.

해설
㉠ 수온과 염분은 낮을수록, 기압, 난류, 유속, 경사는 높을수록 DO가 높아진다.
㉡ DO는 깨끗할수록 값이 증가(값이 클수록 좋음)하고 오탁성 유기물이 많을수록 낮아진다.

보충학습
㉠ BOD : 세균이 호기성 상태에서 유기물질을 20℃에서 5일간 안정시키는 데 필요한 산소량으로, BOD가 높으면 수질이 나쁘다는 것이므로 DO는 낮아진다.
㉡ COD : 물속의 유기물질과 산화성 무기물질을 강력한 산화제인 과망간산칼륨($KMnO_4$), 중크롬산칼륨($K_2Cr_2O_7$)에 의해 화학적으로 산화시킬 때, 소비되는 산화제의 양으로, COD 값이 클수록 오염 물질이 많은 물임을 의미한다(DO 감소).

11 연못의 용존산소 농도가 12㎎/L, 수온 20℃인 경우 가장 적절한 해석은?

① 수중의 조류번식으로 용존산소의 농도가 과포화된 상태라고 볼 수 있다.
② 조류가 호흡을 할 경우이다.
③ 공기방울이 작기 때문이다.
④ 유량이 적고 염류의 농도가 상승하였다.

정답 10.③ 11.①

해설

① 온도가 높을수록 DO의 포화농도는 감소한다(ppm=mg/L).
  ㉠ 0℃ : 14ppm
  ㉡ 20℃ : 9.17ppm
  ㉢ 30℃ : 7.0ppm

오답해설

②, ④은 용존산소의 농도가 감소하는 경우이고 ③은 용존산소를 증가시키는 조건이다.

16년 경기의료

12 생물화학적 산소요구량(BOD)에 대한 설명으로 옳은 것은?

① 유기물질을 20℃에서 3일간 안정화시키는 데 필요한 산소량을 말한다.
② BOD는 용존산소량과 비례한다.
③ 공공하수처리시설의 방류하수는 50ppm 이하이어야 한다.
④ 수중에서 생물이 생존하기 위해서는 BOD가 5ppm 이하이어야 한다.

KEYWORD
- BOD

해설

① 유기물질을 20℃에서 5일간 안정화시키는 데 필요한 산소량을 말한다.
② BOD가 높으면 물속의 용존산소(DO)를 결핍시켜 수중생물의 서식이 어렵고 각종 세균번식의 원인이 된다(반비례 관계).
③ 공공하수처리시설의 방류수의 수질기준 중 방류하수는 10pp 이하이다.

보충학습

공공하수처리시설의 방류수수질기준(하수도법 시행규칙 [별표 1])
㉠ 방류수수질기준(2021년 1월 1일 적용 기준)

구분		생물화학적 산소요구량 (BOD) (mg/L)	총유기탄소량 (TOC) (mg/L)	부유물질 (SS) (mg/L)	총질소 (T-N) (mg/L)	총인 (T-P) (mg/L)	총대장균군수 (개/mL)	생태독성 (TU)
1일 하수처리 용량 500㎥ 이상	I 지역	5 이하	15 이하	10 이하	20 이하	0.2 이하	1,000 이하	1 이하
	II 지역	5 이하	15 이하	10 이하	20 이하	0.3 이하	3,000 이하	
	III 지역	10 이하	25 이하	10 이하	20 이하	0.5 이하		
	IV 지역	10 이하	25 이하	10 이하	20 이하	2 이하		

정답 12.④

| 1일 하수처리용량 500㎥ 미만 50㎥ 이상 | 10 이하 | 25 이하 | 10 이하 | 20 이하 | 2 이하 |
| 1일 하수처리용량 50㎥ 미만 | 10 이하 | 25 이하 | 10 이하 | 40 이하 | 4 이하 |

ⓛ 지역 구분

구분	범위
Ⅰ지역	가.「수도법」제7조에 따라 지정·공고된 상수원보호구역 나.「환경정책기본법」제38조제1항에 따라 지정·고시된 특별대책지역 중 수질보전 특별대책지역으로 지정·고시된 지역 다.「한강수계 상수원 수질개선 및 주민지원 등에 관한 법률」제4조제1항,「낙동강수계 물관리 및 주민지원 등에 관한 법률」제4조제1항,「금강수계 물관리 및 주민지원 등에 관한 법률」제4조제1항 및 「영산강·섬진강수계 물관리 및 주민지원 등에 관한 법률」제4조제1항에 따라 각각 지정·고시된 수변구역 라.「새만금사업 촉진을 위한 특별법」제2조제1호에 따른 새만금사업 지역으로 유입되는 하천이 있는 지역으로서 환경부장관이 정하여 고시하는 지역
Ⅱ지역	「물환경보전법」제22조제2항에 따라 고시된 중권역 중 화학적 산소요구량(COD) 또는 총인(T-P)의 수치가 같은 법 제24조제2항제1호에 따른 목표기준을 초과하였거나 초과할 우려가 현저한 지역으로서 환경부장관이 정하여 고시하는 지역
Ⅲ지역	「물환경보전법」제22조제2항에 따라 고시된 중권역 중 한강·금강·낙동강·영산강·섬진강 수계에 포함되는 지역으로서 환경부장관이 정하여 고시하는 지역(Ⅰ지역 및 Ⅱ지역을 제외한다)
Ⅳ지역	Ⅰ지역, Ⅱ지역 및 Ⅲ지역을 제외한 지역

13 16년 서울

정수방법 중 여과법에 대한 설명으로 옳은 것은?

① 완속여과의 여과속도는 3m/day이고 급속여과의 여과속도는 120m/day 정도이다.
② 급속여과의 생물막 제거법은 사면교체이고 완속여과의 생물막 제거법은 역류세척이다.
③ 원수의 탁도·색도가 높을 때는 완속여과가 효과적이다.
④ 완속여과에 비해 급속여과의 경상비가 적게 든다.

해설
② 급속여과의 생물막 제거법은 역류세척이고 완속여과의 생물막 제거법은 사면대치이다.
③ 원수의 탁도·색도가 높을 때는 급속여과가 효과적이다.
④ 완속여과에 비해 급속여과의 경상비가 많이 든다.

KEYWORD
• 정수법

정답 13.①

보충학습

완속여과법과 급속여과법의 비교

구분	완속여과법(영국식)	급속여과법(미국식)
침전법	보통침전법	약품침전법
생물막제거법(모래층 청소)	사면대치	역류세척
여과속도	3m(3~7m)/day	120m(120~150)/day
1회 사용일수	20일~60일(1~2개월)	12시간~2일(1일)
원수의 탁도·색도가 높을 경우	불리하다	양호하다
이끼류 발생이 쉬운 장소	불리하다	양호하다
수면이 동결되기 쉬운 장소	불리하다	양호하다
면적	광대한 면적이 필요하다.	좁은 면적도 가능
세균제거율	98~99%	95~98%
건설비	많이 든다	적게 든다
유지비(경상비)	적게 든다	많이 든다

16년 전남

14 호수나 하천에서 부영양화를 일으키는 주요 원인물질로 가장 옳은 것은?

① 산소, 수은
② 질소, 인
③ 탄소, 수소
④ 수소, 산소

KEYWORD
수질오염 기전

해설

호수의 부영양화
㉠ 개념 : 정체수역(호수, 하천)에 합성세제, 비료 등에서 유래되는 질소(N), 인(P) 등의 무기성 영양소가 다량 유입되어 플랑크톤이 폭발적으로 증가하는 것이다 (수중생물의 영양분이 증가한다는 의미).
㉡ 호수가 변해가는 과정 : 빈영양호 → 중영양호 → 부영양호 → 늪
㉢ 부영양화 유발 인자
  ⓐ 정체수역
  ⓑ 주 오염물질 : 탄산염, 질산염, 인산염 등
  ⓒ 조류번식에 필요한 물질 C : N : P 비 = 100 : 15(16) : 10이며, 부영양화의 한계인자는 P이다.
㉣ 부영양화를 유발하는 배출원 : 비료, 합성세제, 썩은 식물, 축산폐수, 처리되지 않은 가정하수와 공장폐수 등의 유입
㉤ 부영양화 현상의 피해
  ⓐ 부유물질이 많아져 수질의 색도는 증가하고 투명도는 저하한다.
  ⓑ 수서생물의 종류가 변화된다.

정답 14.②

ⓒ COD(화학적 산소요구량)의 값이 증가한다.
ⓓ 물의 자정능력이 저하한다.
ⓔ 용존산소의 농도가 표수층은 플랑크톤에 의해 포화 또는 과포화되고, 심수층에서는 현저히 감소되며 다량의 산소 소비는 플랑크톤 사체의 산화를 의미한다.
ⓕ 상수의 경우 여과지를 폐쇄하여 물의 정화를 어렵게 한다.
ⓖ 태양광선의 침투가 어려워지게 된다.
ⓗ 호수의 오탁은 원상태로 회복이 어렵고, 관광 가치가 하락한다.
ⓑ 부영양화 예방대책
　ⓐ 질소, 인 등의 영양원 공급과 정수장의 에너지 공급을 차단한다.
　ⓑ $CuSO_4$(황산동), 활성탄, 황토 등을 이용하여 제거한다.
　ⓒ 하수를 고도 처리한다.
　ⓓ 인의 함량이 적은 무린 세제를 사용한다.

15. 16년 경기

상수처리에서 원수를 여과할 때 생기는 여과막의 역할로 옳지 않은 것은?
① 세균여과
② 부유물 여과
③ 조류여과
④ 잔류염소 여과

KEYWORD • 정수법

해설

여과(filtration)
여과는 자갈, 모래 등의 층을 통과시켜 부유물질, 미생물 등을 처리하는 정수 방법이다.

여과의 구분	완속사 여과법	
		• 개념 　- 1829년 영국 런던의 템즈 강물을 최초로 처리하였으므로 영국식 여과법이라고 한다. 　- 물이 모래판 내를 천천히 흘러감에 따라 불순물은 모래알 사이의 작은 틈 사이에 침전되어 제거되게 하는 원리이다. • 완속사여과지 : 여과지의 최상층 모래를 60~90cm 깔고, 굵은 모래, 작은 자갈, 큰 자갈을 각각 10~15cm 두께로 깔며, 최하층에는 둥근 돌을 20~30cm 빈틈없이 깐다. • 생물막(여과막) : 부유물이 모래층 상부에 남게 되어 콜로이드 상의 막이 되는데 이 막은 주로 생물이기 때문에 생물막이라고 하며, 세균, 조류, 부유물 등의 여과 작용을 하므로 여과막이라고도 한다. • 완속여과는 급속여과보다 안전성이(세균제거 능력) 크며 기생충 알도 제거할 수 있다. • 여과막의 제거 : 여과막이 너무 두꺼워져서 여과속도가 떨어지면 1~2cm의 사면을 대치하는 작업에 의해 여과막을 제거한다. • 여과속도와 사용일수 : 여과속도는 일반적으로 3~6m/day(최적속도 3m/day)이며, 1회 사용일수는 1~2개월이다. • 탁도와 세균 등은 완전히 걸러지고 철, 망간, 암모니아 등도 잘 걸러진다.

정답 15.④

급속사 여과법		• 개념
		  – 1872년 미국에서 처음 시작되어 미국식여과법이라고 한다.
		  – 완속여과에 비해 빠른 유속으로 여과되기 때문에 약품(황산 알루미늄)을 사용하여 침전시킨 후 여과지로 보내야 한다.
		• 급속여과지
		  – 완속여과지보다 큰 유효경 0.45~0.7mm의 모래를 사용하며 모래층의 두께는 60~70cm가 적당하다.
		  – 위 모래층 밑의 자갈층은 모래가 침범하지 않도록 상부에서 세립자의 자갈을 깔고 하층으로 갈수록 큰 자갈을 깔아준다.
		  – 급속여과지는 여과막이 빨리 두꺼워지므로 보통 1일 1회 역류세척 한다.
		• 여과속도 : 120~150m/day로 완속여과의 30~50배(약 40배) 정도 된다.
		• 장점 : 수원의 탁도, 색도가 높거나 수조류, 철분량 등이 많을 때 적당하며, 추운 지방이나 대도시에서 이용하기 적당하다.
		• 여재 : 모래, 자갈, 안트라사이트, 무연탄, 규조토, 세밀하게 짠 섬유
		• 급속모래여과는 도시 급수를 위해 사용하는 여과시설이다.
		• 식물성 플랑크톤, 세균 등은 완전히 걸러지지 않고 포함되기도 한다.

	여과속도	• 모래 여과 시 여과 속도에 영향을 주는 인자
		  – 모래 입자의 크기와 모래층의 두께
		  – 물의 점성도
		  ※ 여과지 표면적과 여과의 속도는 무관하다.

	손실수두	• 급속여과 장치에 있어서 여과의 손실수두에 영향을 미치는 인자
		  – 입자의 지름, 여액의 점도, 여과 속도, 여과지의 깊이 등
		  ※ 여과면적은 손실수두와 무관하다.

16년 서울

16 물속의 유기물질 등이 산화제에 의해 화학적으로 분해될 때 소비되는 산소량으로, 폐수나 유독물질이 포함된 공장폐수의 오염도를 알기 위해 사용하는 것은?

① 용존산소량(DO)
② 생물화학적 산소요구량(BOD)
③ 부유물질(SS)
④ 화학적 산소요구량(COD)

KEYWORD
• 수질오염지표

해설

화학적 산소요구량(COD)
㉠ 생물·화학적으로 분해되지 않는 폐수나 유독물질을 함유한 공장폐수의 오염도와 오염도의 시간적 변화를 알아보는 데 편리하다.
㉡ COD 값이 클수록 오염 물질이 많은 물임을 의미한다.
㉢ BOD에 비해 단시간에 처리가 가능하다.
㉣ 폐수의 COD>BOD : 미생물에 의해서 분해되지 않는 유기물이 산화제에 의해 산화되기 때문이다.
㉤ COD=BOD : 미생물과 산화제에 의해 완전 분해

정답 16.④

17.

16년 경기

상수도의 수질 검사항목에 대한 설명으로 옳지 않은 것은?

① 수도전의 월간 검사항목은 4개 항목이다
② 정수장의 일일 검사항목은 총 6개 항목이다
③ 정수장에서 주간검사는 45개 전 항목을 검사한다.
④ 정수장에서 일일검사, 주간검사, 월간검사로 구분하여 실시한다.

해설

정수장에서의 주간검사는 7개 항목을 검사한다(일반세균, 총대장균군, 분원성대장균군 / 대장균, 암모니아성질소, 질산성질소, 과망간산칼륨소비량, 증발잔류물).

보충학습

먹는 물 수질기준 및 검사 등에 관한 규칙 제4조

구분		측정항목
정수장	매일검사(6항목)	냄새, 맛, 색도, pH, 탁도, 잔류염소
	매주검사(7항목)	일반세균, 총대장균군, 분원성대장균군 / 대장균, 암모니아성질소, 질산성질소, 과망간산칼륨소비량, 증발잔류물
	매월검사(60항목)	소독부산물 중 총트리할로메탄, 클로로포름, 브로모디클로로메탄 및 디브로모클로로메탄을 포함한 먹는물 수질기준 전항목
	매분기검사(7항목)	11개 소독부산물 중 7개항목(잔류염소, 클로라랄하이드레이트, 디브로모아세토니트릴, 디클로로아세토니트릴, 트리클로로아세토니트릴, 할로아세틱에시드, 포름알데히드)
수도꼭지	매월검사(4항목)	일반세균, 총대장균군, 분원성대장균군 / 대장균, 잔류염소
수도관 노후지역 수도꼭지	매월검사(10항목)	일반세균, 총대장균군, 분원성대장균군 / 대장균, 암모니아성질소, 철, 동, 아연, 망간, 염소이온, 잔류염소
급수과정 시설별	매월검사(11항목)	일반세균, 총대장균군, 분원성대장균군 / 대장균, 암모니아성질소, 총트리할로메탄, 동, 아연, 철, 탁도, 잔류염소, pH
마을・전용상수도 소규모급수시설	분기검사(15항목)	일반세균, 총대장균군, 분원성대장균군 또는 대장균, 암모니아성질소, 질산성질소, 냄새, 맛, 색도, 탁도, 불소, 망간, 알루미늄, 잔류염소, 붕소, 염소이온
	매년검사(60항목)	먹는 물 수질기준 전 항목
먹는물 공동시설	매분기검사(6항목)	일반세균, 총대장균군, 분원성대장균군 또는 대장균, 암모니아성질소, 질산성질소, 과망간산칼륨 소비량
	매년검사(48항목)	먹는 물 수질기준 전 항목

정답 17.③

18 먹는 물을 소독하는 목적은?
① 병원균의 사멸
② 모든 미생물의 사멸
③ 대장균군의 사멸
④ 세균의 성장 억제

해설

물을 소독하는 목적
㉠ 병원균을 죽여 수인성 감염병(Mills-Reincke 현상과 관계있는 질환) 예방
㉡ 미생물의 발육억제와 종류의 감소
㉢ 유해화학물질 제거
㉣ 독소의 생성 억제

19 상수를 공급할 때 여과과정을 거쳐 공급하는 것이 장티푸스와 같은 수인성 질병의 발생률 감소뿐만 아니라 일반 사망률도 감소시킨다는 결과를 가져오는 현상은?
① 하인리히(Heinrich) 현상
② 손실우연의 원칙
③ Mills-Reincke 현상
④ 코흐(Koch) 현상

해설

Mills-Reincke 현상 : 여과식 수도의 보급으로 각종 수인성질환(장티푸스, 이질, 설사, 장염 등)뿐만 아니라 일반사망률도 현저히 감소하였는데 이 사실을 Mills와 Reincke가 발견하였다고 하여 Mills-Reincke 현상이라고 한다.

오답해설

① 하인리히 법칙
  ㉠ 대형사고가 발생하기 전에 그와 관련된 수많은 경미한 사고와 징후들이 반드시 존재한다는 것을 산업재해 분석을 통해 밝힌 법칙
  ㉡ 산업재해가 발생하여 중상자가 1명 나오면 그전에 같은 원인으로 발생한 경상자가 29명, 같은 원인으로 부상을 당할 뻔한 잠재적 부상자가 300명 있었다는 사실로 1 : 29 : 300법칙이라고도 한다(현성 재해 : 불현성 재해 : 잠재성 재해=1 : 29 : 300).
② 손실우연의 원칙 : 사고와 상해는 어느 정도 우연의 확률이 존재한다는 것으로 예측이 어려워 손실 유무에 상관없이 사고방지에 초점을 둔다는 원칙
④ 코흐(Koch) 현상 : 과거 결핵균에 감염된 기니피그의 피부에 다시 결핵균을 주사하면 피부에는 반응이 생기나 결핵 감염은 다시 일어나지 않는 현상(투베르쿨린 반응의 원리)

20
17년 서울

다음에서 설명하는 먹는 물 수질검사 항목으로 가장 옳은 것은?

> 값이 높을 경우 유기성 물질이 오염된 후 시간이 얼마 경과하지 않은 것을 의미하며, 분변의 오염을 의심할 수 있는 지표이다.

① 수소이온
② 염소이온
③ 질산성 질소
④ 암모니아성 질소

해설
암모니아성 질소는 하수, 공장폐수, 분뇨, 기타 배설물에 혼입된 요소나 아미노산 오염을 추정하는 지표이며, 음용수에서 검출되면 오염기간이 짧아 병원균이 생존해 있을 위험이 있다는 의미로 볼 수 있다.

KEYWORD
수질오염지표-질소화합물

21
17년 경기

하천의 자정작용 중 와류현상과 관련이 있는 것은?
① Brown 운동
② 난류확산
③ 혐기성 분해
④ 미생물에 의한 산화작용

해설
하천의 자정작용의 주요 인자는 희석, 확산, 생물화학적 작용이다. 그 중 확산은 Brown 운동에 의해 일어나는 분자확산과 난류의 와류현상으로 생기는 난류확산이 있다.

KEYWORD
하천의 자정작용

22
17년 환경부

수질지표에서 화학적 산소요구량에 대한 설명으로 옳은 것은?
① 생물화학적 산소요구량 측정법보다 시간이 오래 걸린다.
② 환원제를 사용한다.
③ $KMgO_5$를 이용한다.
④ 유기물 질량을 측정하기 위한 간접지표이다.
⑤ 미생물을 이용한다.

해설
화학적 산소요구량은 유기물을 화학적 산화제($KMnO_4$, $K_2Cr_2O_7$)로 산화시킬 때 필요한 산소의 양을 측정함으로써 폐수 내의 유기물의 양을 간접적으로 측정하는 것이다.

오답해설
① COD는 미생물이 분해하지 못하는 유기물을 측정할 수 있으며, 2시간 정도의 짧은 시간 내에 측정이 가능하므로 BOD 측정법보다 빠른 결과 확인이 가능하다.

KEYWORD
수질오염지표

정답 20.④ 21.② 22.④

②, ③ 강력한 산화제(KMnO₄, K₂Cr₂O₇)를 사용한다.
⑤ BOD : 물속의 유기물질이 호기성 미생물에 의해 20℃에서 5일간 생화학적으로 분해되어 안정화되는 데 필요한 산소량을 측정함으로써 유기물질의 양을 간접적으로 나타내는 지표이다.

> **보충학습**
>
> **화학적 산소요구량(COD)의 측정 방법과 단점**
> ㉠ 단점
>   ⓐ COD값 자체는 미생물로 분해 가능한 유기물의 함량 파악이 어렵다.
>   ⓑ COD는 유기물질이 적더라도 무기성 환원물질인 아질산염, 제1철염, 황화물, 염소이온 등이 많을 경우 그 값이 증가한다.
> ㉡ 측정방법
>
> | 과망간산칼륨(KMnO₄)에 의한 측정 | • 방법이 간단하다.
• 소요시간이 짧다(2시간).
• 유기물의 산화력이 약하다.
• COD를 과망간산칼륨으로 측정할 때에는 BOD의 1.5배 정도가 된다. |
> |---|---|
> | 중크롬산칼륨(K₂Cr₂O₇)에 의한 측정 | • 시간이 오래 걸리고 복잡하다.
• 산화력이 크다(80~100%).
• COD를 중크롬산칼륨으로 측정할 때에는 BOD의 2배 정도가 된다. |

23 [17년 환경부]

먹는 물의 수질기준 중 심미적 영향물질에 관한 기준항목으로 옳은 것은?

① 수은
② 시안
③ 카드뮴
④ 암모니아성 질소
⑤ 아연

KEYWORD
• 먹는 물 수질기준

해설

심미적(審美的) 영향물질에 관한 기준
㉠ 경도(硬度)는 1,000mg/L(수돗물의 경우 300mg/L, 먹는 염지하수 및 먹는 해양심층수의 경우 1,200mg/L, 샘물 및 염지하수 제외)를 넘지 아니할 것
㉡ 과망간산칼륨 소비량은 10mg/L를 넘지 아니할 것
㉢ 냄새와 맛은 소독으로 인한 냄새와 맛 이외의 냄새와 맛이 있어서는 안 된다(맛의 경우는 샘물, 염지하수, 먹는 샘물 및 먹는 물 공동시설의 물은 제외).
㉣ 동은 1mg/L를 넘지 아니할 것
㉤ 색도는 5도를 넘지 아니할 것
㉥ 세제(음이온 계면활성제)는 0.5mg/L를 넘지 아니할 것. 다만, 샘물·먹는 샘물, 염지하수·먹는 염지하수 및 먹는 해양심층수의 경우에는 검출되지 아니하여야 한다.

정답 23.⑤

- ⓐ 수소이온 농도는 pH 5.8 이상, pH 8.5 이하(샘물, 먹는 샘물 및 먹는 물 공동시설의 물은 pH 4.5 이상, pH 9.5 이하)
- ⓞ 아연은 3mg/L를 넘지 아니할 것
- ㉣ 염소이온은 250mg/L를 넘지 아니할 것(염지하수의 경우에는 적용하지 아니한다)
- ㉤ 증발잔류물은 수돗물의 경우에는 500mg/L, 먹는 염지하수 및 먹는 해양심층수의 경우에는 미네랄 등 무해 성분을 제외한 증발잔류물이 500mg/L를 넘지 아니할 것
- ㉠ 철은 0.3mg/L를 넘지 아니할 것(샘물 및 염지하수 제외)
- ㉡ 망간은 0.3mg/L(수돗물의 경우 0.05mg/L, 샘물 및 염지하수 제외)를 넘지 아니할 것
- ㉢ 탁도는 1NTU(Nephelometric Turbidity Unit)를 넘지 아니할 것. 다만, 지하수를 원수로 사용하는 마을상수도, 소규모급수시설 및 전용상수를 제외한 수돗물의 경우에는 0.5NTU를 넘지 아니하여야 한다.
- ⓗ 황산이온은 200mg/L를 넘지 아니할 것. 다만, 샘물, 먹는 샘물 및 먹는 물 공동시설의 물은 250mg/L를 넘지 아니하여야 한다(염지하수 제외).
- ㉮ 알루미늄은 0.2mg/L를 넘지 아니할 것

24 [17년 환경부]

수중 생물 중 화학물질의 농도를 수중화학물질의 농도로 나눈 값으로 옳은 것은?

① 지니계수
② 안전계수
③ 독성계수
④ 상관계수
⑤ 농축계수

KEYWORD
• 수질오염의 피해

해설
㉠ 생물농축 : 수중에 저농도로 있는 비분해성 물질이 먹이사슬을 거치면서 어느 개체에 농축되어 함량이 많아지는 현상을 말한다.
㉡ 생물체 중의 화학물질 농도가 수중의 화학물질 농도에 비해 상대적으로 증가되는 정도를 농도비로 표시한 것을 농축계수라고 한다.

$$농축계수(C, F) = \frac{수서생물 중의 독성물질 농도}{수중의 독성물질 농도}$$

㉢ 농축계수는 식물연쇄과정에서 높은 단계의 소비자에게 상당하는 생물일수록 항상 높게 된다.

오답해설
① 지니계수 : 대표적인 소득분배지표로 빈부격차와 계층 간 소득의 불균형 정도를 나타내는 것으로, 소득 분포의 불평등 정도를 측정하기 위한 계수이다.
② 안전계수 : 실험동물에게 안전한 용량을 사람에게 적용할 때 사용하는 값이다.
③ 독성계수(TF) : TF값은 조사된 여러 독성실험수치(mg/L)의 중간 값을 불확실성인자(SF)로 나눠 구축한다.
④ 상관계수 : 어떤 집단의 특성 간에 존재하는 상관관계를 수치화한 것으로 두 변수 사이의 선형 관계(두 변수 간의 직선 관계)로서 여부와 그 정도를 나타내는 데에 사용한다.

정답 24.⑤

25
생물농축이 유발되는 물질이 아닌 것은?
① DDT
② Cd
③ Hg
④ Na

해설
생물농축이 유발되는 물질은 DDT, Cd, Hg, PCB, Pb, 방사능 물질, Cr, Zn 등이며, 생물농축이 되지 않는 물질은 영양염류(N, P), ABS, Na 등이다.

KEYWORD
생물농축

26
17년 환경부

상수 중 오염된 부식산(Humic acid)과 소독제인 염소가 반응해서 형성되는 발암성 물질로 옳은 것은?
① 시안화합물
② 트리할로메탄(THM)
③ 포름산염
④ 황산알루미늄
⑤ 알킬벤젠 술포네이트(ABS)

해설
트리할로메탄류(THMs)는 먹는 물을 염소로 소독할 때 생기는 주요 부산물로 염소 소독 처리과정에서 수중의 유기물(Humic acid 또는 fulvic acid 등)과 염소가 결합하여 생성되며, 인간은 주로 식음수를 통해 노출된다.

KEYWORD
염소소독

27
17년 서울

염소소독 시 발생하는 불연속점의 원인은?
① 유기물
② 클로라민
③ 암모니아
④ 조류

해설
불연속점 : 암모니아를 함유한 물에 염소를 이용하여 소독하게 되면, 클로라민의 양은 염소 주입량에 비례하여 증가하다가 일정량 이상으로 염소를 주입하면 클로라민의 양이 급격히 줄어들어 최소농도가 되는 점이 있는데 이 점을 불연속점이라고 한다.

KEYWORD
정수법

보충학습

불연속점 염소 처리(break point chlorination)
㉠ 물에 염소 주입량을 점차 증가하면 잔류염소량은 염소 주입량에 비례하여 나타난다.
㉡ 암모니아와 같은 오염물을 포함한 물은 염소 주입 시 어느 정도까지는 잔류염소가 증가하지만 최대점에 달한 후에는 잔류염소가 '0' 가까이 감소하다가 다시 증가하게 된다.

정답 25.④ 26.② 27.③

ⓒ 결합형 잔류염소(클로라민)가 최하강점이 되는 점을 파괴점 또는 불연속점이라고 한다.
ⓔ 불연속점까지의 주입 염소량을 염소요구량이라고 한다.
ⓜ 불연속점 염소 처리법은 불연속점 이상으로 염소량을 주입하여 잔류염소가 검출되도록 하는 방법을 말한다.

28 18년 전남보건

정수과정에서 폭기(aeration)를 실행하는 가장 중요한 이유는?
① 수중 산소를 증가시켜 이산화탄소 등의 가스 제거
② 수중 유기물의 혼합을 통한 유기물 농도 감소
③ 수중 미생물의 운동성 강화를 통한 증식 촉진
④ 수중 산소 공급을 통한 항체성 물질의 기화

해설

폭기(aeration)
㉠ 개념 : 물속 산소를 증가시키고 물속에서 나오기 어려운 과잉 유해 물질 제거를 위해 물속에 공기를 분무하는 과정
㉡ 효과
　ⓐ 냄새와 맛을 제거한다.
　ⓑ pH를 높이고 Fe, Mn 등을 제거한다.
　ⓒ 고온의 물을 냉각시킨다(물의 온도 조절).
　ⓓ O_2와 CO_2, CH_4, H_2S, NH_4 등과 교환

KEYWORD
정수법

29 18년 서울경력환경위생 연구사

우리나라의 먹는 물 수질기준에서 건강상 유해영향 무기물질의 기준 항목에 해당하는 것은?
① 셀레늄
② 톨루엔
③ 페놀류
④ 테트라클로로에틸렌

해설

②~④는 건강상 유해영향 유기물질의 기준 항목이다.

KEYWORD
먹는 물 수질기준

정답 28.① 29.①

보충학습
먹는 물 수질기준

건강상 유해영향 무기물질에 관한 기준	납 불소 비소 셀레늄 수은 시안 크롬 암모니아성 질소 질산성 질소 카드뮴 붕소 브롬산염 스트론튬 우라늄
건강상 유해영향 유기물질에 관한 기준	페놀 다이아지논 파라티온 페니트로티온 카바릴 트리클로로에탄 테트라클로로에틸렌 트리클로로에틸렌 디클로로메탄 벤젠 톨루엔 에틸벤젠 크실렌 1,1-디클로로에틸렌 사염화탄소 1,2-디브로모-3-클로로프로판 1,4-다이옥산

[18년 서울경력환경위생 연구사]

30 상수의 정수과정 중 하나인 염소 소독 시 생성되는 발암성물질(THMs)에 해당하지 않는 것은?

① CH_2Cl_2
② $CHCl_3$
③ $CHBrCl_2$
④ $CHBr_2Cl$

해설
THMs : $CHCl_3$, $CHBrCl_2$, $CHBr_2Cl$, $CHBr_3$, $CHCl_2I$

KEYWORD
• 정수법

정답 30.①

31
THM 생성을 방지하기 위한 대책으로 적절하지 못한 것은?
① 원인이 되는 유기물을 없앤다.
② 자외선 소독법으로 대체한다.
③ 양호한 수질의 원수를 이용한다.
④ 저농도의 염소를 주입하여 오랜 시간 소독한다.

해설

THM(trihalomethane)은 염소 소독 시 발생하는 발암물질이다. 그러므로 저농도의 염소 주입은 옳지 않으며, 자외선 소독, 오존 소독, I_2, Br, ClO_2 등을 이용한다.

보충학습

트리할로메탄류(trihalomethanes, THMs)

㉠ 개요
  ⓐ 상수원수에 함유된 유기물 중 천연적으로 존재하는 부식질(humic substance) 및 유기오염물질과 살균소독으로 사용되는 염소와 반응하여 생성된다.
  ⓑ 국내 기준 : 0.1mg/L
  ⓒ 주로 THMs는 $CHCl_3$, $CHBrCl_2$, $CHBr_2Cl$, $CHBr_3$ 등 이들 네 가지 화합물의 형태를 말한다.
  ⓓ THMs의 생성은 염소와 반응시간이 길수록, pH와 휴민산(humic acid)의 농도가 높을수록, 상수원의 오염이 심해 유기물이 많을수록, 정수과정에서 살균제로 사용하는 염소를 많이 사용할수록, 살균과정의 반응과정이 길수록 많이 생성되며 수소이온농도(pH)가 높을수록, 송수관에서 머무는 기간이 길수록 더욱 활발하게 생성되고, 브롬이온 농도 등에 의해서도 증가할 수 있다.
  ⓔ THM의 제거 : 생성된 THM을 제거하는 방법, THM 전구물질 제거, 염소이외의 소독제 사용으로 발생을 억제하는 방법 등

㉡ 대책
  ⓐ 동물실험 결과 트리할로메탄류는 발암성물질로 알려져 있어 염소소독에서 트리할로메탄 생성을 최소화한다.
  ⓑ 정수처리에서 총트리할로메탄을 처리하는 방법으로는 입상 활성탄에 의한 흡착이나 폭기에 의해 휘산하는 방법이 있다.

32
[19년 경기 의료기술]
유리잔류염소와 암모니아가 결합하여 만들어지는 물질은?
① 클로라민
② THM
③ 치아염소산 나트륨
④ OCl

정답 31.④ 32.①

해설

염소 소독 시 수중 반응
㉠ 물에 주입된 염소는 유리잔류염소(HOCl, OCl⁻)와 결합잔류염소(NH_2Cl, $NHCl_2$)로 존재하며 염소의 수중 반응은 다음과 같다.
 - 유리잔류염소
  ㉮ $Cl_2 + H_2O \rightarrow HCl + HOCl$(치아염소산)
  ㉯ $HOCl \rightarrow H^+ + OCl^-$(치아염소산 이온)
㉡ 염소는 물속에 암모니아화합물이 있을 경우에는 다음과 같이 클로라민의 형성이 일어나 결합잔류염소로 변화한다.
 - 결합잔류염소
  ㉮ $NH_3 + Cl_2 \leftrightarrow HCl + NH_2Cl$ monochloramine(염화암모니움)
  ㉯ $NH_2Cl + Cl_2 \leftrightarrow NH_2Cl_2$ dichloramine(2염화암모니움)

33 〔19년 경기경력 연구사〕

오염된 물에 의한 영향과 관련된 설명으로 옳은 것은?
① 수인성 감염병의 발생률은 연령이 높을수록 높다.
② 유아에게 청색증을 일으키는 먹는 물 성분 중 중요한 원인물질은 질소성분이다.
③ 수인성 감염병은 치명률이 높다.
④ 3가 크롬(Cr_3^+)은 부종 및 궤양을 일으킨다.

해설

질산화반응 과정에서 생성된 물질인 질산성 질소는 Methemoglobinemia(창백아) 질환을 유발하는 물질이다.

오답해설

① 수인성 감염병은 연령과 무관하다.
③ 수인성 감염병은 발병률과 치명률이 낮다.
④ 3가 크롬(Cr_3^+)은 독성이 없다.

보충학습

수인성 감염병 : 물로 전파되는 질병을 말하며, 수인성 질병에는 소화기계 감염병이 대부분이다.
㉠ 수인성 감염병의 종류 : 장티푸스, 파라티푸스, 세균성이질, 콜레라, A형간염(유행성 간염) 등
㉡ 수인성 감염병의 특징
 ⓐ 환자가 폭발적으로 발생한다.
 ⓑ 잠복기가 길고, 2차 환자의 발병률과 치명률이 낮다(드물지만 있음).
 ⓒ 계층, 생활정도, 직업, 성, 연령과 무관하다.
 ⓓ 유행지역이 한정적이다.
 ⓔ 소독하면 유행을 차단할 수 있다.
 ⓕ 병원성 세균은 하천수에서 생존하나 서서히 사멸된다.
 ⓖ 계절과 관계없이 발생한다.
 ⓗ 감염병 지역과 물 사용지역이 일치한다.

KEYWORD
물의 오염

정답 33.②

[19년 경북경력 연구사]

34. 물의 특수정수법 중 조류제거에 가장 많이 사용되는 물질은?

① 황산동
② 셀렌
③ 염화칼슘
④ 탄산칼슘

해설

특수정수법 : 상수의 처리 단계에는 포함되어 있지 않다.

조류제거법	• 조류의 영향 : 물에 갖가지 맛과 냄새를 나타내고 색도 유발, 부영양화 및 적조현상을 유발한다. • 조류의 제거 　- 유기물의 유입 차단 　- 일광 차단 　- 황산동($CuSO_4 \cdot 5H_2$) 0.6~1.2mg/L, 염소, 활성탄 사용
철과 망간 제거법	• 수중 철이나 망간이 0.3mg/L를 넘으면 세탁, 음료, 식품의 요리 등에 부적절하다. • 철 제거 : 폭기법을 이용하면 수산화제이철이 되어 침전되며 여과에 의해서 제거된다. • 망간 제거 : 과망간산칼륨 주입에 의한 산화법, 소량일 경우 폭기법을 이용하여 불용성인 수산화망간을 만들어 침전 여과하여 제거, 망간제오라이트법, 양이온 교환수지에 의한 교환처리법
경수연화법	• 경수는 경도의 원인이 되는 칼슘, 마그네슘, 철, 동 등의 이온을 많이 함유한 물로 비누거품이 일지 않는 등의 특징이 있다. • 일시경수 : 끓이면 경수의 특성이 제거되는 물 　- 중탄산칼슘[$CA(HCO_3)_2$]이나 중탄산마그네슘[$Mg(HCO_3)_2$] 등을 함유한 물을 끓이면 물에 불용성인 탄산칼슘($CaCO_3$), 수산화마그네슘[$Mg(OH)_2$]이 침전되므로 물이 부드럽게 된다. • 영구경수 : 끓여도 연화되지 않는 물 　- 황산칼슘($CaSO_4$), 황산마그네슘($MgSO_4$)과 같은 황산염은 끓여도 변화가 없다. • 경수연화법 : 경도의 원인이 되는 이온물질(칼슘이온, 마그네슘이온)을 제거하여 연화시킨다. 　- 제오라이트법(이온교환법) : 칼슘이나 마그네슘이온을 제오라이트의 나트륨이온과 치환한다. 　- 석회소다법 : 칼슘이온이나 마그네슘이온을 탄산칼슘이나 수산화마그네슘으로 만들어 여과 또는 침전시킨다. 　- 영구경수와 일시적 경수가 동시에 존재하는 경우는 소석회와 소다회를 사용한다.
불소주입법	• 우치 : 불소가 없는 물 • 불소의 과다 : 장기간 음용 시 반상치(흰색 반점이나 노란색 또는 갈색 반점이 불규칙하게 표면에 착색된 치아와 전체 면이 백지와 같은 치아) • 불소의 과소 : 우식치(충치) • 적정범위 : 0.6~1.0mg/L

정답 34.①

35

위플은 하수의 유입으로 인한 변화 상태를 4지대로 구분하였다. 이 중 용존산소가 가장 낮은 단계이면서 호기성균이 혐기성균으로 교체되는 지대는 어느 지대인가?

① 분해지대
② 활발한 분해지대
③ 회복지대
④ 정수지대

KEYWORD
• 수질오염기전

해설

위플의 하천의 오염 사이클과 자정작용의 순서 : 분해지대 → 활발한 분해지대 → 회복지대 → 정수지대

분해지대	• 유기물이나 오염물 유입 지점의 근거리에 위치하여 오염물질로 인하여 수질이 악화된다. • 여름철 온도에서 용존산소(DO)포화도는 45% 정도에 해당된다. • 소하천에서 잘 관찰되며 쉽게 회복되므로 식별이 어렵다. • 세균과 균류의 성장이 활발하고, 오염에 강한 미생물이 출현한다. • 곰팡이류인 균류가 녹색수중식물이나 고등생물을 대신해서 심하게 번식한다. • 최초의 분해지대에서 일어나는 생물화학적 산소요구량(BOD) 감소는 미생물의 번식작용 때문이다. • 용존산소(DO)량 감소, 탄산가스(CO_2), 탁도, 부유물질 증가
활발한 분해지대	• 용존산소(DO)량이 가장 낮은 단계이다. • 용존산소(DO)가 없어 부패 상태이고 물리적으로 회색 내지 흑색으로 나타난다. • NH_3에 의한 화장실 냄새와 H_2S(황화수)에 의한 달걀 썩은 냄새가 난다. • 호기성균이 혐기성 세균으로 교체되면서 혐기성 박테리아의 번식으로 CO_2농도, NH_4^+ 또는 암모니아성질소(NH_3-N), H_2S 등의 농도가 증가한다.
회복지대	• 용존산소(DO)의 증가에 따라 물이 차츰 맑아지고 기체방울의 발생이 중단된다. • 용존산소(DO)가 포화될 정도로 증가하고 아질산염이나 질산염의 농도가 증가한다. • 혐기성균이 호기성균으로 대체되며 원생동물, 윤충류, 갑각류 등이 번식한다. • 조개류나 벌레의 유충이 번식하며, 은빛 담수어, 황어, 생무지 등의 물고기가 자란다.
정수지대	• 오염되지 않은 자연수처럼 보이는 맑은 상태이며, 여러 종류의 물고기가 다시 번식한다. • 대장균과 병균은 부적합한 환경이나 다른 미생물에 의해 잡아먹혀 수가 줄었으나 일부는 잔존하기 때문에 깨끗하더라도 한번 오염된 물은 처리를 해야 음용수로 사용할 수 있다.

정답 35.②

19년 해양경찰 일반직

36 다음 중 방제정 등 함정에서의 먹는 물 수질기준으로 가장 거리가 먼 것은?

① 탁도는 1NTU 이하일 것
② 총대장균군은 불검출/100mL일 것
③ 철은 0.3mg/L 이하일 것
④ 일반세균은 100CFU/mL 이하일 것

해설

함정에서 먹는 물 관리 규칙

항목	기준
일반세균	100CFU/mL 이하
총대장균군	불검출/100mL
분원성대장균군	불검출/100mL
철	0.3mg/L 이하
탁도	0.5NTU 이하

KEYWORD
먹는 물 수질기준

37 정수처리 과정에서 이용되는 여과에 대한 설명으로 옳지 않은 것은?

① 완속여과는 부유물질 외에 세균도 제거가 가능하다.
② 급속여과는 저탁도 원수, 완속여과는 고탁도 원수의 처리에 적합하다.
③ 급속여과의 속도는 약 120~150m/d이며, 완속여과의 속도는 약 4~5m/d이다.
④ 여과지의 운전에 따라 발생하는 공극률의 감소는 여과저항 증가의 원인이 된다.

해설

급속여과는 일반적으로 고탁도의 원수에 적합하여 약품침전과 조합해서 사용한다. 이 방법은 안정된 처리성능을 얻을 수 있고, 운전도 용이하며, 2차 처리 수질의 향상을 기대할 수 있는 고도처리 기본공정으로, 생물학적 처리 및 2차 침전지를 거친 후 유출수가 방류되기 전에 잔류부유물질 제거를 위해 실시한다.

KEYWORD
정수법

정답 36.① 37.②

38
20년 경기 보건

밀스-라인케(Mills-Reincke) 현상에 대한 설명으로 옳은 것은?
① 여과식 수도 보급에 따른 질병 감소 효과
② 광화학스모그 발생 시 증가하는 폐질환 증가 효과
③ 빛 오염으로 인한 난시 증가 현상
④ 소음 감소로 인한 난청 감소 효과

해설
㉠ 수도열(Water Fever, Hannover Fever)의 원인 : 1926년 독일 하노버 시에서 수도오염에 의해 장티푸스 환자가 발생하기 전에 그 10배에 달하는 발열, 설사 환자가 발생하였는데 이는 장티푸스와 관계없이 물속의 대장균 및 잡균이 원인이었다. 한편 물을 여과 급수함으로써 수인성질병, 수도열, 사망률 등이 감소하는 현상을 밀스-라인케(Mills-Reincke)라고 한다.
㉡ 밀스-라인케(Mills-Reincke) 현상
  ⓐ 1893 Mills(미국) : 메사추세츠 주 로렌스 시에서 물을 여과 급수하였는데 이로써 장티푸스, 이질, 설사, 장염 등의 환자와 사망자가 감소하였으며, 일반 사망률도 저하됨을 알았다.
  ⓑ 1893 Reincke(독일) : 강물을 여과하여 Hamburg 시민에게 공급한 결과 Mills와 같은 결과를 얻게 되었다.

KEYWORD
정수법

39
20년 서울

수질오염 평가에서 오염도가 낮을수록 결과치가 커지는 지표는?
① 화학적 산소요구량
② 과망간산칼륨($KMnO_4$) 소비량
③ 용존산소
④ 생화학적 산소요구량

해설
용존산소(DO)는 물에 녹아 있는 유리산소의 양. 물의 오염도를 나타내는 지표로서, 깨끗할수록 증가(값이 클수록 좋음)하고 오탁성유기물이 많을수록 낮아진다.

오답해설
①,② 화학적 산소요구량(COD) : 물속의 유기물질과 산화성 무기물질을 강력한 산화제인 과망간산칼륨($KMnO_4$), 중크롬산칼륨($K_2Cr_2O_7$)에 의해 화학적으로 산화시킬 때, 소비되는 산화제의 양에 상당하는 산소의 소비량을 측정하여 폐수 내 유기물의 양을 간접적으로 측정하는 지표로써, COD 값이 클수록 오염 물질이 많은 물임을 의미한다.
④ 생화학적 산소요구량(BOD) : 수질측정의 대표적인 지표로서 BOD가 높다는 것은 수중에 분해되기 쉬운 유기물이 많음을 의미하므로 수질이 나쁘다는 것이다.

KEYWORD
수질오염평가지표

정답 38.① 39.③

40 적조현상은 어패류의 생존을 위협한다. 적조현상을 촉진하는 요인이 아닌 것은?

① 염분의 농도 증가
② 수온의 상승
③ 해류의 정체
④ 영양염류의 증가

해설
염분의 농도가 적당해야 한다.

보충학습

적조(Red tide)
㉠ 정의 : 식물성 플랑크톤의 급격한 증식이나 생물·물리적 현상으로 해수가 변색되는 것을 말한다. 호수나 강계, 저수지에서 발생하는 경우에는 녹조라 한다. 물색은 플랑크톤의 종류, 활성도, 밀도 등에 따라 여러 색으로 나타나는데 그 색에 따라 적조, 녹조, 백조, 청조라 불리기도 하며, 적조는 부영양화 현상이다.
㉡ 적조 발생의 원인
ⓐ 정체성 수역(수괴의 연직 안정도가 작다.)
ⓑ 수중의 질소(15 또는 16), 인(1), 탄소(100) 등의 농도, 즉, 영양염류의 증가
ⓒ 적당한 염분의 농도
ⓓ 일사량 증가, 수온 상승
㉢ 피해
ⓐ 독성을 갖는 편모조류의 치사성 독소 방출로 어패류가 폐사한다.
ⓑ 과영양 상태로 진행되면 용존산소 소비가 일어나 어류 등 다른 생물이 살 수 없게 된다.
ⓒ 적조생물이 어패류의 아가미에 부착되어 질식한다.
ⓓ 황화수소(H_2S)나 부패독과 같은 유해물질 발생으로 어패류가 폐사한다.
㉣ 조류제거 방법
ⓐ 황산동, 활성탄, 황토 살포
ⓑ 에너지 공급과 영양원(질소, 인) 공급을 차단한다.
ⓒ 유입되는 하수를 고도 처리한다.
ⓓ 무린세제 사용

41 수질오염의 피해 정도를 측정하는 단위가 아닌 것은?

① TLM
② THMs
③ LC50
④ LD50

해설

THMs
상수 중 오염된 부식산과 소독제인 염소가 반응해서 형성되는 발암성 물질

> **보충학습**
>
> ① TLM(Tolerance Limit Median) : 어류에 대한 급성 독물질의 해로운 정도를 나타내는 수치로, 급성 독성 물질이 포함된 배수의 희석액 속에 일정 기간 어류를 노출시켰을 때 물고기 50%가 살아남을 수 있는 배수의 농도를 말한다.
> ③ LC50(Lethal Concentration 50) : 한 무리의 실험동물의 50%를 죽이게 하는 독성물질의 농도로 균일하다고 생각되는 모집단 동물의 반수를 사망하게 하는 공기 중의 가스농도 및 액체 중의 물질의 농도, 즉, 50%의 치사농도로 반수치사농도라고도 하며, LD50(50% 치사량)과 같은 개념으로 쓰이기도 한다(TLM과 반대 개념).
> ④ LD50(Lethal Dose 50) : 한 무리의 실험동물 50%를 사망시키는 독성물질의 양, 또는 방사선의 양으로 반수치사량이라고도 하며, 독성물질의 경우는 동물체중 1kg에 대한 독물량(mg)으로 나타낸다. 그때 동물의 종류나 독물경로에 의해 치사량이 다르므로 이들도 같이 표기한다. 예를 들면 과산화수소 LD50 = 약 700mg/kg(쥐, 피하주사)와 같이 표시한다.

42. 완속여과법에서 부유물의 제거는 주로 어디에서 이루어지는가?

① 모래층 표면
② 최하층의 굵은 자갈
③ 모래층의 전체부분에서 순차적으로 여과된다.
④ 모래층의 중간 부분

해설

㉠ 보통 침전한 원수를 여과지에 보내게 되는데 이 여과지의 여과층의 상층은 세사(fine sand, 細砂, 입자 직경이 0.125~0.25mm 범위에 속하는 가는 모래)를 사용하고, 하층일수록 입자가 큰 모래를 사용하며, 최하층에는 자갈을 깐다.
㉡ 원수 중의 부유물질 또는 불순물의 제거는 주로 여상의 제일 상부 모래층 표면에서 이루어지는데 여기서 콜로이드상의 막이 여기서 형성되고 세균의 99%가 이 막에서 제거된다.

정답 42.①

43 다음 중 성층현상에 대한 설명으로 옳은 것은?
① 동물의 분뇨, 인산질 비료, 합성세제, 축산폐수 등에 의해 발생한다.
② 물의 온도 변화로 밀도의 차이가 발생하여 표층, 변천대, 정체층 등이 발생하는 현상이다.
③ 물의 온도 변화로 밀도의 차이가 발생하여 수직운동이 가속화되는 현상이다.
④ 물색을 현저하게 녹색으로 변화시키는 현상이다.

KEYWORD
• 수질오염의 종류

해설
① 부영양화
③ 전도현상(순환현상)
④ 녹조현상

보충학습

성층현상
㉠ 수심에 따른 온도변화로 밀도차가 발생하여 층(표층, 변천대, 정체층 등)이 발생하는 현상이다.
㉡ 겨울이나 여름에 주로 발생하는데 수온약층, 혼합층, 심수층의 구분이 가장 확연하게 드러나는 계절은 여름이다. 즉, 성층현상은 여름이 겨울보다 더 강력하므로 혼합이 발생하지 않는다.
㉢ 호수의 깊이
  ⓐ 깊이가 깊어질수록 용존산소는 감소하고 이산화탄소(탄산가스)는 증가한다.
  ⓑ 호수의 표면에 조류가 번식하면 주간에는 광합성으로 DO가 높아지고, 야간에는 호흡작용으로 인해 DO는 낮아진다.
  ⓒ 호수의 깊이에 따른 CO_2와 DO의 농도 변화가 같은 지점이 존재한다.
㉣ 호수에서는 일정한 방향을 가진 흐름은 없지만, 밀도변화에 의해 수직운동이 일어난다.
㉤ 성층현상의 순서 : 표수층 → 수온약층 → 심수층(정체대) → 침전물층
  ⓐ 표수층 : DO의 포화 및 과포화 현상(광합성 작용)
  ⓑ 수온약층 : 수온의 깊이에 따라 감소하는 중간 부분
  ⓒ 심수층
    ㉮ DO의 감소는 수중생물의 서식에 피해를 야기한다.
    ㉯ 바닥에 침전된 유기물이 혐기성 상태에서 분해되므로 수질이 악화된다.
    ㉰ 약산성이다.
    ㉱ 탄산가스가 매우 많고 황화수소(H_2S)가 검출된다.

정답 43.②

44. 수중의 용존산소를 고갈시키는 물질은?

① 중금속 ② 색도
③ 분해성 유기물 ④ 황산염

해설

하천의 용존산소를 고갈시키는 물질
㉠ 유기물 : NH_3, 분해성 유기물
㉡ 무기화합물 : 아질산염(NO_2^-), 아황산염(SO_3^{2-}), 제1철염(Fe^{++}) 등

보충학습

하천의 용존산소를 감소시키지 않는 물질(완전산화물)
제2철염(Fe^{3+}), 질산염(NO_3^-), 황산염(SO_4^{2-}), 제2망간염(Mn^{4-}) 등

KEYWORD: 수질오염지표

45. 상수원에서 물에 냄새를 유발하는 물질은?

① 박테리아 ② 곰팡이류
③ 원충류 ④ 조류

해설

조류 : 상수원에서 물에 맛이나 냄새를 유발하는 미생물이며, 광합성을 한다.

KEYWORD: 수질오염

46. 물에 공기를 흡수시키는 이유는 무엇인가?

① 산소를 넣기 위함이다.
② 휘발성 물질 제거
③ 수중 부유물질의 안정화
④ 수중 부유물질의 제거

해설

포기 : 물속에 산소를 넣기 위한 것이다.

KEYWORD: 정수법

정답 44.③ 45.④ 46.①

47. 먹는 물 수질기준에 해당하지 않는 것은?
① 미생물에 관한 기준
② 유해영양 무기물질에 관한 기준
③ 심미적 영양물질에 관한 기준
④ 소독부산물에 관한 기준
⑤ 방사선 물질에 관한 기준

해설
먹는 물 수질기준은 미생물에 관한 기준, 유해영향 무기물질에 관한 기준, 유해영향 유기물질에 관한 기준, 심미적 영향물질에 관한 기준, 소독부산물에 관한 기준, 방사능에 관한 기준(염지하수만 해당) 등이다.

KEYWORD
먹는 물 수질기준

48. 지표수가 아닌 것은?
① 호소수 ② 용천수
③ 저수지수 ④ 강물

해설
지하수 : 용천수, 복류수, 천층수, 심층수

KEYWORD
수원의 종류

49. 열오염의 영향이 아닌 것은?
① 수중미생물을 질식시킬 수도 있다.
② 수중 생물의 독성물질에 대한 예민도를 증가시킨다.
③ 여름철 정체수역에서 발생한다.
④ 물고기 회유에 장애가 된다.

해설
열오염
㉠ 개념 : 화력발전소나 원자력 발전소의 냉각수와 열수로 인해 발생
㉡ 열오염의 영향 및 피해
　ⓐ 수중 미생물 활동 증가 → DO 감소 → 혐기성 상태 촉진 → 황화수소 등의 가스발생 → 악취의 원인
　ⓑ 수중미생물 질식
　ⓒ 수중 생물의 독성물질에 대한 예민도(=감수성 : 받아들이는 능력) 증가
　ⓓ 하천 혹은 해양의 생태계를 변화시킨다.
　ⓔ 물고기 회유에 장애가 된다.
　ⓕ 플랑크톤의 이상 증식 유발
　ⓖ 부영양화 촉진

KEYWORD
수질오염 기전

정답 47.⑤ 48.② 49.③

50

[21년 해양경찰 일반직]

다음 중 '해수'를 목욕물로 사용하는 경우의 수질기준항목으로 가장 옳지 않은 것은?

① pH
② COD
③ BOD
④ 총대장균군

해설

화학적 산소요구량(COD)	원수	2 이하
	욕조수	4 이하
수소이온농도		7.8~8.3
총대장균군		1,000 이하

KEYWORD
공중목욕탕 수질기준

51

[21년 해양경찰 일반직]

물의 염소요구량이 9mg/L이고, 잔류염소 농도를 0.4mg/L로 유지하기 위해 1일 30,000m³의 물을 정수하는 데 주입되는 염소의 양(kg/day)은 얼마인가?

① 282
② 270
③ 258
④ 108

해설

염소주입량 = 염소요구량 + 잔류염소량 ⇒ 9mg/L + 0.4mg/L = 9.4mg/L
30,000m³/day = 30,000,000L/day
30,000,000L/day × 9.4mg/L = 282,000,000mg/day = 282kg/day

KEYWORD
염소소독법

52

[22년 해양경찰 일반직]

수질유해물질과 그 영향에 대해 연결한 것 중 가장 옳지 않은 것은?

① As(비소) – 파킨슨씨병
② Hg(수은) – 미나마타병
③ Cd(카드뮴) – 이따이이따이병
④ F(불소) – 반상치

해설

① 비소(As)
 ㉠ 급성중독 : 구토, 복통, 혈변, 안면부종, 근육경련, 혼수 등
 ㉡ 만성중독 : 말초신경염, 피부질환, 피부암, 백혈병, 폐암, 림프종 등
② 망간(Mn)
 ㉠ 위험직업 : 합금제조, 안료, 색소, 용접
 ㉡ 중독증상 : 급성 – 금속열, 만성 – 신경계 증상(파킨슨병 증상, 가면양 얼굴, 언어장애)

KEYWORD
유해금속

정답 50.③ 51.① 52.①

53 [22년 해양경찰 일반직]

다음 중 생물학적 오탁지표로서 BIP(Biological Index of Pollution)와 BI(Biotic Index)에 대한 것으로 가장 옳지 않은 것은?

① BIP 수치가 작을수록 오염이 심함을 나타낸다.
② BI 수치가 작을수록 오염이 심함을 나타낸다.
③ BI는 육안적 생물을 대상으로 한다.
④ BIP는 현미경적 생물을 대상으로 한다.

KEYWORD
수질오염 지표

해설

BIP (Biological Index of Pollution)	㉠ 현미경적인 생물을 대상으로 한다. ㉡ BIP가 클수록 오염이 심함을 의미한다. 　예 깨끗한 지역: 0~2, 오염된 하천: 10~20, 매우 오염된 지역: 70~100 ㉢ BIP는 전 생물수에 대한 동물수(무색생물수)의 비(%)로 나타낸다. 　$BIP = \dfrac{무색생물수}{전 생물수} \times 100$
BI (Biotix Index)	㉠ 육안적 동물을 대상으로 산정한다. ㉡ 수치가 클수록 청정하다. ㉢ 20 이상은 청정한 지역이고, 5 이하는 오염된 지역이다. ㉣ $BI = \dfrac{2A+B}{A+B+C} \times 100$

54 [23년 해양경찰 일반직]

다음 중 실험동물의 50%가 사망에 이르는 용량을 나타내는 표시로 가장 옳은 것은?

① TDs(Toxic Doses)
② LD_{50}(Lethal Dose 50%)
③ EDs(Effective Doses)
④ TD_{50}(Median Toxic Dose)

KEYWORD
수질오염의 생물학적 지표

해설

LD_{50}(Lethal Dose 50) : 한 무리의 실험동물 50%를 사망시키는 독성물질의 양 또는 방사선의 양으로 반수치사량(중간치사량)이라고도 한다. 독성물질의 경우, 해당 약물의 LD_{50}을 나타낼 때는 체중 kg당 mg으로 나타낸다. 예를 들어 니코틴의 경우 LD_{50}은 50mg/kg이며, 아스피린의 경우 LD_{50}은 200mg/kg이다.

오답해설

① TDs(Toxic Doses) : 중독량
③ EDs(Effective Doses) : 약제 방사선 치료의 유효량
④ TD_{50}(Median Toxic Dose) : 중간 중독량

정답 53.① 54.②

55. [23년 해양경찰 일반직]

다음 중 정수한 물을 배수지까지 보내는 과정으로 가장 옳은 것은?

① 급수　　② 도수
③ 배수　　④ 송수

해설

상수도 공급과정
① 수원지-취수-도수-정수-송수-배수-급수
② 용어 정의

취수	수원지에서 원수(물)를 모으는 것
도수	취수한 원수를 정수장까지 도수로를 통해 공급하는 것
정수	정수시설에서 수질을 깨끗하게 하는 과정
송수	정수한 물을 정수지에서 배수지까지 보내는 과정
배수	분배의 과정
급수(각 가정)	배수관에서 각 가정으로 보내지는 것

KEYWORD: 상수공급과정

56. [23년 해양경찰 일반직]

BOD 분석 시 사용되는 시약으로 다음 중 가장 옳지 않은 것은?

① $CaCl_2$　　② $MgSO_4$
③ $KMnO_4$　　④ $FeCl_3$

해설

화학적 산소요구량(Chemical Oxygen Demands, COD) : 물 속의 유기물질과 산화성 무기물질을 강력한 산화제인 과망간산칼륨($KMnO_4$), 중크롬산칼륨($K_2Cr_2O_7$)에 의해 화학적으로 산화시킬 때, 소비되는 산화제의 양에 상당하는 산소의 소비량을 측정하여 폐수 내 유기물의 양을 간접적으로 측정하는 지표이다.

KEYWORD: 수질오염의 지표

정답 55.④ 56.③

PART 04

하·폐수 처리, 폐기물 및 토양오염

환경보건(학)
기출예상문제집

PART 04 하·폐수 처리, 폐기물 및 토양오염

01 〔11년 서울〕

쓰레기 처리 방법 중 소각법의 장점이 아닌 것은?

① 폐기물 무게의 80~85%, 부피의 95~99%를 연소가스로 전환시키므로 폐기물을 감소시켜 점차 심각해지는 매립지 확보 문제를 완화하게 한다.
② 병원균, 유독성 성분, 부패성 유기물 등을 연소과정을 통해 완전 산화하여 무해화하기 때문에 위생적이라 할 수 있다.
③ 부피가 작고 많은 면적을 차지하지 않으므로 건설비나 유지비 등의 비용이 적게 든다.
④ 가연성 성분의 폐기물로 잠재되어 있는 에너지를 열에너지로 회수하여 활용할 수 있다.

KEYWORD
폐기물 처리 방법

해설

소각법의 장·단점

장점	• 잔유물이 적고 매립에 적합하다. • 기후 및 기상의 영향을 받지 않는다. • 작은 부지로 가능하다. • 시의 중심부에 설치할 수 있으며 운송비를 줄일 수 있다. • 단시간에 유기물을 완전히 분해할 수 있다. • 병원성 균, 부패성 유기물, 유독성 성분을 소각하면 연소과정을 통해 위생적으로 처리된다. • 폐열(에너지를 생산하거나 소비하는 과정에서 사용되지 못하고 외부로 버려지는 열)을 이용할 수 있다
단점	• 건설비 운전관리비가 많이 들고 전문숙련공이 필요하다. • 소각 시설 건설 부지의 취득에 어려움이 있다. • 대기오염의 우려가 있어 방지시설이 필요하다.

정답 01.③

[12년 인천 의료기술]

02 활성오니와 살수여상(여과)법의 설명으로 틀린 것은?
① 활성오니는 주로 도시에서 이용하고 해충이 많이 생긴다는 단점이 있다.
② 살수여과법은 수량 변이에 용이하고 높은 수압을 필요로 한다.
③ 활성오니법은 대도시에서 이용하는 하수 처리법이다.
④ 살수여과는 진보된 형태로 2차 처리법이다.

KEYWORD
하수처리

해설
㉠ 활성오니법은 가장 현대적인 처리방법으로 1912년 영국에서 시작하였고 도시의 하수처리법으로 이용되고 있다.
㉡ 살수여상(여과)법의 단점이 냄새 발생, 해충문제가 발생할 수 있다는 것이다.

보충학습

활성오니(활성슬러지)법과 살수여상(여과)법의 장·단점

구분	장점	단점
활성오니법	• 미생물 제어가 용이하고 제거 효율이 높다. • 처리 면적이 작아도 용이하다. • 대도시에서 이용하는 처리방법이다.	• 슬러지 반송설비가 필요하다. • 슬러지 발생량이 많다. • Sludge Bulking이 발생한다. • 건설비, 유지관리비가 많이 든다. • 숙련공이 필요하다. • 온도의 영향을 많이 받는다. ※ Bulking의 조건 : pH↓, DO↓, N.P↓, 사상충↑
살수여상 (여과)법	• 폭기에 동력이 필요 없다. • 건설비와 유지비가 적게 든다. • 폐수의 수질이나 수량의 변동에 민감하지 않다(충격부하에 강함). • 온도에 의한 영향을 적게 받고 저온에서도 가능하다. • 활성슬러지법에서와 같이 Bulking의 문제가 없다.	• 여상의 폐쇄가 일어난다(Ponding). • 악취가 발생한다. • Psychoda라는 파리가 발생한다. • 겨울철에는 동결의 문제가 있다. • 생물막의 탈락으로 처리수가 악화되는 수가 있다. • 수두손실이 크다.

03 침전지에서 부유물질의 침강속도를 감소시키는 요인으로 작용하는 것은?
① 부유물질 입자의 밀도가 클 경우
② 중력가속도가 클 경우
③ 처리수의 점성도가 클 경우
④ 폐수의 밀도와 부유물 입자의 밀도차가 클 경우
⑤ 부유물 입자의 직경이 클 경우

KEYWORD
물리적 처리

정답 02.① 03.③

해설

침전지

㉠ 침전지는 중력을 이용하여 폐수의 속도를 완만하게 하여 침전성 고형물을 제거하는 것으로 Stoke의 법칙이 적용되며, 침전지에는 1차 침전지와 2차 침전지가 있다.

㉡ Stoke의 법칙 : 입자의 침강속도는 입자의 크기, 형상, 밀도, 점성 등에 의해 결정되며, 입자 직경의 제곱에 비례한다는 것으로 입자가 완전한 구형이고 입자 간 간섭은 무시한다고 가정한다.

$$V_s = \frac{g(\rho_s - \rho_w)d^2}{18\mu}$$

- V_s : 입자의 침강속도(종속도)(cm/sec)
- g : 중력가속도(980cm/sec²)
- ρ_s : 입자의 밀도(g/cm³)
- ρ_w : 액체의 밀도(g/cm³)
- μ : 액체의 점성계수(동점성계수)(g/cm·sec)–비중이 1인 경우 점성계수는 동점성계수이다.
- dp : 입자의 직경(cm)

㉢ 입자의 침강속도

침강속도가 감소하는 경우	• 하수의 점성이 클 경우 • 부유물질 입자의 직경과 밀도(비중)가 작을 경우 • 하수의 밀도와 입자(부유물질)의 밀도차가 작을 경우 • 저항계수가 증가하는 경우
침강속도가 빨라지는 경우	• 처리수의 점성계수(점성계수, 점도)가 작을 경우 • 입자의 밀도(비중)가 증가하는 경우 • 저항계수가 감소하는 경우 • 입자의 직경이 큰 경우 • 하수의 밀도와 입자(부유물질)의 밀도차가 큰 경우 • 중력가속도가 큰 경우

13년 서울지방직

04 하수처리방법 중 활성오니법에 대한 설명으로 맞는 것은?
① 호기성균에 의한 산화작용을 한다.
② 하수의 1차 처리방법이다.
③ 비용이 적게 든다.
④ 소규모 분리에 적합하다.
⑤ RBC(Rotating Biological Contactor)라고도 한다.

해설

② 하수의 2차 처리방법이다.
③ 살수여상(여과)법
④ 부패조
⑤ 회전원판법

정답 04.①

> **보충학습**
>
> **호기성 처리**
> ㉠ 호기성 분해처리는 산소를 공급하여 호기성균에 의해 처리하는 방식으로 활성오니법, 살수여상(여과)법, 산화지법, 회전원판법 등이 있다.
> ㉡ 호기성균에 의한 산화작용 → 유기물 + O_2 = CO_2 + H_2O + energy
> ㉢ 활성오니법(Activated Sludge Process)
>   ⓐ 호기성균이 풍부한 오니를 하수량의 25%를 첨가하여 충분한 산소를 공급함으로써 호기성균의 활동을 촉진시켜 유기물을 산화시키는 방법이다.
>   ⓑ F/M(Food/microbacterium)비 : 유입 유기물량과 제거하려는 미생물량과의 비를 말하는 최적 F/M비는 0.3~0.6이다.
>   ⓒ 1차 처리된 하수를 2차 처리를 위해 주로 이용되며, 주요 공정은 폭기조, 최종 침전조, 슬러지 반송설비로 구성되어 있다.

05 [15년 경기의료기술 9급]

하수처리법 중 혐기성 처리법의 특징이 아닌 것은?
① 혐기성 처리 시 발생하는 가스인 이산화탄소가 장점이다.
② 주로 BOD가 10,000ppm 이상으로 높은 배수에 이용된다.
③ 공장배수처리에는 부적당하고 주로 잉여오니의 처분이나 분뇨처리에 이용된다.
④ 땅이나 늪 밑바닥에 거품이 나오는 경우가 있는데, 이것은 자연계에서 행하여지고 있는 Methane의 발효이다.

[해설]
혐기성 처리는 유기물의 농도가 높아 산소의 공급이 어려워 호기성 처리가 곤란할 때 이용되는 방법으로 메탄가스를 연료로 이용할 수 있는 것이 장점이다.

> **보충학습**
>
> ㉠ 혐기성 처리의 조건
>   ⓐ BOD 농도 10,000mg/L 이상
>   ⓑ BOD 농도가 높고 단백질이나 지방함량이 높은 것
>   ⓒ 미생물에 필요한 무기영양소가 충분히 있어야 한다.
>   ⓓ 독성물질이 없고 알칼리도가 적당해야 한다.
>   ⓔ 높은 온도가 적합하다.

KEYWORD
하수처리

정답 05.①

ⓒ 발생가스
    ⓐ 혐기성 소화의 결과는 2/3는 가스화되고 1/3은 소화슬러지가 된다.
    ⓑ 혐기성 소화조로부터 발생하는 가스는 메탄, 이산화탄소, 암모니아 메르캅탄 황화수소 등이다.
    ⓒ 메탄 : 연료로 사용
    ⓓ 암모니아, 황화수소, 메르캅탄 : 악취발생 물질
  ⓒ 정상적으로 운영되는 슬러지 소화조의 소화가스 구성
    ⓐ 메탄(CH_4) : 70%
    ⓑ 이산화탄소(CO_2) : 30%

06 혐기성 소화의 특징이 아닌 것은?
① 소화에 의해 병원균을 거의 사멸시킨다.
② 소화슬러지를 그대로 방치해 둘 경우는 부패가 일어난다.
③ 호기성 소화 시 COD 제거량의 50%가 슬러지로 된다.
④ 소화전에 비해 고형물량을 45% 정도로 줄일 수 있다.

해설
소화 슬러지는 그대로 방치해도 부패가 일어나지 않는다.

보충학습

혐기성 소화의 특징
㉠ 소화에 의해 병원균을 거의 사멸시킬 수 있다.
㉡ 소화 슬러지는 그대로 방치해도 부패하기 어렵다.
㉢ 호기성 소화 시에는 COD 제거량의 50%가 슬러지로 된다.
㉣ 소화에 의해 슬러지의 탈수성이 개선된다.
㉤ 소화전에 비해 고형물량을 30~50% 정도로 줄일 수 있다.
㉥ 상징수는 BOD 농도가 매우 높아 호기성 처리장에서 호기성 처리 후 방류한다.
㉦ 혐기성 소화 시 슬러지 생산량은 COD 제거량의 약 5~20%이다.

KEYWORD
하수처리

정답 06.②

07 유해폐기물의 특성으로 옳지 않은 것은?
[15년 전남경쟁력]

① 용출특성 ② 불연성
③ 부식성   ④ 반응성

해설

유해폐기물 : 인간, 식물 또는 동물 등 생물에게 즉각적, 장기적으로 상당한 위험을 미치는 폐기물로, 인화성, 부식성, 반응성, 용출특성 등 네 가지 중 한 가지 이상의 특성이 나타나면 유해폐기물로 분류한다(독성·부식성·점화성 또는 반응성이 높은 폐기물).

㉠ 인화성(ignitability) : 인화점이 60도 이하인 액체로 알코올 농도 24%(v/v) 이하의 수용액은 제외한다. 표준 온도, 표준 기압하에서 마찰, 수분 흡수, 자발적인 화학 변화 등에 의해 발화·연소할 수 있는 고체 등도 포함된다.
㉡ 부식성(corrosivity) : pH 2.0 이하 또는 12.5 이상인 액체나 55도에서 1년 동안 철을 6.35mm 이상 부식시키는 액체를 말한다.
㉢ 반응성(reactivity) : 폭발성 물질이나 환경과 접촉할 때 불안정하거나 격렬히 반응하는 물질을 말한다. 물에 격렬히 반응하거나 물에 의해 폭발성, 유해성 가스를 생성하는 물질 등도 포함된다.
㉣ 용출특성(EP-toxicity) : 용출 시험 방법인 Extraction Procedure(EP) Test나 Toxicity Characteristic Leaching Procedure(TCLP) Test 결과, 특정 기준치를 초과하여 유해 물질을 용출하는 폐기물이 포함된다.

08 의료폐기물에 대한 설명 중 옳은 것을 모두 고르시오.
[16년 전남]

ㄱ. 의료폐기물은 발생 시점부터 전용용기에 바로 투입하여야 한다.
ㄴ. 보관의 경우 격리의료 폐기물의 도형 색상은 붉은색으로 표시하며 보관기간은 7일이다.
ㄷ. 봉투형 용기에는 그 용량의 75% 미만으로 의료폐기물을 넣어야 한다.
ㄹ. 인체조직은 의료폐기물에 속하나, 동물의 사체는 의료폐기물로 보지 않는다.

① ㄱ, ㄴ
② ㄱ, ㄷ
③ ㄱ, ㄴ, ㄷ
④ ㄱ, ㄴ, ㄷ, ㄹ

해설

폐기물관리법 시행규칙 [별표 5] 〈개정 2024. 2. 6.〉

폐기물처리에 관한 구체적 기준 및 방법

지정폐기물 중 의료폐기물의 기준 및 방법
　가. 공통사항
　　1) 의료폐기물(인체조직물과 동물의 사체만을 말한다)은 본인(본인이 의사표시를 할 수 없는 경우에는 그 친권자 또는 후견인)이나 그 동물의 주인이 요구하면 본인이나 그 동물의 주인에게 인도하여 다음 각 호의 구분에 따라

처리할 수 있다. 이 경우 의료폐기물을 인도한 자는 이를 상세히 기록하여 3년간 보존하여야 한다.
    가) 인체조직물은 「장사 등에 관한 법률」 제17조에 따른 묘지 등의 설치제한지역이 아닌 곳으로서 같은 법 제13조제1항에 따른 공설묘지 중 시·도지사가 인정한 장소에 1미터 이상의 깊이로 파묻거나 같은 법 제2조제8호에 따른 화장시설에서 화장할 수 있다.
    나) 동물의 사체는 「동물보호법」 제15조제2항에 따른 동물장묘업의 등록을 한 자가 설치·운영하는 동물장묘시설에서 처리할 수 있다.
  2) 의료폐기물 중 태반을 재활용하기 위하여 배출자, 폐기물 수집·운반업자, 폐기물 재활용업자가 태반을 인계·인수하는 경우 전용용기를 풀어서 수량, 무게(g)를 확인한 후 그 내용을 전자정보처리프로그램에 입력하여야 한다.
나. 의료폐기물 전용용기 사용의 경우
  1) 삭제 〈2011.9.29〉
  2) 한번 사용한 전용용기는 다시 사용하여서는 아니 된다.
  3) 의료폐기물은 발생한 때(해당 진찰·치료 및 시험·검사행위가 끝났을 때를 말한다. 이하 같다)부터 전용용기에 넣어 내용물이 새어 나오지 아니하도록 보관하여야 하며, 의료폐기물의 투입이 끝난 전용용기는 밀폐 포장하여야 한다. 다만, 대형 조직물류폐기물과 같이 전용용기에 넣기 어려운 의료폐기물은 내용물이 보이지 아니하도록 개별 포장하여 내용물이 새어 나오지 아니하도록 밀폐 포장하여야 한다.
  4) 전용용기는 봉투형 용기 및 상자형 용기로 구분하되, 봉투형 용기의 재질은 합성수지류로 하고 상자형 용기의 재질은 골판지류 또는 합성수지류로 한다.
  5) 의료폐기물의 종류별로 사용하는 전용용기는 다음의 구분에 따른다.
    가) 격리의료폐기물, 위해의료폐기물 중 조직물류폐기물(치아는 제외한다) 및 손상성폐기물과 액체상태의 폐기물 : 합성수지류 상자형 용기
    나) 그 밖의 의료폐기물 : 봉투형 용기 또는 골판지류 상자형 용기
  6) 5)에도 불구하고 전용용기에는 다른 종류의 의료폐기물을 혼합하여 보관할 수 있다. 다만, 봉투형 용기 또는 골판지류 상자형 용기에는 5)가)에 따라 합성수지류 상자형 용기를 사용하여야 하는 의료폐기물을 혼합하여 보관하여서는 아니 된다.
  7) 봉투형 용기에는 그 용량의 75퍼센트 미만으로 의료폐기물을 넣어야 한다.
  8) 의료폐기물을 넣은 봉투형 용기를 이동할 때에는 반드시 뚜껑이 있고 견고한 전용 운반구를 사용하여야 하며, 사용한 전용 운반구는 「감염병의 예방 및 관리에 관한 법률 시행규칙」 별표 6 제2호 라목에 따른 약물소독(이하 "약물소독"이라 한다)의 방법으로 소독하여야 한다.
  9) 봉투형 용기에 담은 의료폐기물의 처리를 위탁하는 경우에는 상자형 용기에 다시 담아 위탁하여야 한다.
  10) 골판지류 상자형 용기의 내부에는 봉투형 용기 또는 내부 주머니를 붙이거나 넣어서 사용하여야 한다.
  11) 전용용기 및 3) 단서에 따른 포장의 바깥쪽에는 의료폐기물임을 나타내는 다음의 도형 및 취급 시 주의사항을 표시하여야 한다.
    가) 도형

의료폐기물의 종류	도형 색상	
격리의료폐기물	붉은색	
위해의료폐기물(재활용하는 태반 제외) 및 일반의료폐기물	봉투형 용기	검정색
	상자형 용기	노란색
재활용하는 태반	녹색	

비고 : 붉은색으로 표시하여야 하는 의료폐기물과 노란색 또는 검정색으로 표시하여야 하는 의료폐기물을 6)에 따라 혼합 보관할 때는 붉은색으로 표시하여야 한다.

나) 취급 시 주의사항

이 폐기물은 감염의 위험성이 있으므로 주의하여 취급하시기 바랍니다.			
배출자		종류 및 성질과 상태	
사용개시 연월일		수거자	

비고 : 사용개시 연월일은 의료폐기물을 전용용기에 최초로 넣은 날을 적어야 한다. 다만, 9)에 따라 봉투형 용기에 담은 의료폐기물을 상자형 용기에 다시 담아 위탁하는 경우에는 봉투형 용기를 상자형 용기에 최초로 담은 날을 적을 수 있다.

12) 재활용하는 태반은 발생한 때부터 흰색의 투명한 내부 주머니에 1개씩 포장하여 5)가)에 따라 합성수지류 상자형 용기에 넣어 보관하여야 하며, 내부 주머니에는 의료기관명, 중량(g), 발생일 및 담당의사의 이름을 적어야 한다.

13) 격리의료폐기물을 넣은 전용용기는 용기를 밀폐하기 전에 용기의 내부를 처리하기 위하여 보관시설 외부로 반출하기 전에 용기의 외부를 각각 약물소독하여야 한다.

다. 보관의 경우

1) 의료폐기물을 위탁처리하는 배출자는 의료폐기물의 종류별로 다음의 구분에 따른 보관기간을 초과하여 보관하여서는 아니 된다. 다만, 제17조 및 별표 5의7에 따라 폐기물의 처리 위탁을 중단해야 하는 경우로서 시·도지사나 지방환경관서의 장이 기간을 정하여 인정하는 경우 또는 천재지변, 휴업, 시설의 보수, 그 밖의 부득이한 경우로서 시·도지사나 지방환경관서의 장이 인정하는 경우는 예외로 하며, 환경부장관은 감염병의 확산으로 인하여 재난 예보·경보가 발령되는 경우 또는 감염병의 확산 방지를 위하여 필요하다고 인정하는 경우에는 의료폐기물의 보관기간을 따로 정할 수 있다.

가) 격리의료폐기물 : 7일
나) 위해의료폐기물 중 조직물류폐기물(치아 제외), 병리계폐기물, 생물·화학폐기물 및 혈액오염폐기물과 바)를 제외한 일반의료폐기물 : 15일
다) 위해의료폐기물 중 손상성폐기물 : 30일
라) 위해의료폐기물 중 조직물류폐기물(치아만 해당한다) : 60일
마) 나목 6)에 따라 혼합 보관된 의료폐기물 : 혼합 보관된 각각의 의료폐기물의 보관기간 중 가장 짧은 기간
바) 일반의료폐기물(의료기관 중 입원실이 없는 의원, 치과의원 및 한의원에서 발생하는 것으로서 섭씨 4도 이하로 냉장 보관하는 것만 해당된다) : 30일
…

09 〔17년 환경부〕

토양환경보전법에서 사용하는 용어의 정의로 옳지 않은 것은?

① '토양오염'이란 사업 활동이나 그 밖의 활동에 의하여 토양이 오염되는 것으로서 사람의 건강, 재산이나 환경에 피해를 주는 상태를 말한다.
② '토양오염물질'이란 토양오염의 원인이 되는 물질로서 환경부령으로 정하는 것을 말한다.
③ '특정토양오염관리대상시설'이란 오염된 토양을 관리하는 시설을 말한다.
④ '토양정화'란 생물학적 또는 물리적, 화학적 처리 등의 방법으로 토양 중의 오염물질을 감소, 제거하거나 토양 중의 오염물질에 의한 위해를 완화하는 것을 말한다.
⑤ '토양정화업'이란 토양정화를 수행하는 업을 말한다.

KEYWORD
• 토양오염

해설

토양환경보전법 제2조 정의 〈개정 2014. 3. 24.〉
㉠ "토양오염"이란 사업 활동이나 그 밖의 사람의 활동에 의하여 토양이 오염되는 것으로서 사람의 건강·재산이나 환경에 피해를 주는 상태를 말한다.
㉡ "토양오염물질"이란 토양오염의 원인이 되는 물질로서 환경부령으로 정하는 것을 말한다.
㉢ "토양오염관리대상시설"이란 토양오염물질의 생산·운반·저장·취급·가공 또는 처리 등으로 토양을 오염시킬 우려가 있는 시설·장치·건물·구축물(構築物) 및 그 밖에 환경부령으로 정하는 것을 말한다.
㉣ "특정토양오염관리대상시설"이란 토양을 현저하게 오염시킬 우려가 있는 토양오염 관리 대상 시설로서 환경부령으로 정하는 것을 말한다.
㉤ "토양정화"란 생물학적 또는 물리적·화학적 처리 등의 방법으로 토양 중의 오염물질을 감소·제거하거나 토양 중의 오염물질에 의한 위해를 완화하는 것을 말한다.
㉥ "토양정밀조사"란 제4조의2에 따른 우려기준을 넘거나 넘을 가능성이 크다고 판단되는 지역에 대하여 오염물질의 종류, 오염의 정도 및 범위 등을 환경부령으로 정하는 바에 따라 조사하는 것을 말한다.
㉦ "토양정화업"이란 토양정화를 수행하는 업(業)을 말한다.

10 〔17년 환경부〕

토양환경보전법에서 사용하는 용어의 정의로 옳지 않은 것은?
① 방사성 물질에 의한 토양오염
② 불산에 의한 토양오염
③ 미생물에 의한 토양오염
④ 유류에 의한 토양오염
⑤ 카드뮴에 의한 토양오염

KEYWORD
• 토양오염

해설

토양환경보전법(제3조)은 방사성물질에 의한 토양오염 및 그 방지에 관하여는 적용하지 않는다.

정답 09.③ 10.①

11 〔 18년 전남보건 〕

폐기물 관리 정책 중 재사용(Re-use)에 해당되지 않는 것은?
① 공병보증금제 ② 리필제품의 생산권고
③ 알뜰시장 ④ 분리수거

KEYWORD
● 폐기물 관리 정책

해설

폐기물 관리 정책(3R) : 감량화(Reduce), 자원화(Reuse), 재활용(Recycle)
㉠ 자원의 절약. 자연계의 자정 능력 범위에서 폐기물을 배출하여 환경에 미치는 영향 감소와 이를 위한 기술 발전을 이루도록 하는 데 목적이 있다.
㉡ 발생억제와 감량화(Source control)
  ⓐ 쓰레기종량제
  ⓑ 폐기물 부담금제도
    ㉮ 오염자부담원칙, 1993년 6월부터 시행된 '자원의 절약과 재활용촉진에 관한 법률'에 따라 쓰레기, 연소재, 폐유 등과 같은 폐기물의 발생을 억제하고, 자원의 낭비를 막기 위하여 특정 유해물질 또는 유독물을 함유하고 있거나 재활용이 어렵고 폐기물 관리에 있어서 문제를 일으킬 수 있는 제품·재료·용기에 대해 제조업자 또는 수입업자에게 그 폐기물의 처리에 소요되는 비용을 부담하도록 한 제도를 말한다. 징수된 폐기물부담금은 환경개선특별회계에 납입되어 지방자치단체 등의 폐기물 처리 비용 등에 사용되고 있다.
    ㉯ 부과대상 품목 : 살충제(유리병, 플라스틱 용기), 유독물(금속캔, 유리병, 플라스틱 용기), 부동액, 껌, 1회용 기저귀, 담배(전자담배 포함), 플라스틱 제품 혹은 포장재 등 7개 품목이다. 폐기물 처리에 드는 비용은 매년 부과·징수된다.
  ⓒ 1회용품 사용 규제 : 1회용 컵, 접시, 용기, 나무젓가락, 1회용 봉투, 쇼핑백 등
  ⓓ 과대포장 규제 : 화장품, 완구류
㉢ 재사용
  ⓐ 공병보증금제도
  ⓑ 리필제품 생산권고(리필정책) : 세제, 샴푸, 린스 등
㉣ 재활용
  ⓐ 분리수거
  ⓑ 폐기물예치금제도 : 생산자 책임 재활용제도는 제품생산자나 포장재를 이용한 제품의 생산자에게 그 제품이나 포장재의 폐기물에 대해 일정량의 재활용 의무를 부여하여 재활용하게 하고 이를 행하지 않을 경우 재활용에 소요되는 비용 이상의 재활용부과금을 생산자에게 부과하는 것이다.
    – 대상품목 : 종이팩, 금속캔, 유리병, 합성수지, 포장재 등의 4개 포장재군과 윤활유, 전지류, 타이어, 형광등, 양식용부자, 곤포 사일리지용 필름, 김발장 등의 7개 제품군
  ⓒ 재활용제품 의무구매제도 : 정부·투자기관 출연기관 등
  ⓓ 재활용지정사업자의 폐자원 이용 목표율 부여 : 일정규모 이상의 생산업체
  ⓔ 재질분류 표시제도 : 폐기물의 재활용을 촉진하기 위한 생산자책임재활용제도의 시행에 따라 재활용의무대상 제품 및 포장재의 분리 배출을 쉽게 하고 재활용 가능한 폐기물의 분리수거율을 높여 생산자들의 재활용 의무를 원활히 수행할 수 있도록 하는 제도
  ⓕ 재활용산업 지원

정답 11.④

12 [18년 전남보건]

토양오염의 예방 대책과 가장 거리가 먼 것은?
① 농약사용의 제어
② 무분별한 국토개발 방지
③ 철저한 하수의 관리
④ 생산품 제조 공정상의 청정기술 도입

해설

축적성 중금속이나 유해화학물질의 배출 공장의 폐수 및 폐기물 관리를 철저하게 한다.

보충학습

㉠ 하수(오수) : 인간의 생활, 경제활동으로 인하여 액체성 또는 고체성의 물질이 혼합되어 오염된 물과 건물, 도로 그 밖의 시설물의 부지로부터 하수도로 유입되는 빗물·지하수를 말한다.
㉡ 폐수 : 산업 활동의 결과로 발생하는 하수(오수)
㉢ 토양오염의 예방과 사후 대책

예방 대책	• 농약사용의 제한 : 유독성 살충제 등의 사용금지로 토양잔류를 방지한다. • 생산품 제조공정상의 청정기술 도입 : 유해화학물질의 제조소지처분의 철저한 관리 • 폐수 및 폐기물 관리 : 축적성 중금속이나 유해화학물질의 배출 공장의 폐수 및 폐기물을 철저하게 관리한다. • 무분별한 국토개발 방지 : 토양오염의 가장 큰 비중을 차지하는 원인으로 토양의 정상적인 호흡을 차단하여 자정능력을 상실하게 한다. • 토양오염측정망 설치 운영 : 토양의 오염도 측정 및 관리(토양환경보전법)

사후 대책	• 토양의 조건을 고려한 식물 재배
	• 논과 밭의 전환
	• 오염과 비오염 토양 구분(토양의 이전 교환, 용도 변경, 택지조성 등)
	• 내산성 작물 재배(비료에 기인한 산성화 방책)
	• 중금속 오염
	   – 토양개량제(soil conditioner) : 토양의 물리적·화학적 성질을 식물 생육에 알맞도록 개선하기 위하여 사용하는 각종 제품
	   – 객토 사용 : 토양의 물리성과 화학성이 불량하여 농작물의 생산성이 떨어지는 농경지의 지력(地力)을 증진시키기 위하여 다른 곳으로부터 적당한 성질을 가진 흙을 가져다 넣는 일

KEYWORD
토양오염

정답 12.③

13 고체폐기물의 처리에 대한 설명으로 옳지 못한 것은?
① 사업장 이외의 폐기물을 생활폐기물이라고 한다.
② 우리나라의 생활폐기물 처리는 매립방식이 70% 정도를 차지한다.
③ 우리나라의 폐기물 처리는 재활용에 중점을 두고 있다.
④ 가연성 폐기물은 고온의 열로 소각시켜 발생하는 열을 에너지로 사용한다.

해설
우리나라는 생활폐기물의 재활용률(61.6%)이 가장 높고 매립률(13.5%)이 가장 낮다.

KEYWORD
● 폐기물 처리

[19년 의료기술, 9급 공중보건]

14 폐기물 부과금 부과 대상이 아닌 것은?
① 기저귀 ② 담배
③ 우유팩 ④ 껌

해설
폐기물 부담금 부과대상 : 살충제(유리병, 플라스틱 용기), 유독물(금속캔, 유리병, 플라스틱 용기), 부동액, 껌, 1회용 기저귀, 담배(전자담배 포함), 플라스틱 제품 혹은 포장재 등 7개 품목이다.

KEYWORD
● 폐기물 처리

[19년 충북 보건]

15 폐기물의 매립에 관한 설명으로 적절하지 않은 것은?
① 단순매립은 단순히 투기하여 매립하는 방식으로 특별한 처리시설을 설치하지 않는 방식이다.
② 안전매립은 폐기물을 외부와 완전히 격리시키기 때문에 별도의 차수설비 및 침출수, 집배수 설비는 요구되지 않는다.
③ 안전매립은 유해폐기물을 매립할 때 적용되는 방식으로 폐기물을 외부와 완전히 격리시켜 매립하는 방식이다.
④ 위생매립은 폐기물 부피를 최소화한 후 처분된 폐기물에 복토를 덮는 방식으로 매립한다.

해설
안전매립은 유해폐기물의 최종 처분 방식으로 환경오염을 최소화하기 위해 콘크리트 등의 구조물로 유해폐기물을 자연계와 완전히 차단하는 방법이다.

KEYWORD
● 폐기물 처리 방법

정답 13.② 14.③ 15.②

매립법의 종류

㉠ 단순매립 : 비위생적인 매립 형태
㉡ 위생적인 매립방식
　ⓐ 일반쓰레기 매립에 가장 경제적이고 효과적이다.
　ⓑ 쓰레기를 일정한 높이(2.4m)로 쌓아 다진 후(폐기물의 부피를 최소화) 그 위에 (15~30cm)두께로 흙(일일복토)을 덮는다.
　ⓒ 위생적 매립방법

도랑식	• 도랑을 2.5~7m 정도 파고 폐기물을 묻은 후 다시 흙을 덮는 방식이다. • 복토할 흙을 다른 장소로부터 가지고 오지 않아도 된다.
경사식	경사면에 폐기물을 쌓은 후 그 위에 흙을 덮는 방식으로 경사면은 30° 정도가 좋다.
지역식	• 저지대 매립법 • 어느 지역에 폐기물을 살포시키고 다진 후에 흙을 덮는 방식으로 다른 장소로부터 복토할 흙을 공수해야 한다.

　ⓓ 지하수 및 토양오염 방지를 위하여 쓰레기 썩는 물을 모아 처리하는 시설, 쓰레기가 부패할 때 생기는 메탄가스 등 각종 매립가스를 모아 처리하는 가스처리 시설 등의 환경오염방지시설을 갖추어 매립 후 토지활용이 가능하도록 한다.
　ⓔ 위생매립 쓰레기 처리비용은 증가하여 재정수요가 늘어날 전망이나 매립 후 토지이용이 가능함으로써 투자비용이 상대적으로 절감된다.
　ⓕ 현재 수도권, 부산, 대구, 마산, 창원지역에서 사용
　ⓖ 위생매립의 장·단점

장점	• 시설투자비와 운영비가 저렴하다. • 부지확보가 가능할 경우 가장 경제적이다. • 폐기물의 종류에 제약이 없어 거의 모든 종류의 폐기물 처분이 가능하다. • 폐기물의 혼입 매립도 가능하다. • 매립 후 일정 기간 후에 재사용이 가능하다(공원, 운동장, 골프장). • 발생 가스를 에너지로 활용이 가능하다.
단점	• 경제적 수송거리 내에 부지확보나 지하수 확보가 어렵다. • 적절한 매립 기준이 지켜지지 않으면 단순매립과 차이가 없다. • 주민 반발 증대 • 지반침하가 일어나고, 일정 기간의 유지관리가 필요하다. • 혹한기와 홍수기에 이용이 곤란하다. • 폭발성 가스인 메탄가스 생성으로 유해하거나 매립지 이용에 장애가 될 수 있다.

㉢ 안전매립 : 안전매립은 유해폐기물의 최종 처분 방식으로 환경오염을 최소화하기 위해 콘크리트 등의 구조물로 유해폐기물을 자연계와 완전히 차단하는 방법이다.

16 폐기물 매립 후 사후 처리로 적절하지 않은 것은?
① 침출수 처리
② 가스 배출 장치 설치
③ 악취 제거 장치 설치
④ 습식산화

해설
㉠ 매립 후 사후 처리 : 침출수 처리, 가스 배출 장치 설치, 악취 제거 장치 설치, 해충이나 쥐 등의 번식방지
㉡ 습식산화 : 분뇨처리법 중의 하나, 고압(70~80기압)하에서 고온(170~250℃)과 충분한 산소를 공급하여 소각하는 방법으로 병원균이 완전히 사멸되므로 위생적이고, 진개의 발생도 없다.

KEYWORD
폐기물 처리

17 시안 폐수처리법으로 적절하지 못한 것은?
① 알칼리성 염소주입
② 오존산화법
③ 전해 산화법
④ 폭기법

해설
폐수의 특성별 처리방법

시안	• 알칼리성 염소 주입 방법 : 가장 보편적인 방법이다. • 오존산화법 : pH 11~12 • 폭기법 • 전기분해법

크롬	• 배출원 : 안료공장, 도금공장, 피혁공장, 화장품공장 등
	• 처리법
	  - 환원침전법
	  - 전해환원법
	  - 이온교환수지법
	  - 활성탄 흡착법
	• 단위조작
	  - +6가 크롬을 +3가로 환원 후 수산화물로 침전
	  - Cr^{6+} 함유 폐수 처리는 환원 → 중화 → 침전이다.
	  - Cr^{6+}를 Cr^{3+}로 환원하기 위하여 환원제를 사용할 때 반응 속도는 pH의 영향을 크게 받는다.
	    → 경제적 이용은 환원반응의 적정 pH가 2~3(pH 3 이하)이 좋다.
	    → 3가 크롬의 침전은 pH 8~11에서 이루어지며 pH 9가 가장 좋다.
	  - Cr^{6+} 폐액은 황색이나 Cr^{3+}로 환원작용이 진행되면 청록색으로 변한다.

KEYWORD
폐수의 특성별 처리방법

정답 16.④ 17.③

18

하수도 시설의 분류 중 합류식 하수도의 장점이 아닌 것은?
① 건설비가 적게 든다.
② 빗물에 의해 하수관이 자연히 청소되고 점검, 수리가 용이하다.
③ 빗물에 의해 하수관이 세척되므로 하수처리가 용이하다.
④ 환경보건 측면에서 유리하다.

해설
분류식 하수도의 장점이다.

KEYWORD
하수도의 분류

보충학습

하수
㉠ 하수의 종류 및 분류 : 가정하수, 산업폐수, 농업폐수, 축산폐수
㉡ 하수도의 분류 : 하수도는 하수를 운반하는 시설로 합류식, 분류식, 혼합식으로 구분할 수 있다.
  ⓐ 합류식 : 모든 하수를 운반하는 것
  ⓑ 분류식 : 하수 중에서 천수를 별도로 운반하는 것
  ⓒ 혼합식 : 천수와 가정하수의 일부를 함께 운반하도록 된 것
㉢ 장점 및 단점

분류	장점	단점
합류식	• 건설비가 저렴하다 • 비가 오면 하수관이 자연 청소된다. • 하수관이 크기 때문에 수리, 검사, 청소가 용이하다.	• 우기에 범람의 우려가 있다. • 건기 시에는 물이 부패되어 악취가 발생한다. • 천수를 별도로 이용할 수 없다. • 하수량의 증가로 처리비용이 많이 든다.
분류식	• 환경보건 측면에서 유리하다. • 계획우수량 산정이 가능하다. • 일정 유량을 유지할 수 있다.	• 건설비가 많이 든다. • 수리, 검사, 청소 등 관리가 불편하다. • 환기가 곤란하여 폭발의 위험이 있다.

정답 18.④

19년 경북경력 연구사

19 하수처리에서 본처리에 대한 설명으로 옳지 않은 것은?

① 하수의 피산소성 처리는 메탄가스의 발생이 많으나 친산소성 처리는 이산화탄소의 발생이 많다.
② 활성오니법의 장점은 대용량 규모의 폐수처리가 가능하기 때문에 경제적이라는 것이다.
③ 살수여상(여과)법은 수량이 급변해도 대처가 용이하다.
④ 부패조는 침전실과 소화실이 분리되어 있어 오니의 소화에서 발생하는 가스가 침전실로 역류할 수 없다.

상 **중** 하

KEYWORD
● 하수처리법

해설
㉠ 부패조
  ⓐ 한 탱크 내에 침전실과 소화실 존재
  ⓑ 과거 공공하수도가 없는 주택이나 학교 등에서 이용되고 있었다.
  ⓒ 단순한 탱크로서 하수의 부유물인 부사를 형성. 무산소 상태로 만들어 혐기성균의 분해 작용을 촉진시켜 처리하는 방법으로 가스가 부사를 뚫고 나와 악취가 나는 것이 결점이다.
㉡ 임호프탱크(Imhoff Tank)
  ⓐ 독일의 Karl Imhoff가 고안한 것으로 침전이 일어나는 상층과 슬러지 소화가 일어나는 하층으로 구성되어 있다.
  ⓑ 부패조의 결점을 보완하여 침전실과 오니 소화실로 나누어 처리한 것으로 가스출구에서는 거품이 생기고 불쾌한 냄새가 발생한다.
  ⓒ 임호프탱크의 구성요소 : 침전실, 소화실, 스컴실

보충학습

㉠ 하수의 처리 과정 : 예비처리 → 본처리 → 오니처리

예비처리	• 스크리닝 • 침사법 • 침전법 : 보통침전, 약물침전 • 부상지
본처리	• 혐기성(피산소성) 처리 : 혐기성 소화(메탄 발효법), 부패조, 임호프탱크(Imhoff Tank) • 호기성(친산소성) 처리 : 활성 오니법(활성 슬러지법, Activated Sludge Process), 살수여상(여과)법(Trickling Filter Process), 산화지법, 회전원판법, 관개법(Irrigation field)
오니처리	건조법, 소화법, 소각법, 퇴비법 등

  ⓐ 혐기성 처리 : 메탄가스 발생
  ⓑ 호기성 처리 : 이산화탄소 발생
㉡ 활성오니법과 살수여상(여과)법의 비교
  ⓐ 하수처리의 2대 방법으로 최근 선진국들이 도시의 하수처리는 활성오니법을 주로 사용하고 있다.
  ⓑ 살수여상(여과)법은 폐쇄 시 모기, 파리 등의 발생과 높은 수압의 Bed가 필요하며, 수량이 급변해도 대처가 용이하다.
  ⓒ 활성오니법은 면적을 적게 차지하고 경제적이지만, 기계조작이 어렵고 고도의 숙련이 필요하다.

정답 19.④

20
19년 환경부

폐기물관리법 시행령에 따른 지정폐기물 중 할로겐족 폐유기용제에 해당되는 것은?

① 벤젠
② 트리클로로에탄
③ 크실렌(자일렌)
④ 톨루엔
⑤ 크로로폼

해설

■ 폐기물관리법 시행규칙 [별표 2]

폐유기용제 중 할로겐족에 해당되는 물질(제2조제2항 관련)

1. 디클로로메탄(Dichloromethane)
2. 트리클로로메탄(Trichloromethane)
3. 테트라클로로메탄(Tetrachloromethane)
4. 디클로로디플루오로메탄(Dichlorodifluoromethane)
5. 트리클로로플루오로메탄(Trichlorofluoromethane)
6. 디클로로에탄(Dichloroethane)
7. 트리클로로에탄(Trichloroethane)
8. 트리클로로트리플루오로에탄(Trichlorotrifluoroethane)
9. 트리클로로에틸렌(Trichloroethylene)
10. 테트라클로로에틸렌(Tetrachloroethylene)
11. 클로로벤젠(Chlorobenzene)
12. 디클로로벤젠(Dichlorobenzene)
13. 모노클로로페놀(Monochlorophenol)
14. 디클로로페놀(Dichlorophenol)
15. 1,1-디클로로에틸렌(1,1-Dichloroethylene)
16. 1,3-디클로로프로펜(1,3-Dichloropropene)
17. 1,1,2-트리클로로-1,2,2-트리플루오로에탄(1,1,2-Trichloro-1,2,2-trifluroethane)
18. 제1호부터 제17호까지의 규정에 해당하는 물질을 중량비를 기준으로 하여 5퍼센트 이상 함유한 물질

KEYWORD
폐기물 처리

21
19년 충북

폐기물을 소각처리방식으로 처리할 경우 이에 대한 설명으로 적절하지 않은 것은?

① 외부의 기후 또는 기상의 영향을 덜 받는다.
② 뒤처리 방법의 위생적이다.
③ 단시간에 유기물을 완전히 분해한다.
④ 건설비용이 적게 들어 경제적이다.

해설
④ 건설비가 많이 든다.

KEYWORD
폐기물 처리법

정답 20.② 21.④

보충학습

서울시의 소각시설들은 소각 시 발생하는 유해물질(중금속, 황산화물, 질소산화물, 다이옥신 등)의 제거를 위해 중화설비, 먼지제거설비, 촉매 설비를 갖추고 있으며, 이 설비의 설치에 건설비의 50% 이상이 투입되며 운영 시에도 공기정화설비 약품, 설비교체 등에 상당한 비용이 소요되고 있다.

22 [19년 충북]

사업장 폐기물 중 지정폐기물에 해당되는 것은?
① 폐유는 기름 성분이 5% 이상 함유한 것
② 폐산은 pH가 4 이하인 것
③ 폐알칼리는 pH가 10 이상인 것
④ 오니류는 고형분 함량이 10% 이상 함유한 것

■ 폐기물관리법 시행령 [별표 1] 〈개정 2023.4.19.〉

지정폐기물의 종류(제3조 관련)

1. 특정시설에서 발생되는 폐기물
   가. 폐합성 고분자화합물
     1) 폐합성 수지(고체상태의 것은 제외한다)
     2) 폐합성 고무(고체상태의 것은 제외한다)
   나. 오니류(수분함량이 95퍼센트 미만이거나 고형물함량이 5퍼센트 이상인 것으로 한정한다)
     1) 폐수처리 오니(환경부령으로 정하는 물질을 함유한 것으로 환경부장관이 고시한 시설에서 발생되는 것으로 한정한다)
     2) 공정 오니(환경부령으로 정하는 물질을 함유한 것으로 환경부장관이 고시한 시설에서 발생되는 것으로 한정한다)
   다. 폐농약(농약의 제조·판매업소에서 발생되는 것으로 한정한다)
2. 부식성 폐기물
   가. 폐산(액체상태의 폐기물로서 수소이온 농도지수가 2.0 이하인 것으로 한정한다)
   나. 폐알칼리(액체상태의 폐기물로서 수소이온 농도지수가 12.5 이상인 것으로 한정하며, 수산화칼륨 및 수산화나트륨을 포함한다)
3. 유해물질함유 폐기물(환경부령으로 정하는 물질을 함유한 것으로 한정한다)
   가. 광재(鑛滓)[철광 원석의 사용으로 인한 고로(高爐)슬래그(slag)는 제외한다]
   나. 분진(대기오염 방지시설에서 포집된 것으로 한정하되, 소각시설에서 발생되는 것은 제외한다)
   다. 폐주물사 및 샌드블라스트 폐사(廢砂)
   라. 폐내화물(廢耐火物) 및 재벌구이 전에 유약을 바른 도자기 조각

정답 22.①

마. 소각재
바. 안정화 또는 고형화·고화 처리물
사. 폐촉매
아. 폐흡착제 및 폐흡수제[광물유·동물유 및 식물유{폐식용유(식용을 목적으로 식품 재료와 원료를 제조·조리·가공하는 과정, 식용유를 유통·사용하는 과정 또는 음식물류 폐기물을 재활용하는 과정에서 발생하는 기름을 말한다. 이하 같다)는 제외한다}의 정제에 사용된 폐토사(廢土砂)를 포함한다]
자. 삭제 〈2020.7.21.〉
4. 폐유기용제
 가. 할로겐족(환경부령으로 정하는 물질 또는 이를 함유한 물질로 한정한다)
 나. 그 밖의 폐유기용제(가목 외의 유기용제를 말한다)
5. 폐페인트 및 폐래커(다음 각 목의 것을 포함한다)
 가. 페인트 및 래커와 유기용제가 혼합된 것으로서 페인트 및 래커 제조업, 용적 5세제곱미터 이상 또는 동력 3마력 이상의 도장(塗裝)시설, 폐기물을 재활용하는 시설에서 발생되는 것
 나. 페인트 보관용기에 남아 있는 페인트를 제거하기 위하여 유기용제와 혼합된 것
 다. 폐페인트 용기(용기 안에 남아 있는 페인트가 건조되어 있고, 그 잔존량이 용기 바닥에서 6밀리미터를 넘지 아니하는 것은 제외한다)
6. 폐유[기름성분을 5퍼센트 이상 함유한 것을 포함하며, 폴리클로리네이티드비페닐(PCBs)함유 폐기물, 폐식용유와 그 잔재물, 폐흡착제 및 폐흡수제는 제외한다]
7. 폐석면
 가. 건조고형물의 함량을 기준으로 하여 석면이 1퍼센트 이상 함유된 제품·설비(뿜칠로 사용된 것은 포함한다) 등의 해체·제거 시 발생되는 것
 나. 슬레이트 등 고형화된 석면 제품 등의 연마·절단·가공 공정에서 발생된 부스러기 및 연마·절단·가공 시설의 집진기에서 모아진 분진
 다. 석면의 제거작업에 사용된 바닥비닐시트(뿜칠로 사용된 석면의 해체·제거 작업에 사용된 경우에는 모든 비닐시트)·방진마스크·작업복 등
8. 폴리클로리네이티드비페닐 함유 폐기물
 가. 액체상태의 것(1리터당 2밀리그램 이상 함유한 것으로 한정한다)
 나. 액체상태 외의 것(용출액 1리터당 0.003밀리그램 이상 함유한 것으로 한정한다)
9. 폐유독물질[「화학물질관리법」 제2조제2호의 유독물질을 폐기하는 경우로 한정하되, 제1호다목의 폐농약(농약의 제조·판매업소에서 발생되는 것으로 한정한다), 제2호의 부식성 폐기물, 제4호의 폐유기용제 및 제8호의 폴리클로리네이티드비페닐 함유 폐기물 및 제11호의 수은폐기물은 제외한다]
10. 의료폐기물(환경부령으로 정하는 의료기관이나 시험·검사 기관 등에서 발생되는 것으로 한정한다)
10의2. 천연방사성제품폐기물[「생활주변방사선 안전관리법」 제2조제4호에 따른 가공제품 중 같은 법 제15조제1항에 따른 안전기준에 적합하지 않은 제품으로서 방사능 농도가 그램당 10베크렐 미만인 폐기물을 말한다. 이 경우 가공제품으로부터 천연방사성핵종(天然放射性核種)을 포함하지 않은 부분을 분리할 수 있는 때에는 그 부분을 제외한다]
11. 수은폐기물

가. 수은함유폐기물[수은과 그 화합물을 함유한 폐램프(폐형광등은 제외한다), 폐계측기기(온도계, 혈압계, 체온계 등), 폐전지 및 그 밖의 환경부장관이 고시하는 폐제품을 말한다]
나. 수은구성폐기물(수은함유폐기물로부터 분리한 수은 및 그 화합물로 한정한다)
다. 수은함유폐기물 처리잔재물(수은함유폐기물을 처리하는 과정에서 발생되는 것과 폐형광등을 재활용하는 과정에서 발생되는 것을 포함하되, 「환경분야 시험검사 등에 관한 법률」 제6조제1항제7호에 따라 환경부장관이 고시한 폐기물 분야에 대한 환경오염공정시험기준에 따른 용출시험 결과 용출액 1리터당 0.005밀리그램 이상의 수은 및 그 화합물이 함유된 것으로 한정한다)

12. 그 밖에 주변환경을 오염시킬 수 있는 유해한 물질로서 환경부장관이 정하여 고시하는 물질

23 [20년 전남보건]

제품포장재와 재활용방법이 바르게 짝지어지지 않은 것은?

	제품포장재	재활용방법
①	종이팩	수출
②	유리병	재생원료 제조
③	발포합성수지재질 포장재	성형제품 제조
④	포리에틸렌테레프탈레이트(PET)병	재사용

KEYWORD
● 폐기물 관리정책

해설

■ 자원의 절약과 재활용촉진에 관한 법률 시행규칙 [별표 6] 〈개정 2023. 4. 19.〉

제품·포장재별 재활용의 방법 및 기준(제13조의2 관련)

1. 종이팩 : 다음 각 목의 어느 하나에 해당하는 방법으로 재활용할 것
   가. 화장지, 완충재, 상자 등의 종이제품 제조
   나. 재생종이 또는 재생판지의 제조
   다. 재활용을 목적으로 한 수출
2. 유리병 : 다음 각 목의 어느 하나에 해당하는 방법으로 재활용할 것
   가. 폐유리병을 세척하여 재사용
   나. 폐유리병을 사용한 토목·건축자재 또는 유리제품의 제조
   다. 폐유리병을 사용한 유리분말 등 재생원료 제조
   라. 재활용을 목적으로 한 수출
3. 금속캔 : 폐금속캔을 압축하거나 파쇄하여 금속원료를 제조하거나 재활용을 목적으로 수출할 것
4. 폴리에틸렌테레프탈레이트(PET)병 : 다음 각 목의 어느 하나에 해당하는 방법으로 재활용하되, 폐폴리에틸렌테레프탈레이트를 수출하는 양이 총 재활용량의 20퍼센트 이하일 것
   가. 폐폴리에틸렌테레프탈레이트를 사용한 재생원료 제조(다만, 플러프, 플레이크는 세척한 것만 해당한다)
   나. 폐폴리에틸렌테레프탈레이트를 사용한 성형제품 제조
   다. 재활용을 목적으로 한 수출

정답 23. ④

5. 발포합성수지재질 제품·포장재 : 다음 각 목의 어느 하나에 해당하는 방법으로 재활용할 것
   가. 폐발포합성수지를 사용한 재생원료 제조
   나. 폐발포합성수지를 사용한 성형제품 제조
   다. 폐발포합성수지를 사용한 내화제품 또는 섬유코팅제품 제조
   라. 재활용을 목적으로 한 수출
6. 합성수지재질 제품·포장재(제4호 및 제5호는 제외한다) : 다음 각 목의 어느 하나에 해당하는 방법으로 재활용하되, 라목 및 마목의 방법으로 재활용하는 양의 합계가 총 재활용량의 70퍼센트 이하일 것
   가. 폐플라스틱을 사용한 재생원료 제조[영 제18조제1호카목의 제품 포장에 사용되는 합성수지재질 포장재의 경우에는 탈유(脫油)만 한 것도 해당한다]
   나. 폐플라스틱을 사용한 성형제품 제조
   다. 유류 제조(「폐기물관리법 시행규칙」 별표 5 제4호에 따른 폐유를 정제연료유로 재활용하는 경우의 기준에 적합한 것이어야 한다)
   라. 폐플라스틱을 중량기준으로 60퍼센트 이상 사용한 별표 7 제1호의 기준에 적합한 일반 고형연료제품 중 성형제품의 제조[저위발열량은 킬로그램(kg)당 6천킬로칼로리(kcal) 이상이어야 한다]
   마. 「폐기물관리법 시행규칙」 제3조에 따른 에너지 회수기준에 적합하게 재활용
   바. 재활용을 목적으로 한 수출
   사. 용광로 환원제, 코크스(다공질 고체 탄소 연료)로 가스화원료, 가스(수소 및 일산화탄소를 주성분으로 하는 가스를 얻기 위한 시설에서 얻어진 것으로 한정한다) 제조
7. 전지류 : 재활용을 위한 수집·운반 시 전지류가 폭발하지 않도록 유의하고, 다음 각 목의 기준에 따라 재활용할 것
   가. 전지의 화학반응을 위하여 사용된 금속물질은 제품 생산 원료 또는 재료로 사용할 수 있도록 재활용할 것. 다만, 리튬전지는 제외한다.
   나. 가목에 따라 회수·재활용한 금속물질을 제외한 잔재물[고철, 합성수지, 전해액, 공정 오니, 분진, 광재(금속을 분리하고 난 찌꺼기를 말한다) 및 리튬전지의 파쇄물 등을 말한다]은 「환경분야 시험·검사 등에 관한 법률」 제6조제1항제7호의 폐기물 공정시험기준에 따른 용출(溶出)시험 결과 다음의 어느 하나에 해당하는 경우 지정폐기물을 매립할 수 있는 시설로서 「폐기물관리법 시행령」 별표 3 제2호가목2)에 따른 관리형 매립시설에 매립할 것

물질	용출액 기준
납 또는 그 화합물	1리터당 3밀리그램(3mg/L) 이상
수은 또는 그 화합물	1리터당 0.005밀리그램(0.005mg/L) 이상
카드뮴 또는 그 화합물	1리터당 0.3밀리그램(0.3mg/L) 이상

   다. 「폐기물관리법」 제17조의2제1항에 따른 폐기물분석전문기관을 통하여 나목의 기준에 대한 용출시험을 분기별 1회 이상 실시하고 시험 결과서를 통보 일부터 3년간 보관할 것
8. 타이어 : 다음 각 목의 어느 하나에 해당하는 방법으로 재활용하되, 바목의 방법으로 재활용하는 양이 총재활용량의 70퍼센트 이하일 것
   가. 폐타이어 단순가공제품 제조
   나. 폐타이어를 사용한 재생원료(고무분말 등) 제조
   다. 폐타이어를 사용한 유류(「폐기물관리법 시행규칙」 별표 5 제4호에 따른 폐유를 정제연료유로 재활용하는 경우의 기준에 적합한 것이어야 한다)제조
   라. 폐타이어를 사용한 메탄올 제조

마. 「폐기물관리법 시행규칙」 제3조에 따른 에너지 회수기준에 적합하게 재활용
바. 시멘트 제조시설의 소성로에서 처리하거나 별표 7 제1호의 기준에 적합한 일반 고형연료제품으로 재활용
사. 폐타이어를 매립장의 차수재(遮水材)로 이용
아. 재활용을 목적으로 한 수출

9. 윤활유 : 「폐기물관리법 시행규칙」 별표 5 제4호에 따른 폐유를 정제연료유로 재활용하는 경우의 기준에 적합한 유류를 제조할 것
10. 형광등 : 재활용을 위한 수집·운반 시 형광등이 파손되어 수은이 유출되지 않도록 유의하여 다음 각 목의 기준에 따라 재활용할 것
    가. 형광등에 들어 있는 수은은 금속수은이나 수은화합물 형태로 회수할 것
    나. 형광등에서 회수한 유리, 알루미늄, 플라스틱은 「환경분야 시험·검사 등에 관한 법률」 제6조제1항제7호의 폐기물 공정시험기준에 따른 용출시험 결과 수은 함유량이 용출액 1리터당 0.005밀리그램(0.005mg/L) 미만일 것
    다. 「폐기물관리법」 제17조의2제1항에 따른 폐기물분석전문기관을 통하여 나 목의 기준에 대한 용출시험을 분기별 1회 이상 실시하고 시험 결과서를 통보 일부터 3년간 보관할 것
    라. 형광등의 유리는 유리분말 등 유리제품 원료를 제조하거나 유리제품의 원료로 사용하는 방법으로 재활용할 것
11. 발광다이오드(LED) 조명: 발광다이오드칩, 칩 장착용 보드 및 기타 부분품을 구분하여 다음 각 목의 방법으로 재활용할 것
    가. 합성수지 및 유가금속(有價金屬) 등은 재생이용할 수 있는 상태로 회수하거나 재생원료로 제조하고, 그 잔재물은 안전하게 처리
    나. 재활용을 목적으로 한 수출
12. 그 밖에 환경부장관이 재활용 촉진을 위하여 필요하다고 인정하여 고시하는 재활용의 방법 및 기준에 적합하게 재활용할 것

24
다음 하수 처리법에서 혐기성 처리법에 해당하는 것은?
① 소화법
② 활성오니법
③ 살수여상(여과)법
④ 산화지법
⑤ 회전원판법

KEYWORD
■ 하수처리

(해설)
②~⑤는 호기성 처리법이다.

25
분뇨의 겨울철 부숙 기간은?
① 1개월 이상
② 2개월 이상
③ 3개월 이상
④ 4개월 이상
⑤ 5개월 이상

KEYWORD
■ 분뇨처리

(해설)
분뇨의 부숙(썩혀서 익힘)기간은 여름철 1개월, 겨울철 3개월이다.

정답 24.① 25.③

26 〔23년 해양경찰 일반직〕

다음 중 고형물 함량이 5% 이상, 15% 미만인 것으로 가장 옳은 것은?

① 고상폐기물
② 액상폐기물
③ 반고상폐기물
④ 비함침성 고상폐기물

KEYWORD
• 폐기물 관리

해설
폐기물의 형태상 분류
① 고상폐기물 : 고형물의 함량이 15% 이상
② 액상폐기물 : 고형물의 함량이 5% 미만
③ 반고상폐기물 : 고형물의 함량이 5% 이상, 15% 미만

---

27 〔23년 해양경찰 일반직〕

「해양환경관리법」상, 선박에서 발생하는 폐기물의 해양배출 기준으로 가장 옳지 않은 것은?

① 모든 플라스틱 제품은 해양에 배출할 수 없다.
② 부유성 화물잔류물은 12해리 이상에서 배출할 수 있다.
③ 미분쇄된 음식물쓰레기는 12해리 이상에서 배출할 수 있다.
④ 분뇨는 12해리 이상에서 항속 4노트 이상 시 배출할 수 있다.

KEYWORD
• 선박에서의 오염방지의 규칙

해설
부유성 화물잔류물은 영해기선으로부터 최소한 25해리 이상의 해역에서 배출할 수 있다.

보충학습

■ 선박에서의 오염방지에 관한 규칙 [별표 3] 〈개정 2020. 11. 19.〉

선박 안에서 발생하는 폐기물의 배출해역별 처리기준 및 방법

1. 선박 안에서 발생하는 폐기물의 처리
   가. 다음의 폐기물을 제외하고 모든 폐기물은 해양에 배출할 수 없다.
   1) 음식찌꺼기
   2) 해양환경에 유해하지 않은 화물잔류물
   3) 선박 내 거주구역에서 목욕, 세탁, 설거지 등으로 발생하는 중수(中水)[화장실 오수(汚水) 및 화물구역 오수는 제외한다. 이하 같다]
   4) 「수산업법」에 따른 어업활동 중 혼획(混獲)된 수산동식물(폐사된 것을 포함한다. 이하 같다) 또는 어업활동으로 인하여 선박으로 유입된 자연기원물질(진흙, 퇴적물 등 해양에서 비롯된 자연상태 그대로의 물질을 말하며, 어장의 오염된 퇴적물은 제외한다. 이하 같다)

정답 26.③ 27.②

나. 가목에서 배출 가능한 폐기물을 해양에 배출하려는 경우에는 영해기선으로부터 가능한 한 멀리 떨어진 곳에서 항해 중에 버리되, 다음의 해역에 버려야 한다.
  1) 음식찌꺼기는 영해기선으로부터 최소한 12해리 이상의 해역. 다만, 분쇄기 또는 연마기를 통하여 25mm 이하의 개구(開口)를 가진 스크린을 통과할 수 있도록 분쇄되거나 연마된 음식찌꺼기의 경우 영해기선으로부터 3해리 이상의 해역에 버릴 수 있다.
  2) 화물잔류물
    가) 부유성 화물잔류물은 영해기선으로부터 최소한 25해리 이상의 해역
    나) 가라앉는 화물잔류물은 영해기선으로부터 최소한 12해리 이상의 해역
    다) 일반적인 하역방법으로 회수될 수 없는 화물잔류물은 영해기선으로부터 최소한 12해리 이상의 해역. 이 경우 국제협약 부속서 5의 부록 1에서 정하는 기준에 따라 분류된 물질을 포함해서는 안 된다.
    라) 화물창을 청소한 세정수는 영해기선으로부터 최소한 12해리 이상의 해역. 다만, 다음의 조건에 만족하는 것으로서 해양환경에 해롭지 아니한 일반 세제를 사용한 경우로 한정한다.
      (1) 국제협약 부속서 제3장의 적용을 받는 유해물질이 포함되어 있지 아니할 것
      (2) 발암성 또는 돌연변이를 발생시키는 것으로 알려진 물질이 포함되어 있지 아니할 것
  3) 해수침수, 부패, 부식 등으로 사용할 수 없게 된 화물은 국제협약이 정하는 바에 따른다.
  4) 선박 내 거주구역에서 발생하는 중수는 아래 해역을 제외한 모든 해역에서 배출할 수 있다.
    가) 「국토의 계획 및 이용에 관한 법률」 제40조에 따른 수산자원보호구역
    나) 「수산자원관리법」 제46조에 따른 보호수면 및 같은 법 제48조에 따른 수산자원관리수면
    다) 「농수산물 품질관리법」 제71조에 따른 지정해역 및 같은 법 제73조제1항에 따른 주변해역
  5) 「수산업법」에 따른 어업활동 중 혼획된 수산동식물 또는 어업활동으로 인하여 선박으로 유입된 자연기원물질은 같은 법에 따른 면허 또는 허가를 받아 어업활동을 하는 수면에 배출할 수 있다.
  6) 동물사체는 국제해사기구에서 정하는 지침을 고려하여 육지로부터 가능한 한 멀리 떨어진 해역에 배출할 수 있다.
다. 폐기물이 다른 처분요건이나 배출요건의 적용을 받는 다른 배출물과 혼합되어 있는 경우에는 보다 엄격한 폐기물의 처분요건이나 배출요건을 적용한다.

라. 가목 및 나목에도 불구하고, 선박소유자는 항만에 정박 중 가목 및 나목에 따른 폐기물을 법 제37조제1항 각 호의 어느 하나에 해당하는 자에게 인도하여 처리할 수 있다.

마. 「1974년 해상에서의 인명안전을 위한 국제협약」 제6장 1-1.2규칙에서 정의된 고체산적화물 중 곡물을 제외한 화물은 국제협약 부속서 5의 부록 1에서 정하는 기준에 따라 분류되어야 하며, 화주는 해당 화물이 해양환경에 유해한지 여부를 공표해야 한다.

2. 폐기물의 처분에 관한 특별요건
육지로부터 12해리 이상 떨어진 위치에 있는 고정되거나 부동하는 플랫폼과 이들 플랫폼에 접안되어 있거나 그로부터 500m 이내에 있는 다른 모든 선박에서 음식찌꺼기를 해양에 버릴 때에는 분쇄기 또는 연마기를 통하여 분쇄 또는 연마한 후 버려야 한다. 이 경우 음식찌꺼기는 25㎜ 이하의 개구를 가진 스크린을 통과할 수 있도록 분쇄되거나 연마되어야 한다.

3. 국제특별해역 및 제12조의2에 따른 극지해역 안에서의 폐기물 처분에 관하여는 국제협약 부속서 5에 따른다.

4. 길이 12m 이상의 모든 선박은 제1호 및 제3호에 따른 폐기물의 처리 요건을 승무원과 여객에게 한글과 영문(국제항해를 하는 선박으로 한정한다)으로 작성·고지하는 안내표시판을 잘 보이는 곳에 게시하여야 한다.

5. 총톤수 100톤 이상의 선박과 최대승선인원 15명 이상의 선박은 선원이 실행할 수 있는 폐기물관리계획서를 비치하고 계획을 수행할 수 있는 책임자를 임명하여야 한다. 이 경우 폐기물관리계획서에는 선상 장비의 사용방법을 포함하여 쓰레기의 수집, 저장, 처리 및 처분의 절차가 포함되어야 한다.

※ 비고
"화물잔류물"이란 목재, 석탄, 곡물 등의 화물을 양하(揚荷)하고 남은 최소한의 잔류물을 말한다.

■ 선박에서의 오염방지에 관한 규칙 [별표 2] 〈개정 2021. 6. 30.〉

선박 안의 일상생활에서 생기는 분뇨의 배출해역별 처리기준 및 방법(제8조제1호 관련)

1. 제14조에 따라 분뇨오염방지설비를 설치하여야 하는 선박은 다음 각 목의 어느 하나에 해당하는 경우 해양에서 분뇨를 배출할 수 있다.

가. 영해기선으로부터 3해리를 넘는 거리에서 지방해양항만청장이 형식승인한 분뇨마쇄소독장치를 사용하여 마쇄하고 소독한 분뇨를 선박이 4노트 이상의 속력으로 항해하면서 서서히 배출하는 경우. 다만, 국내항해에 종사하는 총톤수 400톤 미만의 선박의 경우에는 영해기선으로부터 3해리 이내의 해역에 배출할 수 있다.

나. 영해기선으로부터 12해리를 넘는 거리에서 마쇄하지 아니하거나 소독하지 아니한 분뇨를 선박이 4노트 이상의 속력으로 항해하면서 서서히 배출하는 경우

다. 지방해양수산청장이 형식승인한 분뇨처리장치를 설치·운전 중인 선박의 경우
2. 분뇨처리장치를 설치한 선박은 다음 각 목의 해역에서 분뇨를 배출하여서는 아니 된다.
   가. 「국토의 계획 및 이용에 관한 법률」 제40조에 따른 수산자원 보호구역
   나. 「수산자원관리법」 제46조에 따른 보호수면 및 같은 법 제48조에 따른 수산자원관리수면
3. 분뇨마쇄소독장치 또는 분뇨저장탱크를 설치한 선박은 다음 각 목의 해역에서 분뇨를 배출하여서는 아니 된다.
   가. 「국토의 계획 및 이용에 관한 법률」 제40조에 따른 수산자원 보호구역
   나. 「수산자원관리법」 제46조에 따른 보호수면 및 같은 법 제48조에 따른 수산자원관리수면
   다. 법 제15조에 따른 환경보전해역 및 특별관리해역
   라. 「항만법」 제2조제4호에 따른 항만구역
   마. 「어촌·어항법」 제2조제4호에 따른 어항구역
   바. 갑문 안의 수역
4. 제14조에 따른 분뇨오염방지설비 설치 대상선박 외의 선박은 다음 각 목의 경우에는 해양에 분뇨를 배출하여서는 아니 되며, 계류시설, 어장 등으로부터 가능한 한 멀리 떨어진 해역에서 배출하여야 한다.
   가. 부두에 접안 시
   나. 항만의 안벽(부두 벽) 등 계류시설에 계류 시(계선부표에 계류한 경우도 포함되고, 계류시설에 계류된 선박에 계류한 선박도 포함한다)
5. 국제특별해역에서 배출하려는 경우에는 국제협약에서 정하는 바에 따른다.
6. 시추선 및 플랫폼은 항해 중이 아닌 상태에서 분뇨를 배출할 수 있다.

PART 05

집합소 · 의식주 위생

환경보건(학)
기출예상문제집

PART 05 집합소·의식주 위생

01 수영장의 유리잔류염소량은 얼마인가?

① 0.05ppm ② 0.15ppm
③ 0.2ppm   ④ 0.4~1ppm

체육시설의 설치·이용에 관한 법률 시행규칙 [별표 6] 〈개정 2022. 7. 19.〉
수영조의 욕수는 다음의 수질기준을 유지하여야 하며, 욕수의 수질검사방법은 「먹는 물 수질기준 및 검사 등에 관한 규칙」에 따른 수질검사방법에 따른다.
㉠ 유리잔류염소는 0.4mg/L부터 1.0mg/L까지의 범위 내이어야 한다.
㉡ 수소이온농도는 5.8부터 8.6까지 되도록 하여야 한다.
㉢ 탁도는 1.5NTU 이하이어야 한다.
㉣ 과망간산칼륨의 소비량은 12mg/L 이하로 하여야 한다.
㉤ 총대장균군은 10밀리리터들이 시험대상 욕수 5개 중 양성이 2개 이하이어야 한다.
㉥ 비소는 0.05mg/L 이하, 수은은 0.007mg/L 이하이며, 알루미늄은 0.5mg/L 이하이어야 한다.
㉦ 결합잔류염소는 최대 0.5mg/L 이하이어야 한다.

KEYWORD
• 수영장 수질기준

02 해수를 목욕물로 하는 경우의 수질기준이 아닌 것은?

① 수소이온농도 ② COD
③ BOD   ④ 총대장균군

화학적 산소요구량(COD)	원수	2 이하
	욕조수	4 이하
수소이온농도	7.8~8.3	
총대장균군	1,000 이하	

KEYWORD
• 공중목욕탕의 수질기준

정답 01.④ 02.③

03 해수욕장의 선정 시 고려해야 할 오염인자로 옳지 않은 것은?

① 위생해충의 존재
② 물놀이 하는 사람들에 의한 오염
③ 분뇨의 해양투기
④ 기름유출 사고

해설

하천수영장 오염에 영향을 주는 요소
㉠ 입영자에 의한 오염
㉡ 하수에 의한 오염
㉢ 유입지천에 의한 오염
㉣ 위생해충의 존재 및 감염병균의 의한 오염
㉤ 각종 오물의 방치에 의한 오염

 보충학습

해수욕장의 오염인자
㉠ 연안배수의 오염
㉡ 하수, 폐수, 분뇨의 해양투기
㉢ 항해 중의 기름 유출사고
㉣ 수영자들에 의한 오염

04 공공욕장의 수질기준 항목이 아닌 것은?

① 원수의 색도는 5도 이하로 하여야 한다.
② 욕조수의 탁도는 1.5NTU 이하로 한다.
③ 원수의 총 대장균은 100ml 중에서 검출되지 않아야 한다.
④ 욕조수의 대장균군은 1ml 중에서 1개를 초과하여 검출되지 않아야 한다.

해설

욕조수의 탁도는 1.6NTU 이하로 하며, 수영조 욕수의 탁도는 1.5NTU 이하로 한다.

 보충학습

■ 공중목욕장 위생(공중위생 관리법 시행규칙 [별표 2])
〈개정 2022. 6. 22〉
㉠ 공중목욕장의 위생관리
ⓐ 다수인이 한정된 수조를 이용함으로써 오염되기 쉽다.
ⓑ 성병, 피부병, 트리코모나스 등이 감염되기 쉬우며, 대장균이나 일반세균도 감염될 수 있다.

정답 03.① 04.②

ⓒ 입욕인원의 증가에 따라 물의 탁도, 과망간산칼륨 소비량, 대장균 등이 증가할 수 있다.
ⓛ 공중목욕장의 수질기준

원 수	• 색도는 5도 이하로 하여야 한다. • 수소이온농도는 5.8 이상 8.6 이하로 하여야 한다. • 탁도는 1NTU 이하로 한다. • 과망간산칼륨 소비량은 10mg/L 이하가 되어야 한다. • 총 대장균군은 100ml 중에서 검출되지 아니하여야 한다.
욕조수	• 탁도는 1.6NTU 이하로 하여야 한다. 이 경우 다른 법령에 의하여 목욕장에서 사용할 수 있도록 허가받은 제품을 첨가한 때에는 당해 제품에서 발생한 탁도는 계산하지 않는다. • 과망간산칼륨 소비량은 25mg/L 이하가 되어야 한다. • 대장균군은 1ml 중에서 1개를 초과하여 검출되지 아니하여야 한다. 이 경우 평판마다 30개 이하의 균체의 군락이 형성되었을 때는 원액을 접종한 평판의 균체의 군락을 평균하며, 기재는 반드시 1ml 중 몇 개라고 표시한다. • 욕조수를 순환하여 여과시키는 경우 유리잔류염소 농도는 0.2mg/L 이상, 1mg/L 이하가 되어야 하고, 레지오넬라균은 1,000CFU(균총형성단위, colony forming unit)/L를 초과해 검출되지 않아야 한다.

■ 체육시설의 설치·이용에 관한 법률 시행규칙[별표 6] 안전·위생 기준(제23조 관련) 〈개정 2022. 7. 19.〉

수영장업

㉠ 수영조·주변공간 및 부대시설 등의 규모를 고려하여 안전과 위생에 지장이 없다고 인정하는 범위에서 특별자치시장·특별자치도지사·시장·군수 또는 구청장이 정하는 입장자의 정원을 초과하여 입장시켜서는 아니 된다.

㉡ 수영조에서 동시에 수영할 수 있는 인원은 도약대의 높이·수심·수영조의 면적 및 수상안전시설의 구비 정도 등을 고려하여 특별자치시장·특별자치도지사·시장·군수 또는 구청장이 정하는 인원을 초과하지 아니하도록 하고, 도약대의 전면 돌출부의 최단 부분에서 반지름 3미터 이내의 수면에서는 5명 이상이 동시에 수영하도록 하여서는 아니 된다.

㉢ 개장 중인 실외 수영장에는 「의료법」에 따른 간호사, 「간호조무사 및 의료유사업자에 관한 규칙」에 따른 간호조무사 또는 「응급의료에 관한 법률」에 따른 응급구조사 1명 이상을 배치해야 한다.

㉣ 수영조의 욕수(浴水)는 1일 3회 이상 여과기를 통과하도록 하여야 한다.

㉤ 수상안전요원(대한적십자사, 법 제34조에 따른 수영장업협회 또는 「수상레저안전법 시행령」 제37조제1항에 따라 해양경찰청장이 지정하는 교육기관에서 수상안전에 관한 교육과정을 마친 후 수상안전에 관한 자격을 취득한 사람을 말한다. 이하 같다)은 욕수의 조절, 침전물의 유무 및 사고의 유무를 확인하기 위하여 1시간마다 수영조 안의 수영자를 밖으로 나오도록 하고, 수영조를 점검한 후 수영자를 입장하게 해야 한다.

ⓑ 수영조의 욕수는 다음의 수질기준을 유지하여야 하며, 욕수의 수질 검사방법은 「먹는 물 수질기준 및 검사 등에 관한 규칙」에 따른 수질검사방법에 따른다. (해수를 이용하는 수영장의 욕수 수질기준은 「환경정책기본법 시행령」 제2조 및 별표 1 제3호 라목의 Ⅱ등급 기준을 적용한다)
  ⓐ 유리잔류염소는 0.4mg/L부터 1.0mg/L까지의 범위 내이어야 한다.
  ⓑ 수소이온농도는 5.8부터 8.6까지 되도록 하여야 한다.
  ⓒ 탁도는 1.5 NTU 이하이어야 한다.
  ⓓ 과망간산칼륨의 소비량은 12mg/L 이하로 하여야 한다.
  ⓔ 총대장균군은 10밀리리터들이 시험대상 욕수 5개 중 양성이 2개 이하이어야 한다.
  ⓕ 비소는 0.05mg/L 이하이고, 수은은 0.007mg/L 이하이며, 알루미늄은 0.5mg/L 이하이어야 한다.
  ⓖ 결합잔류염소는 최대 0.5mg/L 이하이어야 한다.
  ...

15년 경기의료

05 의복의 보온력을 나타내는 단위로 1CLO가 의미하는 것은?
① 기온 20℃, 기습 50% 이하, 기류 15cm/sec, 피부온도 31℃
② 기온 21℃, 기습 50% 이하, 기류 10cm/sec, 피부온도 33℃
③ 기온 20℃, 기습 40% 이하, 기류 10cm/sec, 피부온도 31℃
④ 기온 21℃, 기습 40% 이하, 기류 15cm/sec, 피부온도 33℃

해설
방한력
㉠ 열 차단 단위로 의복의 방한력 단위는 CLO이다.
㉡ 1CLO는 기온 21℃, 기습 50% 이하, 기류 0.1m/sec, 피부온도 33℃, 신진대사율이 50kcal/㎡/hr로 유지될 때의 의복의 방한력이다.
㉢ 기온이 8.8℃씩 하강할 때마다 1CLO의 피복을 더 입어야 한다.
㉣ 방한력이 가장 좋은 것(4~4.5CLO)
  ⓐ 보통 작업복 : 1CLO
  ⓑ 방한화 : 2.5CLO
  ⓒ 방한장갑 : 2CLO

KEYWORD
● 방한력

정답 05.②

06

16년 환경부

일반적으로 1인당 필요 공기량(㎥/O)이 많은 장소를 순서대로 나열한 것으로 옳은 것은?

① 유해작업공장 > 주택 > 학교
② 학교 > 주택 > 유해작업공장
③ 주택 > 유해작업공장 > 학교
④ 유해작업공장 > 극장 > 주택

해설

환기 횟수

시간당 환기 횟수	• 도장 공장, 주조, 압연공장 : 30~100회 • 극장 : 영사실은 20회, 관람실은 6회 • 학교 : 체육관 5~10회, 강당 6~10회 • 거실 : 2~5회
실내장소별 매 시간당 환기 횟수	• 학교 : 교실 6회, 도서관 8회 • 주택 : 거실 1~3회, 침실 1~2회 • 극장 5~8회, 사무실 6~10회, 무도회장 7~20회 • 연회장 6~12회, 조리실 20~60회, 객실 1~2회, 화장실 5회

KEYWORD
환기

07

다음 설명 중 옳은 것은?
① 택지는 작은 언덕의 중간이 좋다.
② 지질은 침투성이 약하고 습한 곳이 좋다.
③ 무조건 직장과 가까운 곳이 좋다
④ 지하수위가 지표면에 근접할수록 좋다.

해설

주택부지의 조건
㉠ 택지는 작은 언덕의 중간이 좋다.
㉡ 지하수위는 3m 이상인 것이 좋다.
㉢ 사적지(모래)가 좋다.
㉣ 여름에는 서늘하고 겨울에는 따뜻하도록 남향이나 동남향이 좋다.
㉤ 인근에 공해 발생이 없는 것이 좋다.
㉥ 단층주택의 공지와 전대지 비는 3:10이 좋다.
㉦ 폐기물 매립 후 30년이 경과되어야 주택지로 사용이 가능하다.

KEYWORD
주택부지

정답 06.④ 07.①

08 「학교보건법 시행규칙」상 교실 내 환경요건에 적합하지 않은 것은?

16년 서울

① 조도-책상면 기준으로 200Lux
② 1인당 환기량-시간당 25m³
③ 습도-비교습도 50%
④ 온도-난방온도 섭씨 20도

해설

교실의 인공조명(조도)은 책상 면을 기준으로 300Lux 이상이 되도록 한다.

> **보충학습**
>
> 학교보건법 시행규칙 [별표 2] 〈개정 2019. 9. 17.〉
> **환기·채광·조명·온습도의 조절기준과 환기설비의 구조 및 설치기준**
>
> 1. 환기
>   가. 환기의 조절기준
>   환기용 창 등을 수시로 개방하거나 기계식 환기설비를 수시로 가동하여 1인당 환기량이 시간당 21.6세제곱미터 이상이 되도록 할 것
>   나. 환기설비의 구조 및 설치기준(환기설비의 구조 및 설치기준을 두는 경우에 한한다)
>   1) 환기설비는 교사 안에서의 공기의 질의 유지기준을 충족할 수 있도록 충분한 외부공기를 유입하고 내부공기를 배출할 수 있는 용량으로 설치할 것
>   2) 교사의 환기설비에 대한 용량의 기준은 환기의 조절기준에 적합한 용량으로 할 것
>   3) 교사 안으로 들어오는 공기의 분포를 균등하게 하여 실내공기의 순환이 골고루 이루어지도록 할 것
>   4) 중앙관리방식의 환기설비를 계획할 경우 환기닥트는 공기를 오염시키지 아니하는 재료로 만들 것
> 2. 채광(자연조명)
>   가. 직사광선을 포함하지 아니하는 천공광에 의한 옥외 수평 조도와 실내 조도와의 비가 평균 5퍼센트 이상으로 하되, 최소 2퍼센트 미만이 되지 아니하도록 할 것
>   나. 최대 조도와 최소 조도의 비율이 10대 1을 넘지 아니하도록 할 것
>   다. 교실 바깥의 반사물로부터 눈부심이 발생되지 아니하도록 할 것
> 3. 조도(인공조명)
>   가. 교실의 조명도는 책상면을 기준으로 300럭스 이상이 되도록 할 것
>   나. 최대 조도와 최소 조도의 비율이 3대 1을 넘지 아니하도록 할 것
>   다. 인공조명에 의한 눈부심이 발생되지 아니하도록 할 것
> 4. 실내온도 및 습도
>   가. 실내온도는 섭씨 18도 이상 28도 이하로 하되, 난방온도는 섭씨 18도 이상 20도 이하, 냉방온도는 섭씨 26도 이상 28도 이하로 할 것
>   나. 비교습도는 30퍼센트 이상 80퍼센트 이하로 할 것

정답 08. ①

09 16년 환경부

실내공기질 관리법에서 규정하는 실내공간 오염물질로 옳지 않은 것은?

① 일산화질소
② 포름알데하이드
③ 총부유세균
④ 미세먼지
⑤ 휘발성 유기화합물

해설

실내공기질 관리법 시행규칙 [별표 1] 〈개정 2019. 2. 13.〉

오염물질(제2조 관련)

1. 미세먼지(PM-10)
2. 이산화탄소(CO_2; Carbon Dioxide)
3. 폼알데하이드(Formaldehyde)
4. 총부유세균(TAB; Total Airborne Bacteria)
5. 일산화탄소(CO; Carbon Monoxide)
6. 이산화질소(NO_2; Nitrogen dioxide)
7. 라돈(Rn; Radon)
8. 휘발성유기화합물(VOCs; Volatile Organic Compounds)
9. 석면(Asbestos)
10. 오존(O_3; Ozone)
11. 초미세먼지(PM-2.5)
12. 곰팡이(Mold)
13. 벤젠(Benzene)
14. 톨루엔(Toluene)
15. 에틸벤젠(Ethylbenzene)
16. 자일렌(Xylene)
17. 스티렌(Styrene)

10 16년 환경부

실내공기오염과 관련된 질환으로 옳지 않은 것은?

① 브루셀라(Brucellosis)
② 레지오넬라증(Legionellosis)
③ 새집증후군(SHS, Sick House Syndrome)
④ 새건물증후군(SBS, Sick Building Syndrome)
⑤ 복합화학물질 과민증(Multiple Chemical Sen)

정답 09.① 10.①

해설

브루셀라
㉠ Brucella 속의 세균에 의한 인간 및 동물의 감염증으로 인수공통 감염병의 하나이고, 가축에서는 법정전염병으로 지정되어 있다.
㉡ 감염경로
소, 돼지, 양, 염소와 같은 가축들이 주요 감염원으로 알려져 있으며, 감염된 가축의 분비물이나 태반 등에 의하여 피부 상처나 결막이 노출되어 감염되고 저온 살균되지 않은 유제품이나 감염 가축 섭취를 통해 감염된다.

보충학습

레지오넬라증(Legionellosis)
레지오넬라균은 25~45℃의 따뜻한 물에서 잘 번식하며 수돗물이나 증류수 내에서 수 개월간 생존할 수 있고, 온수기, 에어컨의 냉각탑, 가습기, 온천, 분수, 중증 호흡 치료기기 등에도 존재한다. 레지오넬라균에 오염된 물이 아주 작은 물 분무 입자의 형태로 공기 중에 퍼졌을 때 이를 사람이 들이마시면 호흡기를 통해 균이 침투한다.

11 창의 채광 효과를 높이려면 어떻게 해야 하는가?
① 입사각 < 가시각
② 입사각 > 가시각
③ 가시각과 무관하다.
④ 입사각 = 가시각

KEYWORD
• 자연조명

해설

자연조명(일광)
㉠ 작용 : 신체의 모든 세포를 자극하여 피부를 건강하게 하고, 각 장기의 기능을 증진시켜 식욕증진, 상쾌함, 비타민 D생성으로 구루병 예방, 살균작용을 한다.
㉡ 창의 조건

창의 방향	남향. 일조시간은 1일 6시간이 좋으나, 최소 4시간 이상은 햇빛이 비추어야 한다.
창의 면적	• 방바닥 면적의 1/7~1/5(20%)가 적당하다. • 동일한 면적의 창이라도 높이가 높고 세로로 긴 창이 가로로 긴 창보다 좋다.
거실의 안쪽 길이	창틀 상단 높이의 1.5배 이하인 것이 좋다.
개각(가시각)과 앙각(입사각)	• 개각(가시각) : 4~5°가 좋고, 개각이 클수록 밝다(앞 건물에 물체가 있을 경우 빛의 각도). • 앙각(입사각) : 27°~28° 이상이 좋으며, 입사각이 클수록 밝다(앞 건물에 물체가 없을 때 빛의 각도). • 채광 효과를 높이려면 앙각이 개각보다 커야 한다.

㉢ 차광방법
ⓐ 빛의 양이 많으면 커튼이나 기타 차광물을 사용하여 빛의 양을 조절한다.
ⓑ 벽의 색도는 방안의 밝기에 작용하므로 빛의 양에 따라 벽지를 선택하는데 흰색의 반사율은 70~80%, 회색은 15~55%, 진한 녹색은 10~20%이다.

정답 11.②

12 　17년 환경부

라돈에 대한 설명으로 옳지 않은 것은?

① 베타붕괴하면서 입자를 방출하는데 이 베타입자가 폐조직 등을 손상시킬 수 있다.
② 끓는점이 -61.8℃로 주기율표상 비활성 기체의 마지막 원소이다.
③ 무색, 무미, 무취의 방사성 물질이다.
④ 원소기호는 Rn이고, 원자량이 222이다.
⑤ 폐암은 라돈 노출로 생길 수 있는 호흡기계 질병이다.

해설

라돈은 라듐이 알파붕괴를 할 때 생기는 비활성 기체인 방사성 원소이다.

보충학습

라돈

㉠ 라돈 원자는 알파붕괴 과정으로 방사선을 내놓으면서 방사성 원소인 플로늄의 원자가 된다.
㉡ 라돈의 끓는점은 -61.8℃이며, 녹는점은 -71℃이다.
㉢ 라돈은 공기보다 무거우며 무색, 무미, 무취의 성질을 가진 기체이며 Rn-222로 반감기는 3.8일이고 이를 이용하여 방사선 치료 등에 사용된다.
㉣ 붕괴과정에서 생성되는 라돈자손은 호흡을 통해 흡입하게 되면, 폐에 흡착하여 붕괴하면서 방출되는 알파에너지를 주변조직에 부여함으로써 장기적으로 폐암을 유발할 수 있는 생물학적 손상을 야기한다.

13 라돈의 특성에 관한 내용으로 옳지 않은 것은?

① 무색, 무취이다.
② 지하에서 발생하여 육상으로 올라오며, 흙, 시멘트, 콘크리트 등에 존재한다.
③ 지하수 암반을 통해 방출되어 환기량이 부족하면 열차 운행구간, 터널과 승강장의 농도가 높다.
④ 인공방사능 물질이다.

해설

라돈은 자연적으로 존재하는 암석이나 토양에서 발생하는 자연방사능 가스로서 실내 주요 오염원으로는 건물지반이나 주변 토양, 광석, 상수도 및 건물자재 그리고 조리나 난방목적으로 사용되는 천연가스 등이 있다.

보충학습

㉠ 라돈은 자연에서는 우라늄과 토륨의 자연붕괴에 의해서 발생된다.
㉡ 라돈은 우라늄과 토륨이 납으로 자연붕괴되는 과정에서 라듐을 생성하고 이 라듐에서 라돈이 생성된다.
㉢ 실내에서 라돈의 주 오염원은 토양에서 자연으로 배출되는 기체이다.
㉣ 지각에서 생성된 라돈은 암석이나 토양의 틈새에 존재하다가 확산이나 압력차에 의해 지표의 공기 중으로 배출된다.

14 [17년 환경부]

실내공기질 관리법의 적용대상 다중이용시설로 옳지 않은 것은?

① 도서관
② 항만시설 대합실
③ 박물관 및 미술관
④ 편의점

KEYWORD 실내공기 오염

해설

실내공기질 관리법 시행규칙 [별표 2] 〈개정 2020. 4. 3.〉

실내공기질 유지기준(제3조 관련)

오염물질 항목 다중이용시설	미세먼지 (PM-10) ($\mu g/m^3$)	미세먼지 (PM-2.5) ($\mu g/m^3$)	이산화 탄소 (ppm)	폼알데 하이드 ($\mu g/m^3$)	총부유세균 (CFU/m^3)	일산화 탄소 (ppm)
가. 지하역사, 지하도상가, 철도역사의 대합실, 여객자동차터미널의 대합실, 항만시설 중 대합실, 공항시설 중 여객터미널, 도서관·박물관 및 미술관, 대규모 점포, 장례식장, 영화상영관, 학원, 전시시설, 인터넷컴퓨터게임시설제공업의 영업시설, 목욕장업의 영업시설	100 이하	50 이하	1,000 이하	100 이하	—	10 이하
나. 의료기관, 산후조리원, 노인요양시설, 어린이집, 실내 어린이놀이시설	75 이하	35 이하		80 이하	800 이하	
다. 실내주차장	200 이하	—		100 이하	—	25 이하
라. 실내 체육시설, 실내 공연장, 업무시설, 둘 이상의 용도에 사용되는 건축물	200 이하	—	—	—	—	—

[비고]
1. 도서관, 영화상영관, 학원, 인터넷컴퓨터게임시설제공업 영업시설 중 자연환기가 불가능하여 자연환기설비 또는 기계환기설비를 이용하는 경우에는 이산화탄소의 기준을 1,500ppm 이하로 한다.

정답 14.④

2. 실내 체육시설, 실내 공연장, 업무시설 또는 둘 이상의 용도에 사용되는 건축물로서 실내 미세먼지(PM-10)의 농도가 200μg/㎥에 근접하여 기준을 초과할 우려가 있는 경우에는 실내공기질의 유지를 위하여 다음 각 목의 실내공기정화시설(덕트) 및 설비를 교체 또는 청소하여야 한다.
   가. 공기정화기와 이에 연결된 급·배기관(급·배기구를 포함한다)
   나. 중앙집중식 냉·난방시설의 급·배기구
   다. 실내공기의 단순배기관
   라. 화장실용 배기관
   마. 조리용 배기관

15 [18년 서울경력 연구사]

실내공기질 관리법 중 다중이용시설 등의 실내 공기 질 권고기준이 2018년 10월부터 개정되었다. 추가된 항목으로 옳은 것은?

① 납　　　　　　　　② SOx
③ 곰팡이　　　　　　④ PM-1.0

KEYWORD
● 실내공기 오염

[해설]
실내공기질 관리법 시행규칙 [별표 3] 〈개정 2020. 4. 3.〉

실내공기질 권고기준(제4조 관련)

다중이용시설 \ 오염물질 항목	이산화질소 (ppm)	라돈 (Bq/㎥)	총휘발성 유기화합물 (μg/㎥)	곰팡이 (CFU/㎥)
가. 지하역사, 지하도상가, 철도역사의 대합실, 여객자동차터미널의 대합실, 항만시설 중 대합실, 공항시설 중 여객터미널, 도서관·박물관 및 미술관, 대규모점포, 장례식장, 영화상영관, 학원, 전시시설, 인터넷컴퓨터게임시설제공업의 영업시설, 목욕장업의 영업시설	0.1 이하	148 이하	500 이하	–
나. 의료기관, 산후조리원, 노인요양시설, 어린이집, 실내 어린이놀이시설	0.05 이하		400 이하	500 이하
다. 실내주차장	0.30 이하		1,000 이하	–

16 [18년 전남보건]

실내공기 오염물질 중 미생물성 물질이 있다. 이에 해당되지 않는 것은?

① 곰팡이　　　　　　② 꽃가루
③ 케톤　　　　　　　④ 박테리아

KEYWORD
● 공기오염

[해설]
케톤은 카보닐기로 두 개의 작용기가 연결된 탄화수소유도체이다.

정답　15.③　16.③

17 [18년 서울경력]

주택의 실내 환기에 대한 설명으로 가장 옳지 않은 것은?

① 시간당 환기 횟수(air change rate, ACR)는 실내용적을 환기량으로 나누어 산출한다.
② 실내외의 온도 차에 의해서 발생하는 자연적인 힘을 이용하여 환기하는 방식은 자연환기이다.
③ 실내에서 교환되는 소요 환기량은 CO_2를 기준으로 측정 시 실내 CO_2량을 CO_2 서한량에서 CO_2 실외 정상 농도를 뺀 값으로 나누어 준 값이다.
④ 중력환기 시에 환기량이 최대가 되기 위해서는 중성대가 천장 가까이에서 형성되어야 한다.

해설
환기 횟수는 환기량을 실내용적으로 나누어 계산한다.

보충학습

㉠ 자연환기는 실내·외 온도차이로 공기의 교환이 이루어진다. 옥외의 풍력이나 기체의 확산력에 의해 영향을 받고 보통 5℃ 이상의 온도 차가 있으면 환기가 촉진된다.
㉡ 실내에 필요한 환기는 인체에서 발생하는 이산화탄소 발생량을 이용하여 산정한다.
㉢ 소요환기량

$$Q = \frac{H}{K_2 - K_1}$$

Q : 소요환기량(m^3/hr)
H : 실내 CO_2량(1시간 기준 1인당 CO_2 호출량×사람 수[m^3/hr])
K_2 : 실내 CO_2 서한량(0.1%)
K_1 : CO_2의 실외 정상 농도(0.03%)
CO_2 호출량 : 개인차가 있으나 보통 20~22L(0.02~0.022m^3/hr)
수면 시 CO_2 호출량 : 12L(0.012m^3/hr) 전후

㉣ 중력환기 : 실내·외의 온도차에 의해 이루어지는 환기를 말한다. 실내·외 온도차는 공기의 밀도차를 형성하게 되고, 이는 압력의 차이를 만들어 환기가 이루어진다. 우리나라 건축법에 거실의 창 기타 개구부로서 환기에 필요한 면적은 그 거실 바닥면적에 대해 1/20 이상으로 규제하고 있다.
㉤ 풍력환기 : 환기작용은 풍향측의 압력이 증가하여 생기는 양압과 풍향 배측의 압력 감소에 기인하는 음압에 의한 압력차에 의하여 형성되는 환기를 말한다.
㉥ 중성대 : 실내로 유입되는 공기는 하부로, 나가는 공기는 상부로 이동하는데 그 중간 압력이 '0'인 지대를 말한다. 중성대가 천장에 가까이 형성될수록 환기량이 커진다.

KEYWORD
환경위생 중 환기

정답 17.①

18 「인공조명에 의한 빛공해 방지법」에 대한 설명으로 옳지 않은 것은?

18년 서울경력

KEYWORD
• 인공조명

① 이 법은 인공조명으로 발생되는 과도한 빛 반사 등으로 인한 위해를 방지하여 건강하고 쾌적한 삶의 영위를 목적으로 한다.
② 환경부장관은 빛공해 방지계획을 매 5년마다 수립해야 한다.
③ 주거지 연직면 조도 기준은 해 진 후부터 해 뜨기 전까지 1~3종 조명환경관리구역은 10Lux 이하이다.
④ 빛공해 방지위원회 위원은 중앙행정기관의 공무원과 빛공해에 관한 전문지식과 경험이 풍부한 자 중에서 임명한다.

해설

인공조명에 의한 빛공해 방지법

1. 목적(제1조) : 이 법은 인공조명으로부터 발생하는 과도한 빛 방사 등으로 인한 국민 건강 또는 환경에 대한 위해(危害)를 방지하고 인공조명을 환경 친화적으로 관리하여 모든 국민이 건강하고 쾌적한 환경에서 생활할 수 있게 함을 목적으로 한다.
2. 빛공해방지 계획의 수립 등(제4조)
   ① 환경부장관은 관계 중앙행정기관의 장과 협의하여 빛공해 방지를 위한 계획(이하 "빛공해방지계획"이라 한다)을 5년마다 수립하여 시행하여야 한다.
   ② 빛공해방지 계획에는 다음 각 호의 사항이 포함되어야 한다.
      ㉠ 빛공해 방지를 위한 분야별·단계별 대책
      ㉡ 빛공해 방지를 위한 관련 기술의 개발 촉진대책
      ㉢ 빛공해로 인한 영향평가에 관한 사항
      ㉣ 빛공해에 관한 교육·홍보 대책
      ㉤ 빛공해 방지 사업 추진에 소요되는 비용의 산정 및 재원 조달방안
      ㉥ 그 밖에 빛공해 방지를 위하여 필요한 사항
3. 인공조명에 의한 빛공해 방지법 시행규칙

빛방사허용기준(제6조제1항 관련)

1. 영 제2조제1호의 조명기구

구분 측정기준	적용시간	기준값	조명환경관리구역				단위
			제1종	제2종	제3종	제4종	
주거지 연직면 조도	해진 후 60분 ~ 해뜨기 전 60분	최대값	10 이하			25 이하	lx (lm/m²)

4. 빛공해방지 위원회(제6조)
   ① 빛공해방지 계획의 수립 및 시행 등에 관한 사항을 심의하기 위하여 환경부 소속으로 빛공해방지위원회(이하 "위원회"라 한다)를 둔다.
   ② 위원회는 위원장 1명을 포함한 20명 이내의 위원으로 구성한다.
   ③ 위원장은 환경부장관이 지명하는 소속 공무원으로 하고, 위원은 대통령령으로 정하는 관계 중앙행정기관의 공무원과 빛공해에 관한 전문지식과 경험이 풍부한 사람 중에서 환경부장관이 임명 또는 위촉하는 사람으로 한다. 〈개정 2017. 12. 12.〉
   ④ 위원회는 다음 각 호의 사항을 심의한다.
      ㉠ 빛공해방지 계획의 수립 및 시행에 관한 사항

정답 18.③

ⓒ 빛공해방지 계획의 효율적 추진을 위한 법령 및 제도의 정비에 관한 사항
  ⓒ 빛공해방지 사업 추진을 위한 비용부담에 관한 사항
  ⓔ 빛공해방지 대책의 추진실적 평가에 관한 사항
  ⓜ 그 밖에 빛공해방지 대책 추진에 관하여 위원장이 필요하다고 인정하는 사항
⑤ 위원회의 조직 및 운영에 필요한 사항은 대통령령으로 정한다.

19 [19년 해양경찰 일반직]

학생이 30명 있는 교실 내 온도가 아래와 같을 때, 불쾌지수와 불쾌감을 느끼는 학생 수를 바르게 연결한 것은?

건구온도 : 21.3℃　습구온도 : 26.5℃

① 불쾌지수 75, 15명
② 불쾌지수 75, 30명
③ 불쾌지수 80, 15명
④ 불쾌지수 80, 30명

해설
75.016으로 50%(15명) 이상의 사람이 불쾌감을 호소한다.

보충학습
㉠ 공식
  ⓐ 불쾌지수(DI) = 0.72(건구온도+습구온도)℃+40.6
  ⓑ 불쾌지수(DI) = (건구온도+습구온도)℉×0.4+15
㉡ 불쾌지수와 불쾌감의 관계
  ⓐ DI≥70 : 약 10%의 사람들이 불쾌감을 느끼는 상태
  ⓑ DI≥75 : 약 50%의 사람들이 불쾌감을 느끼는 상태
  ⓒ DI≥80 : 대부분의 사람들이 불쾌감을 느끼는 상태
  ⓓ DI≥85 : 참을 수 없는 상태

KEYWORD
● 불쾌지수

20 [19년 해양경찰 일반직]

다음 중 수영장 욕수의 수질기준이 나와 있는 법령으로 가장 옳은 것은?(하위법령포함)
① 수도법
② 공중위생관리법
③ 체육시설의 설치·이용에 관한 법률
④ 물환경보전법

해설
체육시설의 설치·이용에 관한 법률 시행규칙 [별표 6] 안전·위생 기준(제23조 관련)

KEYWORD
● 집합소 위생

정답 19.① 20.③

21 인공조명의 구비요건 중 적절하지 못한 것은?
① 조도는 장소에 따라 다르다
② 휘도가 클수록 좋다
③ 열의 발생은 적을수록 좋다
④ 광색은 주광색에 가까워야 좋다.

해설

인공조명
㉠ 구분

직접조명	광원으로부터의 빛이 직접 조사되는 조명 방식으로 적은 전력으로 높은 조도를 얻을 수 있어 조명효율이 높으나, 방 전체에 균일한 조도를 얻기 어려우며, 눈부심이 일어나기 쉽고 빛에 의한 그림자가 강하게 나타나는 특징이 있다.
간접조명	빛의 전부를 투사하여 그 반사광으로 조명하는 방법으로 눈에 가장 이상적이다.
반간접조명	• 광원 자체의 눈부심을 없애고, 비추어지는 대상에 강한 그늘이 생기지 않도록 하며, 또한 대상의 깊숙한 곳을 인지하는 데 도움이 될 정도로 부드러운 그늘을 만드는 조명방법이다. • 반사량과 직사량을 병행해서 비치는 조명을 말한다.

㉡ 인공조명 시 주의사항
ⓐ 작업상 충분한 조도를 유지한다.
ⓑ 광색은 주광색에 가까울수록 좋다.
ⓒ 유해가스의 발생이 없어야 한다.
ⓓ 취급이 간편하고 경제적이어야 한다.
ⓔ 폭발이나 발화의 위험이 없어야 한다.
ⓕ 열의 발생이 적어야 한다.
ⓖ 기준조도를 유지해야 한다.
ⓗ 작업상 가급적 간접조명이 좋으며 위치는 좌상방이 좋다.

㉢ 인공조명의 표준

장소	표준조도(Lux)
세면실, 화장실	60~150
대합실, 강당	150~300
사무실, 교실	300~600
도서실, 정밀 작업실	600~1,500
수술실	1,000 이상

정답 21.②

[19년 충북보건연구사]

22 라돈이 관리대상 물질인 경우는 어느 것인가?
① 새 가구의 구입
② 지형물, 방호벽 균열이나 지하수 누수
③ 단열재, 절연재 사용여부
④ 농약이나 세척제 등의 저장소 유무

해설
㉠ 라돈의 환경노출 : 암석이나 토양은 대기 중으로 방출되고 물–암석(토양) 반응에 의해 지하수에 함유
㉡ 주택 내 라돈 발생 : 건축물 틈새, 건축물 자체, 균열된 배수파이프, 벽변 공극, 지하수 사용 등
㉢ 수중의 라돈 노출 : 음용수, 욕실과 주방 등의 물 사용

KEYWORD
실내 공기 오염물질

[19년 환경부]

23 기온, 기습, 기류, 복사열을 모두 고려하여 나타내는 온열인자는?
① 쾌감대
② 감각온도
③ 불쾌지수
④ 카타냉각력
⑤ 등가온도

해설
등가온도란 감각온도와 같이 기온, 기습, 기류만을 기초로 나타내는 온도가 아니라 기온, 기습, 기류, 복사열까지 포함하여 고려한 온도로 복사량이 많은 작업장에서 감각온도보다 합리적이다.

KEYWORD
등가온도

보충학습

카타냉각력
㉠ 기온, 기습, 기류의 3인자가 종합하여 인체의 열을 빼앗는 힘을 그 공기의 냉각력이라고 한다.
㉡ 기온, 기습이 낮고 기류가 클 때에는 인체의 체열 방산량이 증대된다.
㉢ '힐'은 인간이 더위와 추위를 느끼는 것은 체열 방산량에 의해 결정된다고 생각하고 인체를 모델로 알콜온도계가 37.8℃(100°F)에서 35℃(95°F)까지 하강하는 시간을 측정하여 방산열량을 단위시간에 단위면적에서 손실되는 열량(cal/cm²/sec)으로 냉각력을 표시하였다.
㉣ 카타온도계는 불감기류와 같은 미풍을 정확히 측정할 수 있기 때문에 기류 측정의 미풍계로 사용된다.

정답 22.② 23.⑤

24

신축건물 증후군을 나타내는 대표적인 오염물질은?
① 오존
② 미세먼지
③ 일산화탄소
④ 포름알데히드

해설

포름알데히드
㉠ 휘발성 유기화합물의 일종으로 자극성 냄새를 갖는 가연성 무색 기체이며 인화점이 낮아 폭발의 위험성이 있으며, 휘발성 유기화합물과 함께 새집증후군의 원인물질로 알려져 있다.
㉡ 실내에서 포름알데히드 농도는 온도와 습도, 건축물의 수명, 실내 환기율에 따라 크게 좌우된다. 특히 지하생활환경에서 발생되는 실내공기 중의 포름알데히드는 건축자재, 상가, 포목점 등에서 많이 방출되어 효과적인 환기시설의 운영이 요구된다.
㉢ 우레아 단열재, 실내가구의 칠, 가스난로 등의 연소과정 접착제, 흡연, 생활용품, 의약품, 접착제 등에 의해 발생되며, 일반적으로 방출되는 기간은 수년간으로 추정된다.

KEYWORD
실내공기 오염

25

실내의 환경조건으로 가장 적당한 것은?
① 적당한 습도 : 40~70%
② 거실온도 : 20~25℃
③ 기류 : 2m/sec
④ 중성대 : 출입문 주변

해설

㉠ 적정 실내 습도 : 40~70%
㉡ 실내 최적 온도는 18±2℃, 하부와 상부의 온도가 일정해야 한다.

거실, 사무실, 작업실, 교실	18~20℃
침실	12~15℃
욕실	20~22℃
병실	22℃
강당, 집회장	16~18℃
경작업실	16~18℃
중작업실, 체육관	10~15℃
대합실, 외출복 착용 장소	10~15℃

㉢ 쾌적기류 : 실내는 0.2~0.3m/sec, 실외는 1m/sec 전후
㉣ 중성대는 천장에 가까이 형성될수록 환기량이 커지고 낮으면 환기량이 적다.

KEYWORD
실내 환경

정답 24.④ 25.①

26. 작업생산능률을 최대로 느낄 수 있는 온도는?

① 건강지적온도 ② 노동지적온도
③ 생리적 지적온도 ④ 생산적 지적온도

KEYWORD
• 지적환경조건

해설

지적온도 : 생활하는 데 가장 적절한 온도로 16~20℃를 말한다. 지적온도에는 주관적 지적온도, 생산적 지적온도, 생리학적 지적온도의 세 종류로 이들이 반드시 동일하다고 할 수는 없다.
㉠ 주관적 지적온도(쾌적 감각온도) : 감각적으로 가장 쾌적한 온도로 습구온도에서는 65.1, 감각온도에서는 60.8, 건구온도에서는 64.7, 냉각률에서는 6.06으로 한다.
㉡ 생산적 지적온도(최고 생산온도) : 작업생산능률을 최고로 올릴 수 있는 온도, 정신적 작업에서는 근육작업에 비해서 지적온도가 저온이며, 또 같은 종류의 근육작업에서는 그 작업강도가 커지면 지적온도는 저온으로 이동한다.
㉢ 생리학적 지적온도(기능 지적온도) : 생체가 최소의 에너지 소모에 의해서 그 생명을 유지하고 또한 최고의 활동 능력을 발휘, 신장할 수 있는 것과 같은 온도를 생리학적 지적조건이라고 한다.

27. [19년 환경부]

주택의 채광과 조명에 대한 설명으로 틀린 것은?

① 채광은 태양을 광원으로 한다.
② 입사각은 클수록 실내가 밝아진다.
③ 인공조명으로는 초, 가스등, 전등이 있다.
④ 부적절한 조명은 안정피로와 안구진탕을 유발한다.
⑤ 개각은 입사각보다 크다.

KEYWORD
• 주택의 자연조명

해설
㉠ 입사각은 27~28° 이상으로 입사각이 클수록 실내는 밝아진다.
㉡ 개각은 4~5°가 좋으며, 개각이 클수록 밝다.
㉢ 채광의 효과를 높이려면 입사각이 개각보다 커야 한다.
㉣ 부적합한 조명으로 인한 피해 : 근시, 안정피로, 안구진탕증, 전광성 안염, 작업능률 및 재해

정답 26.④ 27.⑤

28 환경이 불량한 주택과 관계가 적은 질환은?
① 인플루엔자 ② 결핵
③ 피부질환 ④ 호흡기 질환
⑤ 고혈압

해설
고혈압은 90~95% 정도는 원인 질환이 발견되지 않는 본태성(일차성) 고혈압이다. 본태성 고혈압이 생기는 근본 이유는 명확하지 않으나, 고혈압과 관련된 위험인자로는 음주, 흡연, 고령, 운동부족, 비만, 짜게 먹는 식습관, 스트레스 등 심리적 및 환경적 요인 등이 있다.

KEYWORD
주택 환경

29 의복의 기능이 아닌 것은?
① 체온의 조절
② 사고, 열, 외상으로부터의 보호
③ 사회생활
④ 청결한 신체
⑤ 소속감

해설
의복의 목적

체온조절 기능	의복의 기능 중에서 가장 중요한 기능으로 의복 기후형성이 주된 목적이며, 외부의 기상에 대응하여 적절한 체열을 발산함으로써 신진대사(의복 내 기류)를 원활히 하고 방한과 방서의 역할을 한다.
신체의 청결	피부의 때와 땀을 제거하여 신체를 청결하게 한다.
신체의 보호 및 방어	사고, 열, 오염, 독물, 외상, 해충, 강렬한 일광 등에 대해서도 신체를 보호한다.
활동의 자유	일상생활에 있어서 활동하는 데 불편을 주지 않는 복장이 필요하다(예 작업복, 아동복).
사회생활	타인에 대하여 품위와 예의를 갖추고, 소속과 종별을 표시할 수 있다(예 교복, 운동복, 군복, 법복 등).

KEYWORD
의복위생

30 감각온도의 습도는?
① 10% ② 50%
③ 70% ④ 100%

해설
감각온도 : 온도, 습도(100% 습도=포화습도), 기류(무풍)의 세 가지 인자에 의해 이루어지는 체감을 말한다.

KEYWORD
감각온도

정답 28.⑤ 29.⑤ 30.④

31 〔 20년 전남보건 〕

다음 내용에 해당하는 화학적 소독제는?

- 주로 3% 수용액을 사용한다.
- 손, 오물, 객담 등을 소독하는 데 주로 사용한다.
- 바이러스에는 소독효과가 적으나 세균소독에는 효과가 좋다.
- 피부자극성이 없고 유기물이 있어도 소독력이 약화되지 않으나 냄새가 강하다.

① 생석회 ② 크레졸
③ 석탄산 ④ 머큐로크롬

KEYWORD
- 화학적 소독법

해설

크레졸

㉠ 바이러스에는 효과가 적으나 세균소독에는 효과가 크다. 피부자극성이 없고 유기물이 있어도 소독력이 약화되지는 않는 장점이 있으나 강한 냄새가 단점이다.
㉡ 3% 크레졸은 손, 배설물, 화장실 등의 소독에 이용한다.
㉢ 난용성으로 독성이 약하지만 살균력은 석탄산의 2배 정도이다.

오답해설

① 생석회 : 변소 등의 소독에 이용한다.
③ 석탄산 : 배설물, 토물, 실내벽, 실험대, 기차, 선박 등에 이용한다.
④ 머큐로크롬 : 국소적 항감염제(소독약). 수은에 에오딘색소를 결합시킨 것. 분말로, 녹아서 선홍색이 된다. 2% 수용액은 「빨간약」이라고 속칭되고 있으며 국소자극작용이 약하고 독성도 약하며 살균작용도 별로 강하지 않다.

보충학습

소독약의 종류

㉠ 2.5~3.5% 과산화수소 : 상처소독, 구내염, 인두염, 입안세척 등
㉡ 70~75% 알코올 : 건강한 피부에 사용한다(단 창상 피부에 사용하면 안 된다).
㉢ 5% 클로르칼크
㉣ 0.01~0.1% 승홍(Mercury Dichloride) : 손소독에 사용한다.
㉤ 0.02~0.1% Formalin : 훈증소독에 사용한다.

정답 31.②

[21년 해양경찰 일반직]

32 실내오염 관련 질환에 대한 설명 중 가장 옳지 않은 것은?
① 레지오넬라균은 공기순환장치 또는 냉각탑 등에 주로 기생한다.
② 군집독은 제한된 실내에 많은 사람이 모일 때 발생하는 생리적 현상이다.
③ 베이크아웃(Bake out) 환기법은 새집증후군보다 헌집증후군 대책에 이용한다.
④ 가습기 발열은 일반세균 또는 곰팡이가 가습기 내 물에 번성하여 발생한다.

새집증후군
㉠ 새로 지은 건물에서 휘발성 유기용제 물질로 인해 빈혈, 아토피 등을 유발하는 현상이다. 해결방법으로는 입주 전 베이크아웃 하는 방법이 있다.
㉡ 베이크아웃 : 새로 지은 건축물이나 개·보수 작업을 마친 건물 등의 실내 온도를 높여 유해물질인 휘발성 유기화합물과 폼알데하이드 등의 배출을 일시적으로 증가시킨 후 환기시킨다.

정답 32.③

PART 06

식품위생

환경보건(학)
기출예상문제집

PART 06 식품위생

01 (90년 인천)

식품의 냉장 목적과 가장 관계가 적은 것은?
① 병원미생물의 사멸
② 자기소화 지연
③ 단기간의 신선도 유지
④ 미생물증식 저지

해설

냉장의 목적
㉠ 자기소화(=자가분해, 동물체가 죽은 다음 조직 내에 있던 효소의 작용에 따라 차차 분해하는 현상)를 지연시킨다.
㉡ 미생물의 증식을 저지한다.
㉢ 변질을 지연시킨다.
㉣ 식품의 신선도를 단기간 유지시킨다.

상 중 **하**
KEYWORD
식품의 저장법

02 (05년 환경부)

식품의 냉장효과는?
① 식품의 방부제 역할을 하는 것이다.
② 식품을 무제한 저장한다.
③ 오염된 식품의 세균을 사멸시킨다.
④ 식품의 생화학반응 억제로 질이 변화하는 것을 방지한다.

해설

1번 문제와 동일

상 중 **하**
KEYWORD
식품의 저장법

03 (11년 경기의료기술)

질소가 함유되지 않은 당질이나 지방질의 식품이 미생물에 의해 분해되어 변질되는 현상을 무엇이라 하는가?
① 변패
② 부패
③ 산패
④ 발효

상 중 **하**
KEYWORD
식품의 변질

정답 01.① 02.④ 03.①

해설
변패 : 당질이나 지방이 미생물에 의해 변화되고 풍미가 나쁘게 되어 식용으로 부적절하게 되는 현상

오답해설
② 부패 : 미생물의 번식으로 단백질이 분해되어 아민류 등의 유해물질이 생성되고 암모니아, 악취 등이 발생하는 현상
③ 산패 : 유지 중의 불포화 지방산이 산화에 의하여 불쾌한 냄새나 맛을 형성하는 것으로 유지에 가장 보편적으로 일어나는 현상이다.
④ 발효 : 식품이 미생물의 작용으로 분해되어 유기산, 알코올 등 각종 유용한 물질이 생성되는 현상을 말한다. 간장, 된장, 고추장, 양조주, 치즈, 김치, 젓갈, 기타 절임식품 등에는 대량의 미생물과 대사산물이 함유되어 있지만 사람에게는 무해하다.

11년 서울 교육청

04 식품위생에 대한 HACCP(위해요소 중점 관리 기준)을 수행하는 7가지 원칙에 해당하지 않는 것은?

① 중요 관리점 결정
② 검증 방법 설정
③ 위해 분석 수행
④ 우수 제조 기준

KEYWORD
HACCP

해설
우수 제조 기준은 HACCP의 선행요건이다.

보충학습

① HACCP의 선행요건 : 안전한 식품 생산의 기초가 되는 식품제조 시설의 제조여건을 관리할 수 있는 단계나 절차를 말한다.
  ㉠ 우수 제조 기준(GMP, Good Manufacturing Practice) : 위생적인 식품생산을 위한 시설, 설비 요건 및 기준, 건물 위치 설비 구조, 재질 요건 등에 관한 기준
  ㉡ 표준위생운영절차(SSOP, Sanitation Standard Operation Procedure) : 일반적인 위생관리 운영기준, 영업장 관리, 용수 관리, 보관 및 운송관리, 검사관리 등의 운영절차
  ㉢ 청소 및 살균, 시험 및 측정장비의 검사와 교정, 방역 위생교육 및 훈련, 시설 및 장비에 대한 사전 정비, 제품에 대한 식별과 추적 가능성, 원재료 공급자에 대한 평가, 일반위생관리 프로그램
② HACCP의 7원칙(HACCP의 실행단계)
  ㉠ 위해요소 분석(HA) : 위해요소를 분석하고 예방책을 식별하는 단계로 중대한 위해가 발생할 수 있는 공정의 단계를 열거하고, 각 단계별로 모든 잠재적인 생물학적, 화학적, 물리적 위해요소를 분석한다.

정답 04.④

ⓛ 중요관리지점(CCP) 설정 : CCP는 제품별, 공정별로 식별될 수 있도록 설정하고, 관리가 가능해야 한다.
ⓒ 허용한계기준(CL) 설정 : CL은 모든 CCP에 적용되어야 하고 타당성이 있어야 하며, 확인되어야 하고, 또 측정 가능해야 한다.
ⓔ 모니터링 설정 : CL이 각 CCP에 준수되는지 모니터링 하는 시스템을 수립하는 단계이다.
ⓜ 개선조치(Corrective Action) : 모니터링 결과가 관리를 벗어났을 때 시정조치를 하는 단계이며, 여기에는 즉시 조치와 예방 조치가 있다.
ⓗ 검증(Verification) 설정 : 위해의 발생 방지를 위해 HACCP 계획이 정확하고, 효과적으로 기능하는 지를 정기적으로 내부 및 외부 검증이 이루어져야 한다.
ⓢ 기록(Record) 보관 및 문서화시스템 설정

05

12년 전남

식물성 식중독과 원인식품의 연결이 옳지 않은 것은?

① 피마자 - amygdaline
② 독버섯 - muscarine
③ 감자 - solanine, sepsine
④ 독미나리 - cicutoxin

KEYWORD
• 자연독에 의한 식중독

해설
① 피마자씨 : ricin, ricinine/amygdaline : 청매(미숙한 매실) 중독

보충학습

식물성 식중독
㉠ 꽃무릇 중독 : 맹독성 Alkaloid인 Lycorine이다.
㉡ 가시독말풀 중독 : Hyoscyamine, Scopolamine, Atropine 등
㉢ 미치광이풀 중독 : Hyoscyamine, Atropine 등
㉣ 붓순나무 중독 : Shikimin, Shikmitoxin, Hananomin
㉤ 바꽃(부자)중독 : Aconitine, Mesaconitine 등
㉥ 목화씨(면실유) 중독 : Gossypol
㉦ 독보리(지네보리) 중독 : Alkaloid인 Temuline이다.

정답 05.①

06
[13년 전북]

HACCP의 주요 소관 부처는?
① 보건복지부
② 안전행정부
③ 농림축산식품부
④ 식품의약품안전처

해설
HACCP의 주관 부서는 식품의약품안전처이다.

KEYWORD
- HACCP

07
[13년 인천]

여름철에 발생하는 해수세균의 일종으로 사람에게 설사와 위장장해를 유발하는 병원체는 무엇인가?
① 장구균
② 병원성 대장균
③ 장염비브리오
④ 살모넬라균

해설
장염비브리오의 원인균인 Vibrio Parahemolyticus는 호염균으로 0.5~10%, 특히 3~5%의 식염에서 발육이 잘된다. 원인식품으로는 장염비브리오로 오염된 해수가 감염원이 되어서 어패류가 직접 오염되거나, 생선회나 초밥의 생식이 원인이 된다.

KEYWORD
- 세균성 식중독

08
[14년 경북보건진료]

음식물을 섭취하고 난 후 소화시키는 데 사용되는 대사량 중 단백질을 소화시키는 데 사용하는 것으로 식품섭취에 따른 대사항진은?
① 작업대사작용
② 기초에너지대사작용
③ 특이동적작용
④ 비교에너지대사작용

해설
㉠ 약칭 SDA. 식사섭취 후 대사가 항진되는 현상으로 단백질, 지방질, 당질 중에서는 단백질 섭취에 의한 영향이 가장 크고, 지방질 섭취에 의한 영향이 가장 작다.
㉡ 단백질은 약 30%, 지방은 약 13%, 탄수화물은 4~5%이고 혼합식의 SDA는 기초대사와 활동에 필요한 열량의 약 10%이다.

KEYWORD
- 대사작용

정답 06.④ 07.③ 08.③

09 미생물의 생육을 억제시킬 수 있는 식염농도와 당농도는 몇 %인가?
① 5%, 20%
② 10%, 20%
③ 10%, 50%
④ 20%, 70%

해설
㉠ 염장법 : 10% 이상
㉡ 건조, 탈수법 : 수분 15% 이하
㉢ 당장법 : 50% 이상
㉣ 산저장법 : 초산이나 젖산을 이용, pH 4.7 이하

KEYWORD
● 식품의 보존법-화학적 처리

(15년 경기보건)

10 장염비브리오 식중독에 대한 설명으로 가장 옳지 않은 것은?
① 잠복기는 짧으며 평균 3시간 정도이다.
② 예방은 식품의 가열과 수돗물에 의한 세정이 효과적이다.
③ 증상으로는 구토, 설사, 발열 등을 호소한다.
④ 균은 3%의 식염농도에서 잘 발생한다.

해설
장염비브리오
㉠ 원인균 : Vibrio Parahemolyticus(호염균)으로 3~4%의 식염농도에서 잘 자라는 중온균이며, 열에 약하다.
㉡ 바닷물 또는 덜 조리된 수산물(어패류, 생선)을 통해 발병하고, 주로 늦여름과 가을에 호발한다.
㉢ 콜레라균과 유사한 형태이며, 균의 분열시간이 10분 내로 짧다.
㉣ 증상 : 많은 양의 수양성설사(watery diarrhea), 미열, 복통, 구토, 발열(38~40℃의 고열)
㉤ 잠복기는 평균 10~18시간이다.
㉥ 예방 : 담수로 씻거나 가열 후 섭취한다.

KEYWORD
● 세균성식중독

(15년 전남경쟁력)

11 내분비 교란물질의 작용기전이 아닌 것은?
① 모방이론
② 봉쇄이론
③ 방아쇠이론
④ 수용체이론

KEYWORD
● 환경호르몬

정답 09.③ 10.① 11.④

해설

내분비계 장애물질의 작용기전

㉠ 호르몬 유사(mimics, 모방) 작용 : 내분비계 장애 물질이 정상호르몬인 것처럼 호르몬 수용체와 결합하여 세포반응을 일으키는 것으로 디에틸스틸베스트롤(DES)이나 식물성 에스트로겐 등이다.
㉡ 호르몬 봉쇄(blocking, 봉쇄) 작용 : 호르몬 수용체 결합부위를 봉쇄함으로써 정상호르몬이 수용체에 접근하는 것을 막아 내분비계가 기능을 발휘하지 못하도록 한다.
 – 합성에스트로겐 DES(Diethylstilbestrol), PCB(Polychlorinated Biphenyl), 비스페놀 A 등 DDE(DDT의 분해산물)의 경우 정소의 안드로겐 호르몬의 기능을 봉쇄한다.
㉢ 호르몬 촉발(trigger, 방아쇠) 작용 : 내분비계 교란물질이 수용체와 반응함으로써 정상적인 호르몬 작용에서는 나타나지 않는 생체 내에 해로운 대사 작용을 유발한다(암, 대사작용 이상, 다이옥신).
㉣ 간접영향작용 : 수용체와 결합하지 않고 간접적으로 호르몬의 합성, 저장, 배설, 분비, 이동 등에 작용하여 정상적인 내분비 기능을 방해하는 것이다.
– 성장호르몬, 갑상선호르몬의 기능 방해(납, 농약 등)

15년 경기보건

12 포름알데히드에 산성 아황산나트륨을 축합, 환원하여 만든 것으로 아황산의 표백작용 외에 상당량의 포름알데히드가 유리되어 나오기 때문에 유해식품첨가물로 지정된 물질의 이름은?

① 아우라민(Auramin)
② 롱가리트(Rongalite)
③ 시클라메이트(Cyclamate)
④ 둘신(Dulcin)

KEYWORD
● 화학물질에 의한 식중독

해설

롱가리트(Rongalite, 차아황산나트륨) : 물엿이나 연근 등의 표백에 사용되었는데 화학성 식중독을 일으키는 물질이다. 표백 작용 중에 발생된 포름알데히드가 유리되어 신장에 독성을 나타낸다.

오답해설

① 아우라민(Auramin) : 황색 염기성 색소로 과자, 면류, 단무지 등의 착색에 오용
③ 시클라메이트(Cyclamate)
 ㉠ 무색의 결정성 가루로 수용성이며 감미도는 설탕의 40~50배이며 열에 안정하다.
 ㉡ 청량감이 있고 거의 무독하다고 알려져 많이 사용하는 인공감미료 중 하나였으나, 발암성 때문에 사용이 금지되었다.
④ 둘신(Dulcin)
 ㉠ 폭발당, 설탕의 250배 감미를 가진다.
 ㉡ 청량음료, 과자류, 절임류 등에 많이 사용하였으나 독성 때문에 우리나라는 1966년 11월 사용이 금지되었다.
 ㉢ 소화효소를 억제하는 작용, 발암성, 독성이 있으며, 혈액독으로 간장장애, 신장장애, 중추신경장애를 유발한다.

정답 12.②

15년 서울 보건연구사

13 식중독에 대한 설명으로 옳은 것은?

① 독소형 식중독은 체내에서 증식된 식중독균 자체에 의해서 발생한다.
② 식중독 지수는 기온에 따라 식중독 발생가능성을 백분율로 수치화한 것이다.
③ 장염비브리오 식중독은 음식을 60℃ 이상 가열하여 먹어도 예방할 수 있다.
④ 살모넬라 식중독은 도축장의 위생관리를 철저히 하면 예방할 수 있다.

KEYWORD
식중독

해설

살모넬라 식중독(감염형 식중독)
㉠ 원인균 : Salmonella Enteritidis, S. typhimurium, S.chloraesuis 등이 대표적이며 감수성에 따라 다르지만 다량의 균(보통 106 이상의 균량)을 섭취하면 발병한다.
㉡ 감염경로
  ⓐ 인수공통 감염병
  ⓑ 닭, 돼지, 소 등이 식중독 균을 보유하고 있어 식육, 계란, 우유 등으로 옮겨 식중독을 일으킨다.
  ⓒ 쥐, 파리, 바퀴벌레 등의 해충이 매개하여 오염시키고 저장 조리 등의 과정에서 균이 증식한다.
㉢ 원인 식품 : 식육제품, 유제품, 달걀 등과 가공품, 어패류와 가공품, 도시락, 튀김 등
㉣ 잠복기 : 12~48시간(평균 20시간)으로 잠복기가 긴 편이다.
㉤ 임상증상 : 주증상은 고열을 동반한 급성위장염 증세
  ⓐ 전신권태, 두통, 식욕감소, 구역질, 구토, 복통, 설사 등의 일반적 증상
  ⓑ 발열은 38~40℃가 24~48시간 지속되고 때로는 40℃ 이상의 고열이 있으나 보통 4~5일 안에 회복된다.
  ⓒ 발병률 75% 정도로 다른 식중독에 비해 높으나 치명률은 0.3~1% 정도로 낮다.
㉥ 예방
  ⓐ 저온저장, 식품의 가열살균(60℃에서 20분간 가열)
  ⓑ 도축장의 위생관리
  ⓒ 방충, 방서시설, 해충의 구제(쥐, 파리, 바퀴)

오답해설

① 독소형 식중독은 세균 또는 바이러스가 만들어 낸 독소를 함유하는 식품을 섭취하여 발생한다.
② 식중독 지수는 음식물 부패 관련 미생물의 증식에 영향을 주는 온도를 기준으로 습도를 고려한 부패 가능성을 백분율로 표시한 것이다.
③ 장염비브리오 식중독은 음식을 60℃에서 15분 이상 가열하면 예방할 수 있다.

정답 13.④

14 〔15년 서울〕

식품위해요소중점관리기준(HACCP)에 대한 설명으로 옳지 않은 것은?

① 식품 생산과 소비의 모든 단계의 위해요소를 규명하고 이를 중점관리하기 위한 예방적 차원의 식품위생관리방식이다.
② 국내에 HACCP의 의무적용대상 식품군은 없다.
③ HACCP의 시스템이 효율적으로 가동되기 위해서는 GMP와 SSOP가 선행되어야 한다.
④ 1959년 미항공우주국(NASA)에서 안전한 우주식량을 만들기 위해 고안한 식품위생관리방법이다.

KEYWORD
• HACCP

해설

HACCP의 의무적용 품목(식품위생법 시행규칙 62조)
㉠ 수산가공식품류의 어육가공품류 중 어묵·어육소시지
㉡ 기타수산물가공품 중 냉동 어류·연체류·조미가공품
㉢ 냉동식품 중 피자류·만두류·면류
㉣ 과자류, 빵류 또는 떡류 중 과자·캔디류·빵류·떡류
㉤ 빙과류 중 빙과
㉥ 음료류[다류(茶類) 및 커피류는 제외한다]
㉦ 레토르트식품
㉧ 절임류 또는 조림류의 김치류 중 김치(배추를 주원료로 하여 절임, 양념혼합과정 등을 거쳐 이를 발효시킨 것이거나 발효시키지 아니한 것 또는 이를 가공한 것에 한한다)
㉨ 코코아가공품 또는 초콜릿류 중 초콜릿류
㉩ 면류 중 유탕면 또는 곡분, 전분, 전분질원료 등을 주원료로 반죽하여 손이나 기계 따위로 면을 뽑아내거나 자른 국수로서 생면·숙면·건면
㉪ 특수용도식품
㉫ 즉석섭취·편의식품류 중 즉석섭취식품
• 즉석섭취·편의식품류의 즉석조리식품 중 순대
㉬ 식품제조·가공업의 영업소 중 전년도 총 매출액이 100억 원 이상인 영업소에서 제조·가공하는 식품

보충학습

㉠ HACCP의 정의 : 식품의 원료 및 재료 단계부터 제조, 가공, 보존, 유통, 조리를 거쳐 최종 소비자가 섭취하기 전까지의 각 단계에서 발생할 수 있는 위해요소를 규명하고, 이를 중점적으로 관리하기 위한 중요 관리점을 결정하여 자율적, 체계적, 효율적인 관리로 식품의 안전성을 확보하기 위한 위생관리체계이다.
㉡ HACCP의 개발과정
ⓐ HACCP제도의 개발은 1959년 미국우주계획에 참여한 식품제조회사가 우주식품의 안전성을 확보하기 위하여 시작되었으며, 국제식품규격(CODEX)은 각국에 이를 적용할 것을 권고하였다.

정답 14.②

ⓑ 우리나라도 1995년 식품위생법에 HACCP제도의 근거조항을 신설해 이를 적용하고 있다.
ⓒ 식품의 안전성을 과학적으로 확보하기 위하여 식품위생법은 HACCP을 적용한 '식품이력추적관리제도'를 채택하고 있다. 이 제도는 식품의 생산, 제조, 가공단계에서부터 판매단계까지 각 단계별로 식품에 관한 정보를 기록하고 관리하여 식품의 안전성에 문제가 발생할 경우 해당 식품을 추적하여 원인규명 및 필요한 조치를 취할 수 있도록 하는 예방적 위생관리제도이다.

15 〔17년 서울〕

질소를 함유한 유기화합물이 미생물 작용으로 분해되어 유해한 물질을 만들어내는 현상은?

① 발효
② 갈변
③ 변패
④ 부패

KEYWORD
식품의 변질

해설
부패 : 미생물의 작용으로 단백질이 분해되어 아민류 등의 유해물질이 생성되고 암모니아, 악취 등이 발생하는 현상

오답해설
① 발효 : 탄수화물이 산소가 없는 상태에서 미생물의 작용을 받아 분해되는 현상으로 유기산이나 알코올 등을 생성하는 현상
② 갈변 : 식품의 저장, 가공, 조리과정에서 식품이 갈색으로 변하는 현상으로 효소가 관여하는 경우(효소적 갈변)와 효소가 전혀 관여하지 않는 경우(비효소적 갈변)가 있다
③ 변패 : 당질이나 지방이 미생물에 의해 변화되고 풍미가 나쁘게 되어 식용으로 부적절하게 되는 현상

16 〔17년 서울〕

다음에서 설명하는 식중독은?

- 잠복기가 짧은 것이 특징이고 식후 평균 3시간 정도에 발병하며 타액분비 증가, 오심, 설사, 구토, 복통 증상을 일으킨다.
- 일반적으로 경과가 짧아 1~2일 내에 치유가 되며 예후가 좋아서 사망이 거의 없고 발열은 38℃ 이하이다.

① 살모넬라 식중독
② 황색포도상구균 식중독
③ 장염비브리오 식중독
④ 병원성 대장균 식중독

KEYWORD
독소형 식중독

정답 15.④ 16.②

해설

포도상구균식중독(세균성 식중독-독소형)
㉠ 식중독에서 가장 발생률이 많은 독소형 식중독으로서 원인균은 장독소를 생산하는 황색포도상구균이다.
㉡ 장독소는 내열성이 큰 외독소로 100℃에서 30분간 끓여도 파괴되지 않으므로 보통 조리법으로는 독소를 파괴시킬 수 없지만 균체는 80℃에서 30분 내에 사멸한다. 완전 파괴는 210℃에서 30분간 가열이 필요하다.
㉢ 감염경로 : 화농성염증에 의한 식품오염
㉣ 원인 식품 : 김밥, 떡, 도시락, 빵, 우유, 버터, 치즈, 크림 등
㉤ 잠복기 : 1~6시간(평균 3시간)으로 매우 짧다.
㉥ 증상 : 급성위장염으로 타액분비 증가, 오심, 구토, 복통, 설사와 발열(38℃ 정도)을 일으킨다.
㉦ 황색포도상구균 감염은 항생제 치료 및 손상된 조직 치료 등을 받으면서 특별한 경우를 제외하고 경미한 감염 및 식중독의 경우는 일반적으로 2일 정도에 회복된다.

보충학습

① 살모넬라 식중독 : 고열, 잠복기 12~48시간(평균 20시간)
③ 장염비브리오 식중독 : 잠복기 8~24시간(평균 12시간), 급성위장염(복통, 설사, 구토 등)
④ 병원성 대장균 식중독 : 잠복기 2~8일(평균 3~4일), 장출혈성대장균 감염 증상(수양성 설사, 혈성설사, 복통, 출혈성 장염 등)

---

17 [17년 서울지방직]

다음 〈보기〉에서 설명하는 수인성 감염질환으로 가장 옳은 것은?

> 가. 적은 수의 세균으로 감염이 가능하여 음식 내 증식과정 없이 집단발병이 가능하다.
> 나. 최근 HACCP(위해요소중점관리기준) 도입 등 급식위생 개선으로 감소하고 있다.

① 콜레라
② 장티푸스
③ 세균성 이질
④ 장출혈성대장균감염증

해설

세균성 이질
㉠ 사람이 병원소로 시겔라(Shigella) 균이 일으키는 2급 감염병이다. 환자 또는 보균자가 배출한 대변을 통해 나온 시겔라균을 입으로 삼켰을 때 감염된다.
㉡ 매우 적은 양(10~100개)의 세균도 감염을 일으키므로 배변 후 손톱 밑이나 손을 깨끗이 씻지 않고 음식을 오염시켜 간접적으로 전파하거나, 직접적인 신체적 접촉에 의해 다른 사람에게 전파시키기도 한다.

17.③

18 17년 서울

식품의 변질 방지를 위하여 사용하는 저장법 중 가열법과 가장 거리가 먼 것은?

① 훈연법
② 저온살균법
③ 고온단시간 살균법
④ 초고온법

해설

훈연법
㉠ 주로 육류, 어류의 보존법(햄, 베이컨)
㉡ 연기에 함유된 크실렌, 페놀메틸레이트, 포름알데히드, 식초산, 아세톤, 메틸알코올, 개미산 등에 의해 살균 및 건조가 일어나 식품의 저장성과 풍미 향상
㉢ 수지가 적고 단단한 벚나무, 참나무 등 목재, 왕겨를 사용한다.

보충학습

가열법: 음식물 중의 미생물을 사멸시킴으로써 보존하는 방법이지만, 식품 중의 효소를 파괴하여 자기소화작용을 저지하여 변질을 막는 방법이기도 하다. 일반적으로 포자를 형성하지 않는 미생물은 80℃에서 30분이면 사멸되나 완전멸균(아포형성균)을 위해서는 120℃에서 20분 정도가 좋다. 그러나 음식물의 종류에 따라서 가열처리로 음식물 고유의 향미, 비타민, 영양가 등을 손상시킬 수 있으므로 주의가 필요하다.

㉠ 저온살균법
 ⓐ 62(62.5)~65℃에서 30분간 가열 후 급속냉동시킨다.
 ⓑ 식품의 영양가 손실을 막고 단백질의 변성을 예방한다.
㉡ 고온단시간(순간)살균법: 70~75℃에서 15초간 가열 후 급속냉동시킨다.
㉢ 초고온순간살균법: 130~140℃에서 2~3초간 가열 후 급속냉동시킨다.
㉣ 초음파가열살균법: 100~200만 cycle 초음파를 이용하여 균체를 파괴함으로써 식품의 비타민 파괴를 막고 식품의 변색을 저하시킨다.

KEYWORD
식품의 보존법

---

19 18년 서울경력 환경위생학

식품의 물리적 보존법과 보존 조치에 대한 설명으로 가장 옳은 것은?

① 자외선 살균법: 살균작용의 유효파장은 280~320nm
② 가열법: 아포성균의 경우 80℃에서 30분 이상 가열
③ 건조법: 미생물의 증식 억제를 위해 수분농도를 15% 이하로 건조
④ 냉동법: 식품의 동결 보존 온도는 4℃ 이하로 보존

해설

① 자외선 살균법: 살균작용의 유효파장은 260nm
② 가열법: 아포성균의 경우 121℃에서 20분(완전멸균)
④ 냉동법: 식품의 동결 보존 온도는 -18℃ 이하로 보존

KEYWORD
식품의 저장법

정답 18.① 19.③

20
기름의 열화현상이며 가수분해형, 케톤형, 산화형 등으로 나눌 수 있는 식품의 변질형태는 무엇인가?

① 산패
② 변패
③ 발효
④ 숙성

해설

산패는 유지를 공기 속에 오래 방치해 두었을 때 공기 중의 산소, 습기, 열, 햇빛, 세균, 효소 등의 작용에 의해 산성이 되어 불쾌한 냄새가 나고 맛이 나빠지거나 빛깔이 변하는 현상이다. 가수분해형, 케톤형, 산화형 등으로 나눌 수 있으며, 식품의 변질에 영향이 크다. 차고 어두운 곳에 보관하여 방지할 수 있다.

오답해설

② 변패 : 당질이나 지방이 미생물에 의해 변화되고 풍미가 나쁘게 되어 식용으로 부적절하게 되는 현상
③ 발효 : 식품이 미생물의 작용으로 분해되어 유기산, 알코올 등 각종 유용한 물질이 생성되는 현상
④ 숙성 : 식품의 단백질, 지방, 탄수화물 따위가 효소, 미생물, 염류 따위의 작용으로 알맞게 분해되어 특유한 맛과 향기를 갖게 만드는 것으로 발효 식품(청주, 맥주, 포도주, 된장, 간장, 식초, 치즈 따위)은 그 제조 과정에서 시간, 온도, 습도 따위를 조절하여 특수한 향기와 조직을 가지도록 숙성시킨다.

KEYWORD
식품의 변질

21
[18년 경기의료기술 8급]

다음에서 설명하는 식중독으로 옳은 것은?

- 다른 감염성 식중독에 비해 발생건수는 적지만 대규모 환자발생을 보인다.
- 5세 이하의 영유아뿐만 아니라 성인에서도 감염되어 위장관염 증세를 유발한다.
- 저온에 강하며 소량의 병원체만 있어도 전파력이 매우 높다.

① 장염비브리오
② 노로바이러스
③ 포도상구균
④ 병원성대장균

해설

노로바이러스 감염증

㉠ 노로바이러스에 의한 유행성 바이러스성 위장염이다. 노로바이러스는 나이와 관계없이 감염될 수 있으며 기온이 낮을수록 활발하게 활동한다.
㉡ 감염자의 대변 또는 구토물에 의해서 음식이나 물이 노로바이러스에 오염될 수 있고, 감염자가 접촉한 물건의 표면에서 바이러스가 발견될 수 있다.
㉢ 소량의 바이러스만 있어도 쉽게 감염될 수 있을 정도로 전염성이 높으며, 전염성은 증상이 발현되는 시기에 가장 강하고 회복 후 3일에서 길게는 2주까지 전염성이 유지된다.

KEYWORD
바이러스성 식중독

정답 20.① 21.②

22 〔19년 전북의료기술〕

식품위생관리기준에 대한 내용으로 옳지 않은 것은?
① 식품을 제조, 가공단계부터 판매단계까지 각 단계별로 정보를 기록하고 관리한다.
② 식품위생관리의 과학성 확립
③ 식품의 위해요소 해방
④ 중요 관리점을 결정하여 관리

해설
㉠ 식품이력추적관리 : 식품을 제조, 가공단계부터 판매단계까지 각 단계별로 정보를 기록하고 관리하는 것
㉡ HACCP : 식품의 원료 및 재료 단계부터 제조가공보존유통조리를 거쳐 소비자가 섭취 전까지의 위해요소를 규명하고 이를 중점적으로 관리하는 것

KEYWORD
식품이력추적관리

23 〔18년 경기의료〕

다음 식품첨가제 중 짝이 옳지 않은 것은?
① 보존료 - 소르빈산, 디하이드로초산
② 감미료 - 아스파탐
③ 산화방지제 - BHT, 프로피온산나트륨
④ 살균제 - 표백분, 차아염소산나트륨

해설
프로피온산나트륨은 보존료(방부제)이다.

KEYWORD
식품첨가물의 종류

보충학습

보존료(방부제)의 종류

데히드로초산 및 데히드로초산 나트륨	치즈, 버터, 마가린 외 사용 금지
소르빈산(Sorbic acid) 소르빈산칼륨(Potassium sorbate) 소르브산칼슘(Calcium sorbate)	치즈, 식육가공품, 젓갈류, 된장, 고추장 등
안식향산(Benzoic acid) 안식향산나트륨(Sodium benzoic acid) 안식향산칼륨(Potassium benzoate) 안식향산칼슘(Calcium benzoate)	과일, 채소음료, 발효음료, 잼류 등
파라옥시안식향산에스테르류	캡슐류, 과일, 채소음료, 간장, 식초, 소스류
프로피온산, 프로피온산나트륨, 프로피온산칼슘	빵, 케이크류, 치즈, 잼류

정답 22.① 23.③

24 [18년 경기의료기술]

식품의 보존법에 대한 설명으로 옳은 것은?
① 냉장법은 식품을 0~15℃로 보존하는 방법이다.
② 자외선살균법은 2,500~2,700Å의 유효파장으로 살균하는 방법이다.
③ 가열법은 120℃에서 20분간 가열하는 방법이다.
④ 건조법은 수분함유량을 20% 이하로 낮추는 방법이다.

해설

자외선 살균램프는 UV-C(단파)의 자외선 중에서 가장 살균력이 강한 253.7nm의 자외선이 풍부하게 발생하는 램프로 세균, 곰팡이, 바이러스 등의 대부분 세균에 효과적이다.

오답해설

① 냉장법은 0~10℃ 사이의 저장을 말하며, 냉동은 0℃ 이하의 저장을 말한다.
③ 가열법
  ㉠ 저온살균 : 62.5~65℃에서 20~25분간 가열
  ㉡ 고온단시간 살균법 : 70~75℃에서 15초간 살균
  ㉢ 초고온법 : 130~150℃에서 2~3초간 살균
  ㉣ 초음파가열살균법 : 100~200만 cycle 초음파를 이용하여 균체를 파괴함
④ 건조법
  ㉠ 수분함유량을 15% 이하로 낮추어 미생물의 생육 저지 Aw(0.6↓)
  ㉡ 미생물이 번식하는 데 적당한 습도를 제거함으로써 미생물의 번식을 억제한다.

KEYWORD
● 식품의 보존법

25 [18년 경기의료기술]

다음에서 설명하는 것은?

- 포자를 형성하지 않는 결핵균, 살모넬라 살균에 이용한다.
- 아이스크림, 우유, 과일건조, 포도주를 살균하는 데 이용한다.

① 고압증기멸균 ② 초고온순간살균법
③ 저온살균법   ④ 유통증기멸균법

해설

저온살균법
㉠ 프랑스 세균면역학자 파스퇴르가 고안한 것이다.
㉡ 63℃에서 30분 또는 75℃에서 15~30분간 소독하는 방법이다.
㉢ 아포를 형성하지 않는 결핵균, 살모넬라균, 소유산균(Brucella abortus) 등의 멸균을 위해서 사용되는 방법이다.
㉣ 아이스크림 원료는 80℃에서 30분간, 건조과일은 72℃에서 30분, 포도주 55℃에서 10분, 우유는 63~65℃로 30분 동안 습도와 열을 가하면 결핵균, 콜레라균, 연쇄상구균 등의 유해한 균들이 사멸된다.

KEYWORD
● 식품의 물리적 보존법

정답 24.② 25.③

오답해설

① 고압증기멸균 : 병원에서 가장 많이 이용하고 있는 확실한 멸균법. 고압증기 멸균장치(autoclave)를 사용한다. 멸균대상물에 따라 적절한 온도와 압력을 설정하여 가열한 포화수증기로 효소와 조직 단백질의 비가역적인 응고작용과 변성으로 미생물을 사멸시킨다.
② 초고온순간살균법 : 저온 살균보다 높은 온도에서 짧은 시간 가열하여 미생물을 죽임. 우유나 액체, 달걀의 살균에 쓴다. 영양 성질에는 크게 영향을 주지 않으면서 제품의 저장성을 높이기 위한 것이다.
④ 유통증기멸균법 : 뚜껑 달린 용기의 밑바닥에 물을 넣어 비등시킨 증기로 살균하는 방법. 이 방법은 밀폐용기가 아니기 때문에 그릇 내 압력은 대기압과 같이 1기압이 되어 유통증기소독이라고 한다. 100℃ 이상의 온도는 바랄 수 없지만, 영양형세균 등에 효과가 있다. 아포의 불활성화에는 100℃에서 30분씩 3일간 연속하여 가열하는 방법인 간헐멸균법이 있다.

---

26 [18년 경기의료기술]

세계보건기구의 식품위생 정의에 포함되지 않는 것은?

① 자연성 ② 안전성
③ 건전성 ④ 완전무결성

KEYWORD
식품위생의 정의

해설
㉠ 식품 : 모든 음식물(의약으로 섭취하는 것은 제외)을 말한다.
㉡ 식품위생의 정의
　ⓐ WHO, 환경위생전문위원회 : 식품의 재배, 생산, 제조, 유통, 소비까지의 모든 단계에 걸친 식품의 안전성, 건전성, 완전무결성을 확보하기 위해 필요한 모든 수단을 말한다.
　ⓑ 식품위생법 : 식품, 식품 첨가물, 기구 또는 용기, 포장을 대상으로 하는 음식에 관한 위생을 말한다.

---

27 [19년 경북경력 연구사]

병원성 대장균 O157균주가 생성하는 독소로 옳은 것은?

① Saxitoxin ② Neurotoxin
③ Verotoxin ④ Enterotoxin

KEYWORD
세균성 식중독

해설
병원성 대장균 O157
㉠ 장관출혈대장균(EHEC)의 대표적인 균종이다.
㉡ 이질균이 생산하는 쉬가독소(Shigalike Toxin, Verotoxin)를 생산하여 발병한다 (식품 내에서는 생성되지 않고 장관 내에서 생산됨).

정답 26.① 27.③

오답해설
① Saxitoxin : 섭조개
② Neurotoxin : 보툴리눔
④ Enterotoxin : 황색포도상구균

19년 경기의료 8급

28. 포도상구균 식중독에 대한 설명으로 옳지 않은 것은?

① 독소는 내열성이 강하다.
② 신경독소에 의한 식중독이다.
③ 잠복기는 평균 3시간 정도이다.
④ 증상은 심한 구역질과 복통, 설사 등의 위장염 증세를 나타낸다.

KEYWORD
• 세균성 식중독

해설
포도상구균식중독의 독소는 장독소이며, 잠복기는 1~6시간(평균 3시간)이며 주증상은 급성위장염(구역, 구토, 복통, 설사)이다.

보충학습

보툴리누스 식중독
㉠ 원인균 : Clostridium Botulinus, 편성혐기성간균
㉡ 독소 : Neurotoxin(신경독소)로 열에 약하여 80℃에서 30분간 가열하면 사멸된다. 분자량은 35~90만 정도의 단순단백질이다.
㉢ 감염경로 : 토양, 바다, 하천, 연못의 바닥 등에 널리 분포하여 농작물, 어패류, 육류 등의 식품재로 오염되기 쉽다. 특히 병조림, 통조림, 소시지 등은 내부가 혐기성이므로 균이 쉽게 발아 증식한다.
㉣ 원인식품 : 야채, 육류 및 육제품, 과일, 조육(오리, 칠면조 등), 생선훈제품, 유제품 등
㉤ 잠복기 : 12~36시간, 짧게는 2~4시간 늦으면 2~3일로 증상이 빨리 나타날수록 중증이다.
㉥ 임상증상
  ⓐ 전구증상으로는 식욕부진, 오심, 구토, 설사, 복통이 있다.
  ⓑ 뇌신경마비로 시작되는 대칭적이며 신체의 하부로 진행되는 이완성 신경마비가 특징적이다.
  ⓒ 복시, 시야 흐림, 시력 저하, 타액 분비 저하, 안검하수, 발음장애, 연하곤란, 호흡근의 마비로 인한 호흡장애 등의 증상이 나타난다.
  ⓓ 조기에 치료하지 않으면 치명률 50%, 항혈청과 호흡보조기구의 발달로 10% 정도로 감소하였다.
㉦ 예방
  ⓐ 분변의 오염 방지
  ⓑ 병조림, 통조림 제조 시 충분히 살균한다.
  ⓒ 열에 약하므로 섭취 전에 충분히 가열한다.

정답 28.②

29 [19년 경기경력 연구사]

먹이사슬에 따라서 생체농축이 되지 않는 것으로 알려진 화학물질은?
① 수은
② 유기인
③ PCB(Polychlorinated biphenyls)
④ DDT(dichloro-diphenyl-trichloroethane)

KEYWORD
잔류성 오염물질

30 [20년 보건연구사]

세균성 식중독의 원인균이 아닌 것은?
① Aspergillus flavus
② Staphylococcus aureus
③ Bacillus cereus
④ Campylobacter coli

[해설]
Aspergillus flavus는 곰팡이(자연독) 식중독이다.

KEYWORD
세균성 식중독

31 [20년 전남 공중보건]

식품의 물리적 보존방법으로 옳지 않은 것은?
① 절임법
② 가열법
③ 건조법
④ 자외선 및 방사선 이용법

[해설]
절임법은 화학적 보존법이다.

KEYWORD
식품의 보존법

 보충학습

식품의 보관 방법

물리적 보존법	가열법, 냉장법(0~10℃), 냉동법(0℃ 이하), 건조법(탈수법, 수분 15% 이하), 밀봉법(호기성 세균 억제), 움저장법, 자외선 및 방사선 이용법
물리·화학적 보존법	훈연법, 가스저장법(CO_2, N_2 가스 이용)
화학적 보존법	염장법(소금), 당장법(설탕), 산저장법(절임법, 초산, 젖산 이용), 보존료 첨가, 천연물(마늘, 고추, 겨자, 클로브, 로즈마리 등)의 이용

정답 29.② 30.① 31.①

32. 식품위생법상 식품위생 대상으로 옳지 않은 것은?
(20년 의료기술 9급)

① 기구 ② 포장
③ 영양 ④ 식품첨가물

해설

식품위생(식품위생법 제2조 정의) : 식품, 식품첨가물, 기구 또는 용기·포장을 대상으로 하는 음식에 관한 위생을 말한다.

33. 급식시설에서 식품이나 식품용기를 소독할 때 사용할 수 있는 무미, 무해한 소독제로 옳은 것은?
(20년 경기경력)

① 석탄산 ② 알코올
③ 크레졸 ④ 역성비누

해설

역성비누
㉠ 손이나 피부소독에 0.01~0.1% 용액을 사용한다.
㉡ 조리기구, 식기류, 손의 소독, 점막이나 의료기구 및 실내의 분무소독에 사용한다.
㉢ 특성
 ⓐ 무미, 무색, 무해이므로 식품소독에 사용한다.
 ⓑ 살균력이 강하고(석탄산의 200~600배) 비용이 저렴하다.
 ⓒ 물과 알코올에 잘 녹고 표면활성 때문에 침투력이 강하다.
 ⓓ 살균력이 지속되므로 수지 등의 소독에 이용된다.
 ⓔ 약산성, 양이온 계면활성제, 세정력은 없다.

오답해설

① 석탄산
 ㉠ 3~5% 수용액을 사용한다.
 ㉡ 무아포균에 대해서는 1분 이내에 사멸시키지만 아포나 바이러스는 강하게 저항한다. 의류, 실험대, 용기, 기차, 선박, 객담, 오물, 토사물, 배설물 등의 소독 시 사용한다.
 ㉢ 살균력이 비교적 안정적이고 유기물에도 소독력이 약화되지 않는 장점이 있지만 취기와 독성이 강하고 피부점막에 자극성과 마비성이 있으며, 금속을 부식시킨다.
 ㉣ 살균기전 : 세균단백 응고작용, 세포용해 작용, 효소계의 침투작용
② 알코올
 ㉠ 70% 수용액에서 에틸알코올이 살균력이 강하며, 75% 메틸알코올은 피부나 기구소독에 사용한다.
 ㉡ 눈, 비강, 구강, 음부 등의 점막에는 사용하지 않는 것이 좋다.
 ㉢ 아포형성균에는 효과가 없으며 무포자균에 유효하다.
 ㉣ 메틸 혹은 에틸알코올이 사용되는데 유기물이 존재하면 소독력이 떨어진다.

정답 32.③ 33.④

③ 크레졸
　㉠ 바이러스에는 소독력이 약하나 세균에는 효과가 크며, 피부자극이 없고 유기물이 있어도 소독력이 약화되지 않으나 냄새가 강하다.
　㉡ 크레졸 비누액 3%는 손, 배설물, 화장실 등의 소독에 사용한다.
　㉢ 난용성으로 독성이 약하지만 살균력은 석탄산의 2배 정도이다.

34 식중독의 잠복기간으로 틀린 것은?
① 장염비브리오 : 48시간
② 살모넬라 : 12~72시간
③ 황색포도상구균 : 1~6시간
④ 노로바이러스 : 24~48시간

[해설]
식중독의 잠복기간

장염비브리오	• 8~24시간(평균 12시간) • 최대 발병시점 : 15~20시간 • 예방의학 : 섭취 후 24시간 이내
살모넬라	• 12~48시간(평균 20시간) • 예방의학 : 12~72시간
포도상구균	• 원인균 : 황색포도상구균(Staphylococcus aureus) • 1~6시간(평균 3시간)
노로바이러스	10~50시간(평균 24~48시간)

KEYWORD
● 식중독

35 다음 중 음식물을 매개체로 전파되는 감염병이 아닌 것은?
① 이질
② 장티푸스
③ 결핵
④ 광견병

KEYWORD
● 경구감염병

[해설]
④ 광견병 바이러스를 가지고 있는 동물에 사람이 물렸을 때 발생하는 급성 뇌척수염이다.

보충학습
① 이질
　㉠ 세균성이질 : 병원체에 오염된 식품과 음료수를 섭취할 때 감염된다. 집파리가 전파에 관련되는 경우도 있다.
　㉡ 아메바성이질 : 환자의 분변에 오염된 식수나 음식물, 채소, 파리 등에 의하여 전파된다. 포낭을 가진 대변에 오염된 상수를 마실 때 집단발생, 포낭이 없는 영양형 아메바는 매우 허약하여 다른 사람에게 전파위험이 적다.
② 장티푸스 : 환자나 보균자의 분변을 직접 혹은 간접(파리)적으로 접촉할 때 감염된다.
③ 결핵
　㉠ 결핵균에 오염된 우유로 감염된다.
　㉡ 인형결핵균인 것은 Mycobacterium Tuberculosis이다.
　㉢ 우형결핵균(M. Bovis)이 사람에 감염될 수 있는 매개경로는 우유이다.

정답 34.① 35.④

36. 인수공통감염병 중 바이러스성이 아닌 것은?

① 조류인플루엔자　　② 브루셀라
③ 야토병　　　　　　④ SARS

해설

야토병은 세균성 질병에 해당한다.

보충학습

인수공통감염병의 분류

세균성 질병	탄저병, 돼지단독, 결핵, 야토병, 브루셀라(파상열), 장출혈성대장균감염증 등
바이러스성 질병	일본뇌염, 광견병(공수병), 동물(조류)인플루엔자 인체감염증, 중증급성호흡기증후군(SARS), 앵무병, New castle 병 등
리케치아 질병	Q열 등
원충성 질병	Toxoplasma 병 등
Prion(단백 일종)	변종 크로이츠펠트-야콥병(vCJD)

37. 어패류를 통해 감염되는 기생충이 아닌 것은?

① 폐흡충　　　　　　② 회충
③ 요코가와흡충　　　④ 유구악구충

해설

회충의 감염경로는 야채류이다.

보충학습

기생충 감염경로

야채	회충, 요충, 구충(십이지장충, 아메리카구충), 편충, 동양모양선충
어패류	간디스토마(간흡충), 폐디스토마(폐흡충), 광절열두조충, 아니사키스(고래회충), 요코가와흡충, 유구악구충
수육	유구조충(갈고리촌충), 무구조충(민촌충), 선모충

정답　36.③　37.②

38. 폐디스토마의 중간숙주는?

① 돼지고기
② 쇠고기
③ 왜우렁이, 모래무지
④ 다슬기, 가재

해설
① 돼지고기 : 유구조충의 중간숙주
② 쇠고기 : 무구조충의 중간숙주
③ 왜우렁이 : 간디스토마 제1중간숙주, 모래무지 : 간디스토마 제2중간숙주

KEYWORD 기생충 감염

---

39. [20년 충북보건] 내분비계장애물질에 속하지 않는 것은?

① PCB
② THM
③ Hg
④ Bisphenol-A

KEYWORD 환경호르몬

해설

THM	상수의 정수과정 중 염소 소독 시 생성되는 발암성 물질 THMs은 유기할로겐 화합물이다. 이는 메탄의 유도체로서 수소원자 4개 중 3개가 염소(Cl), 브롬(Br), 또는 요오드(I)로 치환되어 있다. • $CHCl_3$ • $CHBrCl_2$ • $CHBr_2Cl$ • $CHBr_3$ • $CHCl_2I$	
내분비계 장애물질, EDCs	세계생태 보전기금 (WWF)의 분류	• 합성에스트로겐 DES(Diethylstilbestrol) • PCB(polychlorinated Biphenyl, 염소화합물) • 비스페놀 A • 다이옥신류 등 유기염소물질 6종 • DDT 등 농약류 44종 • 펜타-노닐페놀 • 디에틸헥실프탈레이트 등 프탈레이트 8종 • 스틸렌다이머, 트리머 • 벤조피렌 • 중금속 3종(수은 등)
	생활용품	• 음료 캔, 플라스틱 용기, 병마개, 수도관의 내장 코팅제, 치과에서 사용되는 코팅제(비스페놀 A) • 합성세제 : 알킬페놀 • 컵라면 : 스틸렌 다이머, 트리머 • 폐건전지 : 수은 • 전기용품, 접착제, 장난감, 페인트 의약품, 아교, 프린트 잉크, 건축 용품, 코팅제 • 화장품, 식품첨가물 : 파라벤

정답 38.④ 39.②

40 다음 설명 중 틀린 것은?

① 세균성 식중독은 소화기계 감염병에 비해 발병력이 약하기 때문에 다량의 균이 있거나 독소량이 많을 때 발병한다.
② 장염비브리오 식중독은 감염형 식중독이며 원인균은 호염균으로 바닷물에서 활발하게 증식한다.
③ 보툴리누스 식중독은 보툴리누스균의 독소인 신경독소가 원인이 되어 경직성 신경마비가 특징적이다.
④ 보존료는 미생물의 증식에 의해 일어나는 식품의 부패나 변질을 방지하고, 식품의 신선도를 보존하여 영양가의 손실을 방지하는 데 사용하는 물질이다.
⑤ 식품첨가물은 식품의 제조, 가공에 필수불가결한 것이어야 하며 식품의 상품가치를 향상시켜야 한다.

해설
보툴리누스 식중독은 보툴리누스균의 독소인 신경독소가 원인이 되어 이완성 신경마비가 특징적이다.

KEYWORD
식중독, 식품첨가물

[22년 해양경찰 일반직]

41 다음 중 알코올에 대한 설명으로 가장 옳지 않은 것은?

① 아포형성균에 대한 살균 효과가 뛰어나다.
② 에틸알코올 70% 수용액에서 살균력이 강하다.
③ 에틸알코올, 메틸알코올 수용액이 화학적 소독제로 활용된다.
④ 눈, 비강, 구강, 음부 등에는 사용하지 않는 것이 좋다.

해설
알코올
① 70% 수용액에서 에틸알콜이 살균력이 강하며, 75% 메틸알콜은 피부나 기구소독에 사용한다.
② 눈, 비강, 구강, 음부 등의 점막에는 사용하지 않는 것이 좋다.
③ 아포형성균에는 효과가 없으며 무포자균에 유효하다.
④ 메틸 혹은 에틸 알콜이 사용되는데 유기물이 존재하면 소독력이 떨어진다.

KEYWORD
소독제

정답 40.③ 41.①

42

[22년 해양경찰 일반직]

다음 중 잔류성 유기오염물질(POPs)에 대한 설명으로 가장 옳지 않은 것은?

① 일반적으로 할로겐족 유기물질로 DDT, PCBs 등이 여기에 포함된다.
② 높은 수용성으로 살아 있는 생물의 지방에 많이 농축하며 먹이사슬을 통하여 그 오염수준이 농축될 수 있다.
③ 환경 중에서 쉽게 분해되지 않는다.
④ 미량의 농도에서도 야생동물 및 인간에게 해를 끼칠 수 있다.

KEYWORD
환경호르몬

해설

잔류성(지속성) 유기오염물질(POPs, Persistent Organic Pollutant)
① 잔류성 유기오염물질은 자연환경 내에서 쉽게 분해되지 않는 유기화합물로 환경 중에 오랜 기간 잔류하면서, 대기나 물, 동물 등을 통해 국경을 넘어 장거리 이동하여 물질이 생성된 곳으로부터 멀리 떨어진 곳의 육상 및 수서 환경에 침적될 수 있다.
② 잔류성 유기오염물질은 낮은 수용성과 높은 지용성 때문에 체내에서 분해되지 않아 동물과 사람의 지방조직에 축적될 뿐만 아니라, 생태계의 먹이사슬을 통한 생물농축 과정을 거쳐 상위 단계 포식자(동물, 사람)에게서 높은 농도로 존재하고, 이로 인해 인류 건강과 자연환경에 심각한 영향을 미칠 수 있다.
③ 잔류성 유기오염물질은 대부분 산업 생산 공정과 폐기물의 저온 소각과정에서 발생한다.
④ 잔류성 유기오염물질은 중추신경계 손상, 암, 선천성 기형, 면역 및 생식 체계의 교란, 질병 민감도 증가, 지능 감소 등 여러 가지 건강 문제를 유발할 수 있으며, 태반이나 모유 수유를 통해 모체로부터 다음 세대에게까지 전달되는 것으로도 알려져 있다.
⑤ 주요물질 : DDT, 알드린(Aldrin) 등의 농약류와 PCB, 헥사클로로벤젠 등의 산업용 화학물질, 다이옥신, 퓨란 등이 있다.

43

[22년 해양경찰 일반직]

봄나들이를 가서 김밥을 먹은 후 3시간 정도 지나서 오심과 구토 증상이 나타나며 얼굴이 창백해진다면 의심이 되는 식중독으로 가장 옳은 것은?

① 보툴리누스 식중독
② 포도상구균 식중독
③ 살모넬라 식중독
④ 장염비브리오 식중독

KEYWORD
독소형 식중독

정답 42.② 43.②

해설

포도상구균 식중독(세균성 식중독-독소형)
㉠ 식중독에서 가장 발생률이 많은 독소형 식중독으로서 원인균은 장독소를 생산하는 황색포도상구균이다.
㉡ 장독소는 내열성이 큰 외독소로 100℃에서 30분간 끓여도 파괴되지 않으므로 보통 조리법으로는 독소를 파괴시킬 수 없지만 균체는 80℃에서 30분 내에 사멸한다. 완전 파괴는 210℃에서 30분간 가열이 필요하다.
㉢ 감염경로 : 화농성염증에 의한 식품오염
㉣ 원인식품 : 김밥, 떡, 도시락, 빵, 우유, 버터, 치즈, 크림 등
㉤ 잠복기 : 1~6시간(평균 3시간)으로 매우 짧다.
㉥ 증상 : 급성위장염으로 타액분비 증가, 오심, 구토, 복통, 설사와 발열(38℃ 정도)을 일으킨다.
㉦ 황색포도상구균 감염은 항생제 치료 및 손상된 조직 치료 등을 받으면서 특별한 경우를 제외하고 경미한 감염 및 식중독의 경우는 일반적으로 2일 정도에 회복된다.

22년 해양경찰 일반직

44 다음 중 라돈에 대한 설명으로 가장 옳지 않은 것은?

① 자연 방사능 물질 중 하나로 지구상 어디에나 존재하는 무색·무취 기체이다.
② 화학적 반응은 거의 일으키지 않으며 방사선 붕괴반응을 한다.
③ 라돈의 위해성 때문에 세계보건기구는 실내공기 중 라돈 농도의 관리를 권고하고 있다.
④ 일반적으로 인체의 조혈기능 및 중추신경계통에 영향을 미치는 것으로 알려져 있다.

상 중 하

KEYWORD
● 실내 공기 오염물질

해설

라돈
㉠ 라돈은 우라늄의 붕괴과정에서 생성되는 방사능 물질로, 다른 화학물질과 결합하지 않는 자연에서 발견되는 가장 무거운 불활성기체이다.
㉡ 라돈은 자연적으로 존재하는 암석이나 토양에서 발생하는 자연 방사능가스로서 실내 주요 오염원으로는 건물지반, 건물자재, 토양, 광석, 상수도 및 조리나 난방목적의 천연가스 등이 해당된다.
㉢ 라돈은 건물의 균열, 연결부위, 혹은 배수관이나 오수관, 전기, 가스, 상하수도 주변의 틈새를 통해서 실내로 유입된다.
㉣ 라돈 자손(radon daughter) : 라돈 붕괴과정에서 생성되는 것으로 호흡을 통해 흡입하게 되면, 폐에 흡착하여 붕괴하면서 방출되는 알파에너지를 주변조직에 부여함으로써 장기적으로 폐암을 유발할 수 있는 생물학적 손상을 야기한다.

정답 44.④

45 [23년 해양경찰 일반직]

다음 중 자연성 식중독과 유발 원인인자를 짝지은 것으로 가장 옳지 않은 것은?

① 감자 중독 – 솔라닌(Solanine)
② 바지락 중독 – 삭시톡신(Saxitoxin)
③ 복어 중독 – 테트로도톡신(Tetrodotoxin)
④ 독버섯 중독 – 무스카린(Muscarine)

상 **중** 하

KEYWORD
자연독에 의한 식중독

해설

굴(바지락) : 베네루핀(Venerupin)

보충학습

자연독에 의한 식중독 : 동식물의 일부 기관 내에는 사람에게 유해한 독성물질이 함유되어 있는데 이러한 식품을 오용함으로써 자연독 식중독이 발생된다.

동물성 식중독	복어	• 독성분은 Tetrodotoxin으로 복어의 난소, 간, 고환, 위장 등에 많이 있다. • 100℃에서 4시간 가열하여도 파괴되지 않는다. • 중독 증상 : 30분 ~5시간 • 증상 : 중추신경장애, 말초신경장애, 발성기관 마비, 구토, 설사, 지각이상, 언어장애, 호흡근 마비 등 사망률이 높다. • 예방법 : 전문 조리사의 취급, 산란기 복어와 유독한 장기 제거 후 섭취
	굴 (바지락)	• 독성분은 Venerupin으로 100℃에서 1시간 가열하여도 파괴되지 않는다. • 주증상 : 식후 8~24시간 내에 발생하는 경우가 많으며, 전신권태, 발열, 구역, 구토, 변비, 두통, 치은출혈, 피하출혈, 반점, 황달, 의식혼탁 등
	홍합	• 독성분 : Mytilotoxin • 잠복기 : 30분 • 증상 : 말초신경, 호흡마비
식물성 식중독	독버섯	• 독성분은 Muscarine, Cholin, Neurin 등이다. • 주증상 : 식후 2시간 후에 발생하며 부교감신경의 말초를 흥분시켜 각종 분비물을 증가시키고, 위장장애를 일으켜 황달, 혈뇨 등도 나타난다. 중추신경계 침범 시 발한, 환각, 경련, 혼수 등이 나타난다.
	맥각 중독	• 독성분은 Ergotoxin으로 맥류의 개화기에 발생하는 맥각균의 기생에 의하여 월동성이 강한 균핵이 생긴다. • 주증상 : 교감신경계에 작용하여 구토, 설사, 복통, 경련 등을 일으키며, 임산부에서는 유산을 일으킨다. 혈관수축제나 자궁수축제로 이용되기도 한다.
	감자	• 독성분은 Solanine으로 감자의 눈과 녹색 부분에 있다. • 예방 : 감자 껍질을 제거하여 발아부분과 녹색부분을 제거하고 섭취한다.
	청매(매실) 중독	• 미숙한 매실의 경우 Amygdalin을 함유하고 있다.

정답 45.②

46 다음에서 설명하는 식중독의 대표적인 원인 바이러스로 가장 옳은 것은?

[23년 해양경찰 일반직]

- 1968년 미국 오하이오 주 노웍(Norwalk)에서 발생한 급성위장염 환자의 대변에서 발견되었다.
- 저온에 강하여 겨울철에도 발생한다.

① 노로바이러스
② 아데노바이러스
③ 콜레라
④ 리노바이러스

KEYWORD
바이러스성 식중독

해설

바이러스 식중독을 일으키는 것은 rotaviruses, adenoviruses, caliciviruses, astroviruses, Noroviruses군이다. 바이러스에 의한 위장관염의 증상은 주로 구토, 물과 같은 설사이며 발열과 두통, 복통이 동반되기도 한다. 최근 우리나라에서 가장 흔한 식중독 발생원인인 노로바이러스는 외가닥인 RNA를 가진 껍질이 없는 (Non-envelop)바이러스이다. 이는 사람의 장관 내에서만 증식할 수 있어 주 감염경로는 분변-구강 경로이다. 연중 발생이 가능하며, 2차 발병률이 높다. 감염 후 1~2일에 증상발현이 시작되며, 바이러스의 종류에 따라 1~10일 정도 지속되기도 한다. 인플루엔자처럼 "stomach flu"라고도 한다.

바이러스가 소화관을 통해 배설되므로 배설물이 손에 직접 접촉되거나 오염된 하수에 노출된 식품(조개류 등)을 통해 감염된다. 대규모 유행은 집단시설(학교, 양로원, 유아원, 연회장, 기숙사, 유람선, 야영지 등)이 있는 곳에 발생할 수 있다.

지역에 따라 바이러스 식중독 발생에 계절적, 연령별 변동이 있을 수 있다. rotaviruses, astroviruses는 주로 여름에 발생하고 adenoviruses는 일 년 내내 발생한다.

47 다음 중 장염비브리오균 식중독의 주요 원인식품으로 가장 옳은 것은?

[23년 해양경찰 일반직]

① 육류 및 그 가공품
② 우유 가공품
③ 난류 및 그 가공품
④ 어패류 및 그 가공품

KEYWORD
세균성 식중독

해설

장염비브리오 식중독은 일본에서 1951년 발생한 식중독의 원인으로서 처음으로 발견된 Vibrio Parahemolyticus는 호염성(halophilism 또는 salt-requiring)의 그람음성세균으로 자연 상태에서 따뜻한 바닷물에서 흔히 발견되며, 사람에게 위장관 증세를 일으킨다. 주요 원인식품으로는 굴, 새우, 조개, 오징어, 낙지, 생선 등과 같은 해산 어패류와 가공품, 생선회나 초밥, 소금에 절인 음식 등이 주된 원인 식품이다.

정답 46.① 47.④

PART 07

소음과 진동

환경보건(학)
기출예상문제집

PART 07 소음과 진동

01 다음 중 진동과 관련이 있는 질환은?
① C_5 dip
② 잠함병
③ 안구진탕증
④ 레이노 현상

해설
레이노병은 국소진동 증상으로 손가락이 창백하고 청색으로 변하면서 통증을 느낀다.

KEYWORD
국소진동

12년 전남보건

02 소음에 의해 대화가 방해되는 정도를 표시하는 지표로 사용되는 것은?
① NRN
② PNL
③ NC
④ SIL
⑤ dB(V)

해설
① NRN : 소음평가지수로 소리의 시끄러운 정도를 종합적으로 평가하는 방법이다.
② PNL(Perceived Noise Level) : 소음의 노이즈를 평가하기 위해 제안된 지표의 하나. 항공기 소음의 평가 기초 척도로서 쓰이고 있다.
③ NC : 음의 크기 레벨(LL)과 회화 방해 레벨(SIL)의 2개의 요소를 조합한 실내 소음의 기준 곡선을 말한다.
⑤ dB(A) : 음의 강도(음압 수준)

KEYWORD
소음의 평가

---

03 다음 중 소음의 피해에 대한 설명으로 옳지 못한 것은?
① 공해 중 진정건수가 최다 건수
② 청력손실뿐 아니라 정서 불안 야기
③ 자율신경계 변화에 따른 신체적 변화 발생
④ 저주파음이 고주파음보다 더 불쾌감을 일으킨다.

해설
고주파음이 더 불쾌감을 일으킨다.

KEYWORD
소음 장해

정답 01.④ 02.④ 03.④

04 〔14년 서울〕

소음성 난청의 특징으로 바르게 기술된 것은?
① 대부분 편측으로 나타난다.
② 주로 전음성 난청이다.
③ 소음 노출을 중단하면 어느 정도 청력이 회복된다.
④ 지속적 노출보다는 단속적 노출이 더 큰 장해를 초래한다.
⑤ 주로 고음역에서 청력손실이 심하다.

해설
① 대부분 양측성으로 진행된다.
② 전음성 난청 : 소리가 내이로 전달이 잘되지 않는 경우로 중이의 질환이나 선천성 혹은 후천성 기형 등에 의해 나타난다.
③, ④ 오랜 기간 소음에 지속적으로 노출되면 영구적인 청력손실을 야기하고 영구적 난청은 소리를 느끼게 하는 신경말단이 손상을 받아 청력장애가 생긴 상태로서 회복이나 치료가 어렵다. 이러한 청력장애는 소음의 세기가 클수록, 폭로시간과 기간이 길수록 심하며, 주파수가 높은 고음에서 잘 일어난다.

KEYWORD
소음성 난청

05 〔15년 경기의료기술〕

직업병 중 국소진동으로 인해 수지의 감각마비와 청색증을 주증상으로 하는 장애는?
① 안정피로
② 레이노 증후군
③ VDT 증후군
④ 참호족

해설
① 안정피로 : 눈을 계속 쓰는 일을 할 때 눈이 느끼는 증세
③ VDT(영상표시단말기) 증후군 : 컴퓨터 스크린에 방사되는 X선·전리방사선 등의 해로운 전자기파가 유발하는 두통, 시각장애, 어깨부터 손가락까지의 통증, 근육위축 등의 증세를 가리키는 것
④ 참호족 : 사지가 심하게 습하고 차게 되면 초기 증상은 말소 소동맥의 경련을 동반한 급성 일과성 반응이 일어나고 이어서 모세혈관의 확장, 부종, 조직과 신경의 퇴화 발생

KEYWORD
국소진동

06 〔15년 전남〕

진동에 의한 국소장애 중 하나인 레이노병에 대한 설명으로 옳지 않은 것은?
① 손가락에 있는 말초혈관을 통한 장애로 인해 발생한다.
② 심하면 손가락이 창백해지고 통증을 동반한다.
③ 봄, 여름에 증상이 심해진다.
④ 영어로 데드 핑거 또는 화이트핑거라고 한다.

KEYWORD
국소진동

정답 04.⑤ 05.② 06.③

해설

손가락의 말초혈관의 폐색·순환장애로 손가락이 창백하고 통증을 느끼는 레이노현상은 일명 데드핑거 또는 화이트핑거라고도 하며, 한랭에 노출 시 더욱 악화되고 무릎 등 관절에 비특이성 관절염을 유발한다(보온, 금연).

16년 경기의료기술

07 소음성 난청에 대한 설명으로 옳지 않은 것은?

① 속귀 코르티기관 유모세포 손상이 원인이다.
② C_5 dip 현상으로 4KHz에서 청력손실이 시작된다.
③ 난청유발 소음의 크기는 140dB 이상이다.
④ 3~6KHz에서 영구 청력손실이 발생한다.

KEYWORD
• 소음성 난청

해설

일반적으로 청력의 저음 한계는 40dBHL, 고음의 한계는 75dBHL이다.

> **보충학습**
>
> ㉠ 소음으로 인한 손상은 내이의 음수용기인 코티기관(organ of Corti, 청신경종말기관)의 외유모세포(outer hair cell), 윤모(stereocilia)에 발생하여 청력의 저하를 보이는 감음성 난청의 특성을 보인다.
> ㉡ C_5 dip 현상 : 4KHz(4,000Hz)의 극히 국한된 주파수 대역에서 청력손실이 크고 다른 주파수 대역에서는 정상의 수평형을 보이는 소음성 난청의 초기 청각도이다.
> ㉢ 초기 저음역(500, 1,000, 2,000Hz)에서보다 고음역(3,000, 4,000 및 6,000Hz)에서 청력손실이 심하게 나타난다.

16년 환경부

08 청력손실에 대한 설명으로 옳지 않은 것은?

① 소음성 난청은 주로 3,000~6,000Hz의 범위에서 발생한다.
② C5 dip 현상이란 4,000Hz 영역에서 청력손실이 현저하게 진행되는 것이다.
③ 청신경의 퇴화에 따른 난청은 노인성 난청이다.
④ 소음성 난청과 노인성 난청은 초기 청력 손실의 주파수 영역이 다르다.
⑤ 노인성 난청은 주로 저주파영역에서부터 발생한다.

KEYWORD
• 소음장애

정답 07.③ 08.⑤

노인성 난청
㉠ 노인성 난청은 소음노출과 관계없이 연령의 증가에 따라 발생하는 청력장애이다.
㉡ 노인성 난청은 와우 내의 신경절세포의 위축이나 기저막의 변화결과이다.
㉢ 초기에는 고음의 감음도가 저하되나 점진적으로 중음과 저음의 감음도도 저하되며 서서히 양측성으로 청력장애가 나타난다(고주파→저주파).

09 [19년 경기]

주거지역에서 옥외에 설치된 확성기에서 나오는 소음은 주간에 얼마이어야 하는가?

① 50dB(A) 이하
② 55dB(A) 이하
③ 65dB(A) 이하
④ 70dB(A) 이하

소음·진동관리법 시행규칙 [별표 8] 〈개정 2019. 12. 31.〉

생활소음·진동의 규제기준(제20조제3항 관련)

1. 생활소음 규제기준

[단위 : dB(A)]

대상 지역	소음원		시간대별 아침, 저녁 (05:00~07:00, 18:00~22:00)	주간 (07:00~ 18:00)	야간 (22:00~ 05:00)
가. 주거지역, 녹지지역, 관리지역 중 취락지구·주거개발진흥지구 및 관광·휴양개발진흥지구, 자연환경보전지역, 그 밖의 지역에 있는 학교·종합병원·공공도서관	확성기	옥외설치	60 이하	65 이하	60 이하
		옥내에서 옥외로 소음이 나오는 경우	50 이하	55 이하	45 이하
	공장		50 이하	55 이하	45 이하
	사업장	동일 건물	45 이하	50 이하	40 이하
		기타	50 이하	55 이하	45 이하
	공사장		60 이하	65 이하	50 이하
나. 그 밖의 지역	확성기	옥외설치	65 이하	70 이하	60 이하
		옥내에서 옥외로 소음이 나오는 경우	60 이하	65 이하	55 이하
	공장		60 이하	65 이하	55 이하
	사업장	동일 건물	50 이하	55 이하	45 이하
		기타	60 이하	65 이하	55 이하
	공사장		65 이하	70 이하	50 이하

정답 09.③

10 〔17년 환경부〕

소음성 난청이란 소음에 오랫동안 노출되어 소리를 잘 들을 수 없는 상태를 말한다. 소음성 난청에 영향을 미치는 요인으로 옳지 않은 것은?

① 소리의 강도와 크기
② 대기압
③ 매일 노출되는 시간
④ 총 작업 수

해설

소음성 난청에 영향을 미치는 요소 : 소리의 강도와 크기, 매일 노출되는 시간, 총 작업 기간, 주파수, 개인의 감수성

KEYWORD
소음장해

11 소음성 작업에서 난청을 일으키는 음의 강도는?

① 50dB
② 70~90dB
③ 100~120dB
④ 100~135dB

해설

소음에 의한 장애
㉠ 3,000~6,000Hz : 영구적 청력 손실
㉡ 4,000Hz : C_5-dip 현상, 140dB이상의 통각을 느끼는 정도
㉢ 수면방해 : 40dB 이상
㉣ 직업성 난청 유발 : 최저 90에서 최고 120dB(귀마개 적용)
㉤ 소음성 난청의 범위 : 90~120dB(허용기준 90dB/8hr)

KEYWORD
소음성 난청

12 국소진동 장애에 대한 설명으로 옳지 못한 것은?

① 압축공기를 사용하는 착암기, 망치, 병타기공 등에서 발병한다.
② 심한 진동은 뼈, 관절, 근육, 건, 인대 등의 연부조직에 병변을 일으킨다.
③ 말초혈관과 말초신경, 근골격계에 이상을 초래하는 수완진동증후군을 보인다.
④ 손가락 동맥의 이완으로 수지의 감각이 마비되는 백지증이 대표적인 증후군이다.

해설

레이노현상, 백지증 : 손가락 동맥들이 수축에 의해 일시적으로 폐쇄되어 발생되며 수지의 감각마비, 창백 등의 증상으로 나타나는 것이다.

KEYWORD
진동에 의한 장애

정답 10.② 11.③ 12.④

13 〔20년 전남보건〕

C_5-dip 현상과 관련 있는 직업병은?
① 규폐증
② 소음성 난청
③ 이타이이타이병
④ 레이노드씨 병

해설

C_5-dip 현상 : 4,000Hz의 소리에서 청력손실이 심해지는 현상이다.

KEYWORD
● 소음성 난청

14 〔21년 해양경찰 일반직〕

소음의 영향에 대한 설명 중 가장 옳지 않은 것은?
① 소음성 난청은 직업병에 포함되며, 혈압상승과 호흡수 증가의 원인이다.
② 국제표준화기구(ISO)에서는 평균 청력손실이 25 이상일 때 난청으로 간주한다.
③ 노인성 난청은 고주파음인 8,000Hz부터 난청이 시작된다.
④ 영구적 청력손실은 와우각 내의 감각세포가 파괴되기 때문이다.

KEYWORD
● 소음

해설

㉠ 노인성 난청
- 양측성의 고주파 영역의 청력 역치 증가로 시작되며, 어음분별력의 저하 및 소음 환경에서의 청력장애 증상을 보인다. 또한 고음역의 이명을 함께 호소하는 노인성 난청 환자가 있다.
- 청력의 감소는 30대부터 시작되나 1,000Hz 부근의 회화영역에 청력 감소가 생겨 실제로 잘 들리지 않는다고 느끼는 시기는 40~60세이고, 60대가 되면 질병이나 외상, 퇴행성 변화 등에 의해 저주파 영역도 감소되게 된다.

㉡ 소음성 난청
- 내이에 위치한 감각 신경이 피로해지고 퇴화되어 청력이 저하되는 현상으로 소음이 발생되는 장소에 장기간 노출됨으로써 유발된다.
- 오랜 기간 강력한 소음에 노출되어 발생한 일시적 혹은 영구적 청력손실로 4,000–6000Hz에서 가장 빈번하고 점차적으로 고주파로 청력 저하가 나타난다.

정답 13.② 14.③

[23년 해양경찰 일반직]

15 다음 중 전신진동이 인체에 미치는 영향으로 가장 옳지 않은 것은?
① 맥박 증가
② 혈압 상승
③ 말초혈관의 팽창
④ 산소 소비량 증가

해설

국소진동에 의한 건강장해
① 국소진동에 의한 건강장해는 주로 손과 발에 국소진동이 노출되어 일으키는 장해로 주로 말초혈관과 말초신경 근골격계에 이상을 초래하며 수완진동증후군이라고 알려져 있다. 수완진동증후군의 발생기전으로 동맥근육비대, 탈수초성 말초신경병, 혈관 및 신경주변, 피하조직 내 과도한 결체조직의 침착, 모세혈관계의 폐쇄 등이 관련된 것으로 알려져 있다.
② 수완진동증후군 중 혈관장해의 전형적인 증상 및 증후는 레이노현상이라 불리는 진동유발백지증(vibration-induced white finger, VWF)이고, 이것은 손가락 동맥들의 수축에 의한 일시적 폐쇄 때문이다.

보충학습

전신진동에 의한 건강장해
① 트랙터 트럭, 버스, 중장비운전자, 광부, 기타 장기간의 전신진동에 노출되는 근로자들에서 골격계, 신경계 및 소화기계 장해가 일반인들에 비해 훨씬 많이 발생하는 것으로 보고되었다. 요통, 추간판 손상 및 골극형성, 척추강협착, 추간판 연골증 등 척추퇴행변화도 흔히 발견된다. 특히 장해가 잘 일어나는 부위는 경추(C_5, C_6), 요추(L_4, L_5) 및 제12흉추이다.
② 인체는 공진반응이 있어 전신진동노출 시 증폭 및 악화현상이 발생할 수 있다(상하 전신진동 4~8Hz, 전후 및 좌우 전신진동 1~2Hz).
③ 전신진동에 의한 건강장해에 영향을 주는 요인 : 노출시간, 방향, 강도, 공진
④ 자각증상 : 불쾌감, 운동지각, 불안, 동통(특히 요통) 등
⑤ 생리적 반응
  ㉠ 맥박 증가, 혈압 상승, 발한 등
  ㉡ 전신진동으로 인한 산소 소비량이 증가되고 폐환기도 촉진된다.
  ㉢ 내분비계에도 영향을 미쳐 요중 17-ketosteroid의 배설이 감소하며, 전신진동에 노출되는 여성의 경우 생리장애, 유산, 정맥류, 내장하수증 등이 나타난다.
⑥ 진동수에 따른 증상
  ㉠ 3cps(cycle per second) 이하 : 신체가 움직이며 motion sickness(멀미)가 나타난다.
  ㉡ 4~12cps(critical range) : 통증, 압박감
  ㉢ 20~30cps : 두개골 공명, 시·청력 장애
  ㉣ 60~90cps : 안구 공명
⑦ 진동장해의 예방대책
  ㉠ 진동의 원인을 제거하고 진동을 감소시키고, 전파경로를 차단하

KEYWORD
진동에 의한 건강장해

정답 15.③

며, 내진성이 높은 작업자세로 교정하며, 작업시간 단축과 교대제를 실시한다.
ⓒ 국소진동 시 한랭의 영향을 고려하여 장갑을 착용하고 복대, 완충물의 사용, 흡연자일 경우 예후가 좋지 않으므로 금연하도록 한다.

[23년 해양경찰 일반직]

16 다음 중 측정하고자 하는 소음 이외의 소음에 해당하는 것으로 가장 옳은 것은?

① 단속음 ② 연속음
③ 변동소음 ④ 충격음

KEYWORD
소음의 측정

해설

배경소음(암소음) : 측정하고자 하는 음이 없을 경우 그 지점에서 나는 소음을 배경소음이라고 한다.

오답해설

소음의 유형
① 단속음 : 1일 작업 중 노출되는 소음이 여러 가지 음압수준으로 나타나는 소음으로 소음의 반복음이 1초보다 간격이 클 때의 소음이다.
② 연속음 : 하루 종일 같은 크기의 소리가 발생되는 음으로, 1초 1회 이상의 음 발생을 일컫는다.
③ 변동소음 : 시간이 지남에 따라 변화의 폭이 큰 소음이다.
④ 충격음 : 다이너마이트 폭발이나 단조 해머 작업 시 일시에 나타나는 충격적인 음으로 최대음압 수준이 120dB 이상, 1초 이상의 간격으로 발생하는 소음이다.

[23년 해양경찰 일반직]

17 다음 중 가청주파수의 범위로 가장 옳은 것은?

① 2~200Hz ② 2~2,000Hz
③ 20~20,000Hz ④ 20~200,000Hz

KEYWORD
가청범위

해설

일반적으로 사람이 들을 수 있는 소리의 주파수를 가청주파수라고 하며, 이는 20Hz~20,000Hz(헤르츠) 정도의 주파수 영역이다. 일상생활에서 음악을 통해 듣는 소리는 10kHz 이하이거나 10kHz를 크게 벗어나지 않는다.

정답 16.③ 17.③

PART 08

위생곤충 및 방제

환경보건(학)
기출예상문제집

PART 08 위생곤충 및 방제

01 〔13년 서울〕
다음 소독약의 종류와 작용방식이 다른 것은?
① 산화제 - 과산화수소 - 살균, 탈취
② 환원제 - 포름알데하이드 - 기구, 실내소독
③ 산 및 알칼리제 - 염산, 초산, 구연산 - 무생물 소독, 대단위 소독
④ 페놀계 - 아크리놀 - 기구소독
⑤ 할로겐계 - 차아염소산나트륨 - 탈색, 바이러스, 아포에 효과

KEYWORD
화학적 소독제

〔해설〕
아크리놀은 색소이며 상처 소독에 사용된다.

02 〔14년 경북보건진료〕
말라리아 설명 중 옳지 않은 것은?
① 돼지가 감염소이다.
② 발육증식형이다.
③ 감염된 중국얼룩날개모기로부터 전파된다.
④ 증상은 발열, 오한이 있다.

KEYWORD
기생충

〔해설〕
말라리아 : 말라리아는 열원충(Plasmodium) 속 원충(삼일열, 열대열, 사일열, 난형열, 원숭이열)에 감염되어 발생하는 급성 열성질환이다.
㉠ 병원소 : 환자, 보균자
㉡ 생활사 : 말라리아 원충은 모기 체내에서 유성생식하며, 인체 내에서 무성생식한다. 그러므로 말라리아의 종숙주는 모기이며 중간 숙주는 사람이다.
㉢ 전파 : 모기가 환자로부터 흡혈하면 모기 체내에서 중국얼룩날개모기 유성생식을 거쳐 감염된다(사람 간 전파 안 됨).
㉣ 증상 : 발열, 빈혈, 비장종대, 권태, 식욕부진, 열 발작(39~40℃)

정답 01.④ 02.①

03 벼룩이 옮기는 질병은 무엇인가?
① 발진열
② 황열
③ 말라리아
④ 뎅기열

해설
②~④번은 모기가 매개충이다.

KEYWORD
• 위생해충이 전파하는 질병

〔15년 하 서울 연구사〕

04 파리 유충이 동물의 조직에 기생하는 것을 무엇이라 하는가?
① 사상충증
② 람블편모충증
③ 승저증
④ 회선사상충증

해설
승저증(구더기증)은 파리 유충이 동물의 조직에 기생하는 것을 말하고 검정파리 종류가 유발시킨다.

KEYWORD
• 위생해충

05 다음 중 바퀴가 옮기는 질병이 아닌 것은?
① 결핵
② 소화기 질환
③ 소아마비
④ 일본뇌염

해설
일본뇌염은 작은빨간집모기에 의해 전파된다.

KEYWORD
• 위생해충

보충학습

바퀴
㉠ 알→유충→성충의 3기로 불완전변태를 한다.
㉡ 매개질환 : 세균성이질, 아메바성이질, 살모넬라, 콜레라, 장티푸스, 소아마비, 파상열, 디프테리아, 화농균, 결핵, 뇌척수염 등
㉢ 구제방법

환경적 방법		서식처를 제거하고 청결을 유지한다.
화학적 방법	훈증법	클로르피크린, 이황화탄소(CS_2), 유황
	붕산독이법	붕산 40%, 불화나트륨 20% 등을 음식에 혼합하여 사용하는 방법으로 최근에 가장 많이 사용하며, 사용 후 24~48 시간 정도에 가장 효과가 크다.

정답 03.① 04.③ 05.④

13년 서울 의료기술

06 크레졸은 석탄산 계수가 2이다. 이것이 의미하는 것은?

① 크레졸은 석탄산을 두 배 희석해서 만든다.
② 같은 소독력을 나타내려면 크레졸을 석탄산보다 두 배 더 희석해야 한다.
③ 석탄산의 소독력이 크레졸보다 두 배 높다.
④ 크레졸은 2% 수용액의 소독력이 가장 높다.

KEYWORD
- 화학적 소독제

해설

크레졸은 독성이 약하고 살균력은 석탄산(Phenol)보다 2배나 강하며, 세균에 대한 소독효과가 크다. 용액의 농도는 3%이다.

보충학습

1. 크레졸
   ㉠ 석탄산보다 살균력이 2배 강하다(석탄산 계수 : 2).
   ㉡ 독성은 약하고 바이러스에는 소독 효과가 적으나 세균에 대해 큰 소독력을 가진다.
   ㉢ 유기물에 소독 효과가 약화되지 않는다.
   ㉣ 물에 잘 녹지 않아 보통 비누액에 50%를 혼합한 크레졸 비누액에 3% 수용액을 만들어 사용한다.
   ㉤ 손, 오물, 객담 등의 소독에 사용한다.
   ㉥ 냄새가 강한 단점과 피부에 자극성이 없는 장점이 있다.

2. 석탄산(Phenol)

특징	• 3%(3~5%) 수용액을 사용한다. • 저온에서는 용해가 잘 되지 않으며, 산성도가 높다. • 고온일수록 살균력이 강하므로 열탕수로 사용하는 것이 좋다.
장점	• 안정된 살균력 • 유기물에도 살균력이 약화되지 않는다.
단점	• 피부 점막에는 자극성이 강하고 금속 제품을 부식시킨다. • 냄새와 독성이 강하다.
살균기전	균체 단백질의 응고 작용, 세포 용해 작용, 균체의 효소계 침투 작용
소독 대상	오염 의류, 용기, 오물, 실험대, 배설물, 토사물, 객담 등

3. 석탄산 계수(Phenol Coefficient)
   ㉠ 소독약의 살균력을 비교하기 위해 순수한 석탄산을 표준으로 몇 배의 효력을 나타내는가를 표시하는 계수이다.

   > 석탄산 계수 = 소독약의 희석 배수 / 석탄산 희석 배수

   ㉡ 장티푸스 균, 포도상 구균 등의 시험 균주를 사용하여 20℃에서 일정시간(5~10분)내에 보이는 최대 희석배수의 비
   ㉢ 석탄산 계수는 높을수록 살균력이 높다.

정답 06.②

07
15년 전남

방부제의 조건으로 옳은 것은?
① 독성이 극히 적어야 한다.
② 사용이 간편해야 한다.
③ 유색, 무취해야 한다.
④ 다량으로 사용 시 효과가 크다.

해설

방부제의 조건
㉠ 인체에 독성이 없고 무해해야 한다.
㉡ 식품에 나쁜 영향을 주지 않아야 한다.
㉢ 사용이 편리하고 경제적이어야 한다.
㉣ 장기간 사용해도 해가 없어야 한다.
㉤ 미생물의 발육저지력이 강하고 지속적이어야 한다.
㉥ 미량으로도 효과가 커야 한다.

KEYWORD
- 보존제

08
16년 환경부

다음 농약 중 토양에서 잔류기간이 가장 짧은 것은?
① 디디티
② 알드린
③ 디엘드린
④ 마라치온
⑤ 클로르데인

해설

마라치온은 휘발성이 강해 잔류기간이 짧은 유기인계 살충제로서 포유동물에 독성이 낮고 공중살포에 적합하다.

KEYWORD
- 살충제

보충학습

살충제

구분	특성	종류
유기염소계 살충제 (CH)	㉠ 유기염소계는 DDT와 그 유사 화합물 γ-HCH 및 염소화 환상 화합물로 구성되며, 중추신경계 혹은 말초신경계를 직접 공격한다. ㉡ 척추동물에 대한 독성이 비교적 낮다. ㉢ 살충력이 강하고 잔류기간이 길어 널리 사용되어 왔다.	㉠ DDT ⓐ 살충력이 강하고 잔류기간이 길어서 세계적으로 널리 사용되어 왔다. ⓑ 경제적이다. ⓒ 잔류효과가 길어 살충제 중에서도 장기간 분해하지 않고 환경오염을 야기한다. ⓓ 환경오염 성분을 소비자 체내에 축적하여 사용을 금하고 있다.

정답 07.② 08.④

		② 생물체내에 축적된다. ⑩ 높은 안정성 때문에 환경오염문제를 야기해 우리나라는 1970년 초부터 사용을 전면 금지하였다(지속적 잔류효과가 큼).	ⓒ HCH ⓐ 영국에서 합성한 살충제로 BHC(benzene hexachloride)로 불렀고 아직 그대로 사용되나 잘못된 이름으로 WHO에서 HCH(hexachlorocyclohexan)로 변경하였다. ⓑ 감마이성체가 살충력이 가장 높다. ⓒ 그 외 디엘드린(dieldrin), 알드린(aldrin), 헵타크로(heptachlor), 엔드린(endrin), 클로르데인(Chlordane) 등이 있다.
유기 인계 살충제 (OP)	㉠ 현재 널리 사용되고 있는 유기인계는 아세틸콜린에스터라아제(Ach. E)라는 효소를 억제하는 살충제이므로 중독 시 이 효소를 검사한다. ㉡ 중독 시에는 아세틸콜린 대신 유기인산에스테르가 효소아세틸콜린에스터라아제와 결합하여 아세틸콜린이 축적되어 신경계의 혼돈으로 근육 마비가 오고, 치사한다. ㉢ 안정성이 약하고 가수분해되기 쉽고, 알칼리성 물질에도 쉽게 분해된다. ㉣ 유기 염소계보다 휘발성이 강하고 잔류기간이 짧다.	㉠ azamethiphos ⓐ 접촉 및 식독제로 모든 곤충에 살충 효과가 있다. ⓑ 파리, 모기 등의 방제에 사용되고 속효성이며, 잔효성도 있다. ㉡ chlorpyritos ⓐ 속효성이며 공간살포에 사용된다. ⓑ 모기 유충 방제, 가정 해충 방제에도 많이 사용되며 심하게 오염된 수질에서도 효과가 좋다. ⓒ 인체에 독성이 높으며, 놋쇠를 부식시키므로 사용 후 살포 기구를 유기 용매로 세척해야 한다. ㉢ dichlorvos(DDVP) ⓐ 강한 훈증 작용을 하므로 훈증제로 사용한다. ⓑ 속효성, 공간살포용으로 사용 ⓒ 높은 경피독성으로 중독의 위험이 있으므로 살포 작업 시 주의해야 한다. ㉣ fenitrothion : 속효성이고 잔류성도 크다. ㉤ malathion ⓐ 포유동물에 독성이 낮다. ⓑ 잔류기간 : 4개월 ⓒ 점도가 높아 증발속도가 느려 공중살포에 적합하다. ⓓ 개미, 거미 및 진드기에 살충력이 있으나, 우리나라에서는 곤충의 저항력이 생겨 사용이 감소되고 있다. ㉥ parathion ⓐ 속효성, 훈증제로 사용가능, DDT 10배의 살충력, 포유동물에 대한 독성이 살충제 중 가장 높다. ⓑ 독성물질로 지정된 사람의 감독하에서만 사용 가능하며, 방역용 살충제로 사용할 수 없다. ㉦ 그 외 크마포스, 다이아지논, 나레드, 펜티온 등

09 기어다니는 해충을 방제하기 위한 잔류분무용으로 흔히 사용되는 살충제는?

① 알디카브
② 기피제
③ 카바릴
④ 벤디오카브

상 중 하
KEYWORD
• 살충제

해설

벤디오카브 – 카바메이트계 살충제
㉠ 상품명 : ficam
㉡ 잔효성이 상당히 길다.
㉢ 개미, 바퀴, 이, 진드기 옥외 기어 다니는 해충 방제를 위한 잔류분무용으로 널리 사용된다.
㉣ 파리, 모기 방제 시에도 많이 사용한다.

오답해설

① 알디카브
  ㉠ 카바메이트계 살충제, 상품명 Temik
  ㉡ 곤충류나 진드기 등의 농업해충방제용으로 주로 사용된다.
  ㉢ 인체독성이 강하므로 피부접촉을 피한다.
  ㉣ 옥내나 정원 등 가옥 주변 사용과 공중살포를 금한다.
  ㉤ 분제(dust)로 사용되며, 속효성이고 2~3개월의 잔류성이 있다.
② 기피제
  ㉠ 살충력이 없어 살충제에 속하지 않는다.
  ㉡ 곤충이 기피하는 화학 물질로서 적당한 방법으로 제제하여 곤충의 접근, 공격, 침입을 방어하기 위한 목적이다.
③ 카바릴
  ㉠ 카바메이트계 살충제, 상품명 Sevin
  ㉡ 가장 흔히 사용되고 있다.
  ㉢ 포유류에 저독성이며, 곤충류와 진드기류에 살충력이 강하지만 집파리에 대한 방제효과는 좋지 않다.

10 17년 경기

실험실이나 연구실에서 초자기구, 고무제품, 거즈 및 약품 등을 멸균할 때 사용하는 소독방법은?

① 자비소독법
② 저온멸균법
③ 고압증기멸균법
④ 유통증기멸균법

상 중 하
KEYWORD
• 물리적 소독법

정답 09.④ 10.③

해설

습열멸균법

자비 소독법	• 100℃의 끓는 물에서 5분 이상(15~20분) 가열처리하는 간단한 방법으로 완전멸균은 기대할 수 없으나 보통 영양형 병원균은 사멸한다. • 각종 식기, 도자기, 의류, 주사기 등에 이용된다. • 1~2%의 $NaHCO_3$(탄산수소나트륨)를 물에 첨가하면 금속의 부식방지와 살균력이 강해진다.
저온 멸균법	• 결핵균, 소유산균, 살모넬라, 구균 등과 같은 아포를 형성하지 않는 세균을 63~66℃에서 30분간 또는 75℃에서 15~30분간 멸균한다. • 파스퇴르가 고안한 멸균법으로 우유와 같이 열에 감수성이 있는 식품류에 이용된다.
고압증기 멸균법	• 아포를 형성하는 균을 멸균하는 가장 좋은 방법이다. • 의류, 기구, 고무제품, 약품 등에 이용된다. • 고압증기멸균기에서 가압되어 인치 평방당 15파운드의 증기압(121℃)에서 20분간 멸균한다.
유통증기 멸균법	Koch 멸균기로 100℃의 유통증기를 30~60분간 가열하는 방법으로, 고압증기멸균법을 사용할 수 없는 경우에 사용되며 보통 1일 간격으로 3회 실시한다.

11 [18년 서울경력 연구사]

소독법에 대한 설명으로 가장 옳은 것은?

① 자비멸균법은 건열멸균법으로 각종 식기류, 도자기류, 주사기, 의류 등에 이용된다.
② 소독법의 강도는 멸균<소독<방부의 순서이다.
③ 자외선멸균법은 260nm 부근의 자외선을 이용하여 주로 무균실, 수술실, 제약실에서 사용된다
④ 고압증기멸균법은 주로 포자를 형성하지 않는 세균의 멸균을 위해서 사용되며, 부패방지 등이 목적이다.

KEYWORD
• 소독법

해설
① 자비멸균법은 습열멸균법으로 100℃의 끓는 물에서 15~20분간 가열 간단한 방법으로 아포형성균이나 간염바이러스 등을 사멸하는 멸균을 기대할 수는 없으나, 보통 영양형 병원균은 사멸한다. 적용 대상은 각종 식기류, 도자기류, 주사기, 의류 등에 이용된다.
② 소독법의 강도는 멸균>소독>방부의 순서이다.
④ 고압증기 멸균법은 아포균을 형성하는 균을 멸균하는 가장 좋은 방법이다.

정답 11.③

12 효력증강제에 대한 설명으로 옳지 못한 것은?

① 살충력이 약하여 다른 살충제와 혼합하여 사용할 경우 효능을 증강시킨다.
② 협력제라고도 불린다.
③ 피레스로이드계 살충제와 혼합 사용한다.
④ 곤충의 체내에서 분비, 무독화 작용을 하는 효소를 공격한다.

해설

효력증강제 : 자체로는 살충력이 전혀 없지만, 살충제와 혼합하여 사용할 경우 살충제의 효능을 현저하게 증강시키는 약제를 말한다.

KEYWORD
• 효력증강제

13 저온 시 효과가 높고 사람에게 저독성이지만 독성작용 시에는 인체의 중추신경절에 피해를 주는 살충제는?

① 피레스린, 프로퍽서
② 합성 피레스로이드계, 벤디오카브
③ 합성 피레스로이드계, 피레스린
④ 카바릴, 기피제

해설

피레스로이드계 살충제의 종류
㉠ 합성 피레스로이드계 : 살충력이 다른 약제보다 월등히 강하면서 포유동물에 저독성이다.
㉡ 피레스린 : 식물에서 추출한 성분으로서 속효성이며, 잔효성이 없고 포유류에 저독성으로 흔히 사용되고 있다.

 보충학습

피레스로이드계 살충제의 특징
㉠ 인축에 저독성이지만, 강력한 살충력을 가지고 있다.
㉡ 속효성이 있고 잔류성이 없어, 실내나 항공기 내의 공간살포용으로 적합하다.
㉢ Knockdown 후 회복률이 높으므로 효력증강제를 혼용하여 보완한다.
㉣ 독성작용은 중추신경절을 공격한다.
㉤ 저온 시에 효과가 더 좋다.
㉥ 현재 사용되고 있는 살충제 중 방역용으로 가장 적합하다.

KEYWORD
• 피레스로이드계 살충제

정답 12.① 13.③

14 다음 중 기생충의 형태적 분류와 그 예로 맞게 짝지어진 것은?

① 원충 : 선모충, 이질아메바, 구충
② 선충 : 요충, 회충, 아니사키스
③ 조충 : 유구조충, 십이지장충, 긴촌충
④ 흡충 : 질트리코모나스, 요코가와흡충, 주혈흡충

해설
㉠ 선충류 : 회충, 편충, 구충, 요충, 동양모양선충, 아니사키스, 말레이사상충
㉡ 원충류 : 이질아메바, 람블편모충, 말라리아 원충, 질트리코모나스, 톡소플라즈마, 리슈마니아
㉢ 조충류 : 유구조충, 무구조충, 광절열두조충(긴촌충), 왜소조충(쥐의 소장)
㉣ 흡충류 : 주혈흡충, 간흡충, 폐흡충, 요코가와흡충, 만손주혈흡충

15 살충제에 대한 설명으로 가장 옳지 않은 것은?

① 유기염소계 살충제는 화학식으로 지나치게 안정되어 분해가 더디고 생체축적성, 해충의 저항성 형성 등의 문제가 있으며, 종류로는 BHC, 디엘드린, 클로르단, 알드린 등이 있다.
② 유기인계 살충제는 유기염소계 살충제에 비해 휘발성이 강하고 잔류효과가 적기 때문에 많이 사용되며 종류로는 말라티온, 파라티온, DDT, EPN 등이 있다.
③ 카바메이트계 살충제는 카바메이트산 에스터 및 염으로 된 농약의 총칭으로 신경계를 마비시키며 종류로는 Propoxur, Sevin, Dimethan 등이 있다.
④ 피레트로이드계 살충제는 식물성 살충제로 인체독성은 적으며 종류로는 Decamethrin, Tetramethrin, sd-biolline, Resmethrin 등이 있다.

해설
DDT는 유기염소계 살충제이다.

16 위생해충 방제로 사용되는 피레스로이드 계통으로 옳은 것은?

① 카바릴
② 펜티온
③ 퍼머스린
④ 디엘드린

정답 14.② 15.② 16.③

해설
① 카바릴 : 카바메이트계
② 펜티온(Fenthion) : 유기인계 살충제
④ 디엘드린 : 유기염소계

[18년 전남보건]

17 다음 중 소독의 정의로 맞는 것은?
① 미생물의 영양형을 사멸시킬 수 있으나 아포는 파괴할 수 없다.
② 미생물에 물리적, 화학적 자극을 가하여 단시간에 멸살시키는 작용이다.
③ 병원성 미생물의 발원과 그 작용을 제거 또는 정지시키는 조작이다.
④ 포자형성균을 포함한 모든 미생물을 사멸시키는 방법이다.

KEYWORD
• 소독

해설
② 살균
③ 방부
④ 멸균

보충학습

㉠ 소독 : 물리·화학적 방법으로 병원 미생물을 사멸시켜 감염력이나 증식력을 없애는 것으로 미생물의 영양형을 사멸시킬 수는 있으나 아포를 파괴할 수 없다.
㉡ 멸균 : 물체의 표면과 내부에 존재하는 모든 곰팡이, 세균, 바이러스, 및 원생동물 등의 영양세포 및 포자를 사멸 또는 제거시켜 무균 상태로 만드는 것이다.
㉢ 살균 : 미생물에 물리적, 화학적 자극을 가하여 단시간에 멸살시키는 작용이나 멸균만큼 완전하지는 않다.
㉣ 방부 : 병원성 미생물의 발육과 그 작용을 제거 내지 정지시켜 음식물 등의 부패 및 발효를 방지하는 조작으로, 소독이 될 수는 없다.

[18년 전남보건]

18 화학적 소독법 중 소독약의 이상적인 조건에 해당되지 않는 것은?
① 강한 살균력을 가져야 한다.   ② 용해성이 높아야 한다.
③ 침투력이 강해야 한다.   ④ 방취력이 없어야 한다.

KEYWORD
• 소독제의 조건

해설
방취력이 있어야 한다.

정답 17.① 18.④

보충학습

소독제가 갖추어야 할 조건
㉠ 석탄산계수가 높을 것(살균력이 큼)
㉡ 용해성이 높고 침투력이 강해야 한다.
㉢ 인체에 대한 무해하고 안정성이 있어야 한다.
㉣ 부식성과 표백성이 없어야 한다.
㉤ 식품에 사용 후 수세가 가능해야 한다.
㉥ 구입이 쉽고 사용법이 간편하며, 저렴해야 한다.
㉦ 방취력이 있어야 한다.

---

19 [19년 경북경력]

다음 설명에 해당하는 위생해충은?

- 4,000여 종이 알려져 있으며 기계적 전파방법으로 병원균을 전파하므로 위생상 중요하다.
- 불완전 변태하는 곤충으로 알은 난협 속에 있으며, 약충은 종류에 따라 다르나 4~8회 탈피한다.

① 파리 ② 모기
③ 바퀴 ④ 진드기

KEYWORD ● 위생해충

해설

불완전 변태
㉠ 알에서 나온 유충이 번데기 과정을 거치지 않고 성충이 되는 곤충을 불완전 변태라고 한다.
㉡ 이, 바퀴, 빈대, 진드기 등 불완전 변태를 하는 곤충의 경우 유충 대신 약충이란 용어를 사용하고 자충이라고도 한다.
㉢ 바퀴는 4,000여 종이 보고되어 있고 주로 가주성 바퀴인 독일바퀴가 많으며 질주성, 군거성, 잡식성이 있다. 미절에 난협(알주머니)을 가지고 있으며 5~8회 탈피를 한다.

---

20 [19년 경기경력 연구사]

인체 기생충과 매개체가 옳게 연결된 것은?
① 간흡충-참게, 가재
② 아니사키스-가물치, 메기
③ 요코가와흡충-은어
④ 광절열두조충-돼지

KEYWORD ● 기생충

정답 19.③ 20.③

해설

① 간흡충(간디스토마) : 왜우렁이(제1중간숙주)→잉어, 붕어 등의 담수어(제2중간숙주)
② 아니사키스 : 갑각류(제1중간숙주)→오징어, 낙지, 조기, 대구, 청어, 고등어 등(제2중간숙주)
④ 광절열두조충 : 물벼룩(제1중간숙주)→담수어 또는 반해수어-연어, 송어, 농어 등(제2중간숙주)

보충학습

유구조충(갈고리촌충)
㉠ 병원충 : 유구조충
㉡ 병원소 : 돼지 등의 가축과 사람
㉢ 전파경로 : 충란 → 돼지사료 오염 → 근육과 기타 조직 → 돼지고기 → 사람
㉣ 증상 : 소화불량, 식욕부진, 상복부 동통, 변비, 두통 등의 소화기계 증상
㉤ 예방 : 도축장 위생 검사, 돼지고기는 익혀서 섭취, 대변의 위생적 처리, 밀도살 금지

---

21 [19년 해양경찰 일반직]

생물학적 전파에 대한 설명으로 가장 옳지 않은 것은?

① 병원체가 알을 경유하여 대대로 질병을 일으키는 것을 경란형 전파라 하며, 감염병으로 발진열, 재귀열 등이 있다.
② 병원체가 곤충의 체내에서 수적변화는 없고 단지 발육만 한 다음 다른 사람에게 전파되는 것을 발육형 전파라 하며, 감염병으로 사상충병 로아사상충 등이 있다.
③ 병원체가 곤충의 체내에서 발육과 증식을 해서 다른 사람에게 전파하는 것을 발육증식형 전파라 하고, 감염병으로 말라리아, 수면병 등이 있다.
④ 병원체가 곤충의 체내에서 수적 증식만 한 다음 다른 사람을 공격할 때 전파되는 것을 증식형 전파라 하며, 감염병으로 흑사병, 황열, 일본뇌염 등이 있다.

KEYWORD
곤충의 피해

해설

경란형
㉠ 병원체가 알을 경유하여 대대로 질병을 일으키는 것을 경란형 전파라고 한다.
㉡ 진드기 매개 질환은 경란형에 속한다.
㉢ 감염병 : 록키산홍반열, 쯔쯔가무시병(양충병), 진드기 매개 재귀열 등이 있다.

정답 21.①

22 위생곤충은 크게 질병매개곤충과 불쾌곤충으로 분류할 수 있다. 불쾌곤충에 속하는 것은?

① 체체파리
② 나방파리
③ 모래파리
④ 털진드기

해설
불쾌곤충(뉴슨스) : 질병을 매개하지는 않고 단순히 불쾌감, 불결감, 혐오감, 공포감을 주는 동물을 일컫는다. 종류로는 깔따구, 노린재, 나방파리, 귀뚜라미, 지하집모기 등이 있다.

오답해설
① 체체파리 : 수면병(아프리카형, 발육증식형 전파)
③ 모래파리 : 레이슈마니아, 모래파리열
④ 털진드기 : 쯔쯔가무시병(경란형 전파)

KEYWORD
● 곤충의 피해

20년 전남보건

23 동물병원소와 감염병이 옳게 연결된 것은?

① 돼지 : 일본뇌염, 탄저, 렙토스피라증, 살모넬라
② 쥐 : 결핵, 탄저, 파상열, 살모넬라
③ 소 : 광견병, 톡소플라즈마증
④ 개 : 페스트, 발진열, 살모넬라, 렙토스피라증

해설
동물병원소 : 동물이 병원체를 보유하고 있다가 인간에게 전염시키는 전염원으로 작용하는 경우로 이러한 감염병을 인수공통 감염(Zoonosis)이라고 한다.
㉠ 돼지 : 살모넬라증, 파상열(브루셀라증), 큐열, 일본뇌염, 탄저, 렙토스피라증(와일씨병)
㉡ 쥐 : 살모넬라증, 페스트, 발진열, 렙토스피라증(와일씨병), 쯔쯔가무시(양충병), 유행성출혈열, 서교증
㉢ 소 : 결핵, 탄저, 파상열(브루셀라증), 살모넬라, 광우병, 렙토스피라증(와일씨병)
㉣ 개 : 광견병, 톡소플라즈마증
㉤ 양 : 탄저, 파상열(브루셀라증), 큐열
㉥ 고양이 : 살모넬라, 톡소플라즈마증
㉦ 토끼 : 야토병

KEYWORD
● 병원소

보충학습
인수공통감염병 [감염병의 예방 및 관리에 관한 법률]
장출혈성대장균감염증, 일본뇌염, 브루셀라증, 탄저, 공수병, 동물인플루엔자인체감염증, 중증급성호흡기증후군(SARS), 변종크로이펠트 야콥병(vCJD), 결핵, 큐열, 중증열성혈소판감소증후군(SFTS), 장관감염증

정답 22.② 23.①

24

[16년 의료기술]

생물학적 전파방식이 경란형인 감염병은?

① 쯔쯔가무시증
② 발진열
③ 발진티푸스
④ 말라리아

KEYWORD
간접전파

해설

② 발진열-증식형
③ 발진티푸스-증식형
④ 말라리아-발육증식형

보충학습

생물학적 전파

㉠ 개념 : 병원체가 매개 곤충 내에서 성장이나 증식을 한 뒤에 전파하는 경우로 매개 곤충 자체가 전파과정에서 생물학적으로 중요한 역할을 한다.

㉡ 생물학적 전파와 감염병

구분	특징	감염병
증식형	매개 곤충 내에서 병원체가 수적 증식만 한 후 전파하는 형태	• 모기 : 일본뇌염, 황열, 뎅기열 • 쥐벼룩 : 페스트 • 벼룩 : 발진열 • 이 : 재귀열, 발진티푸스
발육형	매개 곤충 내에서 수적 증식은 없지만 발육하여 전파하는 형태	모기 : 사상충증
발육 증식형	매개 곤충 내에서 병원체가 발육과 수적 증식을 하여 전파되는 형태	• 모기 : 말라리아 • 체체파리 : 수면병
배설형	매개 곤충 내에서 증식한 후 장관을 거쳐 배설물로 배출된 것이 상처 부위나 호흡기계 등으로 전파되는 형태	• 이 : 발진티푸스 • 벼룩 : 페스트, 발진열
경란형	곤충 난자를 통하여 다음 세대까지 전달되어 전파되는 형태	진드기 : 록키산홍반열, 재귀열, 쯔쯔가무시증

㉢ 주요매개생물과 관련된 감염병

매개생물	주요 감염병
쥐	신증후군출혈열, 라싸열, 렙토스피라증, 살모넬라
쥐벼룩	페스트, 발진열, 재귀열
진드기류	재귀열, 쯔쯔가무시증
이	발진티푸스, 재귀열
모기	말라리아, 사상충증, 일본뇌염, 뎅기열

정답 24.①

25. 쥐가 매개하여 전파가 이루어지는 감염병에 해당하지 않는 것은?

> 가. 발진티푸스   나. 유행성 출혈열   다. 렙토스피라   라. 사상충증

① 가, 나   ② 나, 다
③ 다, 라   ④ 가, 라

해설
유행성 출혈열과 렙토스피라증은 쥐의 배설물로부터 나온 병원체가 사람으로 전파되는 질병이다.
가. 발진티푸스 : 벼룩, 이
라. 사상충증 : 모기

16년 충북보건

KEYWORD
동물병원소

26. 다음의 설명에 공통으로 해당하는 기생충 질환은?

- 병원소는 감염된 사람, 돼지, 개, 고양이다.
- 중간숙주에는 왜우렁, 잉어, 참붕어, 피라미, 모래무지 등이 있다.
- 증상은 간장비대, 비장비대, 복수, 소화장애, 황달 등이 있다.
- 예방으로는 민물고기의 생식을 금하는 것이다.

① 구충증   ② 간흡충증
③ 폐흡충증   ④ 광절열두조충증

해설
간흡충증에 대한 내용이다.

KEYWORD
기생충

27. 이학적 소독법에 해당하는 것으로 옳은 것은?

① 초음파살균법-오존살균법
② 화염멸균법-석탄산 살균법
③ 방사선살균법-오존살균법
④ 화염멸균법-초음파살균법

18년 서울시 의료기술 9급

KEYWORD
소독법

해설
이학적(물리적)소독법

가열처리법	건열멸균법	화염멸균법 건열멸균법
	습열멸균법	자비소독법 고압증기멸균법 유통증기(간헐)멸균법 저온소독법 초고온순간살균법
무가열처리법		자외선멸균법 초음파멸균법 방사선멸균법
기타		냉동법, 세균여과법, 무균조작법, 희석

정답 25.④ 26.② 27.④

28 소독약의 살균기전이 아닌 것은?

① 산화작용 : 염소(Cl_2)와 그 유도체, H_2O_2, O_2, O_3, $KMnO_4$
② 균단백응고 작용 : 석탄산, 알코올, 열탕수, 크레졸, 포르말린, 승홍
③ 균체의 효소불활화 작용 : 알코올, 석탄산, 중금속염, 역성비누
④ 가수분해 작용 : 강산, 강알칼리, 열탕수
⑤ 탈수작용 : 식염, 설탕, 포르말린, 알코올

해설
열탕수는 가수분해작용이다.

보충학습
㉠ 중금속염의 형성작용 : 승홍, 머큐로크롬, 질산은
㉡ 균체막의 삼투압 변화 작용 : 염화물, 석탄산, 중금속염

KEYWORD
화학적소독법

29 쥐와 관계가 없는 질병은?

① 콜레라, 홍역
② 살모넬라
③ 서교열
④ 페스트

해설
콜레라는 어패류와 관계가 있는 질병이고, 홍역은 공기전파이다.

KEYWORD
감염병

30 학질모기의 월동형태는?

① 알
② 번데기
③ 성충
④ 1령 유충
⑤ 4령 유충

해설
모기의 월동 형태
㉠ 알 : 숲모기
㉡ 성충 : 학질모기, 뇌염모기

KEYWORD
위생해충

정답 28.② 29.① 30.③

31 [22년 해양경찰 일반직]

다음 중 벼룩이 옮기는 대표적인 질병으로 가장 옳은 것은?

① 장티푸스, 황열
② 페스트, 발진열
③ 황열, 페스트
④ 발진티푸스, 발진열

해설
㉠ 장티푸스 : 집파리
㉡ 황열 : 모기
㉢ 발진티푸스 : 이

상 중 **하**

KEYWORD
위생해충이 전파하는 질병

보충학습

위생해충이 전파하는 감염병

매개충(동물)	감염병
들쥐	신증후군출혈열
생쥐	리케치아폭스
곰쥐/시궁쥐	발진열, 페스트, 서교열, 렙토스피라증, 살모넬라
집파리	장티푸스, 파라티푸스, 세균성이질, 아메바성이질, 폴리오, 콜레라
체체파리	아프리카수면병
곱추파리	회선사상충증
모래파리	리슈마니아(Leishmania), 모래파리열
작은 빨간 집모기	일본뇌염
중국 얼룩날개 모기	말라리아
토고 숲모기	사상충증
등에 모기	오자디사상충, 바이러스병, 원충병
등에	튜라레미아, 로이사상충병
트리아토민노린재	샤가스병(아메리카수면병)
참진드기	록키산 홍반열, Q열, 튜라레아, 라임병
공주진드기	진드기매개재귀열
털진드기	쯔쯔가무시
여드름진드기	여드름
옴진드기	옴
생쥐벼룩	리케치아폭스
벼룩(열대쥐벼룩, 유럽쥐벼룩)	발진열, 페스트
이	발진티푸스, 재귀열, 참호열

정답 31.②

32 ﹝23년 해양경찰 일반직﹞

다음 중 매개곤충과 질병을 짝지은 것으로 가장 옳지 않은 것은?

① 털진드기 - 유행성 출혈열
② 중국얼룩날개모기 - 말라리아
③ 등에 - 로아사상충병
④ 체체파리 - 아프리카 수면병

해설

쥐 : 살모넬라증, 페스트, 발진열, 렙토스피라증(와일씨병), 쯔쯔가무시(양충병), 유행성 출혈열, 서교증

KEYWORD
간접전파

33 ﹝23년 해양경찰 일반직﹞

다음 농약 중 토양에서의 잔류기간이 가장 짧은 것으로 옳은 것은?

① 디디티(DDT)
② 알드린(Aldrin)
③ 마라치온(Malathion)
④ 클로르데인(Chlordane)

해설

Malathion
① 유기인계 살충제
② 잔류기간 : 4개월
③ 높은 점도로 증발속도가 느려 공중살포에 적합하다.
④ 거미, 진드기, 개미에서 살충력이 있으나, 곤충이 저항성을 나타내고 있어 우리나라에서는 감소추세에 있다.

오답해설

①,②,④는 유기염소계 살충제로 지속적 잔류기간이 길다.

KEYWORD
살충제

정답 32.① 33.③

PART 09

역학과 감염병 관리

환경보건(학)
기출예상문제집

PART 09 역학과 감염병 관리

01 〔14년 서울〕
다음은 역학적 연구 방법 중 어디에 속하는가?

- 연구 시작 시점에서 과거의 관찰시점으로 거슬러 가서 관찰 시점으로부터 연구 시점까지의 기간 조사
- 질병발생의 원인과 관련이 있으리라고 의심되는 요소를 갖고 있는 사람들과 갖고 있지 않는 사람들을 구분한 후 기록을 통하여 질병발생을 찾아내는 방법

① 전향적 코호트 연구
② 후향적 코호트 연구
③ 환자-대조군 연구
④ 단면조사 연구

해설
후향적 코호트 연구는 연구대상을 질병의 관련 요인에 노출된 집단과 노출되지 않은 집단으로 구분한 뒤 과거의 시점부터 현재까지 조사하는 연구 방법이다.

오답해설
① 전향적 코호트 연구 : 연구 시작 시점에서 질병발생의 원인이 되리라고 생각되는 요인에 노출된 집단과 비노출 집단을 구분하고 그때부터 일정 기간 동안을 추적 관찰하는 방법으로 현재시점에서 미래의 어떤 시점까지 지속적으로 관찰하여 원인과 결과 관계를 밝히는 것
③ 환자-대조군 연구 : 후향성 조사, 질병이 있는 환자군과 질병이 없는 대조군을 선정하여 질병의 원인이 된다고 의심되는 속성이나 요인에 폭로된 상태를 비교 검토, 질병과의 인과관계를 규명하는 방법이다.
④ 단면조사 연구 : 일정한 인구집단을 대상으로 특정한 시점이나 일정기간 내에 질병을 조사하고 각 질병과 그 인구집단과의 관련성을 보는 방법으로 상관관계 연구라고도 하며, 대상 집단의 특정 질병에 대한 유병률을 알아낼 수 있어 유병률 연구라고도 한다.

KEYWORD
분석역학 연구

정답 01.②

02 [04년 경기]

역학조사에서 어떤 사실에 대해 계획적 조사를 실시하는 1단계 역학은?
① 기술역학
② 분석역학
③ 실험역학
④ 이론역학

해설

기술역학적 방법이라고도 한다. 역학적 방법의 제1단계이고 인구집단에서 발생하는 질병의 분포, 경향 등을 인적, 지역적, 시간적 특성에 따라 있는 그대로의 모습으로 관찰하고 그 특성을 기록, 관찰하는 방법이다.

KEYWORD
• 기술역학

보충학습

역학적 연구
(1) 역학적 연구방법의 분류
① 관찰연구 : 연구자가 연구대상의 요인, 노출과 질병양상을 관찰하여 연관성을 규명하는 방법으로 기술역학 연구와 분석역학 연구가 있다.
② 실험연구 : 연구자가 직접요인에 노출상황을 결정하고 결과에 오차를 가져올 수 있는 연구조건을 미리 통제하여 주요 요인과 결과의 연관성을 규명하는 방법으로 임상실험과 지역사회시험이 해당된다.
③ 기타 연구 방법으로 이론역학, 작전역학, 이민자 연구 등이 있다.
(2) 기술역학(역학의 1단계) : 건강과 건강 관련 상황이 발생했을 때 있는 그대로의 상황을 기술하는 것이다. 인구집단을 대상으로 인적, 시간적, 지역적 변수에 따라 질병현상의 분포를 관찰하고 그 원인을 찾는데 필요한 단서를 제공하고, 새로운 가설을 도출하는 수단으로 활용될 수 있다.
(3) 분석역학(역학의 2단계) : 질병 발생 시 그 원인을 규명하고 기술역학의 결과를 근거로 질병 발생에 대한 가설을 설정하고 그 가설의 옳고 그름을 가려내는 것이다.
① 단면 연구(Cross-Sectional Study)
  ㉠ 일정한 인구집단을 대상으로 특정한 시점이나 일정한 기간 내에 질병을 조사하고 각 질병과 그 인구집단의 관련성을 보는 방법으로 상관관계연구라고도 하고, 대상 집단의 특정 질병에 대한 유병률을 알아낼 수 있어 시점 조사, 유병률 조사라고도 한다.
  ㉡ 한번에 대상 집단의 질병양상과 이와 관련된 여러 속성을 동시에 파악할 수 있으며 경제적이어서 자주 활용된다.
② 환자-대조군 연구(Case-Control Study)
  ㉠ 연구하고자 하는 질병에 이환된 집단을 대상으로 한 환자 군과 질병이 없는 대조군을 선정하여 질병 발생과 관련이 있다고 의심되는 요인들과 질병 발생의 원인관계를 규명하는 연구방법이다.
  ㉡ 현재 질병이 있는 환자 군이 과거에 어떤 요인에 노출되었는가를 조사하는 것으로 후향성 연구(Retrospective Study)라고도 하며, 이 연구에서는 환자 군과 대조군의 선정이 가장 중요하다.
  ㉢ 환자-대조군 연구에서는 요인과 질병 간의 연관성 지표로서 교차

정답 02.①

비(odds ratio)를 산출한다.
③ 코호트 연구(Cohort Study, 폭로-비폭로군 연구)
㉠ Cohort : 공통된 특성이나 속성 또는 동일한 경험을 가진 그룹이라는 뜻이다.
㉡ 연구하고자 하는 질병에 이환되지 않은 건강군을 대상으로 하여 그 질병 발생의 요인에 폭로된 집단(폭로군)과 폭로되지 않은 집단(비폭로군)간의 질병 발생률을 비교・분석하는 방법이다.
㉢ 특성이 같은 집단을 선정하여 시간 간격을 두고 변동을 파악하는 경향연구이다.
㉣ 일반적으로 현시점을 기준으로 앞으로의 결과를 검토하는 전향성 연구(prospective study)라고도 한다.
④ 후향적 코호트 연구 : 과거 기록에 근거를 두고 질병의 원인에 폭로된 사람과 폭로되지 않은 사람이 현재까지 질병의 발생을 비교하는 방식으로, 과거의 원인을 가지고 현재의 결과를 알고자 하는 연구방식이다(역사적 코호트 연구).

(4) 이론역학(역학의 3단계)
① 감염병의 발생 모델과 유행 현상을 수리적으로 분석하여, 이론적으로 유행 법칙이나 현상을 수식화하는 단계이다.
② 실제로 나타난 결과와 수식화 된 이론을 비교하고 검토하여 그 타당성을 검정하거나 요인들의 상호관계를 수리적으로 규명해 내는 역학이다.
③ 감염병의 발생이나 유행을 예측하는 데 활용한다.

(5) 실험연구
① 개념 : 연구 대상에게 임의적인 조작을 가한 후 그것이 원인이 되어 어떤 반응이 나타나는 가를 관찰하는 방법이다. 질병 발생의 원인 규명에 적합한 방법이지만, 역학 조사의 대상이 인구집단이기 때문에 윤리적인 문제로 적용할 수 없는 경우가 많다.
② 종류

임상시험 (Clinical trial)	• 질병의 원인을 규명하거나 분석역학에서 얻은 위험요인의 중재방법 효과검증, 치료효과를 위한 임상적 평가 등을 목적으로 이용한다. • 역학에서 2차 예방효과의 측정 등을 위해 이용하는 연구방법으로 백신의 효과 측정, 새로운 치료약물, 처치 방법의 효과 등을 규명하기 위해 주로 병원에서 이루어진다.

지역사회시험	• 특정 질병의 관리 및 예방을 위해 일정 지역사회의 구성원을 대상으로 한 각종 보건 및 예방사업의 효과를 규명하기 위한 역학 연구 방법의 하나이다.
	• 대규모의 인구집단을 대상으로 장기간 관찰을 수행하는 연구로 비용, 시간, 인력 등의 투입이 가장 크다.
	• 지역사회시험을 수행하는 경우
	  - 대상 질병의 유병률이 높을 때
	  - 중재개입이 여러 내용을 포함하여 동시에 이루어질 때
	  - 중재개입의 특성상 질병예방과 건강증진에 관한 것일 때
	  - 보건정책사업 수행 능력이 낮을 때

06년 환경부

03 역학적 분석에서 전향성조사의 경우, 상대위험도의 산출방식은?
① 폭로군의 발병률 ÷ 비폭로군의 발병률
② 비폭로군의 발병률 × 폭로군의 발병률
③ 비폭로군의 발병률 ÷ 폭로군의 발병률
④ 폭로군의 발병률 × 비폭로군의 발병률

상 중 하

KEYWORD
- 분석역학

해설
상대위험도 = 노출군의 발병률/비노출군 집단의 발병률

보충학습

코호트 연구(Cohort Study, 폭로-비폭로군 연구)
㉠ Cohort : 공통된 특성이나 속성 또는 동일한 경험을 가진 그룹이라는 뜻이다.
㉡ 연구하고자 하는 질병에 이환되지 않은 건강군을 대상으로 하여 그 질병발생의 요인에 폭로된 집단(폭로군)과 폭로되지 않은 집단(비폭로군)간의 질병발생률을 비교·분석하는 방법이다.
㉢ 특성이 같은 집단을 선정하여 시간 간격을 두고 변동을 파악하는 경향연구이다.
㉣ 일반적으로 현시점을 기준으로 앞으로의 결과를 검토하는 전향성 연구(prospective study)라고도 한다.
㉤ 코호트 연구의 분석
  ⓐ 비교위험비(RR, Relative risk ratio, 상대위험비) : 병인에 폭로된 사람이 병에 걸릴 위험도가 병인에 폭로되지 않은 사람이 병에 걸릴 위험도의 몇 배나 되는지 나타내는 것, 이 비가 클수록 폭로된 요인이 병인으로 작용할 가능성이 커진다(인과관계 추론이 가장 강력한 지표).
    ㉮ RR=1 : 위험요인과 연관성이 없다.
    ㉯ RR>1 : 해당요인에 노출되면 질병의 위험도가 증가한다(양의 연관성, 질병의 원인).
    ㉰ RR<1 : 해당요인에 노출되면 오히려 질병위험도가 감소한다(음의 연관성, 예방효과).

요인 \ 질병	추적조사 결과		계
	질병 있음	질병 없음	
노출됨	A	B	A+B
노출되지 않음	C	D	C+D
계	A+C	B+D	A+B+C+D

정답 03.①

$$\text{비교위험비} = \frac{\text{노출군에서 발생률}}{\text{비노출군에서 발생률}} = \frac{\dfrac{A}{A+B}}{\dfrac{C}{C+D}}$$

ⓑ 기여위험도(AR, Attributable risk, 귀속위험도)
  ㉮ 질병발생 간의 차이를 산출하여 질병발생에서 특정 요인노출이 기여하는 정도가 얼마인가를 파악하는 데 사용된다.
  ㉯ 특정 위험요인의 노출을 완전히 제거할 경우 질병 발생을 얼마나 예방할 수 있는지 알 수 있어 임상이나 공중보건 영역에서 유용하다.

$$\text{기여위험분율} = \frac{\text{노출군의 발생률} - \text{비노출군의 발생률}}{\text{노출군의 발생률}} \times 100(\%)$$

04 다음 코호트 연구에서 상대위험도는?

당뇨병	질병		계
	당뇨	당뇨 없음	
당뇨진행	80	4,910	5,000
정상혈당	20	4,970	5,000
계	100	9,900	10,000

① 0.3
② 0.99
③ 4
④ 4.2

해설

$$\text{비교위험비} = \frac{\text{노출군에서 발생률}}{\text{비노출군에서 발생률}} = \frac{\dfrac{A}{A+B}}{\dfrac{C}{C+D}} = \frac{\dfrac{80}{5,000}}{\dfrac{20}{5,000}} = \frac{80}{20} = 4$$

KEYWORD
분석역학

12년 경북

05 환자-대조군연구의 단점은?
① 환자군과 비교하기에 적합한 대조군을 찾기가 어렵다.
② 질병 기록의 분류에 혼란을 야기한다.
③ 시간과 비용이 많이 들어 많은 대조군을 찾기가 어렵다.
④ 윤리적이며 도덕적인 문제가 제기된다.

해설
환자-대조군 연구에서는 환자군과 모든 조건이 비슷한 대조군 선정이 어렵다.

KEYWORD
분석역학

정답 04.③ 05.①

06 〔13년 서울의료기술〕
코호트 연구결과 비교위험도가 1.0이라면 무엇을 의미하는가?
① 특정요인 노출과 질병발생과의 연관성이 없다.
② 특정요인 노출이 질병의 위험도를 증가시킨다.
③ 특정요인 노출이 질병발생에 기여한 부분이 100%이다.
④ 특정요인이 질병발생위험도를 감소시킨다.

해설
비교위험비(RR)
㉠ RR=1 : 위험요인과 연관성이 없다.
㉡ RR>1 : 해당요인에 노출되면 질병의 위험도가 증가한다(질병의 원인).
㉢ RR<1 : 해당요인에 노출되면 오히려 질병위험도가 감소한다(예방효과).

KEYWORD
• 분석역학

07 〔13년 서울의료기술〕
질병의 발생기전을 병인, 숙주, 환경의 상호작용으로 설명할 때, 다음 중 숙주요인에 해당하는 것은?
① 바이러스, 세균, 스트레스
② 기온, 소금, 공기
③ 보건의료체계, 의료서비스
④ 성, 연령, 생활습관
⑤ 화학약품, 환경오염 물질

해설
숙주요인 : 내적요인, 숙주의 생물학적 요인, 건강상태, 면역상태, 보건행태

오답해설
① 바이러스, 세균, 스트레스 → 병인요인
② 기온, 소금, 공기 → 환경요인
③ 보건의료체계, 의료서비스 → 환경요인
⑤ 화학약품, 환경오염 물질 → 병인요인

KEYWORD
• 질병발생 3요소

정답 06.① 07.④

 **보충학습**

질병발생의 다요인설: 여러 원인, 여러 요인들의 작용으로 질병이 생긴다는 개념으로, 질병과 건강현상은 한 가지 요인이 그 질병이나 건강현상의 필요와 충분조건인 경우는 없으며 여러 가지 요인의 상호작용으로 발생한다는 것이다.

㉠ 병인(병원체, Agent) – Clark(1992) : 질병발생의 직접적인 원인(1차 요인)

물리적 요인	외상을 유발시키는 여러 가지 기계적인 힘, 고온, 한랭, 압력, 진동, 방사능, 과다한 자외선 노출 등을 말한다.	
화학적 요인	외인성 요인	생물학적 병원체 요인을 제외한 유해 물질, 즉, 독물질, 알러젠 등 숙주의 환경에 존재하면서, 숙주와 접촉하거나 체내에 유입되었을 때 질병을 유발할 수 있는 모든 화학물질(살충제, 음식첨가물, 빙초산, 양잿물 등)을 말한다.
	내인성 요인	인체에서 분비되는 물질, 즉, 신체 내의 이상이 생겼거나 간장 및 신장에 장애가 있을 경우 이들 화합물이 신체에 축적되어 질병을 발생시킨다.
영양 요인	영양의 과잉 또는 결핍은 질병을 유발한다.	
심리적 요인	스트레스, 사회적 격리, 사회적 지지 등	
생물학적 요인	세균, 리케차, 바이러스, 곰팡이, 기생충, 원충류, 후생동물, 절지동물 등	

㉡ 숙주(Host)
  ⓐ 개인의 병인에 대한 감수성과 면역기전에 좌우되며, 내적 요인과 외적 요인의 상호작용에 의해 결정된다.
  ⓑ 같은 조건의 병인과 환경이라도 숙주의 상태에 따라 질병발생 양상은 다양하다.

생물학적 요인	성, 연령, 인종, 면역 등
감수성과 저항력	유전적 요인(염색체 이상, 대머리, 유전병 등), 생물학적 요인(성, 연령 등), 체질적 요인(과거 폭로 경험, 영양상태, 건강상태, 성격 등), 사회적 요인(사회경제적 수준, 결혼, 가족 형태, 직업 등)에 따라 결정된다.
보건행태 (습관이나 관습)	생활습관, 개인위생

㉢ 환경(environment) : 숙주를 둘러싸고 있는 모든 것, 질병발생에 영향을 미치는 외부 요인을 의미하며, 병원소의 전파방식을 결정한다.

생물학적 환경	동식물, 미생물, 감염성 질환의 매개체, 감염원
사회적 환경	문화적, 기술적, 정치적, 인구학적, 사회학적, 경제학적, 법적 특성이 포함
물리적 환경	고열과 한랭 및 공기, 기압, 주택시설, 음료수, 소음, 지리적 조건 등이 포함

[14년 경북보건진료]

08 중국에서 갑자기 발생한 돌연변이 조류인플루엔자의 유행변화로 맞는 것은?

① 추세변동　　　　　② 주기변동
③ 계절변동　　　　　④ 불시유행

KEYWORD
- 기술역학

해설

불시유행(Irregular variation, 불규칙 변화) : 어떤 시간적 특징을 나타내지 않고 돌발적으로 질병이 발생하여 집중적으로 많은 환자가 발생하는 현상으로 잠복기가 짧고 환자발생이 폭발적이다(외래 감염병의 국내 침입).
예 콜레라, SARS, MERS, 동물인플루엔자, AI

오답해설

기술역학의 시간적 변수
① 추세변화(Secular trend, 장기 변화) : 어떤 질병을 수년 또는 수십 년간 관찰하였을 때 증가 혹은 감소의 경향을 보여주는 것이다.
　예 장티푸스(30~40년), 디프테리아(10~20년), 인플루엔자(약 30년)
② 주기변화(cyclic variation, 순환변화) : 어떤 질병의 발생률은 몇 년을 주기로 집단발생이 재현되는 양상을 보인다. 이유는 주로 해당 지역주민의 집단면역의 수준이 저하되기 때문이다.
　예 풍진·유행성이하선염·일본뇌염은 3~4년, 백일해 2~4년, 홍역 2~3년
③ 계절변화(Seasonal variation) : 계절에 따른 질병률, 사망률의 변화가 매번 비슷한 양상을 보이는 것이며, 넓은 의미로 주기변동에 속하나 1년을 주기로 특히 많이 발생하는 월이나 계절이 있을 때를 말한다.
　예 신증후군출혈열, 쯔쯔가무시증, 렙토스피라증 등

[14년 경북보건]

09 혈당검사 정상범위를 126 이하에서 116으로 낮추었을 때 특이도와 민감도의 변화로 옳은 것은?

① 특이도 증가, 민감도 증가
② 특이도 감소, 민감도 감소
③ 특이도 감소, 민감도 증가
④ 특이도 증가, 민감도 감소

KEYWORD
- 진단기준 경계 값과 타당도

해설

당뇨검사의 혈당 기준치를 낮추면 피검자가 기준치에 더 많이 포함되고 환자로 판정되는 사람이 늘어나게 된다. 결국 기준치가 높을 때보다 낮을 때 환자로 판정되는 사람이 늘어나 민감도는 증가하게 되며 이는 질병이 없는 사람이 검사결과 양성으로 나타날 확률인 위양성률도 높아지게 되므로 특이도는 감소하게 된다.

정답 08.④ 09.③

> **보충학습**
>
> ㉠ 용어정리
>   ⓐ 민감도(sensitivity) : 질병을 가진 환자의 검사가 양성으로 나타나는 경우, 즉, 질병이 있는 환자 중 검사결과가 양성으로 나타날 확률(환자)
>   ⓑ 특이도(specificity) : 질병이 없는 사람이 검사결과가 음성으로 나타나는 경우, 즉, 질병이 없는 환자 중 검사결과가 음성으로 나타날 확률(건강인)
>   ⓒ 위음성률 : 질병이 있는 사람이 검사결과 음성으로 나타날 확률
>   ⓓ 위양성률 : 질병이 없는 사람이 검사결과 양성으로 나타날 확률
> ㉡ 두 가지 검사를 함께 사용하는 경우
>   ⓐ 한 검사에서 질병을 진단하는 것보다 두 검사에서 동시에 양성인 대상자를 '질병 있음'으로 진단한다면, 이는 더 엄격한 기준을 사용하는 것으로 민감도는 감소하고, 특이도는 증가할 것으로 예측할 수 있다.
>   ⓑ 두 검사 중 어느 하나에 양성인 경우를 '질병 있음'으로 진단하고자 한다면, 이는 하나의 검사를 사용했을 때보다 덜 엄격한 기준을 사용하는 것이므로 민감도는 증가하며, 특이도는 감소할 것이다.

10 [14년 경북보건진료]

만성질환 희귀병 조사에 적합한 것은?

① 전향성 조사　　　② 환자-대조군
③ 기술역학　　　　④ 단면조사

KEYWORD
● 분석역학

해설

환자-대조군 연구(Case-Control Study)
㉠ 연구하고자 하는 질병에 이환된 집단을 대상으로 한 환자군과 질병이 없는 대조군을 선정하여 질병발생과 관련이 있다고 의심되는 요인들과 질병발생의 원인관계를 규명하는 연구방법이다.
㉡ 현재 질병이 있는 환자군이 과거에 어떤 요인에 노출되었는가를 조사하는 것으로 후향성 연구(Retrospective Study)라고도 하며, 이 연구에서는 환자군과 대조군의 선정이 가장 중요하다.

정답 10.②

11 부모로부터 태반을 통해 태아에게 물려주는 것은?
① 인공능동면역
② 인공수동면역
③ 자연수동면역
④ 자연능동면역

해설

능동면역	자연능동면역	병원체나 독소에 대해 생체 스스로가 작용해서 생기는 면역으로 효과는 늦지만 면역성이 강하고 오래 지속된다. 현성감염이나 불현성 감염 후에 성립되는 면역으로 영구적 면역이 많다. 예 두창(천연두), 홍역, 수두 등
	인공능동면역	인위적으로 백신이나 톡소이드로 감염을 일으켜 성립되는 면역(예방접종) • 백신 – 사균 : 장티푸스, 콜레라, 주사용 소아마비, 인플루엔자, A·B 간염, 유행성 출혈열, 폐구균 – 생균 : MMR(홍역, 볼거리, 풍진), 수두, BCG(결핵), 경구 소아마비, 경구용 장티푸스 • 독소 : 파상풍, 디프테리아, 보툴리눔 등
수동면역	자연수동면역	이미 면역을 보유한 개체가 항체를 혈청이나 기타 수단으로 다른 개체에게 주는 것으로 효과는 빠르나 지속기간(2~4주)이 짧다. 태아가 모체로부터 받는 면역으로 4~6개월간 지속되므로 후에 예방접종이 필요하다. 예 경태반 면역(소아마비, 홍역, 디프테리아)
	인공수동면역	이미 만들어진 항체(면역혈청, 항독소 등)를 인체에 직접 주입하여 면역이 형성되게 하는 것으로 면역 반응이 즉각적이나 효과는 일시적이어서 2~3주에서 2~3개월 정도 지속된다. 예 파상풍 항독소, B형간염 면역글로불린

12 코호트연구의 장점은?
① 위험요인 노출 수준을 여러 번 측정할 수 있다.
② 시간과 비용이 적게 든다.
③ 발생률이 낮은 질병에 적용하기 유용하다.
④ 동시에 여러 종류의 질병과 요인의 연관성을 연구할 수 있다.

해설
② 관찰기간이 길어 비용(경비, 노력, 시간)이 많이 소요된다.
③ 대상자가 많아야 하므로 발생률이 낮은 질병에 적용이 곤란하다(발생률이 높은 질환에만 유용함).
④ 단면조사 연구의 장점이다.

정답 11.③ 12.①

보충학습
코호트연구의 장점 및 단점

장 점	• 위험요인의 노출에서부터 질병 진행의 전 과정을 관찰할 수 있다. • 위험요인의 노출수준을 여러 번 측정할 수 있다. • 원인-결과 해석에 시간적 선후관계가 비교적 명확하다. • 질병발생의 위험률, 발병확률, 시간적 속발성, 상대위험비를 정확히 구할 수 있다. • 노출과 수많은 질병과의 연관성을 볼 수 있다.
단 점	• 비용(경비, 노력, 시간)이 많이 소요된다. • 관찰기간이 길고 대상자가 많아야 하므로 발생률이 낮은 질병에 적용이 곤란하다(발생률이 높은 질환에만 유용함). • 장기간의 조사로 중간 탈락자가 많아 정확도에 문제가 발생하고, 연구자의 잦은 변동으로 차질이 발생할 수 있다. • 진단방법과 기준 변동과 질병분류 착오가 생길 수 있다. • 추적이 불가능한 대상자가 많아지면 연구 결과에 영향을 줄 수 있다.

[14년 경북보건진료]

13 세균이 전염시키는 질환은?

① 홍역, 인플루엔자
② 디프테리아, 발진티푸스
③ 콜레라, 폴리오
④ 결핵, 장티푸스

KEYWORD
• 병원체

해설
① 홍역(바이러스), 인플루엔자(바이러스)
② 디프테리아(세균), 발진티푸스(리케차)
③ 콜레라(세균), 폴리오(바이러스)

보충학습

병원체(pathogen) : 감염이나 감염성 질환을 일으킬 수 있는 유기체로 흔히 세균, 바이러스, 리케차, 곰팡이, 원충, 기생충 등이 포함되며, 이러한 병원체는 인간과 상호작용을 통해 나타나는 현상으로 감염력, 병원력, 독력 등이 있다.

세균(Bacteria)	콜레라, 디프테리아, 장티푸스, 결핵, 성병, 나병, 백일해, 세균성 이질, 페스트, 파라티푸스, 성홍열 등
바이러스(Virus)	일본뇌염, 소아마비, 폴리오, 홍역, 수두, 풍진, 유행성 이하선염, 유행성 간염, B형 간염, 에이즈, 공수병, 두창, 황열, 유행성 출혈열 등
리케차(Rickettsia)	발진열, 발진티푸스, 쯔쯔가무시, Q열, 로키산홍반열
Protozoa(원충류)	아메바성 이질, 말라리아, 기생충 등
Fungus(곰팡이)	무좀, 각종 피부질환, 칸디다증, 백선

정답 13.④

15년 경기의료기술 9급

14 환자군-대조군 연구의 장점으로 맞는 것은?

ㄱ. 희귀질병이나 잠복기간이 긴 질병에 특히 적용된다.
ㄴ. 연구결과를 모집단에 적용하는 데 유용하다.
ㄷ. 표본인구가 적어도 되므로 비교적 시간, 노력, 경비가 절약된다.
ㄹ. 시간상 선후관계가 명확하여 원인적 연관성을 확정지을 수 있다.

① ㄱ, ㄴ, ㄷ
② ㄱ, ㄷ
③ ㄴ, ㄹ
④ ㄱ, ㄴ, ㄷ, ㄹ

KEYWORD
분석역학

해설

㉠ 환자군-대조군 연구의 장·단점

장점	· 경제적이다. · 연구대상자 수가 적게 든다. · 단기간에 연구를 수행할 수 있다. · 희귀한 질병이나 잠복기가 긴 질병에 대한 연구로 적절하다. · 한 질병과 관련 있는 여러 위험요인을 동시에 조사할 수 있다. · 중도탈락의 문제가 없다.
단점	· 과거 노출여부에 대한 정보수집이 불확실하다. · 적절한 대조군 선정이 곤란하다. · 기억에 의존하므로 정보 편견이 작용한다.

㉡ 시간상 선후관계가 명확하여 원인적 연관성을 확정 지을 수 있는 것은 코호트 연구의 장점이다.

15년 경기보건

15 수년의 간격으로 질병이 발생해 반복되는 순환변화에 해당하는 것은?

① 콜레라, 장티푸스
② 유행성 일본뇌염, 백일해
③ 장티푸스, 홍역
④ 디프테리아, 인플루엔자

KEYWORD
기술역학의 시간적 변수

해설

① 콜레라(불규칙 변화, 불시유행), 장티푸스(추세변화)
③ 장티푸스(추세변화), 홍역(주기변화)
④ 디프테리아(추세변화), 인플루엔자(추세변화)

정답 14.② 15.②

16 [15년 전남경쟁력]

수인성 전염병 발생의 특징으로 옳지 않은 것은?
① 성별, 연령별, 직업별 차이가 없다.
② 환자발생이 폭발적이며 동시다발적이다.
③ 치명률이 낮고 2차 감염이 거의 없다.
④ 유행지역과 급수지역이 다르다.

해설
수인성 감염병 유행의 특징
㉠ 유행지역과 급수지역이 일치한다.
㉡ 환자가 집단적 또는 폭발적으로 발생한다.
㉢ 음용수에서 동일한 병원체를 검출할 수 있다.
㉣ 성별, 연령 구분 없이 발병한다.
㉤ 잠복기가 길고 치사율이 낮으며 2차 감염률이 있다.
㉥ 음용수 사용을 중지하거나 개선하면 환자발생이 중지 또는 감소된다.
㉦ 계절과 관계없이 발생하나 여름에 많다.

KEYWORD
감염성 질환

17 [16년 서울]

당뇨환자를 발견하기 위한 집단검진으로 공복 시 혈당검사를 하려고 한다. 검사의 정확도를 높이려고 할 때 혈당측정 검사도구가 갖추어야 할 조건은?
① 높은 감수성
② 높은 민감도
③ 낮은 양성예측도
④ 낮은 특이도

해설
검사방법의 정확도(타당도)를 높이기 위해서는 검사의 민감도와 특이도를 높여야 하며 양성예측도와 음성예측도도 높아야 한다.

KEYWORD
타당도

보충학습
㉠ 민감도 : 질병이 있는 사람을 양성으로 판정할 확률(환자)
㉡ 특이도 : 질병이 없는 사람을 음성으로 판정할 확률(건강인)
㉢ 양성예측도 : 양성으로 판정 받은 대상자가 실제 질병이 있는 환자일 확률
㉣ 음성예측도 : 음성으로 판정 받은 대상자가 실제 질병이 없는 사람일 확률

정답 16.④ 17.②

18

[16년 환경부]

환경역학 연구방법 중 관찰연구로 옳지 않은 것은?
① 임상시험연구
② 단면조사연구
③ 코호트연구
④ 환자-대조군연구
⑤ 분석역학연구

해설

임상시험연구는 역학적 연구방법 중 실험적 연구에 해당한다.
[역학연구방법의 분류]

실험적 연구		지역사회 실험, 임상실험
관찰적 연구	기술역학(1단계)	분포, 경향(인구학적 특성, 지역적 변수, 시간적 변수)
	분석역학(2단계)	• 단면 조사 연구 • 환자-대조군 연구 • 코호트 연구
기타 연구	이론역학(3단계)	• 질병 양상의 모델 설정 • 수학, 통계학적 방법을 이용한 유행예측
	작전역학(4단계)	• 지역사회 보건서비스 향상이 목적인 역학 • 질병의 발생 위험도 측정

KEYWORD
관찰연구

19

[16년 경기의료기술]

환자-대조군 연구에서만 산출이 가능한 것은?
① 교차비
② 비교위험도
③ 상대위험도
④ 귀속위험도

해설

교차비
㉠ 환자-대조군 연구에서 계산하는 통계량으로 질병과 위험요인의 상관관계를 Odds ratio로 제시하게 된다.
㉡ Odds란 한 특성을 가진 집단에서 질병의 발생확률을 p라고 할 때, 사건발생확률(p)과 비발생확률(1-p)의 비율은 p/1-p를 의미하며, 서로 다른 두 집단 사이의 Odds의 단순비(ratio)가 Odds ratio이다.

오답해설

② 비교위험도(상대위험도) : 질병 발생의 위험요인을 갖고 있거나 폭로군에서의 질병발생률을 비폭로군에서의 질병발생률로 나눈 것이다.
④ 귀속위험도(기여위험도) : 위험요인이 질병 발생에 얼마나 기여했는지 나타내는 것으로 요인이 제거되면 질병이 얼마나 감소되는지 예측하기 위한 것이다.

KEYWORD
분석역학

정답 18.① 19.①

보충학습

환자-대조군 연구(Case-Control Study)
㉠ 연구하고자 하는 질병에 이환된 집단을 대상으로 한 환자군과 질병이 없는 대조군을 선정하여 질병 발생과 관련이 있다고 의심되는 요인들과 질병 발생의 원인관계를 규명하는 연구방법이다.
㉡ 현재 질병이 있는 환자군이 과거에 어떤 요인에 노출되었는가를 조사하는 것으로 후향성 연구(Retrospective Study)라고도 하며, 이 연구에서는 환자군과 대조군의 선정이 가장 중요하다.

---

20 [16년 환경부]

환경역학에 대한 설명으로 옳지 않은 것은?
① 인구집단을 대상으로 한다.
② 환경성 질환의 인과관계를 연구한다.
③ 환경성 질환의 치료기술을 개발한다.
④ 환경성 질환의 예방방법을 연구한다.
⑤ 환경성 질환의 지속적 관리를 할 수 있게 한다.

해설
인구집단을 대상으로 질병 발생 요인을 파악하고 요인 간의 상호관계를 규명하여 그 빈도와 분포, 경향 등의 양상을 명백히 하여 질병 예방과 건강 증진을 위한 실제적인 수단을 개발하는 학문이다.

KEYWORD
환경역학

---

21 [16년 환경부]

다음 환자-대조군 연구결과에서 위험요인과 질병과의 연관성을 평가하기 위하여 산출된 위험요인 노출에 대한 교차비(Odds Ratio)로 맞는 것은?

구분		질병	
		환자군	대조군
위험요인	노출	8	5
	비노출	2	5

① 0.25
② 1.0
③ 2.15
④ 4.0
⑤ 5.0

해설
교차비 : ad/bc=(8×5)/(5×2)=40/10=4

KEYWORD
환자-대조군 연구

정답 20.③ 21.④

보충학습

교차비(Odds Ratio)

㉠ 환자-대조군 연구에서는 요인과 질병간의 연관성 지표로서 교차비를 산출한다.
㉡ '환자 군에서 위험요인 노출/비노출 비에 비해, 대조군에서의 노출/비노출 비=(A/C)/(B/D)' 혹은 '위험요인 노출군에서의 질병 있음/없음 비에 비해, 위험요인 비노출군에서의 질병 있음/없음 비=(A/B)/(C/D)'로 정의된다.
㉢ 교차비는 비교위험도의 좋은 추정치이며 특히 해당 질병의 발생률이 10% 이하인 경우는 비차비와 비교위험도의 값이 거의 같다. 질병발생빈도가 낮은 경우 교차비가 비교위험도와 거의 같아지기 때문에 교차비를 비교위험도처럼 해석할 수 있다.
㉣ 교차비(OR)의 의미
  - OR=1 : 유해요인과 건강문제는 상관관계가 없다
  - OR>1 : 유해요인과 건강문제는 서로 연관성이 높다.
  - OR<1 : 유해요인이 아니라 건강보호 인자로 작용한다.

구분		질병여부		합계
		질병 있음	질병 없음	
위험요인	노출	a	b	a+b
	비노출	c	d	c+d
계		a+c	b+d	a+b+c+d

* 질병여부에 따른 교차비 : (A/C)/(B/D)=AD/BC
* 노출여부에 따른 교차비 : (A/B)/(C/D)=AD/BC

16년 경기

22 위험요인이 노출된 집단과 노출되지 않은 집단에서의 질병발생률 차이로 위험요인을 제거했을 때 질병발생을 예방하는 데 얼마나 효과가 있는지를 나타내는 위험도는 무엇인가?

① 상대위험도
② 귀속위험도
③ 비교위험도
④ 교차비

KEYWORD
위험도

해설

기여위험도(AR, Attributable risk, 귀속위험도)
㉠ 질병발생 간의 차이를 산출하여 질병발생에서 특정 요인노출이 기여하는 정도가 얼마인가를 파악하는 데 사용된다.
㉡ 특정 위험요인의 노출을 완전히 제거할 경우 질병 발생을 얼마나 예방할 수 있는지 알 수 있어 임상이나 공중보건 영역에서 유용하다.
㉢ 기여위험분율 $= \dfrac{\text{노출군의 발생률} - \text{비노출군의 발생률}}{\text{노출군의 발생률}} \times 100(\%)$

정답 22.②

23

[16년 환경부]

역학연구에서 위험요인과 질병과의 원인적 연관성을 판단하는 것으로 B.Hill이 제시한 기준에 해당되지 않는 것은?

① 시간적 선후관계
② 기존지식과의 일치성
③ 원인의 다양성
④ 관련성의 정도
⑤ 용량-반응관계

해설

브레드포드 힐의 인과관계 판단 기준

㉠ 요인에 대한 노출과 질병 발생과의 시간적 선후관계 : 요인에 대한 노출은 항상 질병 발생에 앞서 있어야 한다. 시간적인 순서만이 아니고 노출과 질병발생 간의 기간도 적절해야 한다.
  예) 석면은 폐암의 위험요인이다. 이환기간은 15~20년 이상으로 알려져 있는데 첫 석면 노출 후 2개월 후에 폐암 진단을 받았다면 그 환자의 폐암의 원인이 석면노출이라고 판단하기 어렵다.
㉡ 연관성의 강도 : 연관성의 강도가 클수록 인과관계일 가능성이 높다는 것이다.
  예) 폐암과 관련된 요인 중 흡연자의 폐암 발생률이 비흡연자보다 4~16배 높고, 대기오염 수준이 높은 지역의 폐암 발생률이 낮은 지역에 비해 1~1.6배 높을 경우, 흡연이 대기오염보다 폐암의 원인일 가능성이 높다는 것이다.
㉢ 연관성의 일관성 : 요인과 결과 간의 연관성이 관찰 대상 집단과 연구방법, 연구시점이 다름에도 비슷하게 관찰되면 일관성이 높다고 하고 이 경우 인과관계일 가능성이 높다.
  예) 흡연과 폐암의 관계는 이러한 일관성이 관찰된 예이다.
㉣ 연관성의 특이성 : 하나의 요인이 다른 질환과는 연관성을 보이지 않고 특정 질환과 연관성을 보이거나, 한 질환이 여러 요인과 연관성을 보이지 않고 특정 요인과 연관성을 보일 경우를 의미한다.
㉤ 용량-반응 관계 : 요인에 대한 노출의 정도가 커지거나 작아질 때, 질병 발생 위험도가 이에 따라서 더 커지거나 더 작아지는 경우 인과관계일 가능성이 커진다.
  예) 일주일에 2~3번 음주를 하는 사람보다 하루에 한 병씩 마시는 사람이 간암이 발생할 확률이 더 높은 경우 음주가 간암을 유발하는 원인일 가능성이 크다.
㉥ 생물학적 설명 가능성 : 역학적으로 관찰된 두 변수 사이의 연관성을 분자생물학적인 기전으로 설명이 가능하다면 인과관계일 가능성이 높다. 그러나 현재 가지고 있는 생물학적 지식의 정도에 의해 좌우된다.
  예) 19세기 중엽에는 미생물을 알지 못해 수술 전 손 씻기가 산욕열을 감소시킬 수 있다는 역학적 관찰은 생물학적으로 설명할 수가 없었다.
㉦ 기존 학설과 일치 : 추정된 위험요인이 기존 지식이나 소견과 일치할수록 원인적 인과성이 있을 가능성이 커진다. 즉, 질병의 자연사나 생물학적 특성과 일치할수록 인과관계가 일치하기 쉽다.
㉧ 실험적 입증 : 실험으로 요인에 노출할 때 질병 발생이 확인되거나 요인을 제거하여 질병 발생이 감소한다면 인과성에 대한 확증을 확보할 수 있게 된다.
㉨ 기존의 다른 인과관계와 유사성 : 기존에 밝혀진 인과관계와 유사한 연관성이 관찰되면 인과관계로 추론할 수 있다.
  예) 임신초기 풍진 감염이 태아의 선천성 기형의 원인이 된다는 인과관계가 밝혀졌는데 유사한 바이러스에 노출된 임산부에서 선천성 기형을 가진 아이가 태어났다면 인과적 연관성을 의심할 수 있다.

KEYWORD
원인적 연관성

정답 23.③

24

[16년 전남 3차 지방직]

호흡기 계통 감염병의 특징에 대한 설명으로 가장 거리가 먼 것은?

① 호흡기 계통 감염병의 병원체는 대부분 보균자에서 감수성자에게 직접 전파된다.
② 호흡기 계통 감염병의 효과적인 관리 방법은 예방접종보다는 환경개선이다.
③ 호흡기 계통 감염병의 병원체는 비말핵에 의한 전파가 가능하다.
④ 호흡기 계통 감염병의 디프테리아, 백일해, 홍역 등이 있다.

KEYWORD
- 호흡기계 감염병

해설

호흡기계 감염병
㉠ 개념 : 환자나 보균자의 비말감염, 공기전파로 이루어지는 비말핵 감염 및 먼지에 의한 감염으로 이루어진다.
㉡ 일반적인 특성
  ⓐ 초기에 다량의 분비물이 배출된다.
  ⓑ 보균자에게서 감수성자에게 직접 전파된다.
  ⓒ 계절적 변화가 커서 관리가 어렵다.
  ⓓ 성별, 연령별, 사회, 경제적인 상태와 관련이 깊다.
  ⓔ 인구밀도가 높은 지역은 호흡기계 감염병이 호발한다.
㉢ 관리방법 : 예방접종, 개인위생 관리, 접촉 차단
㉣ 종류 : 홍역, 디프테리아, 백일해, 수두, 풍진, 성홍열, 인플루엔자 등

25

[17년 경기]

모 초등학교 개나리반 학생 30명 중 20명이 급식 후 열과 구토를 동반한 식중독에 감염되었다. 이때 실시하는 역학연구 설계는?

① 단면연구   ② 코호트연구
③ 환자-대조군연구   ④ 임상역학연구

KEYWORD
- 분석역학

해설
㉠ 식약처 : 식중독의 역학조사는 역추적 조사라고 규정하고 있다.
㉡ 식중독일지라도 결과(원인균이나 원인물질)가 분명한 경우 가까운 과거에 섭취한 식사로 확인 작업을 거친다. 이 경우 식중독의 연구를 후향성 연구로 보기도 한다.

보충학습

환자-대조군 연구(Case-Control Study)
㉠ 연구하고자 하는 질병에 이환된 집단을 대상으로 한 환자 군과 질병이 없는 대조군을 선정하여 질병 발생과 관련이 있다고 의심되는 요인들과 질병 발생의 원인관계를 규명하는 연구방법이다.
㉡ 현재 질병이 있는 환자 군이 과거에 어떤 요인에 노출되었는가를 조사하는 것으로 후향성 연구(Retrospective Study)라고도 하며, 이 연구에서는 환자 군과 대조군의 선정이 가장 중요하다.

정답 24.② 25.③

26

[17년 환경부]

중증열성혈소판감소증후군에 대한 설명으로 옳지 않은 것은?

① 약 3~4주의 잠복기를 갖는다.
② Phlebovirus속에 속하는 RNA바이러스가 원인이다.
③ 자연회복이 가능하나 일부 감염자는 중증화되어 사망한다.
④ 산이나 들판에서 작은소참진드기에 물려 감염된다.
⑤ 발열, 식욕 저하, 근육통 등의 증상이 나타난다.

KEYWORD
절지동물 매개 감염병

해설
잠복기 : 평균 6~14일

보충학습

중증열성혈소판감소증후군(제3급 감염병)
㉠ 진드기매개질병으로 2009년 중국에서 최초로 보고된 후 국내에서는 2013년 첫 환자 발생이 보고되었다.
㉡ 병원체 : 중증열성혈소판감소증후군 바이러스에 의한 감염병으로, SFTS 바이러스는 Bunyaviridae Phlebovirus속에 속하는 RNA 바이러스다.
㉢ 병원소 : 병원소에 대한 연구는 아직 근거가 부족하지만 중국에서 양, 소, 돼지, 개, 닭 등에 대한 혈청검사에서 바이러스가 분리되어 병원소일 가능성이 제기되었다.
㉣ 전파 : 주로 산과 들판의 풀숲에 사는 작은소참진드기에 물려 감염되는 것으로 추정되며, 감염된 환자의 혈액 및 체액에 의한 감염도 보고되고 있다
㉤ 잠복기 : 평균 6~14일(1~2주)
㉥ 증상
ⓐ 발열, 식욕 저하, 구토, 설사, 복통, 피로, 림프절 비대, 두통, 근육통 등
ⓑ 중증의 경우 말 어눌, 경련, 의식저하 등의 신경학적 증상, 다발성 장기부전
ⓒ 치명률 : 약 6~30%
㉦ 치료 및 예방
ⓐ 특별한 치료제가 없어 증상에 따른 치료를 받는다.
ⓑ 진드기에 물리지 않도록 하는 것이 주된 예방법이다.
ⓒ 야외활동 시 피부를 보호한다.

정답 26.①

27 [17년 경기]

어떤 사실에 대하여 계획, 조사를 실시하는 것으로 제1단계 역학에 해당하는 것은?

① 기술역학 ② 분석역학
③ 실험역학 ④ 이론역학

해설

기술역학(역학의 1단계) – 자료의 수집과 분석
건강과 건강 관련 상황이 발생했을 때 있는 그대로의 상황을 기술하는 것이다. 인구집단을 대상으로 인적, 시간적, 지역적 변수에 따라 질병현상의 분포를 관찰하고 그 원인을 찾는 데 필요한 단서를 제공하고, 새로운 가설을 도출하는 수단으로 활용될 수 있다.

28 [17년 지방직]

다음 표에 제시된 전향성 코호트 연구 결과에서 위험요인의 질병발생에 대한 기여위험도는?

구분		질병		합계
		유	무	
위험요인	유	a	b	a+b
	무	c	d	c+d
합계		a+c	b+d	a+b+c+d

① {a/(a+b)} — {c/(c+d)} ② {b/(a+b)} — {d/(c+d)}
③ {a/(a+c)} — {b/(b+d)} ④ {c/(a+c)} — {d/(b+d)}

해설

기여위험도 : (폭로군에서의 발생률)R_1—R_2(비폭로군에서의 발생률)
= {a/(a+b)} – {c/(c+d)}

29 [17년 환경부]

수인성 병원미생물로 옳지 않은 것은?

① 장티푸스 ② 콜레라
③ 디프테리아 ④ 세균성이질

해설

디프테리아 : 디프테리아균의 감염에 의한 급성 호흡기계 질환이다.

정답 27.① 28.① 29.③

30 　17년 환경부

역학연구 중 단면 조사연구 방법의 장점으로 옳지 않은 것은?
① 빈도가 낮은 질병이나 이환기간이 짧은 감염병에 적합한 연구 방법이다.
② 비교적 단시간 내에 결과를 얻을 수 있다.
③ 동시에 여러 종류의 질병과 그 발생요인의 관련성을 조사할 수 있다.
④ 비용이 저렴하다.

KEYWORD
분석역학

해설
일정한 시점에서 조사하기 때문에 빈도가 낮은 질병이나 이환기간이 짧은 질병에는 부적합한 것이 단점이다.

보충학습

단면조사연구의 장·단점

장점	• 환자-대조군연구나 코호트연구에 비해 시행하기가 쉽다. • 단시간 내에 결과를 얻을 수 있어 경제적이다. • 동시에 여러 종류의 질병과 요인과의 관련성에 대한 조사가 가능하다. • 질병의 자연사나 규모를 모를 때 유리하다. • 일반화가 쉽고 해당 질병의 유병률을 구할 수 있다. • 어떤 사실을 찾거나 가설검증에 도움이 된다.
단점	• 질병과 관련요인 간의 선후관계를 규명하기가 어렵다. • 대상 인구집단이 비교적 커야 한다. • 일정한 시점에서 조사를 하기 때문에 누적유병률이 낮은 질병이나 이환기간이 짧은 질병에는 부적합하다. • 상관관계만 알 수 있을 뿐 인과관계를 규명하지는 못한다. • 복합요인 중에서 원인요인만 찾아내기 어렵다. • 대상이 연구 시점에 만날 수 있는 환자로 제한되어 이미 사망한 환자는 제외되므로 선택적 생존 바이어스를 유발한다. • 발생률을 구할 수 없고, 현재와 과거사항만을 주대상으로 하므로 예측력이 낮다.

31 　18년 울산 보건연구사

역학의 정의에 대한 설명으로 가장 적절한 것은?
① 인구집단의 질병 빈도와 결정요인을 규명하는 학문
② 인간의 질병 원인을 탐구하는 학문
③ 인구집단의 질병 빈도와 분포 및 결정요인을 규명하는 학문
④ 인구의 사망 원인을 규명하는 학문

KEYWORD
역학

정답　30.① 31.③

해설

역학의 정의
㉠ 인구집단을 대상으로 생리적 상태 및 이상 상태에 대한 빈도와 분포를 기술하고, 이러한 빈도와 분포를 결정하는 요인들을 원인적 연관성 여부를 근거로 밝혀냄으로써 효율적 예방법을 개발하는 학문이다.
㉡ 세부내용
 ⓐ 역학의 대상은 개인이 아닌 지역사회 인구집단(건강인과 환자) 모두를 포함한다.
 ⓑ 생리적 상태와 이상 상태를 모두 포함하는 것은 인간에게 필연적으로 발생할 수 있는 자연사를 역학연구의 대상으로 한다.
 ⓒ 질병의 분포와 빈도를 기술한다는 것은 인구집단 내에서 발생하는 생리적 상태와 이상 상태의 빈도와 이러한 사건이 어떤 모양으로 퍼져 있는가(분포)를 과학적으로 설명하는 것이다.
 ⓓ 빈도와 분포를 결정하는 요인과 결과의 관계를 원인적 연관성에 근거하여 밝혀냄으로써 효율적 예방법을 개발하는 학문이다.
 ⓔ 개발된 인과적 연관성 혹은 위험요인을 건강증진과 질병예방 및 관리에 이용한다.

32. 다음 설명에 해당되는 질병발생 모형은?

> 질병 발생은 인간과 환경과의 상호작용의 결과로 설명하며 질병에 대한 원인 요소들의 기여 정도에 따라 면적 크기를 다르게 표현함으로써 역학적으로 분석한다.

① 역학적 삼각형 모형 ② 거미줄 모형
③ 수레바퀴 모형   ④ 원인 모형

KEYWORD
질병발생의 요인설

해설

수레바퀴 모형
㉠ 질병은 핵심적인 숙주 요인과 그를 둘러싼 생물학적 사회적 물리·화학적 환경의 상호작용으로 발생한다고 해석하는 모형
㉡ 수레바퀴 중심은 유전적 소인을 가진 숙주가 있고, 그 숙주를 둘러싸고 있는 환경은 생물학적, 화학적, 사회적 환경으로 구분되며, 질병의 종류에 따라 바퀴를 구성하는 각 부분의 크기는 달라진다.
㉢ 이 모형은 질병의 병인을 강조하지 않고 다요인적 병인을 확인하는 데 필요성을 강조하고 있다.
㉣ 거미줄 모형과 차이점 : 숙주요인, 환경요인을 구분하고 있어 역학적 분석에 용이하다
㉤ 거미줄 모형과 유사점 : 질병의 병인보다 발생요인을 찾아내는 데 초점을 둔다.

오답해설
① 역학적 삼각형 모형(생태학적 모형) : 질병의 발생 기전을 환경이란 저울 받침대의 양쪽 끝에 병원체와 숙주라는 추가 놓인 저울대에 비유하여 설명하는 모형이다.
② 거미줄 모형(원인망 모형) : 질병 발생이 어느 한 가지 원인에 의한 것이 아니라 여러 가지 원인이 서로 연관되어 있고 반드시 선행하는 요소가 거미줄처럼 복잡하게 얽혀 질병이 발생한다는 설이다.

정답 32. ③

33 18년 경기의료

어느 기간 동안 질병에 걸리지 않은 인구에서 질병이 발생한 수에 대한 내용으로 질병의 원인을 찾는 데 가장 효과적인 것은?

① 유병률 ② 발병률
③ 발생률 ④ 치명률

KEYWORD
이환지표

해설

발생률 : 일정 기간 어느 인구집단 내에서 어떤 질병 또는 사건이 새롭게 일어난 횟수가 얼마나 되는가를 나타내는 것으로 질병의 원인을 찾는 데 중요하게 사용된다. 발생률에 변동이 생기면 원인 요인의 자연적인 변화, 효과적인 예방프로그램의 적용, 새로운 질병의 발생 등을 생각할 수 있다.

오답해설

① 유병률 : 어떤 시점에 인구 집단에서 질병을 가진 사람들의 수를 측정하는 것으로 한 시점 혹은 특정기간 중 개인이 질병에 걸려 있을 확률의 추정치를 제공하며, 시점유병률과 기간 유병률이 있다.
　㉠ 시점유병률 : 한 시점에서의 유병 상태로 시점 유병률을 정기적으로 측정하면 시간 경과에 따라 질병 양상이 어떻게 변화하는지 알 수 있다.

$$시점유병률 = \frac{같은 시점에서의 환자수}{특정 시점에서의 인구수} \times 10^x$$

　㉡ 기간유병률 : 어떤 특정한 기간에 어떤 인구 중에서의 질병 상태를 표현한 것으로 기간 병률의 분자는 특정 기간이 시작되는 시점에 질병을 가진 사람들과 그 기간에 새롭게 질병이 발생한 사람의 수를 합한 값을 말한다.

$$기간유병률 = \frac{그 기간 내에 존재하는 환자수}{특정 기간의 연중앙 인구수} \times 10^x$$

　㉢ 유병률이 높아지는 경우는 질병의 독성이 약해지거나, 치료 기술의 발달로 생존 기간이 길어진 경우이다.

② 발병률
　㉠ 어떤 집단이 한정된 기간에 어떤 질병에 걸릴 위험에 놓여 있을 때 전체 인구 중 주어진 집단 내에 새로 발병한 총수의 비율을 구한다. 감염병처럼 단기간에 특별한 유행 또는 사건이 발생할 때 사용한다.

발병률 = 같은 기간 내에 새로 발생한 환자 수/일정기간 발병 위험에 폭로된 인구 수 × 100

　㉡ 2차 발병률 : 환자를 가진 가구의 감수성이 있는 가구원 중에서 이 병원체의 최장 잠복기간 내에 발병하는 환자의 비율을 말한다.

2차 발병률 = 환자와 접촉으로 인하여 2차적으로 발병한 환자 수/환자와 접촉한 사람 수 × 100

④ 치명률 : 어떤 질병에 이환된 환자 수 중에서 그 질병으로 인한 사망자 수로 질병의 위중도를 나타낸다.

치명률 = 그 질병에 의한 사망자 수/특정 질병에 이환된 환자 수 × 100

정답 33.③

34

18년 지방직

리벨과 클라크는 질병의 자연사에 따른 예방적 수준을 제시하였다. 질병의 자연사 중 초기 병변 단계(불현성감염기)에 해당하는 예방적 조치는?

① 보건교육 ② 조기진단
③ 예방접종 ④ 재활훈련

KEYWORD
질병의 자연사와 예방

해설

Leavell & Clark(1965)은 예방의 수준을 1, 2, 3차로 구분하였다. 이 모델은 보건의료 전문직이 질병 발생 이전이나 질병의 진행단계에서 보건사업을 위한 전략을 인식하는 유용한 지침이다.

구분	질병의 과정	예방대책	예방수준
1단계	비병원성기(병인-숙주-환경의 상호작용)	건강증진	1차 예방
2단계	초기 병원성기(병인의 자극이 시작되는 질병전기)	특수예방	
3단계	불현성감염기(병인의 자극에 대한 숙주의 반응이 시작되는 불현성 감염기)	조기발견(진단)과 조기치료	2차 예방
4단계	현성질환기(임상 증상이 나타나는 현성 감염기)	악화방지를 위한 치료	
5단계	회복기(재활의 단계)	재활	3차 예방

35

18년 경기의료기술

감수성 지수가 높은 급성호흡기계 감염병으로 옳은 것은?

① 홍역 ② 폴리오
③ 백일해 ④ 성홍열

KEYWORD
감염병 발생과정

해설

신 숙주의 감수성과 면역

㉠ 감수성 : 병원체에 대항하여 감염이나 발병을 막을 수 있는 능력이 안 되는 방어력의 상태
㉡ 감수성 숙주 : 숙주의 저항력이 높고 면역이 있으면 감염되지 않고 감수성이 높으면 감염 및 발병을 한다.
㉢ 감수성 지수(접촉 감염자 수) : 감수성 보유자가 감염되어 발병하는 비율을 말하며 미감염자의 체내에 병원체가 침입하였을 경우 발병하는 비율로서 대체로 호흡기계 질병에 적용된다.
㉣ 선천면역과 관련하여 설명되기도 하며, 감염지수라고도 한다.
㉤ 드 루더(De Rudder)는 급성호흡기계 감염병에 있어서 감수성 보유자가 감염되어 발생하는 비율을 %로 표시하였다.
㉥ 천연두(두창), 홍역 95% > 백일해 60~80% > 성홍열 40% > 디프테리아 10% > 소아마비 0.1% 이하로 두창과 홍역이 가장 높다고 보았다(폴리오를 제외하고 모두 급성호흡기계 감염병).

정답 34.② 35.①

36 〔18년 경기의료기술〕

인공능동 면역제제에 대한 설명으로 옳은 것은?
① 면역혈청
② 독성을 약화시킨 생균
③ 자연수동면역의 모체
④ 감마글로불린, 면역글로불린

해설

인공능동 면역 : 예방접종 후 획득하는 면역으로서 생균 백신, 사균 백신, 순화독소 등에 의한 면역이 있다.

KEYWORD
면역

37 〔18년 경기보건〕

만성질환의 역학적 특성 중 틀린 것은?
① 연령에 따라 유병률이 증가한다.
② 발병률이 높고 유병률이 낮다.
③ 좋고 나쁨이 반복되고 안좋은 방향으로 진행된다.
④ 여러 위험 요인이 파악되었다.

해설

만성질환의 특성
① 발생하면 장기간(3개월 이상)에 걸쳐 오랜 기간의 치료와 감시가 필요하다.
② 악화와 호전을 반복하면서 불가역적인 병리변화를 동반한다.
③ 질병 발생 시점이 불분명하며 연령이 증가하면 유병률도 증가한다(유병률＞발병률).
④ 개인적, 산발적으로 발생한다.
⑤ 직접적인 원인이 없고 여러 요인이 복합적으로 작용하여 규명이 어렵고, 잠재기가 길어 일관성 있는 관리가 어렵다.
⑥ 장기간의 치료, 관리, 재활이 필요하다.
⑦ 기능장애를 동반한다.

KEYWORD
만성질환

정답 36.② 37.②

18년 경기보건

38 생물테러 감염병 또는 치명률이 높거나 집단 발생의 우려가 커서 발생 또는 유행 즉시 신고하여야 하고 음압격리와 같은 높은 수준의 격리가 필요한 감염병에 해당하는 것은?

① 말라리아, 발진열, 장티푸스
② C형 간염, 페스트, 에이즈
③ 에볼라바이러스, 마버그열, 라싸열
④ 임질, 레지오넬라증, 브루셀라증

KEYWORD
법정감염병

해설

제1급 감염병	• 생물테러 감염병 또는 치명률이 높거나 집단 발생의 우려가 커서 발생 또는 유행 즉시 신고하여야 하고, 음압격리와 같은 높은 수준의 격리가 필요한 감염병으로서 다음 각 목의 감염병을 말한다. 다만, 갑작스러운 국내 유입 또는 유행이 예견되어 긴급한 예방·관리가 필요하여 질병관리청장이 보건복지부장관과 협의하여 지정하는 감염병을 포함한다. • 종류 : 에볼라바이러스병, 마버그열, 라싸열, 크리미안콩고출혈열, 남아메리카출혈열, 리프트밸리열, 두창, 페스트, 탄저, 보툴리눔독소증, 야토병, 신종감염병증후군, 중증 급성 호흡기 증후군(SARS), 중동호흡기증후군(MERS), 동물인플루엔자 인체감염증, 신종인플루엔자, 디프테리아
제2급 감염병	• 전파가능성을 고려하여 발생 또는 유행 시 24시간 이내에 신고하여야 하고, 격리가 필요한 다음 각 목의 감염병을 말한다. 다만, 갑작스러운 국내 유입 또는 유행이 예견되어 긴급한 예방·관리가 필요하여 질병관리청장이 보건복지부장관과 협의하여 지정하는 감염병을 포함한다. • 종류 : 결핵, 수두, 홍역, 콜레라, 장티푸스, 파라티푸스, 세균성 이질, 장출혈성대장균감염증, A형 간염, 백일해, 유행성 이하선염, 풍진, 폴리오, 수막구균 감염증, b형 헤모필루스인플루엔자, 폐렴구균 감염증, 한센병, 성홍열, 반코마이신 내성 황색포도알균(VRSA) 감염증, 카바페넴내성장내세균속균종(CRE) 감염증, E형 간염
제3급 감염병	• 발생을 계속 감시할 필요가 있어 발생 또는 유행 시 24시간 이내에 신고하여야 하는 다음 각 목의 감염병을 말한다. 다만, 갑작스러운 국내 유입 또는 유행이 예견되어 긴급한 예방·관리가 필요하여 질병관리청장이 보건복지부장관과 협의하여 지정하는 감염병을 포함한다. • 종류 : 파상풍, B형 간염, 일본뇌염, C형 간염, 말라리아, 레지오넬라증, 비브리오패혈증, 발진티푸스, 발진열, 쯔쯔가무시증, 렙토스피라증, 브루셀라증, 공수병, 신증후군출혈열, 후천성면역결핍증(AIDS), 크로이츠펠트-야콥병(CJD) 및 변종크로이츠펠트-야콥병(vCJD), 황열, 뎅기열, 큐열, 웨스트나일열, 라임병, 진드기매개뇌염, 유비저, 치쿤구니야열, 중증열성혈소판감소증후군(SFTS), 지카바이러스 감염증
제4급 감염병	• 제1급 감염병부터 제3급 감염병까지의 감염병 외에 유행 여부를 조사하기 위하여 표본감시 활동이 필요한 다음 각 목의 감염병을 말한다. • 종류 : 인플루엔자, 매독, 회충증, 편충증, 요충증, 간흡충증, 폐흡충증, 장흡충증, 수족구병, 임질, 클라미디아감염증, 연성하감, 성기단순포진, 첨규콘딜롬, 반코마이신내성장알균(VRE) 감염증, 메티실린내성황색포도알균(MRSA) 감염증, 다제내성녹농균(MRPA) 감염증, 다제내성아시네토박터바우마니균(MRAB) 감염증, 장관 감염증, 급성호흡기 감염증, 해외유입기생충 감염증, 엔테로바이러스 감염증, 사람유두종바이러스 감염증

정답 38.③

39 18년 서울시

집단면역에 대한 설명으로 가장 옳지 않은 것은?

① 면역을 가진 인구의 비율이 높을 경우 감염재생산 수가 적어지게 된다.
② 홍역, 백일해 등과 같이 사람 간에 전파되는 감염병 유행의 주기성과 연관이 있다.
③ 집단면역 수준이 높을수록 감염자가 감수성자와 접촉할 수 있는 기회가 적어진다.
④ 집단면역수준이 한계밀도보다 작으면 유행을 차단하게 된다.

KEYWORD
면역력

해설
집단면역 수준이 한계밀도보다 높으면 유행을 차단하게 된다.

보충학습

집단면역(herd immunity)
㉠ 면역을 가진 인구의 비율이 높을 경우, 감염자가 감수성자와 접촉할 기회가 적어져 감염재생산 수(reproductive number)가 적어진다.
㉡ 감염재생산 수가 1보다 적어지면(감염기간 동안에 평균 1명의 감염자를 만들지 못하면), 그 지역사회에서 유행이 지속되지 않으며 이런 상태를 집단면역이라 한다.
㉢ 그 지역에 흔한 질병일수록 집단면역이 커진다.
㉣ 감염병의 시간적 발생현황과 관계가 크다(주기변화).
㉤ 집단면역 수준이 한계밀도보다 크면 유행이 차단되며, 질병예방에 필요한 최소 예방접종 수준을 결정하고 질병유행 시 감염재생산 수를 결정하여 유행이 확산될지, 감소될지 등을 예측하는 데 사용되는 정책 수립의 중요 정보들이다.

$$집단면역수준(\%) = \frac{저항성(혹은 면역)이 있는 사람 수}{총 인구 수} \times 100$$

㉥ 한계밀도(threshold density) : 면역이 없는 사람이 이주해 오거나 신생아가 계속 태어남으로써, 집단면역의 정도는 점차 감소하다가 일정한 한도 이하로 떨어지면 유행이 시작되는데 이 집단면역의 한계를 '한계밀도'라고 한다.

정답 39.④

40

[18년 경기보건]

외부에서 침입한 세균에 대해 우리 몸이 스스로 세균에 대항할 수 있는 항체를 만들어 생긴 면역력을 의미하는 면역에 관한 설명으로 옳은 것은?

① 면역의 작용에 있어 비특이성을 가진다.
② 선천적으로 가지고 있는 자연면역이다.
③ 면역글로불린, 면역혈청 등에 의한다.
④ 두창, 탄저 등 생균백신이 속한다.

KEYWORD
• 면역

해설

능동면역 : 병원체나 독소에 대해 생체 스스로가 작용해서 생기는 면역으로 효과는 늦지만 면역성이 강하고 오래 지속된다.
㉠ 자연능동면역 : 감염 후 자연적으로 생기는 면역
㉡ 인공능동면역 : 예방접종 후 획득하는 면역(생균백신, 사균백신)

오답해설

①과 ② 선천면역
③ 인공수동면역 : 이미 만들어진 항체(면역혈청, 항독소 등)를 인체에 직접 주입하여 면역이 형성되게 하는 것으로 면역 반응이 즉각적이나 효과는 일시적이어서 2~3주에서 2~3개월 정도 지속된다.
예 파상풍 항독소, B형간염 면역글로불린

41

[18년 경기의료]

감염병 관리를 위해 발생과정을 파악하는 것은 의미가 있다. 다음 중 감염병 발생과정을 순서대로 나열한 것은?

① 병원체 - 전파 - 병원소 - 병원소로부터 탈출 - 신 숙주에 침입 - 신 숙주에 감염
② 병원소 - 병원소로부터 탈출 - 전파 - 신 숙주에 감염 - 신 숙주에 침입
③ 병원체 - 병원소 - 병원소로부터 탈출 - 전파 - 신 숙주에 침입 - 신 숙주에 감염
④ 병원소 - 전파 - 신 숙주에 침입 - 신 숙주에 감염 - 병원소로부터 탈출 - 병원체

KEYWORD
• 감염병 발생과정

해설

병원체 - 병원소 - 병원소로부터 병원체의 탈출 - 전파 - 병원체의 신 숙주 내 침입 - 신 숙주의 감수성과 면역

정답 40.④ 41.③

42. 〔18년 전남〕
만성질환에 대한 설명으로 가장 옳지 않은 것은?
① 만성질환은 주로 고소득 국가의 부유한 사람들에게 발생한다.
② 만성질환은 다수의 위험요인이 복합적으로 작용하여 발생한다.
③ 질병발생의 시점을 명확하게 알기 어렵고 위험요인 노출시점으로부터 발병까지의 유도기간이 길다.
④ 대부분의 만성질환은 비감염성 질환으로 접촉이나 매개체에 의해 전파되지 않는다.

해설
낮은 사회, 경제적 상태의 사람들이 사망률이 높거나 만성 폐쇄성 폐 질환의 발생률 및 유병률이 높은 역의 상관관계를 보인다. 부와 건강의 역 상관관계는 특정 질환, 특정 인구 집단, 특정 보건 의료 체계에서만 보이는 현상이 아니라, 다양한 질환과 다양한 인구집단, 보건의료체계에서 광범위하게 나타나는 현상이다.

KEYWORD
- 만성질환

43. 〔19년 서울경력〕
다음에서 기술한 역학적 연구방법은 무엇인가?

> 첫 임신이 늦은 여성에게서 유방암 발생률이 높은 원인을 규명하기 위해, 1945~1965년까지 내원한 첫 임신이 지연된 대상자를 모집단으로 하여, 내원 당시 분석된 호르몬 이상군(노출군)과 기타 원인으로 인한 여성들(비노출군)을 구별하고, 이 두 집단의 유방암 발생 여부를 파악하였다. 1978년에 수행된 이 연구는 폐경 전 여성들의 호르몬 이상군에서 유방암 발생이 5배 높은 것을 밝혔다.

① 후향적 코호트 연구
② 전향적 코호트 연구
③ 환자-대조군 연구
④ 단면 연구

해설
후향적 코호트 연구
연구 시작 시점에서 과거 관찰 시점으로 거슬러 올라가서 관찰 시점으로부터 연구 시점까지의 기간 동안에 질병 발생 원인과 관련이 있다고 의심되는 요소를 갖고 있는 사람들과 그렇지 않은 사람들을 구분한 후 기록을 통하여 그 질병의 발생을 찾아내는 방법이다.

KEYWORD
- 역학연구방법

정답 42.① 43.①

44

[19년 경기 의료기술]

다음 중 진단검사의 정확도를 측정하는 지표가 아닌 것은?
① 신뢰도
② 특이도
③ 민감도
④ 예측도

해설

신뢰도는 검사결과의 일관성 정도를 의미하는 것으로 검사결과 정확성의 전제 조건은 검사의 신뢰도이다.

보충학습

타당도 : 검사법이 진단하고자 하는 질병의 유무를 얼마나 정확하게 판정하는가에 대한 능력을 의미한다. 측정지표는 아래와 같다.
㉠ 민감도 : 질병이 있는 사람을 양성으로 판정할 확률(환자)
㉡ 특이도 : 질병이 없는 사람을 음성으로 판정할 확률(건강인)
㉢ 예측도 : 검사도구의 효용성 평가
　ⓐ 양성예측도 : 양성으로 판정 받은 대상자가 실제 질병이 있는 환자일 확률
　ⓑ 음성예측도 : 음성으로 판정 받은 대상자가 실제 질병이 없는 사람일 확률
㉣ 의음성률과 의양성률
　ⓐ 의음성률 : 질병이 있는 사람의 검사 결과가 음성으로 나타나는 경우
　ⓑ 의양성률 : 질병이 없는 사람의 검사결과가 양성으로 나타나는 경우

KEYWORD
신뢰도

45

자궁암 조기발견을 위한 세포진 검사에서 양성으로 판정받은 자가 실제로 자궁암일 확률을 의미하는 것은?
① 민감도
② 음성예측도
③ 특이도
④ 양성예측도

해설

㉠ 양성예측도 : 양성으로 판정 받은 대상자가 실제 질병이 있는 환자일 확률
㉡ 음성예측도 : 음성으로 판정 받은 대상자가 실제 질병이 없는 사람일 확률
㉢ 민감도와 특이도 : 선 질병, 후 검사

KEYWORD
타당도

정답　44.①　45.④

46 다음 연구방법에 해당하는 것은?

> 당뇨병의 유병을 예방하고자 비만한 대상자를 두 개의 집단으로 할당한 후 한쪽 집단에만 체중관리를 시키고 나머지는 그대로 둔 이후에 두 집단 간의 당뇨병 유병을 비교하였다.

① 코호트 연구
② 단면적 연구
③ 환자-대조군 연구
④ 실험연구

해설
두 개의 집단으로 할당한 후 한 집단은 체중관리를 시키고 한 집단은 그대로 두었으므로 실험연구에 해당한다.

보충학습

실험연구
질병 규명을 실험적인 방법에 의해 입증하고자 하는 연구이다. 환자 대상의 무작위 임상시험이나 지역사회시험 등이 해당된다.

임상시험	실험군과 대조군을 나눌 때 개인을 단위로 할당하며 치료실험과 예방실험으로 나눈다. • 예방실험: 연구하려는 질병에 이환되지 않은 사람을 대상으로 약품이나 행위가 예방효과가 있는지 측정하는 실험 • 치료실험: 환자를 대상으로 치료제나 치료행위의 효과를 측정하는 실험
지역사회 시험	집단을 단위로 할당한다.

KEYWORD
역학연구방법

---

19 서울

47 환자-대조군연구에서 짝짓기를 하는 주된 목적은?

① 선택바이어스의 영향을 통제하기 위하여
② 정보바이어스의 영향을 통제하기 위하여
③ 표본추출 영향을 통제하기 위하여
④ 교란변수의 영향을 통제하기 위하여

해설
환자대조군 연구-연구수행
㉠ 대상자 선별
　ⓐ 환자군 선정: 환자군은 정의에 입각하여 명백히 환자이어야 한다.
　ⓑ 대조군 선정: 연구 시점에는 관심 질병을 가지고 있지 않아야 한다.
㉡ 짝짓기(matching): 환자군에서의 교란변수 분포가 대조군에도 동일하게 분포하도록 미리 계획적으로 대조군을 뽑는 방법으로 교란요인의 영향을 효과적으로 통제하기 위해 사용하는 방법이다.

KEYWORD
분석역학

정답 46.④ 47.④

48 집단면역의 특징이 아닌 것은?
① 그 지역에 흔한 질병일수록 집단면역이 낮다.
② 집단면역의 수준이 한계밀도보다 높아야 유행이 멈춘다.
③ 유행이 일어나는 집단면역의 한계치를 한계밀도라고 한다.
④ 지역사회 인구 중 면역을 획득한 비율이 어느 정도 되면 그 지역사회는 마치 해당 질병에 면역이 생긴 것처럼 유행이 발생하지 않는다.

해설
그 지역에 흔한 질병일수록 집단면역이 커진다.

KEYWORD
면역력

49 다음 설명 중 옳지 못한 내용은?
① 교차비는 환자-대조군 연구에서 질병과 요인의 연관성 확인을 위한 지표이며, 질병발생 빈도가 높으면 비교위험도의 값과 거의 같다.
② 역학의 대상은 인구집단이며 궁극적인 목적은 질병의 예방과 근절이다.
③ 역학적 삼각형 모형은 생태학적 모형 중 현재까지 가장 널리 사용되어 온 모형이며 질병의 다요인설을 주장하는 모형이다.
④ 질병의 자연사나 규모를 모를 때 시행할 수 있는 첫 번째 연구 설계로 적절한 것은 단면연구이다

해설
교차비는 환자-대조군 연구에서 질병과 요인의 연관성 확인을 위한 지표이며, 질병발생 빈도가 낮으면 비교위험도의 값과 거의 같다.

KEYWORD
역학

19년 해양경찰 일반직

50 질병발생 모형 중 수레바퀴 모형에 대한 설명으로 가장 알맞은 것은?
① 병인, 숙주, 환경의 3요소로 구성되어 질병의 발생을 설명하는 생태학적 이론
② 병원체 하나가 원인이 아니라 여러 요인들이 서로 복잡하게 상호작용해 질병이 발생된다는 이론
③ 핵심요인을 숙주의 유전적 요인으로 보는 이론
④ 존 고든이 발전시켜 개발한 이론

KEYWORD
질병발생 요인설

정답 48.① 49.① 50.③

해설

수레바퀴 모형: 수레바퀴 중심 부분은 숙주가 되며, 중심부의 핵심은 인간의 유전적인 요인이 차지하며 숙주를 중심으로 그 밖은 외적 요인인 생물학적, 사회적, 물리적, 화학적인 환경에 싸여 있다. 수레바퀴 모형은 병원체 요인을 제외시킨 것이 다른 두 모형과는 다르다.

오답해설
① 역학적 삼각형 모형
② 거미줄 모형(다요인 모형, 원인망 모형)
④ 역학적 삼각형 모형

51
역학조사의 단계 중 두 번째 단계에 해당하는 것은?
① 유행의 발생 및 규모 파악
② 가설설정
③ 가설검증
④ 자료의 수집

해설

역학조사 수행 5단계
유행의 발생과 규모의 파악 → 자료의 수집(기술역학) 및 분석 → 가설설정 → 가설검증(분석역학) → 관리 및 예방대책(방역대책) 수립

52
병원체가 바이러스가 아닌 질환은?
① 백일해
② 유행성 간염
③ 수두
④ 일본뇌염
⑤ 황열

해설

박테리아: 백일해, 장티푸스, 콜레라, 결핵, 디프테리아, 한센병, 세균성 이질, 페스트, 파라티푸스, 성병, 성홍열 등

정답 51.④ 52.①

53

다음에서 상대위험도를 구하는 식으로 적합한 것은?

위험요인에 대한 노출	질병발생 여부		계
	발생	비발생	
노출	a	b	a+b
비노출	c	d	c+d
계	a+c	b+d	a+b+c+d

① a/a+b ÷ c/c+d
② a/a+b
③ a/a+b × c/c+d
④ a+b/a+c

해설
상대위험도 = 노출군의 발병률/비노출군의 발병률

54 19년 경기의료

감수성 숙주에 대한 감염병 예방대책으로 가장 옳은 것은?
① 환자 주변의 환경소독
② 환자격리
③ 예방접종
④ 환자치료에 전념

해설
감수성 숙주는 질병에 이환되지 않았으므로 예방접종이 감염병 예방을 위한 가장 좋은 방법이다.

55 19년 6월 지방직

「감염병의 예방 및 관리에 관한 법령」상 감염병에 대한 설명으로 옳은 것은?
① 탄저는 동물과 사람 간에 서로 전파되는 인수공통감염이다.
② 간흡충증은 기생충에 감염되어 발생하는 감염병으로서 보건복지부장관이 고시하는 기생충 감염병이다.
③ 홍역은 집단 발생의 우려가 커서 발생 즉시 신고하여야 하는 제1급 감염병이다.
④ 제4급 감염병은 그 발생을 계속 감시할 필요가 있어 발생 시 24시간 이내에 신고하여야 한다.

해설
① 탄저는 고의 또는 테러 등을 목적으로 이용된 병원체에 의해 발생된 생물테러 감염병이다.
③ 홍역은 전파가능성을 고려하여 발생 또는 유행 시 24시간 이내에 신고해야 하는 제2급 감염병이다.
④ 제3급 감염병은 그 발생을 계속 감시할 필요가 있어 발생 시 24시간 이내에 신고하여야 한다.

정답 53.① 54.③ 55.②

56

[20년 6월 지방직]

다음 ㉠, ㉡에 들어갈 용어로 옳게 짝지은 것은?

(㉠) 감염병 1차 환자에 노출된 감수성자 중 해당 질병의 잠복기 동안에 발병한 사람의 비율
(㉡) 병원체가 현성감염을 일으키는 능력으로 감염자 중 현성 감염자의 비율

	㉠	㉡
①	평균 발생률	병원력
②	평균 발생률	감염력
③	2차 발병률	병원력
④	2차 발병률	감염력

[해설]
㉠ 2차 발병률 : 환자가 있는 가구의 감수성이 있는 가구원 중에서 이 병원체의 최장 잠복기간 내에 발병하는 환자의 비율을 말한다.
㉡ 병원력 : 병원체가 임상적으로 질병을 일으키는 능력으로 감염된 숙주 중 현성 감염을 나타내는 수준이다.

KEYWORD
비율(Rate)

57

「감염병 예방 및 관리에 관한 법률」에서 세계보건기구 감시대상 감염병만 고른 것은?

가. 두창
나. 폴리오
다. 중증급성호흡기증후군(SARS)
라. 콜레라

① 가, 다
② 가, 나, 라
③ 나, 다, 라
④ 가, 나, 다, 라

[해설]
세계보건기구 감시대상 감염병(감염병 예방 및 관리에 관한 법률 제2조 8호)
㉠ 정의 : 세계보건기구가 국제공중보건의 비상사태에 대비하기 위해 감시대상으로 정한 질환으로 질병관리청장이 고시하는 감염병
㉡ 대상 감염병 : 두창, 폴리오, 신종인플루엔자, 중증급성호흡기증후군(SARS), 콜레라, 폐렴형 페스트, 황열, 바이러스성 출혈열, 웨스트나일열

KEYWORD
감염병

정답 56.③ 57.④

58
[19년 경기의료기술8, 9급 공중보건]

「감염병 예방 및 관리에 관한 법률」상 제4급 감염병 중 기생충 감염병으로 옳지 않은 것은?

① 회충증
② 편충증
③ 요충
④ 촌충증

해설

제4급 감염병
㉠ 제1급 감염병부터 제3급 감염병까지의 감염병 외에 유행 여부를 조사하기 위하여 표본감시 활동이 필요한 다음 각 목의 감염병을 말한다.
㉡ 종류 : 인플루엔자, 매독, 회충증, 편충증, 요충증, 간흡충증, 폐흡충증, 장흡충증, 수족구병, 임질, 클라미디아감염증, 연성하감, 성기단순포진, 첨규콘딜롬, 반코마이신내성장알균(VRE) 감염증, 메티실린내성황색포도알균(MRSA) 감염증, 다제내성녹농균(MRPA) 감염증, 다제내성아시네토박터바우마니균(MRAB) 감염증, 장관 감염증, 급성호흡기 감염증, 해외유입기생충 감염증, 엔테로바이러스 감염증, 사람유두종바이러스 감염증

KEYWORD
법정감염병

59
[19년 경기의료기술8, 9급 공중보건]

어떤 현상을 측정하고자 할 때 측정하고자 하는 것을 얼마나 정확하게 측정하는지를 평가하는 지표로 옳지 않은 것은?

① 신뢰도
② 특이도
③ 민감도
④ 예측도

해설

㉠ 타당도 : 검사법이 진단하고자 하는 질병의 유무를 얼마나 정확하게 판정하는가에 대한 능력을 의미하는 것으로 민감도, 특이도, 의음성률과 의양성률, 예측도가 해당한다.
㉡ 신뢰도 : 진단의 시기 및 진단하는 사람 등 측정 조건에 따라 검사 결과가 얼마나 일관되게 나타나는지에 대한 능력이다(재현성, 반복성).

KEYWORD
측정방법의 타당도와 신뢰도

60
[19년 경기의료기술8, 9급 공중보건]

동물 병원소와 감염병의 관계로 옳지 않은 것은?

① 소–결핵, 탄저
② 돼지–발진열, 일본뇌염
③ 양–탄저, Q열
④ 개–광견병, 톡소플라즈마증

해설

발진열 : 쥐

KEYWORD
병원소

정답 58.④ 59.① 60.②

61 〔19년 경기의료기술8, 9급 공중보건〕

결핵균에 일찍부터 노출되었던 유럽인들에 비해 최근 노출된 아프리카인들이 결핵에 대한 감수성과 치명률이 높은 이유는 무엇 때문인가?

① 선천면역
② 후천면역
③ 능동면역
④ 수동면역

해설

선천면역 : 병원체 종(species) 특이성이 있는 경우 이종 간에 감염이 전파되지 않으며(종 간 면역), 같은 종이라도 병원체와 생태학적 균형 위치에 따라 감수성이 달라진다. 예를 들어 아프리카인들은 결핵에 대한 감수성과 치명률이 높은데(종족 간 면역) 이러한 것들은 선천적으로 결정되므로 선천면역이라고 한다.

KEYWORD
면역

62 〔18년 전남보건〕

살모넬라타이피균에 의하여 발생되는 병으로서 발열, 두통, 비종대, 건성기침 등의 증상이 나타나며 완쾌 후에는 일반적으로 영구면역을 얻을 수 있는 병명은?

① 이질
② 콜레라
③ 장티푸스
④ 장출혈성 대장균 감염증

해설

장티푸스
㉠ 원인균 : 살모넬라타이피균으로 그람음성간균이다.
㉡ 병원소 : 사람
㉢ 전파 경로 : 환자의 대변이나 토물에 오염된 물이나 음식물로 우리나라의 감염원은 대부분 오염된 우물물, 상수, 약수, 개천물이다.
㉣ 잠복기 : 1~3주
㉤ 주요 증상
　ⓐ 1주 : 고열, 기침, 두통, 정신혼돈, 장미진, 비출혈 등
　ⓑ 2주 : 고열(계류열, 지속열), 헛소리, 의식혼미, 간과 비장의 비대(비종대) 등
㉥ 감수성 및 면역성 : 감수성은 전반적으로 높으며, 완치 후 영구면역을 획득한다. 화학요법으로 치료된 자는 영구면역을 획득하기가 어렵고 인공능동면역은 사균 백신을 이용한다.
㉦ 예방 : 개인위생, 환경위생, 장기 보균자 관리가 중요하며 2년간 보균검사 실시, 고위험군 예방접종

KEYWORD
감염병

정답 61.① 62.③

63
수인성 감염병의 특징이 아닌 것은?

① 장티푸스, 파라티푸스, 폴리오, 아메바성 이질, 세균성 이질, 유행성 간염 등이 해당된다.
② 오염수계에 한해서 폭발적으로 발생한다.
③ 성별, 연령, 직업군에 따라 이환율의 차이를 보인다.
④ 계절과 무관하게 발생하며, 급수시설에서 오염의 원인이 나타난다.
⑤ 일반적으로 이환율과 치명률이 낮으며 2차 감염이 적다.

해설
성별, 연령, 직업군에 따라 이환율의 차이가 없다.

보충학습
수인성 감염병의 특징
㉠ 장티푸스, 파라티푸스, 폴리오, 아메바성 이질, 세균성 이질, 유행성 간염 등이 해당한다.
㉡ 오염수계에 한해서 2~3일 내로 폭발적(동시적, 집단적)으로 발생한다.
㉢ 성별, 연령, 직업군에 따라 이환율의 차이가 없다.
㉣ 계절과 무관하게 발생하며, 가족집적성이 낮다.
㉤ 급수시설에서 오염의 원인이 나타난다.
㉥ 일반적으로 이환율과 치명률이 낮으며 2차 감염이 적다.
㉦ 우유로 인한 감염은 환자 발생 지역이 우유 배달 지역과 동일하고 잠복기가 짧으며, 발병률과 치명률이 높은 것은 수인성 감염병과의 차이점이다.

KEYWORD
감염병

64
[20년 경기경력 1회 의료기술 9급]

「감염병의 예방 및 관리에 관한 법률」상 세계보건기구 감시 대상 감염병에 해당하지 않는 것은?

① 두창
② 중동호흡기증후군(MERS)
③ 폐렴형 페스트
④ 신종인플루엔자

해설
세계보건기구 감시 대상 감염 : 두창, 폴리오, 신종인플루엔자, 중증급성호흡기증후군(SARS), 콜레라, 폐렴형 페스트, 황열, 바이러스성 출혈열, 웨스트나일열

KEYWORD
공중보건 감염병

정답 63.③ 64.②

65 2020년 6월 현재 전 세계적인 유행병으로(pandemic) 코로나 바이러스 감염증-19(COVID-19)와 같은 호흡기계 감염병이 큰 문제를 일으키고 있다. 호흡기계 감염병의 주요 특징으로 옳지 않은 것은?

① 풍진이나 유행성 이하선염과 같은 감염병은 한번 감염되면 영구면역이 생긴다.
② 주요 감염경로는 비말이나 비말핵 혹은 눈, 코, 손 등 피부접촉으로 알려져 있다.
③ 연령, 성별, 사회경제적 상태에 따라 발생에 큰 차이가 있다.
④ 호흡기계 감염병은 주로 개달물을 통한 간접전파로 감염된다.

KEYWORD 호흡기계 감염병

해설
㉠ 호흡기계 감염병 : 환자나 보균자의 객담, 콧물 등으로 배설되어 감염되는 비말감염, 공기전파로 이루어지는 비말핵 감염 및 먼지에 의한 감염으로 이루어진다.
㉡ 비활성 매개체
 ⓐ 식품, 물, 생활용구, 완구, 수술기구 등의 무생물을 통한 전파
 ⓑ 개달물(Fomite, 물, 공기, 식품, 우유, 토양을 제외한 무생물 매개체로 장난감, 의복, 침구, 책 등)에 의한 매개체 자체는 숙주 내부에 들어가지 않고 병원체만 운반하는 것으로 안질, 트라코마, 피부병 등을 예로 들 수 있다.

66 생물테러 감염병 또는 치명률이 높거나 집단 발생의 우려가 커서 발생 또는 유행 즉시 신고하여야 하고 음압격리와 같은 높은 수준의 격리가 필요한 감염병으로 옳은 것은?

① 신종감염병증후군 ② 결핵
③ 콜레라   ④ 일본뇌염

KEYWORD 법정감염병

해설
제1급 감염병 : 에볼라바이러스병, 마버그열, 라싸열, 크리미안콩고출혈열, 남아메리카출혈열, 리프트밸리열, 두창, 페스트, 탄저, 보툴리눔독소증, 야토병, 신종감염병증후군, 중증급성호흡기 증후군(SARS), 중동호흡기증후군(MERS), 동물인플루엔자 인체감염증, 신종인플루엔자, 디프테리아

오답해설
② 결핵 - 제2급 감염병
③ 콜레라 - 제2급 감염병
④ 일본뇌염 - 제3급 감염병

정답 65.④ 66.①

67
20년 서울

어느 지역에서 코로나19 환자가 1,000명 발생했을 때 가장 먼저 실시해야 하는 역학연구는?

① 기술역학
② 분석역학
③ 실험역학
④ 이론역학

해설

㉠ 1단계 기술역학 : 질병 발생의 분포, 경향
㉡ 2단계 분석역학 : 단면조사연구, 환자-대조군 연구, 코호트연구
㉢ 3단계 이론역학

KEYWORD
역학연구방법

68
20년 전남보건

수인성 감염병의 특성으로 가장 옳지 않은 것은?
① 환자발생이 집단적, 폭발적이다.
② 발생율과 치사율이 높다.
③ 성, 연령, 경제 수준 등에 따른 발병률의 차이가 없다.
④ 환자발생지역이 급수지역과 일치한다.

해설

잠복기가 길고 2차 환자의 발병률과 치명률이 낮다(드물지만 있음).

KEYWORD
감염병

69
20년 전남보건

다음은 환경 유해 인자인 A와 질병과의 연관성을 평가하기 위하여 수행된 코호트 연구의 결과이다. 모든 연구 대상자가 한 명도 빠짐없이 전체 연구 기간 동안 연구에 참여하였다고 가정할 때 이에 대한 내용으로 옳지 않은 것은?

환경 유해 인자 노출 여부	전체 연구대상자 수	질병발생자 수
예	10	8
아니오	20	2
상대위험도	(가)	
위험요인 노출에 대한 오즈비	(나)	

① 코호트 연구란 관심 있는 질병이 발생하지 않은 인구집단을 지속적으로 추적 관찰하여 특정 원인에 노출된 사람에게 관심 질병이 더 많이 발생하는지 규명하고자 하는 연구행태이다.
② 위험요인 노출에 대한 오즈비는 1.25이다.
③ 노출군과 비노출군 간 질병 발생의 발생률 비는 8이다.
④ 코호트 연구는 특정 원인과 질병 간 연관성을 평가함에 있어 시간적 선후관계가 비교적 분명하다는 장점을 지닌다.

KEYWORD
분석역학

정답 67.① 68.② 69.②

해설

환경 유해 인자 노출 여부	전체 연구대상자 수	질병 발생자	건강인
예	10	8=a	2=b
아니오	20	2=c	18=d
상대위험도		(가)	
위험요인 노출에 대한 오즈비		(나)	

㉠ 교차비(Odds Ratio) = ad/bc → 144/4=36
㉡ 노출발생률 : 0.8
㉢ 비노출 발생률 : 0.1
㉣ 노출군과 비노출군 발생비 : 8

20년 경기교육청 공중보건

70 역학은 사람을 대상으로 건강과 질병을 연구하는 전문영역으로 간주된다. 역학의 가장 중요한 역할 및 목적으로 옳은 것은?
① 질병연구의 개발전략
② 질병발생의 원인 규명
③ 질병발생과 유행의 감시
④ 질병의 자연사에 관한 기술

상 중 **하**

KEYWORD
• 역학

해설

역학의 목적과 활용

기술적 역할	㉠ 질병의 자연사(自然史)에 대한 기술 : 질병의 발생 초기부터 끝까지 진행되는 과정
	㉡ 건강 수준과 질병양상에 대한 기술
	  ⓐ 질병발생의 원인을 규명하기 위한 가설 설정의 실마리를 제공한다.
	  ⓑ 해당 지역사회의 건강수준과 보건문제를 파악할 수 있으며, 이를 근거로 보건사업계획을 할 수 있는 자료를 제공한다.
	㉢ 인구동태에 관한 기술 : 어떤 사건을 기술할 때에는 그 분모가 되는 모집단에 관하여 상세한 기술이 병행되어야 한다. 인구학적 특성은 질병양상에도 크게 영향을 미치기 때문이다.
	㉣ 건강관련 지수의 개발(측정지표) 및 계량치(측정치)에 대한 정확도와 신뢰도의 검증 : 건강수준 및 질병양상을 기술하기 위해 계량된 자가 이용되는데, 여러 사람이 동일한 개념으로 사용할 수 있도록 표준화된 것이라야 한다. 현재 이용되고 있는 건강지수가 역학에 있어 계량자이다.

질병발생의 원인 규명	역학연구의 근본 목적이며 가장 중요한 역할인 질병발생의 원인 규명과 발생위험을 증가시키는 위험요인을 파악하여 그 질병으로 인한 이환율과 사망률을 감소시킨다.
연구 전략의 개발	
질병 및 유행 발생의 감시	질병이나 이상 상태의 발생 분포를 지속적으로 파악함으로써 이들의 변화를 조기에 감지하고 적절한 조치를 취하여 질병의 발생을 예방하고 관리하기 위한 종합적이고 체계적인 과정이다.
보건사업의 평가	기존 또는 새로운 질병예방법과 치료법을 평가하고 지역사회에 새로이 도입된 보건사업과 의료공급체계의 효과나 효율성을 평가한다.

정답 70.②

71 검사방법의 타당도에 대한 설명으로 가장 옳은 것은?
① 특이도가 낮으면 양성예측도가 감소한다.
② 민감도가 증가하면 특이도가 함께 증가한다.
③ 진단기준의 경계 값을 올리면 민감도가 증가한다.
④ 유병율이 높은 질환은 특이도가 높은 검사방법을 이용한다.

KEYWORD
타당도

해설
② 민감도와 특이도가 모두 높아야 이상적이다. 그러나 실제로 민감도와 특이도 사이에는 역상관성이 있어서, 민감도가 증가하면 특이도는 감소하게 된다.
③ 진단기준의 경계 값을 올리면 민감도는 감소한다(특이도는 증가).
④ 유병율이 높을수록 가양성률이 낮아지는 반면 가음성률은 높아진다. 그러므로 유병률이 높을수록 진짜 환자를 찾아낼 수 있는 민감도가 높은 검사방법을 이용해야 한다.

72 질병의 발생을 수리적으로 분석하여 수식화하는 3단계의 역학은?
① 기술역학
② 분석역학
③ 이론역학
④ 임상역학

KEYWORD
역학

해설
3단계 역학은 이론역학이다.

73 역학의 인자 중에서 병인에 해당하는 것은?
① 유전
② 대기오염
③ 성별
④ 개인의 면역

KEYWORD
역학의 인자

해설
② 대기오염 → 환경요인
③ 성별 → 숙주요인
④ 개인의 면역 → 숙주요인

보충학습

역학의 3대 인자
㉠ 병인 : 병원체(미생물), 물리화학적 요소, 유전적 인자 등
㉡ 숙주 : 연령, 성별, 인종, 면역, 체질, 직업 등
㉢ 환경 : 기후, 지형, 직업, 주거, 전파체, 인구분포, 사회구조, 경제적 환경 등

정답 71.① 72.③ 73.①

74 1950년대 Doll & Hill이 발표한 흡연과 폐암의 연관성에 대한 연구의 역학방법의 종류는?
① 기술역학 ② 분석역학
③ 작전역학 ④ 임상역학

해설
Doll & Hill은 흡연과 폐암의 연관성에 대하여 최초로 환자-대조군 연구를 통한 분석역학 연구를 하였다.

KEYWORD
● 역학 연구 방법

13년 전남

75 보건사업의 필요성을 측정, 평가하고 새로 도입될 사업계획이나 설계에 대한 평가, 그리고 사업의 진행과정과 그 효율에 대한 평가를 수행하는 역할은?
① 분석역학 ② 실험역학
③ 작전역학 ④ 이론역학

해설
작전역학(KAP 조사)
㉠ KAP 조사는 지역주민들의 지식, 태도, 실천에 관한 조사로 보건사업의 효과를 평가하는 데 적합한 방법이다.
㉡ 설문지를 이용하여 보건사업 실시 전과 실시 후의 지식, 태도, 실천의 변화를 비교하여 보건사업의 성과를 평가한다.

KEYWORD
● 역학 연구 방법

76 일정기간 질병이 없던 인구집단에 새롭게 질병이 발생한 횟수를 나타내는 값으로 질병의 원인을 찾는 데 유용한 지표는 무엇인가?
① 치명률 ② 발병률
③ 발생률 ④ 유병률

해설
발생률은 일정 기간에 한 인구 집단 내에서 어떤 질병 또는 사건이 새롭게 일어난 횟수가 얼마나 되는가를 나타내는 지표로 질병의 원인을 찾는 데 중요하게 사용된다. 발생률의 분모는 질병에 걸리지 않은 인구집단이다.

KEYWORD
● 이환지표

정답 74.② 75.③ 76.③

77. 병인과 숙주, 환경을 구분하지 않고 여러 직·간접적인 요인이 얽혀 질병발생에 영향을 준다고 주장하는 모형은 무엇인가?

① 생의학적 모형
② 수레바퀴 모형
③ 삼각형 모형
④ 거미줄 모형

해설

거미줄 모형
㉠ 맥마흔(B. MacMahon)이 제시한 모형. 질병 발생에 관여하는 여러 직·간접적인 요인들이 거미줄처럼 서로 얽혀 복잡한 작용경로가 있다는 모형이다.
㉡ 병인, 숙주, 환경을 구분하지 않고 모두 질병발생에 영향을 주는 요인으로 파악한다.
㉢ 많은 요인 중 질병 발생 경로상의 몇 개의 요인을 제거하면 질병을 예방할 수 있음을 제시하고 있다.

KEYWORD
- 질병 발생 모형

78. [21년 해양경찰 일반직]

유기용제 중독을 스크린하는 다음 검사법의 민감도(sensitivity)는 얼마인가?

구분		실제값(질병)		합계
		양성	음성	
검사법	양성	15	25	40
	음성	5	15	20
합계		20	40	60

① 25.0%
② 37.5%
③ 62.5%
④ 75.0%

해설

$$민감도 = \frac{검사\ 양성자수}{총\ 환자수} = \frac{A}{A+C} \times 100 = \frac{15}{20} \times 100 = 75$$

보충학습

① 타당도(Validity, 정확도)
  ㉠ 정의 : 어떤 측정치 또는 측정법이 평가하고자 하는 내용을 얼마나 정확히 측정하였는지의 정도를 의미한다.
  ㉡ 이상적인 검사법은 질병자를 양성으로 검출하는 민감도와 건강자를 음성으로 검출하는 특이도가 있다.
  • 집단검진의 타당도(정확도)를 평가하기 위한 지표

KEYWORD
- 측정방법의 타당도

검사결과	질 병		계
	있다(+)	없다(−)	
양성(+)	A 진양성	B 가양성(위양성)	A+B 총 검사 양성 수
음성(−)	C 가음성(위음성)	D 진음성	C+D 총 검사 음성 수
계	A+C 총 환자 수	B+D 총 비환자 수	총계(A+B+C+D)

ⓒ 민감도(sensitivity) : 질병을 가진 환자의 검사가 양성으로 나타 나는 경우, 즉 질병이 있는 환자 중 검사결과가 양성으로 나타날 확률

$$민감도 = \frac{검사\ 양성자수}{총\ 환자수} = \frac{A}{A+C} \times 100$$

㉢ 특이도(specificity) : 질병이 없는 사람이 검사결과가 음성으로 나타나는 경우, 즉 질병이 없는 환자 중 검사결과가 음성으로 나타날 확률

$$특이도 = \frac{검사\ 음성자수}{총\ 비환자수} = \frac{D}{B+D} \times 100$$

㉣ 위음성률과 위양성률
- 위음성률 : 질병이 있는 사람이 검사결과 음성으로 나타날 확률
$$위음성률 = \frac{위음성자수}{질병이\ 있는\ 사람수} = \frac{C}{A+C} \times 100$$
- 위양성률 : 질병이 없는 사람이 검사결과 양성으로 나타날 확률
$$위양성률 = \frac{위양성자수}{질병이\ 없는\ 사람수} = \frac{B}{B+D} \times 100$$

㉥ 예측도(predictability)
- 양성예측도 : 검사결과가 양성인 사람이 실제 질병이 있을 확률
$$양성\ 예측도 = \frac{확진된\ 환자수}{총\ 검사\ 양성자\ 수} = \frac{A}{A+B} \times 100$$
- 음성예측도 : 검사결과가 음성인 사람이 실제 질병이 없을 확률
$$음성\ 예측도 = \frac{확진된\ 비환자수}{총\ 검사\ 음성자\ 수} = \frac{D}{C+D} \times 100$$

[21년 해양경찰 일반직]

79 질병의 원인이 무엇인지를 알기 위해서 가설을 설정하고 그 가설이 옳은지 그른지를 판정하는 역학의 분류로 가장 옳은 것은?

① 기술역학
② 분석역학
③ 이론역학
④ 실험역학

상 **중** 하

KEYWORD
역학

해설

분석역학(역학의 2단계) : 질병 발생 시 그 원인을 규명하고 기술역학의 결과를 근거로 질병 발생에 대한 가설을 설정하고 그 가설의 옳고 그름을 가려내는 것이다.

오답해설

① 기술역학 : 역학적 방법의 제1단계이고 인구집단에서 발생하는 질병의 분포, 경향 등을 인적, 지역적, 시간적 특성에 따라 있는 그대로의 모습으로 관찰하고 그 특성을 기록, 관찰하는 방법이다.
③ 이론역학(역학의 3단계)
  ㉠ 감염병의 발생 모델과 유행 현상을 수리적으로 분석하여, 이론적으로 유행 법칙이나 현상을 수식화하는 단계이다
  ㉡ 실제로 나타난 결과와 수식화 된 이론을 비교하고 검토하여 그 타당성을 검정하거나 요인들의 상호관계를 수리적으로 규명해 내는 역학이다.
④ 실험연구 : 연구 대상에게 임의적인 조작을 가한 후 그것이 원인이 되어 어떤 반응이 나타나는 가를 관찰하는 방법이다. 질병 발생의 원인 규명에 적합한 방법이지만, 역학 조사의 대상이 인구집단이기 때문에 윤리적인 문제로 적용할 수 없는 경우가 많다.

[21년 해양경찰 일반직]

80 「환경보건법」상 환경부령으로 정하는 환경성 질환에 대한 설명으로 가장 옳지 않은 것은?

① 석면으로 인한 폐질환
② 환경오염사고로 인한 건강장해
③ 특정지역이나 인구집단에서 다발하는 감염질환
④ 「화학물질관리법」에 따른 유해화학물질로 인한 중독증 및 신경계, 생식계 질환

상 중 **하**

KEYWORD
환경성 질환

해설

환경성 질환
㉠ 역학조사를 통하여 환경유해인자와 상관성이 있다고 인정되는 질환으로서 환경보건위원회 심의를 거쳐 환경부령으로 정하는 질환(환경보건법 제2조 제2호)
㉡ '환경부령으로 정하는 질환'이란 특정 지역이나 특정 인구집단에서 다발하는 다음 각 호의 질환으로서 감염질환이 아닌 것을 말한다(환경보건법 시행규칙 제2조).

정답 79.② 80.③

1. 「물환경보전법」 제2조 제7호에 따른 수질오염물질로 인한 질환
2. 「화학물질관리법」 제2조 제7호 따른 유해화학물질로 인한 중독증, 신경계 및 생식계 질환
3. 석면으로 인한 폐질환
4. 환경오염사고로 인한 건강장해
5. 「실내공기질 관리법」 제2조 제3호에 따른 오염물질 및 「대기환경보전법」 제2조 제1호에 따른 대기오염물질과 관련된 호흡기 및 알레르기 질환
6. 가습기살균제 [미생물 번식과 물때 발생을 예방할 목적으로 가습기 내의 물에 첨가하여 사용하는 제제 또는 물질을 말한다]에 포함된 유해화학물질 (「화학물질관리법」 제2조 제2호 유독물질로 고시된 것만 해당한다)로 인한 폐질환

[21년 해양경찰 일반직]

81 일반적인 호흡기계 감염병의 주요 특징으로 가장 옳지 않은 것은?
① 연령, 성별에 따른 발생에 큰 차이가 없다.
② 호흡기계 감염병의 주요 관리 대책은 예방접종이다.
③ 대체로 감염 초기에 다량의 분비물을 배출한다.
④ 호흡기계 감염병은 계절적으로 많은 변화 양상을 나타낸다.

KEYWORD
● 호흡기계 감염병

해설
호흡기계 감염병
㉠ 개념 : 환자나 보균자의 비말감염, 공기전파로 이루어지는 비말핵 감염 및 먼지에 의한 감염으로 이루어진다.
㉡ 일반적인 특성
  • 초기에 다량의 분비물이 배출된다.
  • 보균자에게서 감수성자에게 직접 전파된다.
  • 계절적 변화가 커서 관리가 어렵다.
  • 성별, 연령별, 사회, 경제적인 상태와 관련이 깊다.
  • 인구밀도가 높은 지역은 호흡기계 감염병이 호발한다.
㉢ 관리방법 : 예방접종, 개인위생 관리, 접촉 차단
㉣ 종류 : 홍역, 디프테리아, 백일해, 수두, 풍진, 성홍열, 인플루엔자 등

정답 81.①

21년 해양경찰 일반직

82 다음 감염병에 대한 설명 중 가장 옳지 않은 것은?

① 콜레라 : 세균성 유형이고 식음료를 통한 전염으로 구토, 설사, 탈수 증상 발현
② 간염(A형) : 세균성 유형이고 음식물을 통한 전염으로 황달 증상 발현
③ 아메바성 이질 : 원생동물 유형으로 조개류 등의 음식물을 통해 전염
④ 파라티푸스 : 세균성 유형이고 배설물을 통한 전염으로 구토, 설사 증상 발현

상 **중** 하

KEYWORD
• 소화기계 감염병

해설

A형 간염(제2급 감염병)
㉠ A형 간염바이러스는 Picornaviridae에 속하는 껍질이 없는 RNA바이러스로 7가지의 유전형이 있고, 사람과 관련된 것은 Ⅰ, Ⅱ, Ⅲ, Ⅶ이다.
㉡ A형 간염은 6세 미만 소아에서는 70% 이상이 무증상이거나 가벼운 증상만을 나타내지만, 6세 이상의 소아나 성인에서는 대부분 간염 증상이 생기고 이 중 약 70%에서 황달이 동반된다.
㉢ 역학적 특성
 • 분변–구강 경로, 사람에서 사람으로 직접 전파되거나 분변에 오염된 물이나 음식물을 섭취함으로써 간접적으로 전파되기도 한다.
 • 오염된 혈액제재나 주사기의 공동 사용 등 혈액매개로도 전파될 수 있다.
㉣ 병원소 : 환자
㉤ 잠복기 : 15~50일(평균 28일)
㉥ 주 증상
 • 고열, 구역 및 구토, 피로감, 복부 통증, 간종대, 황달 등인데 다른 간염바이러스에 의한 급성간염과 구별이 어렵다.
 • 만성 간염으로는 거의 이행되지 않지만 0.5% 미만의 환자들에게서 전격 간염으로 이행하며 사망률은 0.2%로 보고되고 있다.
㉦ 감수성 및 면역성 : 낮은 연령층에서 감수성이 높으며, 급성 감염을 일으키나 대부분 회복되며, 병후에 면역력이 생성된다.
㉧ 환자 및 접촉자 관리
 • 보존적 치료 : 수액, 영양 공급, 항구토제 등
 • 간이식 : 전격 간염이 간부전으로 진행하면 고려한다.
 • 잠복기 동안 간세포에서 증식된 바이러스가 담관과 장을 통해 분변으로 고농도로 배출되는데 황달을 동반한 증상이 나타나면 분변 내 바이러스 농도는 급격히 감소하므로, 증상을 동반한 환자가 심한 설사를 하지 않는다면 격리가 불필요하다.
㉨ 유행 시 조치 : 접촉자는 노출 후 적어도 2주 이내 예방접종을 실시한다. 안전한 물을 공급하고 손위생 등 개인위생을 철저히 한다.

정답 82.②

[22년 해양경찰 일반직]

83 다음 중 감염병에 대한 설명으로 가장 옳지 않은 것은?

① 장티푸스의 원인균은 Salmonella Typhi이다.
② 여름철 수영장 등에서 걸리는 아메바성 이질의 원인이 되는 것은 원생동물이다.
③ 수인성 병원미생물에는 장티푸스, 디프테리아 등이 있다.
④ 바이러스를 매개로 발생하는 질환에는 홍역, 일본뇌염 등이 있다.

상 **중** 하

KEYWORD
• 소화기계 감염병

해설
디프테리아는 디프테리아균의 감염에 의한 급성 호흡기계 질환이다.

보충학습

1. 호흡기 디프테리아
① 제1급 법정감염병으로 4세 미만의 환자가 전체 환자의 60%를 차지한다. 봄과 겨울에 호발한다.
② 병원체 : 디프테리아균(Corynebacterium diphtheriae), 그람 음성간균
③ 병원소 : 사람
④ 전파경로
  ㉠ 주로 호흡기로 배출되는 균과의 접촉(비말, 비말핵)을 통해 전염되지만, 간혹 피부병변의 접촉이나 비생물학적 매개에 의해 전파가 일어나기도 한다.
  ㉡ 전염 기간은 균이 병원소와 분비물에서 없어질 때까지이고 평균 2~4주 이상이다.
⑤ 증상 및 증후
  ㉠ 인후, 코 등의 상피조직에 국소적 염증과 장기조직에 장애를 유발하며, 체외독소를 분비하여 혈류를 통해 신체 각 부위로 운반되고 전신증상을 일으키기도 한다.
  ㉡ 발열, 피로, 인후통의 초기 증상 발생 이후에 코, 인두, 편도, 후두 및 주위조직에 거짓막(위막)을 형성하여 위막성 비인두염(pseudo-membranous) 또는 폐쇄성 기관후두염(obstructive laryngotracheitis) 증상으로 발현되기도 한다.
  ㉢ 미열과 함께 1~2일에 걸쳐 점차적으로 증상이 발현하게 된다. 흔하지는 않지만 디프테리아는 피부, 결막, 귀, 질 부위의 감염증으로 발현되기도 한다.
  ㉣ 디프테리아의 가장 심각한 합병증은 목부위가 심하게 부어 황소의 목처럼 보이게 되는 소목 증상(bull neck)과 광범위한 막의 형성으로 인한 상기도의 폐쇄 증상, 심근염 및 말초 신경병증 등이 있다.
⑥ 감수성 및 면역성
  ㉠ 감수성여부는 Schick Test로 판정한다.
  ㉡ 모체로부터 받은 면역은 생후 수개월간 유지된다.

정답 83.③

⑦ 예방방법
  ㉠ DPT, DTaP, Td 등의 디프테리아 toxoid(순화독소) 함유 백신 접종으로 인하여 최근에는 국내에서의 디프테리아 발생이 극히 드물게 되었다.
  ㉡ 디프테리아는 외독소에 의한 질환으로 자연 감염에서 회복되어도 면역 획득이 이루어지지 않아 디프테리아 감염증을 앓았더라도 회복된 후 반드시 예방 접종을 해야 한다.
  ㉢ 환자와 접촉한 어린아이가 예방접종을 한 경우 추가접종을 시행하고 예방접종을 하지 않은 경우 항독소를 주사하여 수동면역을 한다.
  ㉣ 우리나라의 경우, 1987년 이후 새로운 환자 보고가 없을 정도로 백신에 의하여 발생이 잘 조절되고 있다.

2. 수인성 감염병
① 병원성 미생물에 오염된 물에 의해 매개되는 전염병으로 설사, 복통, 구토 등의 증상이 나타나는 질환으로 소화기계 감염병이 대부분을 차지한다.
② 원인 : 세균, 바이러스, 원충 등의 병원성 미생물이 수인성 전염병을 일으킬 수 있는 원인이다.
  ㉠ 세균 : 세균성 이질, 장티푸스, 파라티푸스, 장출혈성 대장균 감염증, 살모넬라균 감염증, 장염비브리오균 감염증, 장독소성 대장균 감염증, 장침습성 대장균 감염증, 장병원성 대장균 감염증, 캄필로박터균 감염증 등
  ㉡ 바이러스 : 노로바이러스 감염증, 로타바이러스 감염증, A형 간염 등
  ㉢ 원충 : 이질아메바 감염증, 람블편모충 감염증 등

84 [22년 해양경찰 일반직]

다음 중 「감염병의 예방 및 관리에 관한 법률(하위 법령 포함)」상 세계보건기구 감시대상 감염병 9종에 해당하지 않는 감염병은?

① 신종인플루엔자 ② 콜레라
③ 결핵 ④ 황열

해설
세계보건기구 감시대상 감염병(감염병 예방 및 관리에 관한 법률 제2조 8호)
㉠ 정의 : 세계보건기구가 국제보건의 비상사태에 대비하기 위해 감시대상으로 정한 질환으로 질병관리청장이 고시하는 감염병
㉡ 대상감염병 : 두창, 폴리오, 신종인플루엔자, 중증급성호흡기증후군(SARS), 콜레라, 폐렴형 페스트, 황열, 바이러스성 출혈열, 웨스트나일열

KEYWORD 감염병

정답 84. ③

85 [22년 해양경찰 일반직]

어느 지역에서 코로나19 환자가 1,000여명 발생했을 때, 다음 중 가장 먼저 실시해야 할 역학연구로 가장 옳은 것은?

① 분석역학 ② 기술역학
③ 실험역학 ④ 이론역학

상 중 **하**

KEYWORD
기술역학

해설

기술역학(역학의 1단계)
㉠ 역학연구는 인구집단을 대상으로 인적, 시간적, 그리고 지역적 변수에 따라 건강, 질병현상의 분포를 관찰하는 기술역학적 접근을 출발점으로 하고 있다. 기술역학연구의 결과는 그 자체로 제기된 가설의 검증을 할 수는 없지만, 질병의 원인을 찾는 데 필요한 중요한 단서를 제공하는 역할을 하게 된다. 또한 새로운 가설을 도출하는 수단으로 활용될 수 있다.
㉡ 기술역학(descriptive epidemiology) : 인구집단에서 건강, 질병 현상을 시간적(time), 지역적(place), 인적(person) 변수별로 기술하여 건강, 질병 빈도차이를 일으키는 요인이 무엇인지에 대한 가설을 생성하는 역학연구

86 [23년 해양경찰 일반직]

다음 중 만성질환 희귀병조사에 적합한 방법으로 가장 옳은 것은?

① 전향성조사 ② 환자-대조군연구
③ 기술역학 ④ 단면조사연구

상 중 하

KEYWORD
역학연구방법

해설

환자-대조군연구(Case-Control Study, 후향적 조사, 기왕조사)
① 연구하고자 하는 질병에 이환된 집단을 대상으로 한 환자군과 질병이 없는 대조군을 선정하여 질병 발생과 관련이 있다고 의심되는 요인들과 질병 발생의 원인관계를 규명하는 연구방법이다.
② 장점
  ㉠ 연구시간이 짧거나 표본인구가 적어도 가능하므로 시간과 경비, 노력이 절감된다.
  ㉡ 기존자료의 활용이 가능하다.
  ㉢ 단기간 내에 연구수행이 가능하다.
  ㉣ 희귀한 질병 및 잠복기가 긴 질병, 만성퇴행성질환에 대한 연구에 적합하다.
  ㉤ 한 질병과 관련 있는 의심되는 여러 위험요인(가설)들을 동시에 검증할 수 있다.
  ㉥ 연구를 위해 피연구자가 새로운 위험에 노출되는 윤리적인 문제가 없다.
  ㉦ 중도탈락의 문제가 없다.
③ 단점
  ㉠ 기억에 의존하므로 편견이 작용한다.
  ㉡ 인과관계의 질을 확인할 수가 없다.
  ㉢ 모집단이 없는 경우가 많아 전체인구에 적용이 어렵다(일반화가 어렵다).

정답 85.② 86.②

② 적절한 대조군 선정이 곤란하다.
⑩ 위험요인과 질병 간의 시간적 선후관계가 불분명하다.
⑪ 위험요인에 대한 노출이 드문 경우 수행하기 어렵다.

오답해설

① 코호트 연구(Cohort Study, 폭로-비폭로군 연구)
  ㉠ Cohort : 공통된 특성이나 속성 또는 동일한 경험을 가진 그룹이라는 뜻이다.
  ㉡ 연구하고자 하는 질병에 이환되지 않은 건강군을 대상으로 하여 그 질병 발생의 요인에 폭로된 집단(폭로군)과 폭로되지 않은 집단(비폭로군) 간의 질병 발생률을 비교·분석하는 방법이다.
  ㉢ 특성이 같은 집단을 선정하여 시간 간격을 두고 변동을 파악하는 경향연구이다.
  ㉣ 일반적으로 현시점을 기준으로 앞으로의 결과를 검토하는 전향성연구(prospective study)라고도 한다.
  ㉤ 장점
    ⓐ 질병발생의 위험률, 발병확률, 시간적 속발성, 상대위험비를 정확히 구할 수 있다.
    ⓑ 편견이 적고 신뢰성이 높은 자료를 구할 수 있다.
    ⓒ 위험요인 노출에서부터 질병 진행의 전 과정을 관찰할 수 있다.
    ⓓ 질병의 자연사를 파악할 수 있다.
    ⓔ 인과관계를 구체적으로 확인할 수 있다.
    ⓕ 일반화가 가능하며, 다른 질환과의 관계를 알 수 있다.
    ⓖ 위험요인의 노출 수준을 수회 측정할 수 있다.
    ⓗ 위험요인에 대한 노출이 드문 경우에도 연구가 가능하다.
    ⓘ 원인-결과 해석에 시간적 선후관계가 비교적 명확하다.
  ㉥ 단점
    ⓐ 비용이 많이 소요된다.
    ⓑ 관찰기간이 길고 대상자가 많아야 하므로 발생률이 낮은 질병에 적용이 곤란하다(발생률이 높은 질환에만 유용).
    ⓒ 장기간의 조사로 중간 탈락자가 많아 정확도에 문제가 발생하고, 연구자의 잦은 변동으로 차질이 발생할 수 있다.
    ⓓ 진단방법과 기준 질병분류 방법이 변화할 가능성이 있다.
    ⓔ 추적불능의 대상자가 많아지면 연구결과에 영향을 줄 수 있다.
③ 기술역학(역학의 1단계)
  ㉠ 정의 : 건강과 건강 관련 상황이 발생했을 때 있는 그대로의 상황을 기술하는 것이다. 인구집단을 대상으로 인적, 시간적, 지역적 변수에 따라 질병현상의 분포를 관찰하고 그 원인을 찾는 데 필요한 단서를 제공하고, 새로운 가설을 도출하는 수단으로 활용될 수 있다.
  ㉡ 주요 변수
    ⓐ 인적 변수(생물학적 변수)

타고난 특성	연령, 성별, 인종, 유전 특성 및 감수성 등
획득한 특성	면역기능, 결혼상태, 생리적 계측치 등
생활습관	흡연, 음주, 식이, 운동 등
사회경제적 환경	사회경제적 수준, 교육수준, 직업, 종교 등

ⓑ 시간적 변수
- 추세변동(Secular trend, 장기 변화) : 어떤 질병을 수년 또는 수십 년간 관찰하였을 때 증가 혹은 감소의 경향을 보여주는 것이다(10년 이상의 주기).
  예 장티푸스(30~40년), 디프테리아(10~20년), 인플루엔자(약 30년)
- 주기변동(cyclic variation, 순환변화) : 어떤 질병의 발생률은 몇 년을 주기로 집단발생이 재현되는 양상을 보인다. 이유는 주로 해당 지역주민의 집단면역의 수준이 저하되기 때문이다.
  예 유행성 독감(3~6년), 백일해(2~4년), 홍역(2~3년)
- 계절변동(Seasonal variation) : 계절에 따른 질병률, 사망률의 변화가 매번 비슷한 양상을 보이는 것이며, 넓은 의미로 주기변동에 속하나 1년을 주기로 특히 많이 발생하는 월이나 계절이 있을 때를 말한다.
  예 일본뇌염(여름~가을), 호흡기계 감염병(겨울), 소화기계 감염병(여름)
- 불시유행(Irregular variation, 불규칙 변화) : 어떤 시간적 특징을 나타내지 않고 돌발적으로 질병이 발생하여 집중적으로 많은 환자가 발생하는 현상으로 잠복기가 짧고 환자발생이 폭발적이다(외래 감염병의 국내 침입).
  예 콜레라, SARS, MERS, 동물인플루엔자

ⓒ 지역적 변수
- 대유행성(pandemic, 범세계적) : 한 지역에 국한되지 않고 최소한 두 국가 이상의 광범위한 지역에 동시에 발생 또는 유행하는 것을 말한다(예 독감, 페스트).
- 유행성(Epidemic, 편재성) : 한 국가에 전반적으로 토착적 이상으로 발생하는 질환을 말하며, 질병이 외부로부터 유입될 때 외인성 유행이라 하고, 그 지역에 존재하던 질환이 토착적 이상의 수준으로 유행하는 것을 말한다(예 유행성 감기, 장티푸스).
- 토착성(Endemic, 풍토병적, 지방성) : 특정 지역의 적은 소수의 인구에게 지속적으로 감염병이 존재하고 있는 양상으로, 우리나라 낙동강 지역의 간디스토마를 예로 들 수 있고, 장티푸스의 경우 우리나라의 풍토병으로 볼 수 있다.
- 산발성(Sporadic) : 지역, 시간에 따라 질병 발생의 응집성이 관찰되지 않는 질환으로 유행이 아니라, 시간이나 지역에 따라 어떠한 경향성을 보이지 않는 질환을 말한다(지역에 관계없이 산발적으로 질병이 발생하는 양상).

> ※ **기초감염 재생산 수와 감염 재생산 수**
> (1) 기초감염 재생산 수(R_0)
>   ① 전체 인구가 감수성이 있다고 가정할 때 전파력이 있는 환자가 그 기간 동안 직접 감염시키는 평균 인원 수
>   ② 전체 접촉자 수를 분모로, 각 감염자가 전파시킨 2차 감염자 수를 분자로 하여 기초 감염 재생산 수를 계산할 수 있다.
> (2) 감염 재생산 수(R) : 한 인구집단 내에서 특정 개인으로부터 다른 개인으로 질병이 확대되어 나가는 잠재력
>   ① $R < 1$: 질병이 유행하지 않고 사라진다.
>   ② $R = 1$: 풍토병이 된다(지역사회 일정 수 유지).
>   ③ $R > 1$: 질병의 유행이 일어난다.

④ 단면조사연구
  ㉠ 일정한 인구집단을 대상으로 특정한 시점이나 일정한 기간 내에 질병을 조사하고 각 질병과 그 인구집단의 관련성을 보는 방법으로 상관관계연구라고도 하고, 대상 집단의 특정 질병에 대한 유병률을 알아낼 수 있어 시점 조사, 유병률 조사라고도 한다.
  ㉡ 한번에 대상 집단의 질병양상과 이와 관련된 여러 속성을 동시에 파악할 수 있으며 경제적이어서 자주 활용된다.

PART 10

산업보건

환경보건(학)
기출예상문제집

PART 10 산업보건

01 ⎡ 11년 서울 7급 ⎦
현성재해 1 : 불현성 재해 29 : 잠재성 재해 300이 발생하는 현상을 설명하는 법칙은?
① 버드 법칙
② 하인리히 법칙
③ 라마치니 법칙
④ 세이법칙

KEYWORD
● 산업재해의 특성

해설
하인리히 법칙
㉠ 대형사고가 발생하기 전에 그와 관련된 수많은 경미한 사고와 징후들이 반드시 존재한다는 것을 산업재해 분석을 통해 밝힌 법칙이다.
㉡ 산업재해가 발생하여 중상자가 1명 나오면 그 전에 같은 원인으로 발생한 경상자가 29명, 같은 원인으로 부상을 당할 뻔한 잠재적 부상자가 300명 있었다는 사실로 1:29:300법칙이라고도 한다(현성 재해:불현성 재해:잠재성 재해 =1:29:300).
㉢ 하인리히 법칙은 사고의 확산 과정을 양적으로 보여준다.

02 불안전한 상태와 행동의 원인을 4M에 기인한 기본적 원인에 두고 근원적 원인은 기업주의 통제관리 부족으로 간주한 이론은 무엇인가?
① 도미노 이론
② 인간요인 이론
③ 신도미노 이론
④ 다수요인 이론

KEYWORD
● 산업재해의 특성

해설
버드의 신도미노 이론
㉠ 버드(Frank Bird, 1921~2007) : 하인리히가 인적재해만을 다룬 이론과 불안전한 상태와 행동의 원인이 인간의 결함이라는 사실을 반박한 보험전문가이다.
㉡ 불안전한 상태와 행동의 원인은 4M에 기인한 기본적 원인에 두고, 근원적인 원인은 기업주(경영인)의 통제관리의 부족에 기인한다고 보았다.

> 4M = Man(작업자), Machin(기계설비재료), Media(매체, 작업방법), Management (관리)

㉢ 버드는 641건의 사고 중 아차 사고가 600건, 물적 재해가 30건, 인적 재해가 10건, 중상이 1건임을 발표하였다.

정답 01.② 02.③

② 신도미노 이론은 사고발생의 원인에 기업의 안전관리경영의 영향 또는 경영상의 문제를 추가하였고, 사고로 나타나는 결과를 손실로 표현하여 물적 손실과 인적 손실로 구분하였다. 이 이론에서는 직접원인과 기본원인을 제거함으로써 사고를 예방할 수 있다는 이론을 주장하였다.

> 사업주의 통제관리 부족 → 4M에 대한 관리 미흡 → 불안전한 상태와 불안전한 행동 → 사고 → 재해

오답해설

① 도미노 이론 : 사고 확산의 연쇄성을 설명한 하인리히의 이론으로 사고가 발생하기 이전의 보다 근본적인 요인을 강조한다.
  ㉠ 사고확산의 단계

제1요인	인간의 유전적 내력 또는 사회적으로 바람직하지 못한 현상
제2요인	제1요인에 의해 생기는 인간의 결함
제3요인	제2요인에 따른 불안전한 행동 및 기계적, 물리적 위험
제4요인	사고
제5요인	재해(상해)

  ㉡ 근본적 요소인 사회 환경이나 인간의 결함을 고치면 사고의 위험이 낮아지겠지만 쉽지 않다.
  ㉢ 인간의 불안전한 행동이나 기계적, 물리적 위험요인은 상대적으로 제거가 용이하기 때문에 제3요인을 적극적으로 관리한다면 연쇄반응의 고리를 끊을 수 있다
② 인간요인 이론 : 사고가 인간의 실수의 결과로 나타난다는 개념에 근거하고 있다. 인간의 실수를 유발하는 요인은 다음과 같다.
  ㉠ 과부하 : 근로자의 업무 또는 책임이 과중한 것
  ㉡ 부적절한 행동 : 근로자의 실수
  ㉢ 부적절한 반응 : 근로자가 위험한 상황을 인지했지만, 그 상황에 적절한 대처를 하지 못하거나 생산성 향상을 위해 기계의 안전장치를 제거하는 등의 행동을 의미한다.
④ 다수요인 이론(그로스, V.L. Grose) : 4M을 이용하여 사고의 원인을 설명하였다. 이는 작업장의 잠재적이거나 숨겨진 사고의 원인을 다양한 측면에서 밝혀내는 데 유용하다.
  ㉠ 사람(Man) : 심리적 상태, 성별, 나이, 인지요인, 생리적 차이 등
  ㉡ Machin(기계설비재료) : 기계의 형태와 유형, 크기, 안전장치, 기계운전, 사용된 에너지의 유형 등
  ㉢ Media(매체, 작업방법) : 기상조건, 바닥의 물기, 건물의 온도 등
  ㉣ Management(관리) : 다른 3가지 요인을 관리하는 것

03 [11년 충남 의료기출]
산업장에서 요구되는 근로 강도 중 노동의 강도가 중노동의 에너지대사율(RMR)에 해당되는 것은?

① 1~2
② 2~4
③ 4~7
④ 7 이상

KEYWORD
- 근로강도

정답 03.③

해설

에너지 대사율(작업 대사율, RMR : Relative Metabolic Rate)
㉠ 작업강도의 단위이다. 작업 시 소비되는 열량으로 작업강도를 측정하는 방식이며 RMR이 클수록 작업강도가 높다(육체적 작업강도의 지표).
㉡ 영향요소
  ⓐ 작업강도가 커질수록
  ⓑ 작업이 정밀할수록(조작방법 등)
  ⓒ 작업의 종류가 많을수록
  ⓓ 열량 소비량이 많을수록
  ⓔ 작업속도가 빠를수록
  ⓕ 작업이 복잡할수록
  ⓖ 위험부담을 크게 느낄수록
  ⓗ 대인 접촉이나 계약조건이 많을수록 증가한다.
㉢ 에너지 대사율에 따른 작업강도

작업강도	RMR
경노동	0~1(의자에 앉아 손으로 하는 작업)
중등노동	1~2(지속작업, 6시간 이상의 지속되는 작업)
강노동	2~4(전형적인 지속작업)
중노동	4~7(휴식의 필요가 있는 작업, 노동시간 단축)
격노동	7 이상(중도적 작업)

04 산업보건관리에서 격리에 해당하는 것은?

① 페인트 내에 사용되었던 납을 아연이나 이산화티탄 등으로 변경한다.
② 유연휘발유를 무연휘발유로 또는 세척 작업이나 건식 세탁할 때의 나프타를 사염화탄소로 교체한다.
③ 기계 작동을 원격조정이나 자동화 또는 현대적인 정유공장의 원격자동화 장치를 이용한다.
④ 금속을 접합할 때 용접 대신 볼트로, 또는 기름제거 작업 시 증기탈조기를 이용한다.

해설

격리(isolation) : 작업자와 유해인자 사이를 물체, 시간, 거리 등으로 차단하는 방법으로 방호벽을 쌓거나 밀폐시키고 원격 조정하는 등의 방법이다.

오답해설

①, ②, ④는 대치에 해당한다.

KEYWORD
작업환경 관리

정답 04.③

05 산업재해 지표에 대한 설명으로 옳은 것은?

12년 서울 의료기술

① 도수율은 100만 시간당 재해 건수이다.
② 강도율이 건수율에 비하여 산업재해를 총괄적으로 보여주는 지표이다.
③ 강도율은 산업재해의 크기를 보여 주는 지표이다.
④ 중독률은 도수율 및 건수율과 깊은 관계가 있다.

해설
② 건수율은 산업재해 발생상황을 총괄적으로 파악하는 데 도움을 준다.
③ 강도율은 1,000 시간을 단위시간으로 연 근로시간당 작업손실 일수로서 재해에 의한 손상의 정도를 나타낸다(분모와 분자의 강도를 모두 고려한 발생 밀도).
④ 평균작업 손실일수(중독률)는 재해 건수당 평균작업손실의 규모가 어느 정도인지 나타내는 지표이다.

KEYWORD
• 산업재해 지표

06 강노동의 RMR은?

13년 서울

① 0~1
② 1~2
③ 2~4
④ 4~7

해설

작업강도	RMR
경노동	0~1
중등노동	1~2
강노동	2~4
중노동	4~7
격노동	7 이상

KEYWORD
• 근로강도

07 산업재해 지표 중 도수율을 의미하는 공식으로 옳은 것은?

13년 대전

① 재해건수/손실작업일수×100
② 재해건수/연 근로시간 수×1,000,000
③ 재해건수/평균 실 근로자 수×1,000
④ 손실작업일수/재해건수×1,000

해설
도수율 : 근로시간은 재해의 입장에서 보면 재해 발생의 위험에 노출되는 시간인데, 도수율은 위험에 노출된 단위시간당 재해가 얼마나 발생했는가에 대한 재해발생 상황을 파악하기 위한 표준지표이다(분모를 고려한 발생 밀도).

> 도수율 = 재해건수/연 근로시간 수 × 1,000,000

KEYWORD
• 산업재해 지표

정답 05.① 06.③ 07.②

08 ┌ 15년 경기 ┐
다음은 우리나라의 산업재해와 관련된 역사이다. 표기가 시기 순서대로 된 것은?

> 가. 국제노동기구 창립
> 나. 우리나라 근로기준법 제정
> 다. 우리나라 산업재해 보상법 제정
> 라. 우리나라의 500인 이상 사업장의 직장의료보험 실시

① 가-나-다-라
② 가-다-나-라
③ 나-가-다-라
④ 나-다-라-가

해설

가. 국제노동기구 창립 : 1919년
나. 우리나라 근로기준법 제정 : 1953년
다. 우리나라 산업재해 보상법 제정 : 1963년
라. 우리나라의 500인 이상 사업장의 직장의료보험 실시 : 1977년

KEYWORD
산업보건의 역사

09 ┌ 15년 전남경력 ┐
열중증 중 말초혈관 운동신경의 조절장애와 심박출량의 부족으로 인한 순환부전이 나타나는 질환은 무엇인가?

① 열사병
② 열허탈
③ 열경련
④ 열쇠약

해설

열피로(Heat Exhaustion, 열허탈증, 열실신)
㉠ 원인 : 고온 환경에서 오랫동안 폭로되어 말초혈관 운동신경의 조절장애와 심박출량의 부족으로 인한 순환부전, 특히 대뇌피질의 혈류량 부족이 주원인이다. 고온작업장의 중노동 종사자, 미숙련공에게 빈발한다.
㉡ 증상
ⓐ 전구증상 : 전신권태, 무력감을 느낀다.
ⓑ 두통, 이명, 현기증, 구역질을 호소하다가 허탈상태에 빠져 실신하기도 하고, 이완기 혈압의 하강이 현저하다.
㉢ 중재
ⓐ 쾌적한 환경에서 휴식, 탈수가 심할 경우 5% 포도당 용액을 정맥주입 한다.
ⓑ 커피나 강심제가 도움이 되기도 한다.

오답해설

① 열사병/일사병(Heat Stroke)
㉠ 원인 : 체온조절 중추기능 장애로 고온다습한 작업환경에서 육체적 노동을 하거나 옥외에서 태양의 복사열을 머리에 직접 받는 경우 발생한다. 땀의 증발에 의한 체온방출 장애로 체내에 열이 축적되고 뇌막혈관의 충혈, 뇌의 온도가 상승하여 발생한다.

KEYWORD
고온 작업 장해

정답 08.① 09.②

ⓒ 증상 : 고열(41~43℃), 두통, 혼수상태, 피부건조, 현기증, 이명
ⓒ 중재
ⓐ 치료를 안 하면 100% 사망, 치료를 해도 체온이 43℃ 이상은 80%, 43℃ 이하일 때는 40%의 치명률을 보인다.
ⓑ 체온하강이 중요하다. 얼음물에 담가서 체온을 39℃까지 내려야 하며, 이러한 조치가 불가능할 경우 찬물로 닦으면서 선풍기를 이용한 증발냉각을 시도한다.
ⓒ 울혈방지와 체열의 이동을 돕기 위해 사지를 격렬하게 마찰시킨다.
ⓓ 호흡곤란 시 산소를 공급하고, 체열의 생산을 억제하기 위해 항신진대사제를 투여한다.
③ 열경련(Heat Cramp)
㉠ 원인 : 고온 환경에서 심한 육체적 노동을 할 때 잘 발생하며, 기전은 지나친 발한에 의한 탈수와 염분소실이다.
㉡ 증상
ⓐ 특징적인 증상은 수의근의 통증성 경련이다.
ⓑ 전구증상 : 현기증, 이명, 두통, 구역, 구토, 정상 체온
㉢ 중재
ⓐ 바람이 잘 통하는 곳에 눕히고 옷을 벗겨 전도와 복사에 의한 체열방출을 촉진시켜 더 이상의 지나친 발한을 억제한다.
ⓑ 생리식염수 1~2L를 정맥 혹은 경구로 투여한다.
④ 열쇠약(Heat Prostration)
㉠ 원인 : 고온작업 시 비타민 B1 결핍에 의한 만성 체력소모를 말한다. 좁은 의미에서 열중증에는 들지 않으나, 고온 작업자에게 흔히 나타나는 만성형 건강장애로 만성 열중증이라 할 수 있다.
㉡ 증상 : 전신권태, 식욕부진, 위장장애, 불면, 빈혈, 몸이 점차 수척해진다.
㉢ 중재 : 영양공급, 비타민 B1 공급, 휴식 등이 필요하다.

[16년 경기의료기술]

10 산업안전보건법에서 사업주의 의무로 옳은 것은?

① 근로자의 신체적 피로와 정신적 스트레스 등을 줄일 수 있는 쾌적한 작업환경을 조성하고 근로조건을 개선해야 한다.
② 사업장에 대한 재해예방 지원 및 지도를 해야 한다.
③ 유해하거나 위험한 기계, 기구, 설비 및 물질 등에 대한 안전·보건상의 조치기준 작성 및 지도·감독을 해야 한다.
④ 산업안전·보건정책의 수립·집행·조정 및 통제를 해야 한다.

KEYWORD
목적 및 책무

해설
②~④번은 정부의 책무에 관한 설명이다.

정답 10.①

보충학습

[산업안전보건법] 목적 및 책무

㉠ 제1조(목적) : 이 법은 산업 안전 및 보건에 관한 기준을 확립하고 그 책임의 소재를 명확하게 하여 산업재해를 예방하고 쾌적한 작업환경을 조성함으로써 노무를 제공하는 사람의 안전 및 보건을 유지·증진함을 목적으로 한다.

㉡ 제4조(정부의 책무)
ⓐ 산업 안전 및 보건 정책의 수립 및 집행
ⓑ 산업재해 예방 지원 및 지도
ⓒ 「근로기준법」 제76조의2에 따른 직장 내 괴롭힘 예방을 위한 조치기준 마련, 지도 및 지원
ⓓ 사업주의 자율적인 산업 안전 및 보건 경영체제 확립을 위한 지원
ⓔ 산업 안전 및 보건에 관한 의식을 북돋우기 위한 홍보·교육 등 안전문화 확산 추진
ⓕ 산업 안전 및 보건에 관한 기술의 연구·개발 및 시설의 설치·운영
ⓖ 산업재해에 관한 조사 및 통계의 유지·관리
ⓗ 산업 안전 및 보건 관련 단체 등에 대한 지원 및 지도·감독
ⓘ 그 밖에 노무를 제공하는 사람의 안전 및 건강의 보호·증진

㉢ 제5조(사업주 등의 의무)
ⓐ 사업주는 다음 사항을 이행함으로써 근로자의 안전 및 건강을 유지·증진시키고 국가의 산업재해 예방정책을 따라야 한다.
　㉮ 이 법과 이 법에 따른 명령으로 정하는 산업재해 예방을 위한 기준
　㉯ 근로자의 신체적 피로와 정신적 스트레스 등을 줄일 수 있는 쾌적한 작업환경의 조성 및 근로조건 개선
　㉰ 해당 사업장의 안전 및 보건에 관한 정보를 근로자에게 제공
ⓑ 다음 각 호의 어느 하나에 해당하는 자는 발주·설계·제조·수입 또는 건설을 할 때 이 법과 이 법에 따른 명령으로 정하는 기준을 지켜야 하고, 발주·설계·제조·수입 또는 건설에 사용되는 물건으로 인하여 발생하는 산업재해를 방지하기 위하여 필요한 조치를 하여야 한다.
　㉮ 기계·기구와 그 밖의 설비를 설계·제조 또는 수입하는 자
　㉯ 원재료 등을 제조·수입하는 자
　㉰ 건설물을 발주·설계·건설하는 자

11
「근로기준법」상 근로시간에 대한 내용으로 옳지 못한 것은?
① 1주간의 근로시간은 휴식시간을 포함하여 40시간을 초과할 수 없다.
② 1일 근로시간은 휴식시간을 제외하고 8시간을 초과할 수 없다.
③ 당사자 간에 합의하면 1주간에 12시간을 한도로 근로시간 연장이 가능하다.
④ 근로시간이 4시간인 경우에는 30분 이상, 8시간인 경우에는 1시간 이상의 휴식시간을 근로시간 도중에 주어야 하며, 휴식시간은 근로자가 자유롭게 이용할 수 있어야 한다.

해설
1주간의 근로시간은 휴식시간을 제외하고 40시간을 초과할 수 없다.

KEYWORD
근로시간

12
〔16년 환경부〕
오염물질이 유발하는 인체피해의 연결이 바르지 못한 것은?
① Cr - 피부부식
② Cd - 골연화증
③ Hg - 언어장애
④ Pb - 가네미유증
⑤ F - 만성치아불소중독증

해설
㉠ PCB - 가네미유증
㉡ Pb - 급성중독 시 식욕감퇴, 구역, 구토, 변비, 두통 유발, 만성중독 시 기억력 감퇴, 경련, 난청, 망상, 혼수, 사망

KEYWORD
유해금속

13
〔16년 서울〕
근로자에 대한 건강진단결과의 건강관리구분 판정기준에 대한 설명으로 옳지 않은 것은?
① A : 건강인
② R : 질환의심자
③ D_1 : 직업병 유소견자
④ C_2 : 직업병 요관찰자

해설
C_2 : 일반질병 요관찰자

KEYWORD
건강진단 후 판정

정답 11.① 12.④ 13.④

보충학습

건강진단 후 의사의 판정(근로자 건강진단 실시 기준 별표 4)
⊙ 건강관리구분 판정

건강관리구분		건 강 관 리 구 분 내 용
A		건강관리상 사후관리가 필요 없는 근로자(건강한 근로자)
C	C_1	직업성 질병으로 진전될 우려가 있어 추적검사 등 관찰이 필요한 근로자(직업병 요관찰자)
	C_2	일반 질병으로 진전될 우려가 있어 추적관찰이 필요한 근로자(일반 질병 요관찰자)
D_1		직업성 질병의 소견을 보여 사후관리가 필요한 근로자(직업병 유소견자)
D_2		일반 질병의 소견을 보여 사후관리가 필요한 근로자(일반 질병 유소견자)
R		건강진단 1차 검사결과 건강수준의 평가가 곤란하거나 질병이 의심되는 근로자(제2차 건강진단 대상자)

※ 'U'는 2차건강진단대상임을 통보하고 30일을 경과하여 해당 검사가 이루어지지 않아 건강관리구분을 판정할 수 없는 근로자 "U"로 분류한 경우에는 해당 근로자의 퇴직, 기한 내 미실시 등 2차 건강진단의 해당 검사가 이루어지지 않은 사유를 시행규칙 제209조제3항에 따른 건강진단결과표의 사후관리소견서 검진소견란에 기재하여야 함

ⓒ '야간작업' 특수건강진단 건강관리구분 판정

건강관리구분	건 강 관 리 구 분 내 용
A	건강관리상 사후관리가 필요 없는 근로자(건강한 근로자)
C_N	질병으로 진전될 우려가 있어 야간작업 시 추적관찰이 필요한 근로자(질병 요관찰자)
D_N	질병의 소견을 보여 야간작업 시 사후관리가 필요한 근로자(질병 유소견자)
R	건강진단 1차 검사결과 건강수준의 평가가 곤란하거나 질병이 의심되는 근로자(제2차 건강진단 대상자)

※ 'U'는 2차 건강진단대상임을 통보하고 30일을 경과하여 해당 검사가 이루어지지 않아 건강관리구분을 판정할 수 없는 근로자 'U'로 분류한 경우에는 당 근로자의 퇴직, 기한 내 미실시 등 2차 건강진단의 해당 검사가 이루어지지 않은 사유를 규칙 제209조제3항에 따른 건강진단결과표의 사후관리소견서 검진소견란에 기재하여야 함

14

16년 전남

산업재해지표 중 강도율에 해당하는 것은?

① 연재해일수/근로시간수×100
② 재해건수/연근로시간수×1,000
③ 재해건수/평균실근로자수×1,000
④ 근로손실일수/연근로시간수×1,000

해설

건수율 (발생률, 천인률)	근로자 1,000명 당 재해 발생 건수	재해건수/실근로자수×1,000
도수율	위험에 노출된 단위 시간당 재해가 얼마나 발생했는가를 보는 재해발생 상황을 파악하기 위한 지표	재해건수/연 근로시간수×1,000,000
강도율	연 근로시간당 손실 노동일수로서 재해에 의한 손상의 정도를 나타낸다.	손실근로(작업)일수/연근로시간수×1,000
평균손실일수 (중독률)	재해 건수당 평균작업 손실 규모가 어느 정도인지 나타내는 지표	손실근로(작업)일수/재해건수×1,000(강도율/도수율)

KEYWORD
- 산업재해지표

15

17년 경기

근로자의 직업병 예방을 위해 적절한 사후관리가 필요하다는 것을 의미하는 건강관리 구분은?

① A
② C_1
③ C_2
④ D_1

해설

A(건강자)	사후관리 불필요
C_1(직업성 요관찰자)	직업성 질병으로 진전될 우려가 있어 추적검사, 관찰이 필요한 근로자
C_2(일반 질병 요관찰자)	일반 질병으로 진전될 우려가 있어 추적관찰이 필요한 근로자
D_1(직업병 유소견자)	직업성 질병의 소견을 보여 사후관리가 필요한 근로자
D_2(일반 질병 유소견자)	일반 질병의 소견을 보여 사후관리가 필요한 근로자
R(2차 검진 대상자)	1차 검사결과 판정이 곤란하거나 질병이 의심되는 근로자
U(판정불가)	2차 건강진단 대상 통보 후 10일 이내 해당 검사 미실시로 건강관리 구분을 판정할 수 없는 근로자

KEYWORD
- 건강진단 후 판정

정답 14.④ 15.②

16 〔 17년 경기 〕

골격계 장애가 대표적인 증상으로 나타나며 이타이이타이병을 일으키는 원인 성분은?

① 납 ② 수은
③ 카드뮴 ④ 크롬

KEYWORD
● 유해금속

해설

카드뮴(Cd) - 이타이이타이병(Itai-Itai)
㉠ 위험직업 : 아연광석의 채광이나 제련과정의 부산물, 전기도금, 판금의 용접 및 합금, 염화비닐의 안정제, 형광등, 반도체, 축전지, 광전지 등의 취급 작업장 근로자
㉡ 급성중독 : 호흡곤란, 흉부압박감, 식욕부진, 심폐기능부전을 일으키며 심폐기능부전이 심할 경우 사망까지 이르게 된다. 또 식물과 물을 통해 인체에 유입되면 구토와 설사, 복통, 위염, 두통, 근육통을 수반하게 된다.
㉢ 호흡기계를 통한 노출로 만성인 경우에는 폐기종, 신장애, 단백뇨를 3대 증상으로 한다.

17 생체에 필수적인 금속으로 결핍 시에는 인슐린의 저하 등 탄수화물 대사 장애를 일으키는 물질은?

① 크롬 ② 비소
③ 망간 ④ 알루미늄

KEYWORD
● 유해금속

해설

크롬
㉠ 생체에 필수적인 금속으로 결핍 시에는 인슐린의 저하 등 탄수화물 대사 장애를 일으킨다.
㉡ 위험직업 : 크롬 도금, 중크롬산 제조, 화학비료 공업, 염색공업, 시멘트 제조 등
㉢ 중독증상 : 비중격 천공, 부비동염, 폐렴, 천식, 폐암, 위장장애, 알레르기성 및 자극성 피부염, 피부궤양 등

 보충학습

㉠ 비소(As)
  ⓐ 급성중독 : 구토, 복통, 혈변, 안면부종, 근육경련, 혼수 등
  ⓑ 만성중독 : 말초신경염, 피부질환, 피부암, 백혈병, 폐암, 림프종 등
㉡ 망간(Mn)
  ⓐ 위험 직업 : 합금제조, 안료, 색소, 용접
  ⓑ 중독증상 : 급성 - 금속열, 만성 - 신경계 증상(파킨슨병 증상, 가면양 얼굴, 언어장애)
㉢ 알루미늄(Al)
  ⓐ 위험 직업 : 캔, 취사도구 제작, 염료, 페인트, 알루미늄 제련소
  ⓑ 중독증상 : 뼈와 뇌에 주로 독성을 일으킨다.
    ㉮ 뼈 : 통증, 골절 증가, 비타민 D요법에 대한 효과 저하
    ㉯ 뇌 : 투석 뇌증, 루게릭병, 파킨슨, 알츠하이머

정답 16.③ 17.①

18

16년 환경부

아래의 증상을 나타내는 질환으로 옳은 것은?

> 고온다습한 환경에서 심한 육체적 활동을 하는 경우, 체온조절 중추신경에 이상이 생겨 땀 배출이 제대로 이루어지지 않아, 심부온도가 40℃까지 상승하여 뇌의 손상이 초래된다.

① 열경련
② 열피로
③ 열쇠약증
④ 열실신
⑤ 열사병

해설
① 열경련 : 체내 수분 및 염분의 소실
②, ④ 열피로(열실신, 열허탈증) : 말초혈관 운동신경의 조절장애, 심박출량의 부족으로 순환부전
③ 열쇠약증 : 비타민 B1의 결핍으로 발생하는 만성적인 열 소모

KEYWORD
고온 작업 장해

19

여성근로자들의 근로조건에 대한 설명이다. 옳지 못한 것은?

① 주작업의 강도는 RMR 2.0 이하이다.
② 서서 하는 작업일 경우 시간 조건과 휴식 시간은 일정하게 책정한다.
③ 생리휴가, 산전, 산후휴가를 고려한다.
④ 중량물 취급 시에는 중량을 제한하도록 한다.
⑤ 공업독물 취급 작업 시 유산이나 조산의 우려가 있으므로 고려하도록 한다.

해설
서서 하는 작업일 경우 시간 조건과 휴식 시간을 조정한다.

KEYWORD
여성 및 연소 근로자 보호

정답 18.⑤ 19.②

20 〔 17년 서울 〕

다음의 설명에 해당하는 물질은?

- WHO에서 1급 발암물질로 지정
- 이물질을 다루는 근로자의 폐포, 폐 간질에서 섬유증식증 유발
- 어린이용 파우더와 전문의약품, 풍선 등의 제품에서 검출되어 사회문제로 대두되었다.

① 납 ② 석면
③ 수은 ④ 카드뮴

KEYWORD
진폐증의 종류

해설

석면
㉠ 공기 중에 떠도는 미세한 석면섬유가 폐 내에 축적될 경우 만성 기관지염과 석면폐증(석면에 의하여 폐의 섬유화를 초래하는 질병)을 유발시키고, 심지어는 폐암까지 일으키게 된다.
㉡ 베이비파우더에서 시작된 석면 파동이 갈수록 다른 제품으로 확대되었다.

21 납 중독의 대표적인 증상이 아닌 것은?
① 납 빈혈
② 코프로포르피린(coproporphyrin) 배출
③ 연선
④ 호기성 적혈구 증가

KEYWORD
유해금속

해설

납 중독의 대표적인 임상 증상: 용혈성 빈혈, 납 창백, 연선과 연연(Lead Line), 소변 중 코프로포르피린(coproporphyrin) 배출, 호염기성 적혈구 증가, 수근(손목)하수(Wrist Drop)

22 〔 17년 서울 〕

작업자에게 건강장해를 일으키지 않는 공기 중 유해물질 노출허용기준의 시간가중평균농도를 나타내는 것은?
① TLV-TWA ② TLV-STEL
③ TLV-C ④ IDLH

KEYWORD
유해물질 노출 기준

해설

8시간 노출기준(시간가중평균노출기준, TLV-TWA; Time Weighted Average): 1일 8시간 작업을 기준으로 하여 유해인자의 측정치에 발생시간을 곱하여 8시간으로 나눈 값

정답 20.② 21.④ 22.①

보충학습

㉠ 유해물질 노출기준
  ⓐ 미국 산업위생 전문가 협회(ACGIH)의 노출기준(TLV : Threshold Limit Value) : 거의 모든 근로자가 건강 장해를 입지 않고 매일 반복하여 노출될 수 있다고 생각되는 공기 중 유해인자의 농도 또는 강도를 말한다.
  ⓑ 화학물질 및 물리적 인자의 노출기준(고용노동부) : '노출기준'이란 근로자가 유해인자에 노출되는 경우 노출기준 이하 수준에서는 거의 모든 근로자에게 건강상 나쁜 영향을 미치지 아니하는 기준이며, 1일 작업시간 동안의 시간가중 평균노출기준(TWA : Time-Weighted Average), 단시간노출기준(STEL : Short Term Exposure Limit) 또는 최고노출기준(C : Ceiling)으로 표시한다.

㉡ 유해물질 노출기준의 종류
  ⓐ 8시간 노출기준(시간가중평균노출기준, TLV-TWA : Time Weighted Average)
    ㉮ 1일 8시간 작업을 기준으로 하여 유해인자의 측정치에 발생시간을 곱하여 8시간으로 나눈 값
    ㉯ 시간가중 평균치로서 1일 8시간 또는 1주일 40시간의 평균농도
    ㉰ 이 기준에 반복적으로 노출되어도 거의 모든 근로자에게 건강상의 문제가 일어나지 않는 수준
  ⓑ 단시간 노출기준(TLV-STEL : Short Term Exposure Limit)
    ㉮ 15분간 폭로되어도 건강상의 문제가 없는 평균농도
    ㉯ 근로자가 자극, 만성 또는 불가역적 조직 장해, 사고유발, 응급 대처 능력 저하, 작업능률저하를 초래할 정도의 마취를 일으키지 않고 15분 동안 노출될 수 있는 농도를 말한다.
    ㉰ TLV-STEL은 8시간 노출기준에 대한 보완기준이며, 유해작용이 주로 만성이며 고농도에서 급성 중독을 일으키는 물질에 적용한다.
    ㉱ 노출량이 TLV-TWA와 TLV-STEL 사이일 경우 다음 3가지 조건을 충족시켜야 한다.
      – 15분 이상 노출되어선 안 되며, 1일 4회를 초과할 수 없다.
      – 노출과 노출 사이에는 1시간 이상의 간격을 두도록 한다.
  ⓒ 천정값(최고허용농도, TLV-C; Ceiling) : 최고 노출기준은 근로자가 1일 작업시간 동안 잠시라도 노출되어서는 안 되는 기준을 말하며, 노출기준 앞에 'C'로 표시한다.

23

17년 환경부

미국 정부 산업 위생 전문가 협회(ACGIH)의 노출기준(TLV)에 대한 설명으로 옳지 않은 것은?

① 천정값(TLV-C) : 일하는 시간 어느 경우라도 노출되지 않아야 할 농도이다.
② 단시간 노출기준(TLV-STEL) : 작업시간 동안 어느 경우라도 초과 노출되지 않아야 할 15분 시간가중 평균 농도이다.
③ 노출기준(TLV) : 거의 모든 근로자가 건강상의 장애를 받지 않고 매일 반복하여 노출될 수 있는 유해물질의 농도이다.
④ 혼합노출기준 : 두 가지 이상의 혼합물질에 노출될 경우 각 유해물질의 농도와 허용기준의 피해 합이 10을 초과해서는 안 된다.
⑤ 시간가중평균노출기준(TLV-TWA) : 1일 8시간 또는 1주일 40시간 동안 노출되는 평균농도이다.

해설
혼합물의 노출기준 : 화학물질이 2종 이상 혼재하는 경우에 물질 간의 유해성이 인체의 서로 다른 부위에 작용한다는 증거가 없는 한 유해 작용은 가중되므로 노출기준을 산출하되 산출되는 수치가 1을 초과하지 아니하여야 한다.

KEYWORD
유해물질 노출기준

24

수은중독의 3대 증상은?
① 뼈의 통증, 골연화증, 골소공증
② 신장장애 및 과뇨증, 비중격 천공
③ 구내염, 근육진전, 정신증상
④ 피부창백, 위장장애, 급성 복부산통

해설
수은중독
㉠ 미나마타병, 구내염과 피로감 등
㉡ 수은중독의 3대 증상 : 구내염, 근육진전, 정신증상(불면, 흥분, 근심)

보충학습
㉠ 카드뮴 : 이타이이타이병(3대 증상 : 폐기종, 신장장애, 단백뇨)
㉡ 납
　ⓐ 급성 : 식욕감퇴, 구토, 구역, 두통, 변비 등
　ⓑ 만성 : 경련, 난청, 망상, 기억력감퇴, 혼수, 사망 등
㉢ 크롬 : 비중격 천공, 위장장애, 폐렴 등
㉣ 망간 : 무력증, 식욕감퇴, 두통, 현기증, 흥분성 발작
㉤ 벤젠 : 조혈기능 장애, 빈혈
㉥ 이황화탄소 : 체중감소, 두통, 권태감의 전신증상

KEYWORD
유해금속

정답 23.④ 24.③

25 〔16년 환경부〕

국제암연구소에서 제시하고 있는 발암물질의 분류기준으로 옳지 않은 것은?

① Group 1
② Group 2
③ Group 2B
④ Group 3
⑤ Group 4

해설
국제암연구소(IARC)의 발암물질 분류기준은 Group 1, Group 2A, Group 2B, Group 3, Group 4의 5단계로 분류하고 있다.

KEYWORD
발암물질 분류

26 〔17년 환경부〕

국제암연구소(IARC)에서 제안하고 있는 발암성 등급에 대한 설명으로 옳지 않은 것은?

① 그룹 1 : 인간에게 암을 일으키는 증거가 충분함
② 그룹 2A : 인간에 대한 발암증거는 제한적이나 동물에서는 충분한 증거가 있음
③ 그룹 2B : 인간에 대한 발암증거는 제한적이고 동물에서는 증거가 불충분함
④ 그룹 3 : 분류할 수 없음
⑤ 그룹 4 : 발암성이 평가되지 않은 화학물질임

KEYWORD
발암물질 분류

해설
국제암연구소(IARC)의 발암물질 구분

분류기준	내용
Group 1	인체에 발암성 확인 물질–사람, 동물에게 발암성 평가
Group 2A	인체에 발암 가능성이 높은(probable) 물질 – 동물에게만 발암성 평가
Group 2B	인체에 발암 가능성이 있는(possible) 물질 – 사람에게 있어 원인적 연관성 연구결과들이 상호 일치되지 못하고 통계적 유의성이 약함 – 실험동물에 대한 발암성 근거가 충분치 못하여 사람에 대한 근거 역시 제한적이다(예 커피, 클로로포름, pickle, 고사리, 삼삼화안티몬).
Group 3	인체 발암성 미분류 물질(발암성이 불확실한 발암 물질)–발암성 물질로 증거 부적절
Group 4	인체 비발암성 추정물질(발암성이 없는 물질)–발암물질 가능성 거의 없음

정답 25.② 26.⑤

27

[17년 서울]

다음 전리방사선 중 인체의 투과력이 약한 것은?

① 알파선　　　② 베타선
③ 감마선　　　④ 엑스선

KEYWORD
방사선

해설

전리방사선의 종류

x–선	• X–선 발생 장치에서 생성되는 빛과 같은 전자기파 • 감마선과 같은 성질을 가지고 있지만 이것은 들뜬 원자나 분자가 바닥상태로 안정하게 될 때나 속도가 빠른 전자가 물질 속에서 속도를 줄일 때 나온다는 점이 원자핵 속에서 나오는 감마선과 구별된다. • 일반적인 전자기파보다는 에너지가 훨씬 강하며 투과력도 강하다. • 병원에서 진단이나 치료 목적으로 이용된다.
감마선(γ)	• 방사성원자가 붕괴할 때 방출된다. • 투과력이 강하여 납판으로 막아도 어느 정도의 두께까지 지나간다. • 암 치료 등에 이용된다.
알파선 (알파입자, α)	• 자연적으로 존재하는 우라늄과 플루토늄과 같은 인공방사성 원소로부터 방출된다. • 투과력은 아주 약하여 종이 한 장으로도 차단할 수 있다.
베타선 (베타입자, β)	• 방사성원자의 원자핵으로부터 나오는 빠른 속도의 전자. 일반적으로 원자핵 속에 있는 중성자가 양성자로 바뀔 때 전자가 밖으로 튀어나온다. • 투과력은 알파입자보다 강하고 과도한 노출은 피부화상을 유발한다.
중성자	• 투과력이 강한 입자 • 상대방 물질을 방사성 물질로 만들 수 있다.

※ 투과력의 크기 : 중성자 > 감마선 > x–선 > 베타선 > 알파선

28

[18년 서울경력 환경위생학 연구사]

팝콘에 버터향을 내기 위하여 많이 사용되는 식품첨가제로 팝콘 공장 근로자에게 팝콘 폐(Popcorn lung)라는 폐 손상을 초래하는 물질은?

① PHMG　　　② Acrylamide
③ CMIT　　　④ Diacetyl

KEYWORD
유해가스

해설

Popcorn lung : 버터모양 또는 밥이 뜸들 때 나는 냄새가 나는 황색 액상물질인 Diacetyl이 원인 물질이며 팝콘 외에도 과일음료나 유제품 및 캐러멜 등에서 발견되었다.

정답 27.① 28.④

29

18년 전남보건

산업재해의 발생비율을 나타내는 하인리히 법칙에 대한 설명으로 맞는 것은?

① 1:29:300의 비율로 사망:경상:무상해의 재해가 발생되는 것을 의미한다.
② 1:10:30:600의 비율로 중상(사망):경상:무상해사고(재산피해):무상해(무고장) 재해가 발생하는 것을 의미한다.
③ 무상해 사고가 900건이라면 사망 또는 중상이 4건이다.
④ 경상과 중상에 대한 구분이 없다.

해설

하인리히 재해 피라미드 : 불안전한 행동으로 인하여 발생한 330건의 재해 가운데서 사망 또는 중상이 1회, 경상이 29회, 무상해 사고가 300회 비율로 발생한다는 것이다. 결국, 재해배후에는 상해를 수반하지 않는 방대한 수(300건, 90.9%)의 사고가 있는데, 이것을 방지해줄 수 있다면 사업장에서 발생하게 될 중대 재해를 예방할 수 있다
※ 버드의 법칙 : 1 : 10 : 30 : 600

KEYWORD
• 산업재해의 특성

30

18년 서울경력 환경위생

전리방사선의 단위 중 방사선량에 대한 단위로 가장 옳지 않은 것은?
① 쿨롱/킬로그램(C/Kg)
② 그레이(Gy)
③ 베크렐(Bq)
④ 시버트(Sv)

해설

구분		단위	종래단위
방사능		베크렐(Bq)	퀴리(C)
방사선량	조사선량(X)	쿨롱/킬로그램(C/Kg)	뢴트겐(R)
	흡수선량(D)	그레이(Gy)	라드(rad)
	등가선량(H)	시버트(Sv)	렘(rem)
	유효선량(E)	시버트(Sv)	렘(rem)

KEYWORD
• 방사선

정답 29.① 30.③

31 전리방사선 노출 후 발생 가능한 건강문제로 연결되지 않은 것은?
① 백혈병, 갑상샘암
② 피부건조, 피부궤양
③ 백내장, 태아발육부전
④ 레이노드, 폐암

KEYWORD
방사선

해설
레이노는 국소진동에 의한 장애이다.

보충학습

전리방사선에 의한 건강장애
㉠ 피부 : 발적, 탈모, 피부각화증
㉡ 혈액 및 조혈기관에 대한 장애 : 빈혈, 백혈구 감소증, 백혈병, 면역감소
㉢ 악성종양 : 백혈병, 피부암, 골육종 등
㉣ 수명단축
㉤ 유전적 장애 : 기형, 난청, 실명 등
㉥ 정신적 장애
㉦ 백내장, 불임증 등
㉧ 전리방사선 노출 후 발생확률이 높은 암 : 백혈병, 유방암, 갑상샘암

[19년 해양경찰 일반직]

32 다음 중 사업장에서 중독발생에 관한 설명으로 가장 거리가 먼 것은?
① 유해물질의 농도 상승률보다 유해도 증대율이 중독 발생에 더 큰 영향을 미친다.
② 대체로 간, 심장, 신장질환이 있는 경우는 중독에 대한 감수성이 높다.
③ 습도가 높거나 공기가 안정된 상태에서는 유해가스가 확산되지 않고, 농도가 높아져 중독을 더 잘 일으킨다.
④ 동일한 농도의 경우에는 일정 시간 동안 계속 노출되는 편이, 간헐적으로 동일 시간에 노출되는 것보다 피해가 적다.

KEYWORD
중독

해설
동일한 농도의 경우에 간헐적 노출이 피해가 적다.

정답 31.④ 32.④

33. 다음 중 직업병의 물리적인 원인과 질병이 올바르게 연결된 것은?
[19년 경기의료기술]

① 수은-백혈병
② 진동-참호족
③ 자외선-백내장
④ 고열-레이노병

해설
① 수은 - 구내염, 정신증상, 근육진전 등/백혈병-벤젠
② 진동 - 레이노병/한랭-참호족
④ 고열 - 열사병, 열허탈, 열경련, 열피로 등

KEYWORD
직업성 질환

34. 산업재해보상보험의 원리가 아닌 것은?
[19년 서울]

① 사회보험방식
② 무과실책임주의
③ 현실우선주의
④ 정액보상방식

해설
산업재해보상보험의 원리
㉠ 사회보험방식 : 기업의 사회적 책임이란 인식하에 총체로서의 기업인 국가가 보상주체가 되는 것을 의미한다.
㉡ 무과실책임주의 : 사용자의 과실 유무에 상관없이 고용 또는 고용 중에 근로자에게 발생한 사고와 업무상 질병에 대해 사용자에게 책임을 부과하는 것이다.
㉢ 현실우선주의 : 업무상 재해로 인해 보험급여를 지급하는 경우, 현실의 부양상태를 고려하는 특징이 있다. 따라서 사실혼 관계에 의하여 유족보상금을 지급하는 경우에 그 수급권자의 순위에 있어서 사망 당시 부양하고 있던 배우자를 우선순위로 지급하도록 한다.
㉣ 정률보상방식 : 피해근로자의 연령, 직종, 근무 기간 등의 제반 조건을 고려하지 아니하고 당해 근로자의 평균 임금을 기초로 법령에서 정하는 기준에 따라 획일적으로 산정하여 보상하는 방식이다.

KEYWORD
산업재해보상보험법

정답 33.③ 34.④

[19년 해양경찰 일반직]

35 화학물질 및 물리적 인자의 노출 기준에 따른 다음 설명 중 ( )안에 들어갈 내용을 올바르게 나열한 것은?

> '단시간 노출기준(STEL)'이란 근로자가 1회에 (㉠)간 유해인자에 노출되는 경우의 기준으로 이 기준 이하에서는 (㉡) 노출간격 (㉢) 이상인 경우에 1일 작업시간 동안 (㉣)까지 노출이 허용될 수 있는 기준을 말한다.

① ㉠ 5분 ㉡ 1회 ㉢ 30분 ㉣ 6회
② ㉠ 15분 ㉡ 2회 ㉢ 60분 ㉣ 6회
③ ㉠ 15분 ㉡ 2회 ㉢ 30분 ㉣ 4회
④ ㉠ 15분 ㉡ 1회 ㉢ 60분 ㉣ 4회

KEYWORD
유해물질 노출 기준

해설
단시간 노출기준(TLV-STEL; Short Term Exposure Limit)
㉠ 15분간 폭로되어도 건강상의 문제가 없는 평균농도
㉡ 근로자가 자극, 만성 또는 불가역적 조직 장해, 사고유발, 응급 대처 능력 저하, 작업능률저하를 초래할 정도의 마취를 일으키지 않고 15분 동안 노출될 수 있는 농도를 말한다.
㉢ 노출량이 TLV-TWA와 TLV-STEL 사이일 경우 다음 3가지 조건을 충족시켜야 한다.
  ⓐ 15분 이상 노출되어선 안 되며, 1일 4회를 초과할 수 없다.
  ⓑ 노출과 노출사이에는 1시간 이상의 간격을 두도록 한다.

[19년 해양경찰 일반직]

36 화학 방제함에는 선박 화재 사고에 대비하여 방열복이 비치되어 있다. 다음 중 최근에 가장 많이 사용되는 방열복의 재료는 어느 것인가?
① 고무
② 알루미늄
③ 석면
④ 폴리에틸렌

KEYWORD
작업환경관리

해설
해양수산부에서 승인한 것은 알루미늄 코팅 원단이다.

정답 35.④ 36.②

37

「산업안전 보건법 시행규칙」상 다음에서 설명하는 것은?

> 특수건강진단 대상 업무로 인하여 해당 유해인자에 의한 직업성 천식, 직업성 피부염, 그 밖에 건강장해를 의심하게 하는 증상으로 보이거나 의학적 소견이 있는 근로자에 대하여 사업주가 실시하는 건강진단

① 임시건강진단 ② 수시건강진단
③ 특수건강진단 ④ 배치 전 건강진단

해설

수시건강진단
㉠ 목적 : 급성으로 발병하거나, 정기적 건강진단으로는 발견하기 어려운 직업성 질환의 조기 진단을 위해 실시한다.
㉡ 실시시기 : 특수 건강진단의 실시 여부와 관계없이 필요하다는 요청이 있을 때 실시한다.
㉢ 실시대상 : 특수건강진단 대상 업무로 인하여 해당 유해인자에 의한 직업성 천식, 직업성 피부염, 그밖에 건강장해를 의심하게 하는 증상을 보이거나 의학적 소견이 있는 근로자에 대하여 사업주가 특수건강진단기관에서 실시
㉣ 실시항목
  ⓐ 특수건강진단 대상 유해인자 : 특수건강진단 항목에 준함
  ⓑ 직업성 천식, 직업성 피부질환 : 별도로 규정

건강진단의 종류와 내용

일반 건강진단	㉠ 실시시기 : 상시 근무하는 근로자(5인 이상)에게 정기적으로 실시하는 건강진단으로 사무직 종사자는 2년에 1회 이상, 비사무직 종사자는 1년에 1회 이상 실시한다. ㉡ 목적 : 신체손상을 최소화하고 직업성 질환, 감염병, 일반질병(고혈압, 당뇨)을 조기에 발견하고 궁극적으로 생산성을 향상시키기 위함이다. 국민건강보험공단에서 실시하는 건강검진과 통합하여 실시한다.

배치 전 건강진단	㉠ 목적 : 특수건강진단 대상 업무에 종사할 근로자에 대하여 배치예정 업무에 대한 적합성 평가를 위해 사업주가 실시하는 건강진단
	㉡ 실시시기
	  ⓐ 특수건강진단 대상 업무에 배치하기 전에 실시한다.
	  ⓑ 배치 전 건강진단 면제대상
	    ㉮ 다른 사업장에서 당해 유해인자에 대한 배치 전 건강진단을 받았거나 배치 전 건강진단의 필수 검사항목을 모두 포함하는 특수·수시·임시건강진단을 받고 6개월이 경과하지 아니한 근로자로서 건강진단 결과를 기재한 건강진단 개인표 또는 그 사본을 제출한 경우
	    ㉯ 당해 사업장에서 당해 유해인자에 대한 배치 전 건강진단을 받았거나 배치 전 건강진단의 필수 검사항목을 모두 포함하는 특수·수시·임시건강진단을 받고 6개월이 경과하지 아니한 경우

정답 37.②

구분	내용
특수 건강진단	㉠ 목적 : 유해인자로 인한 직업병을 조기발견하기 위해 실시하는 건강진단이다. ㉡ 실시대상 　ⓐ 특수건강진단 대상 유해인자는 180종으로 화학적 인자로 유기화합물(109종), 금속류(20종), 산 및 알칼리류(8종), 가스상태 물질류(14종), 허가대상 유해물질(12종)이 해당되며, 분진(7종), 물리적 인자(8종), 야간작업(2종)에 노출되는 업무에 종사하는 근로자가 해당된다. 　ⓑ 근로자 건강진단 실시결과 직업병 유소견자로 판정받은 후 작업전환을 하거나 작업장소를 변경하고, 직업병 유소견 판정의 원인이 된 유해인자에 대한 건강진단이 필요하다고 의사의 소견이 있는 근로자 ㉢ 실시시기 　ⓐ 배치 전 건강진단을 실시한 날로부터 유해인자별로 정해진 시기에 첫 번째 특수건강진단을 실시하고 이후 정해져 있는 주기에 따라 정기적으로 실시한다. 　ⓑ 특수건강진단 주기를 1/2로 단축하는 경우 　　㉮ 작업환경 측정결과 노출기준 이상인 공정에서 당해 유해인자 노출근로자 　　㉯ 건강진단결과 직업병 유소견자가 발견된 작업공정의 당해 유해인자 노출 근로자 　　㉰ 특수건강진단 또는 임시건강진단 실시 결과 당해 유해인자에 대하여 특수건강진단 실시주기를 단축해야 한다는 의사의 판정을 받은 근로자 ㉣ 실시기관 : 고용노동부로부터 특수 건강진단으로 지정받은 기관
임시 건강진단	㉠ 특수건강진단 대상 유해인자 또는 그 밖의 유해인자에 의한 중독 여부, 질병에 걸렸는지 여부 또는 질병의 발생원인 등을 확인하기 위하여 지방고용노동관서의 장의 명령에 따라 사업주가 실시한다. ㉡ 고용노동관서의 장은 근로자의 건강 보호를 위해 필요하다고 인정할 때에는 사업주에게 특정 근로자에 대한 임시건강진단의 실시를 명할 수 있다. ㉢ 실시대상 　ⓐ 같은 부서에 근무하는 근로자 또는 같은 유해인자에 노출되는 근로자에게 유사한 질병의 자각·타각증상이 발생한 경우 　ⓑ 직업병 유소견자가 발생하거나 여러 명이 발생할 우려가 있는 경우 　ⓒ 기타 지방고용노동관서의 장이 필요하다고 판단하는 경우

38

17년 지방직

「산업안전 보건법 시행규칙」상 근로자 일반건강진단의 실시 횟수가 옳게 짝지어진 것은?

	사무직 종사 근로자	그 밖의 근로자
①	1년에 1회 이상	1년에 1회 이상
②	1년에 1회 이상	1년에 2회 이상
③	2년에 1회 이상	1년에 1회 이상
④	2년에 1회 이상	1년에 2회 이상

해설

일반건강진단 : 상시 근무하는 근로자(5인 이상)에게 정기적으로 실시하는 건강진단으로 사무직 종사자는 2년에 1회 이상, 비사무직 종사자는 1년에 1회 이상 실시한다.

KEYWORD
근로자 건강진단

39

20년 서울시

작업환경의 기본 원리 중 대치에 해당하는 것은?
① 교대근무를 실시하도록 한다.
② 페인트를 분무하던 것을 전기이용 흡착식 분무로 한다.
③ 개인용 위생보호구를 착용하도록 한다.
④ 인화물질이 든 탱크 사이에 도랑을 파서 제방을 만든다.

해설

대치-작업 공정을 변경한 것

오답해설

① 작업환경 및 노출관리의 3대 원칙인 오염원 관리, 실내공기 관리, 근로자 관리 중 근로자 관리에 속한다. 근로자 관리의 접근법은 교육 및 훈련, 보호구 착용이 있으며 이 중 교육 및 훈련에 속한다고 할 수 있다.
③ 보호구 착용
④ 격리

KEYWORD
작업환경관리

정답 38.③ 39.②

40. 다음에서 설명하는 고온장해와 그에 따른 처치를 옳게 짝지은 것은?

> 40세의 건설업 근로자 A씨는 38℃의 덥고 습한 환경에서 장시간 일하던 중 심한 어지러움을 호소하면서 쓰러졌다. 발한은 거의 없었고 피부가 건조하였으며, 심부체온은 41.5℃였다.

① 열경련-말초혈관의 혈액 저류가 원인이므로 염분이 없는 수분을 충분하게 공급한다.
② 열피로-고온에 의한 만성 체력소모가 원인이므로 따뜻한 커피를 마시지 않도록 한다.
③ 열쇠약-지나친 발한에 의한 염분소실이 원인이므로 시원한 곳에 눕히고 충분한 수분을 공급한다.
④ 열사병-체온조절 중추의 장애가 원인이므로 체온을 낮추기 위해 옷을 벗기고 찬물로 몸을 닦는다.

[해설]
발한이 거의 없고 피부가 건조하며, 심부체온이 41.5℃이므로 열사병으로 진단내려진다. 열사병은 체온조절 중추 기능 장애로 치료하지 않으면 100% 사망에 이르는 것으로 이를 치료하는 데에 가장 중요한 것은 체온하강이다.

KEYWORD
● 고온 작업 장해

41. 직업인의 질병에 관한 기록을 저술하고 산업보건의 기초를 확립한 인물은?

① 해밀턴 ② 라마치니
③ 비스마르크 ④ 로리가

[해설]
라마치니(Bernardino Ramazzini, 이탈리아, 1633년~1714년) : 산업보건의 시조로 직업인의 질병 연구, 1700년 광부, 인쇄공, 도자기공, 조산원, 장의사, 군인 등 약 54종의 직종에서 일하는 사람들의 질병에 관한 기록인 '일하는 사람들의 질병'이라는 역사적인 책을 출간하였다.

[오답해설]
① 해밀턴 : 미국(1869~1970), 미국 최초의 산업보건학자, 이황화탄소 직업병 연구, 공장 및 작업장 화학물질과 직업병 연구
③ 비스마르크 : 독일, 노동자 질병 보호법(1883), 사회보장제도의 시초, 공장재해 보험법(1884)
④ 로리가 : 프랑스(1911), 진동 공구에 의한 레이노병 연구

KEYWORD
● 산업보건의 역사

정답 40.④ 41.②

42 [20년 전남보건]

진폐증은 분진을 오래 흡입하여 폐에 섬유증식증이 발생하는 것이다. 1급 발암물질로 인해 폐암 발생률을 높이는 진폐증의 종류는?

① 탄폐증 ② 면폐증
③ 규폐증 ④ 석면폐증

해설

규소, 석면, 베릴륨, 활석 등은 섬유증식증을 유발시키는 진폐증의 원인물질로 이 중에서 1급 발암 물질은 석면이다.

KEYWORD
진폐증

43 [20년 전남보건]

유해물질 관리방법 중 가장 기본적이며 우선적으로 선택하는 관리대책은?

① 대치 ② 격리
③ 밀폐 ④ 환기

해설

대치는 공정, 시설, 물질의 변경으로 가장 효과적이며 우수한 관리 대책이다.

KEYWORD
작업환경관리

보충학습

작업환경관리의 기본 원칙

㉠ 대치(substitution) : 독성이 약한 유해물질로 대체하거나 공정, 시설, 물질을 변경하는 방법이 가장 효과적이고 근본적인 방법이지만, 기술적 어려움이 동반되는 경우가 많다.

공정 변경의 예	• 작업 과정의 변경 • 페인트 성분의 비산 방지를 위해 분무하던 페인트를 담그거나 전기흡착으로 변경한 것 • 금속을 두들겨 자르는 것을 톱으로 잘라 소음을 감소시킨 것
시설 변경의 예	• 화재예방을 위해 유리병에 저장하던 가연성 물질을 철제 통에 보관하는 것 • 흄을 배출하기 위한 통풍장치의 창을 안전유리로 바꾸는 것
물질 변경의 예	• 가장 흔히 사용하는 대책이다. • 세탁 시 사염화탄소를 염화탄화수소나 불화탄화수소로, 벤젠을 톨루엔으로, 석면을 섬유유리나 식물성 섬유로 바꾸어 독성이 적은 물질로 변경해 사용하는 것 • 화재를 예방하기 위해 드라이크리닝 시에 석유 대신 perchloroethylen을 사용하는 것 • 성냥 제조 시 황인을 적인으로 대치하는 것

정답 42.④ 43.①

ⓛ 격리(isolation) : 작업자와 유해인자 사이를 물체, 시간, 거리 등으로 차단하는 방법으로 방호벽을 쌓거나 밀폐시키고 원격 조정하는 등의 방법이다.

격리 저장	• 물질격리 : 흡입독성이 강하거나 인화성이 높은 물질은 격리해서 저장한다. • 시설격리 : 고압에서 가동하는 기계나 고속회전을 요하는 시설은 방호벽을 쌓거나 밀폐시키고 자동감시체계를 이용한다.
공정의 격리	• 공정의 격리는 비용이 가장 많이 들지만 최근 자동화 및 원격조정 기술 등의 발달로 유용한 원칙으로 대두되고 있다. • 방사성 동위원소 취급 시 격리와 밀폐, 원격장치를 사용하는 것. 정유공장을 비롯한 많은 화학공장에서 자동화 장치를 설치하여 각종 유해인자를 근로자와 격리하는 것
개인용 보호구 지급	가장 흔히 사용. 공정 특성상 개선이 불가능할 경우 적절한 보호구를 제공한다(최후의 수단).

ⓒ 환기, 제거(ventilation) : 유해증기를 포착해서 배출시키기 위해 또는 쾌적한 온열상태를 유지하기 위해 사용된다.
  ⓐ 국소 환기 : 유해물질의 발생원 가까이에서 유해물질을 빨아들여서 밖으로 배출시키는 장치를 설치하여 근로자가 유해물질을 흡입하지 않도록 하는 방법이다.
  ⓑ 전체 환기 : 작업환경의 유해물질을 희석하는 것이므로 희석 환기라고도 하며, 고온다습한 환경에 사용되거나 분진, 냄새, 유해증기를 희석하는 데 사용된다. 그러나 발생원에 대한 대책으로는 부적절하다.
ⓔ 교육(education) : 작업환경관리에 대한 교육을 실시한다.
  ⓐ 관리자 : 작업환경관리의 필요성을 인식시킨다.
  ⓑ 기술자 : 안전보건 문제에 대한 계획과 처리를 할 수 있게 한다.
  ⓒ 감독자 : 작업감독뿐만 아니라 환경이나 공정에 대한 감독도 실시할 수 있도록 한다.
  ⓓ 작업자 : 자신이 다루고 있는 시설이나 기구 물질에 대해 이해하고 대처 가능한 상태를 유지할 수 있도록 한다.

[20년 경기 보건연구사]

44 방사선의 단위 중 시버트(SV)를 사용하고 방사선의 유형에 따라 효력의 차이를 고려한 것으로 옳은 것은?

① 흡수선량
② 조사선량
③ 등가선량
④ 유효선량

KEYWORD
전리방사선의 단위

해설

흡수선량(D)	• 전리방사선에 노출된 물질의 단위 질량(1kg)당 흡수된 방사선 에너지양(J) • 전리방사선이 지나가는 곳에 어떤 물체가 자리하면 방사선의 에너지 전부 또는 일부가 그 물체에 흡수되는 양이다. • 단위 : Gray, Gy • 1Gy는 1kg의 물질에 1J의 에너지가 흡수된 것이다.
조사선량(X)	• 공간상의 어떤 위치에서 방사선 강도의 세기를 나타내는 양이다. • 단위 : Roentgen, R/쿨롱(C) • 1Roentgen은 표준상태에서 1cm³의 건조한 대기에서의 이온화에 의해 1 전하량을 만들 X-선 또는 감마방사선의 양이다. • 1Roentgen=공기 1kg당 2.58×10^{-4}쿨롱(C)
등가선량(H)	• 방사선이 살아 있는 조직과 상호 작용할 때의 영향은 방사선의 유형에 따라 효력이 다르다. • 단위 : Sievert, Sv
유효선량(E)	• 인체 내부에는 다양한 장기나 조직들이 있는데, 이들 각 조직이 같은 등가선량에 피폭되었다고 해서 같은 정도로 영향을 미치는 것은 아니다. • 인체 조직별 상대적인 위험도의 차이인 조직가중계수를 반영한 것이다. • 단위 : Sievert, Sv

[19년 충북 보건연구사]

45 단시간 노출기준(STEL)에서 노출시간으로 옳은 것은?

① 5분
② 10분
③ 15분
④ 20분

KEYWORD
유해물질 노출 기준

해설

단시간 노출기준(STEL) : /15분 1회, 4회 이하/1일

정답 44.③ 45.③

46
20년 경기 보건연구사

다음 석면들 중에서 건축자재로 우리나라에서 가장 많이 사용되는 것은?

① 갈석면
② 백석면
③ 청석면
④ 투각섬것

해설
㉠ 우리나라에서 가장 흔히 사용하는 석면은 백석면이며(90%), 갈석면, 청석면의 사용량이 적다.
㉡ 인체 유해성 : 청석면＞갈석면＞백석면

47
다음은 1년간의 A사업장의 현황이다. 강도율을 구하시오.

- 근로자 수 : 1,000명
- 재해건수 : 20건
- 재해자 수 : 20명
- 근로시간 수 : 2,000,000시간
- 손실작업일수 : 1,000일

① 0.5
② 1
③ 10
④ 20

해설
강도율 = 손실근로(작업)일수/연 근로시간 수×1,000
→ (1,000/2,000,000)×1,000 = 0.5

48
다음에서 설명하는 작업환경관리의 기본원칙은?

| 인체에 유해한 화학물질을 다루기 위해 원격조정용 장치를 이용하였다. |

① 격리
② 대치
③ 환기
④ 개인보호구

해설
격리와 밀폐 : 작업장과 유해인자 사이에 물체, 거리, 시간 등으로 차단하는 방법
㉠ 공정의 격리는 비용이 가장 많이 들지만 최근 자동화 및 원격조정기술 등의 발달로 유용한 원칙으로 대두되고 있다.
㉡ 방사선 동위원소 취급 시 격리와 밀폐, 원격장치를 사용하는 것, 화학공장에서 자동화장치를 설치하여 각종 유해인자를 근로자와 격리하는 것

49. 〈보기〉의 내용이 설명하는 직업병은?

[18년 지방직]

> 가. 반복적인 컴퓨터 및 키보드 작업, 고정된 자세 등으로 인해 유발된다.
> 나. 뒷목이 뻐근하고 어깨, 팔꿈치, 손목 통증 등의 근골격계 이상이 발생한다.
> 다. 눈의 이물감, 충혈, 눈부심, 안구건조, 근시 등과 같은 안질환이 발생한다.
> 라. 우울증, 수면장애, 두통 등의 정신과적 장애가 나타난다.

① 산업피로
② VDT증후군
③ 유기용제 중독
④ Raynaud's 증후군

[해설]
㉠ VDT증후군 : 컴퓨터, 팩시밀리 등 사무자동화로 인해 야기되는 건강문제
㉡ 증상
　ⓐ 안정피로 : 시력감퇴, 복시, 안통, 두통, 때로는 오심, 구토 유발
　ⓑ 폭주부전
　ⓒ 근골격계 질환과 비근골격계 질환
　ⓓ 정신적인 스트레스
　ⓔ 기타 : 임신, 출산의 이상, 방전현상에 따른 불쾌감, 소양감 등의 피부장애, 소화불량, 혈압상승, 맥박 증가 등

50. 다음 설명에서 옳지 못한 것은?

① 수시건강진단은 특수건강진단 기관에서 실시하여야 한다.
② 근로자의 질병을 조기에 찾아내어 적절한 사후관리 및 조기치료를 하도록 하여 근로자의 건강을 유지·보호하기 위해 실시하는 일반건강진단은 사무직의 경우 1년에 1회, 비사무직의 경우 6개월에 1회 정기적인 검진을 실시하여야 한다.
③ 건강진단 후 의사의 판정에 따라 D1 판정을 받은 근로자는 직업성 질환의 소견을 보이는 것이므로 사후관리가 필요한 경우이다.
④ 1차 건강진단 검사결과 질병의 확진이 곤란한 경우에는 제2차 건강진단을 받아야 하며, 제2차 건강진단의 범위, 검사 방법, 검사 항목, 방법 및 시기 등은 고용노동부장관이 정하여 고시한다.

[해설]
근로자의 질병을 조기에 찾아내어 적절한 사후관리 및 조기치료를 하도록 하여 근로자의 건강을 유지 보호하기 위해 실시하는 일반건강진단은 사무직의 경우 2년에 1회 비사무직의 경우 1년에 1회 정기적인 검진을 실시하여야 한다.

정답 49.② 50.②

51 유해물질 대치의 예시이다. 적절하지 못한 것은?
① 일반용접봉 대신 저흄 용접봉을 사용한다.
② 유성페인트 대신 수성페인트를 사용한다.
③ 압축공기를 이용한 페인트 분무기 대신 공기를 사용하지 않는 분사노즐을 이용한다.
④ 금속을 연마할 경우 저속 왕복 운동식 연마기 대신 고속 회전식 연마기 사용으로 시간을 단축한다.

[해설]
금속을 연마할 경우 고속 회전식 연마기 대신 저속 왕복 운동식 연마기로 변경한다.

KEYWORD
• 작업환경관리

(21년 해양경찰 일반직)

52 급성독성물질의 평가에 적용되는 노출기준으로 가장 옳은 것은?
① STEL, Ceiling
② Skin, STEL
③ TWA, Ceiling
④ TWA, STEL

[해설]
유해물질 노출기준의 종류
㉠ 8시간 노출기준(시간가중평균노출기준, TLV-TWA; Time weighted Average)
 • 1일 8시간 작업을 기준으로 하여 유해인자의 측정치에 발생시간을 곱하여 8시간으로 나눈 값
 • 시간가중 평균치로서 1일 8시간 또는 1주일 40시간의 평균농도
 • 이 기준에 반복적으로 노출되어도 거의 모든 근로자에게 건강상의 문제가 일어나지 않는 수준
㉡ 단시간 노출 기준(TLV-STEL; Short term Exposure Limit)
 • 15분간 폭로되어도 건강상의 문제가 없는 평균농도
 • 근로자가 자극, 만성 또는 불가역적 조직 장해, 사고유발, 응급 대처 능력 저하, 작업능률저하를 초래할 정도의 마취를 일으키지 않고 15분 동안 노출될 수 있는 농도를 말한다.
 • TLV-STEL은 8시간 노출 기준에 대한 보완 기준이며, 유해 작용이 주로 만성이며 고농도에서 급성 중독을 일으키는 물질에 적용한다.
 • 노출량이 TLV-TWA와 TLV-STEL 사이일 경우 다음 3가지 조건을 충족시켜야 한다.
  – 15분 이상 노출되어선 안 되며, 1일 4회를 초과할 수 없다.
  – 노출과 노출사이에는 1시간 이상의 간격을 두도록 한다.
㉢ 천정값(최고허용농도, TLV-C; Ceiling) : 최고 노출기준은 근로자가 1일 작업시간 동안 잠시라도 노출되어서는 안 되는 기준을 말하며, 노출기준 앞에 'C'로 표시한다.

KEYWORD
• 유해물질 노출 기준

정답 51.④ 52.①

53 [21년 해양경찰 일반직]

다음 중 전신진동이 인체에 미치는 영향으로 가장 옳지 않은 것은?

① Raynaud 현상이 일어난다.
② 맥박이 증가하고 피부의 전기저항도 일어난다.
③ 말초혈관이 수축되고 혈압이 상승한다.
④ 자율신경 특히 순환기에 크게 나타난다.

해설

Raynaud 현상은 국소진동에 의한 장애이다.

> **보충학습**
>
> **진동과 건강장해**
> ⊙ 평형상태의 위치에서 전후좌우로 흔들리는 것으로 진동은 주로 소음과 함께 발생된다.
> ⓒ 전신진동 : 시력저하, 피부로부터 열 발산 촉진, 혈액순환 억제, 장기에 진동을 주어 위장장애를 일으킨다.
> ⓒ 국소진동 : 작업자 손가락 말초혈관의 폐색·순환장애로 수지가 창백하고 통증을 느끼는 Raynaud 현상(White Finger, Dead Finger)이 나타난다. 이는 한랭에 노출 시 더욱 악화되고, 무릎 등 관절에 비특이성 관절염을 유발한다.
> ⓔ 예방대책
>   • 진동의 원인을 제거하고 진동을 감소시키고, 전파경로를 차단하며, 내진성이 높은 작업자세로 교정하며, 작업시간 단축과 교대제를 실시한다.
>   • 국소진동 시 한랭의 영향을 고려하여 장갑을 착용하고 복대, 완충물의 사용, 흡연자일 경우 예후가 좋지 않으므로 금연하도록 한다.

54 [21년 해양경찰 일반직]

사염화탄소 0.5%에서 60분간 사용이 가능한 방독면을 보유하고 있다. 공기 중의 사염화탄소 농도가 0.2%일 때, 이 방독면의 사용 가능 시간은?

① 24분   ② 30분
③ 60분   ④ 150분

해설

파과(유효)시간 = $\dfrac{\text{표준유효시간} \times \text{시험가스 농도}}{\text{사용하는 환기 중의 유해가스 농도}}$ = $\dfrac{60 \times 0.5}{0.2}$ = 150분

※ 파과 : 방독마스크에는 그 독성을 중화(中和)시키기 위해 정화통에 약제가 들어 있지만, 이러한 약제는 경연(經年)변화가 있고 또 사용에 따라 변화해서 효력이 없어진다. 이렇게 효력을 점차 감퇴해서 사용하지 못하게 되는 것이 파과이다.

정답 53.① 54.④

21년 해양경찰 일반직

55 다음 중 유기용제에 의한 중독을 예방하기 위한 대책으로 가장 옳지 않은 것은?

① 작업환경 상태의 정확한 파악을 위하여 작업환경 측정을 실시하고 불량 작업장에 대해서는 환경을 개선한다.
② 사업주가 작업환경개선을 위해 생산 공정의 변경, 설비의 밀폐 등의 방법으로 유해요인을 근원적으로 차단한다.
③ 유기용제를 취급하는 작업에 종사하는 근로자에 대하여 정기적으로 일반건강진단을 실시한다.
④ 유기용제 취급자에게는 유기용제의 유해성에 관하여 정기적으로 교육시킨다.

상 중 **하**
KEYWORD
유기화합물

㉠ 특수검진 대상 유기용제 취급근로자는 만성중독 등 근로자 건강장해 예방을 위해 6개월에 1회 이상 건강진단을 하여 조기에 중독증상 여부를 밝혀야 한다.
㉡ 일반건강진단 : 상시 근무하는 근로자(5인 이상)에게 정기적으로 실시하는 건강진단으로 사무직 종사자는 2년에 1회 이상, 비사무직 종사자는 1년에 1회 이상 실시한다.

유기용제(유기화합물) 취급에 따른 건강장해 예방대책
㉠ 사용물질의 특성과 유해성 확인, 교육
㉡ 작업환경 개선 및 보호구 착용
㉢ 정기적인 작업환경 측정
㉣ 건강진단과 보건교육

정답 55.③

56. [21년 해양경찰 일반직]

국제표준화기구(ISO)의 전신진동폭로 평가지침에 표시된 허용 한계에 관해서 인체에 주는 영향을 결정하는 물리적인 인자를 나열한 것은?

① 주파수, 진동가속도, 지속시간(폭로시간), 1일 폭로횟수
② 주파수, 진동가속도, 진동원과의 거리, 진동의 방향
③ 주파수, 진동가속도, 1일 폭로횟수, 진동원과의 거리
④ 주파수, 진동가속도, 진동의 방향, 지속시간(폭로시간)

KEYWORD
국제표준화기구(ISO)의 전신 진동 폭로 평가 인자

해설

진동이 신체에 미치는 영향은 진동주파수에 따라 달라진다. 몸통의 공진 주파수는 4~8Hz로 이 범위에서 내구수준이 가장 낮다. 전신진동은 신체의 시력, 청력 등의 감각기능 저하와 심박수 증가, 혈압상승 등의 순환기능의 변화 또는 내분비계통의 동태변화를 일으킨다. 전신진동에 대한 노출한계는 국제표준(ISO 2631)으로 정하고 있다. 제1부에서 기본적 요구, 제2부에서 건물진동, 제3부에서 동요병(動搖病)을 취급한다. 제1부는 1997년에 개정되었다. 전신진동의 한계는 주파수, 진동가속도, 진동의 방향, 지속시간(폭로시간)으로 평가한다.

57. [22년 해양경찰 일반직]

산업재해 지표 중 [(재해건수÷연 근로시간 수)×1,000,000]으로 산출하는 지표로 가장 옳은 것은?

① 도수율
② 건수율
③ 강도율
④ 평균 손실일수

KEYWORD
산업재해지표

해설

건수율 (발생률, 천인률)	근로자 1,000명당 재해 발생 건수	재해건수/실근로자수×1,000
도수율	위험에 노출된 단위 시간당 재해가 얼마나 발생했는가를 보는 재해발생 상황을 파악하기 위한 지표	재해건수/연 근로시간수 × 1,000,000
강도율	연 근로시간당 손실 노동일수로서 재해에 의한 손상의 정도를 나타낸다.	손실근로(작업)일수/연 근로시간수 × 1,000
평균 손실일수 (중독률)	재해 건수당 평균작업 손실 규모가 어느 정도인지 나타내는 지표	손실근로(작업)일수/재해건수 × 1,000(강도율/도수율)

정답 56.④ 57.①

[22년 해양경찰 일반직]

58 고온다습의 환경에서 작업을 할 때 발생하는 직업병으로 심한 육체노동이 동반될 때 뇌의 온도가 상승하고 중추신경 장애가 될 수 있는 것으로 다음 중 가장 옳은 것은?

① 열경련
② 열사병
③ 열피로
④ 열쇠약

상 **중** 하

KEYWORD
● 고온 작업 장해

해설

열사병/일사병(Heat Stroke)
㉠ 원인 : 체온조절 중추기능 장애로 고온다습한 작업환경에서 육체적 노동을 하거나 옥외에서 태양의 복사열을 머리에 직접 받는 경우 발생한다. 땀의 증발에 의한 체온방출 장애로 체내에 열이 축적되고 뇌막혈관의 충혈, 뇌의 온도가 상승하여 발생한다.
㉡ 증상 : 고열(41~43℃), 두통, 혼수상태, 피부건조, 현기증, 이명
㉢ 중재
  • 치료를 안 하면 100% 사망, 치료를 해도 체온이 43℃ 이상은 80%, 43℃ 이하일 때는 40%의 치명률을 보인다.
  • 체온하강이 중요하다. 얼음물에 담가서 체온을 39℃까지 내려야 하며, 이러한 조치가 불가능할 경우 찬물로 닦으면서 선풍기를 이용한 증발냉각을 시도한다.
  • 울혈방지와 체열의 이동을 돕기 위해 사지를 격렬하게 마찰시킨다.
  • 호흡곤란 시 산소를 공급하고, 체열의 생산을 억제하기 위해 항신진대사제를 투여한다.

오답해설

① 열경련(Heat Cramp)
  ㉠ 원인 : 고온 환경에서 심한 육체적 노동을 할 때 잘 발생하며, 기전은 지나친 발한에 의한 탈수와 염분소실이다.
  ㉡ 증상
    • 특징적인 증상은 수의근의 통증성 경련이다.
    • 전구증상 : 현기증, 이명, 두통, 구역, 구토, 정상 체온
  ㉢ 중재
    • 바람이 잘 통하는 곳에 눕히고 옷을 벗겨 전도와 복사에 의한 체열방출을 촉진시켜 더 이상의 지나친 발한을 억제한다.
    • 생리식염수 1~2L를 정맥 혹은 경구로 투여한다.
③ 열피로(Heat Exhaustion, 열허탈증, 열실신)
  ㉠ 원인 : 고온 환경에서 오랫동안 폭로되어 말초혈관 운동신경의 조절장애와 심박출량의 부족으로 인한 순환부전, 특히 대뇌피질의 혈류량 부족이 주원인이다. 고온작업장의 중노동 종사자, 미숙련공에게 빈발한다.
  ㉡ 증상
    • 전구증상 : 전신권태, 무력감을 느낀다.
    • 두통, 이명, 현기증, 구역질을 호소하다가 허탈상태에 빠져 실신하기도 하고, 이완기 혈압의 하강이 현저하다.
  ㉢ 중재
    • 쾌적한 환경에서 휴식, 탈수가 심할 경우 5% 포도당 용액을 정맥 주입한다.
    • 커피나 강심제가 도움이 되기도 한다.

정답 58.②

④ 열쇠약(Heat Prostration)
  ㉠ 원인 : 고온작업 시 비타민 B1 결핍에 의한 만성 체력소모를 말한다. 좁은 의미에서 열중증에는 들지 않으나, 고온 작업자에게 흔히 나타나는 만성형 건강장애로 만성 열중증이라 할 수 있다.
  ㉡ 증상 : 전신권태, 식욕부진, 위장장애, 불면, 빈혈, 몸이 점차 수척해진다.
  ㉢ 중재 : 영양공급, 비타민 B1 공급, 휴식 등이 필요하다.

59 〔23년 해양경찰 일반직〕
다음 중 혈구세포로 가장 옳지 않은 것은?
① 과립구   ② 혈청단백
③ 혈소판   ④ 림프구

해설

혈액은 혈구와 혈장으로 구성되어 있는데 혈액에서 혈구들이 떠다니는 액체를 혈장이라고 한다.
혈장은 혈액을 원심분리시키거나 응고방지제를 넣어 저온(약 0℃)에 방치해 두면 위쪽에는 혈장이, 아래쪽에는 혈구 등의 유형 성분으로 나누어진다. 혈장에서 섬유소원(피브리노겐)을 빼낸 것을 혈청이라고 하며, 혈청단백은 혈청 중의 수많은 단백 중 하나이다.

보충학습

		혈액
혈구	백혈구	① 과립성 백혈구(과립구) : 과립성 백혈구는 과립을 많이 함유하고 있다는 것에서 유래되었다. 주로 염증반응에 관여하며, 염색되는 모습에 따라 3가지로 분류된다. ㉠ 호산구(eosinophil) : 50~60%, 과립이 붉게 염색되는 것 ㉡ 호염구(basophil) : 3%, 과립이 푸르게 염색되는 것 ㉢ 호중구(neutrophil) : 1%, 과립이 호산구나 호염구도 아닌 황갈색으로 염색되는 것 ② 무과립성 백혈구 ㉠ 단핵구 : 2~10%, 백혈구 중에서 가장 큰 세포로 수지상 세포나 대식세포로 분화할 수 있고 선천성 면역에 중요한 역할을 담당하고 있다. ㉡ 림프구(lymphocyte) : 20~40%, 면역계를 구성하는 중심세포로 림프 내에 존재하는 세포의 99%를 차지한다. 림프구는 조혈모세포로 나누어지며 기능에 따라 Bcell, T세포, 자연살상세포로 구분할 수 있다.
	적혈구	적혈구는 혈액의 세포 중 가장 큰 비중을 차지하는 세포로 붉은 색의 납작한 원반 모양을 하고 있다. 헤모글로빈(붉은색을 띰)을 포함하고 있어, 우리 몸의 조직에 산소를 공급하고 이산화탄소를 제거하는 역할을 한다.

정답 59.②

혈소판	혈액 중의 유형성분의 하나로, 지름 2~4um정도의 구형, 원형, 막대 모양 또는 다각 부정형을 한 무색 소체(小體)이다. 혈소판의 가장 중요한 의의는 혈액 응고 및 지혈에의 관여이다.
혈장	혈장은 혈액의 유형성분인 적혈구·백혈구·혈소판 등을 제외한 투명한 중성의 액체로 담황색을 띤다. 혈장은 혈액 부피의 약 55%를 차지하며, 대부분이 물(92%)이며 단백질(6~8%, 알부민, 글로불린, 피브리노겐 등), 포도당, 혈액응고 요소, 전해질, 호르몬, 이산화탄소, 산소 및 노폐물이 녹아 있다. 대표적인 기능은 영양소나 호르몬, 항체 및 노폐물의 운반과 삼투압 및 체온을 유지하는 기능을 하고 있다.

[23년 해양경찰 일반직]

60
다음 중 물리적 환경으로 인해 발생 가능한 직업병의 연결이 가장 옳지 않은 것은?

① 이상고압에서 급격한 감압 - 고산병
② 장기간 소음 - 소음성 난청
③ 국소진동 - 레이노병
④ 고온다습 - 열사병

상 **중** 하

KEYWORD
저압환경에 의한 건강장해

해설
고산병
① 급성 고산병 : 고지대에 급격히 오를 때 발생하며, 2,000m 이하에서는 드물지만 3,800m 이상에 바로 오를 경우 발생한다. 두통, 식욕부진, 메스꺼움, 어지러움, 불면증, 피로, 구토 증상이 2,500m 이상 고지대에 도착한 6~12시간 이후부터 발생하여 2~3일째 절정에 달하였다가 4~5일째부터 저절로 사라지며, 같은 고도에서는 재발하지 않는다.
② 만성 고산병 : 해발 4,000m 이상 고지대에 상주하고 있거나 순화된 사람에게 청색증, 극심한 적혈구 과다증, 매우 낮은 수준의 동맥혈 내 산소 포화도, 우측 심장비대, 폐고혈압 등이 특징적이다.

보충학습

잠함병(감압병) - 급격한 기압변동에 의한 건강장해
① 기전 : 주로 신체에 가해지던 주위 압력이 낮아질 때 이전 압력 조건에서 체내에 용해되었던 질소, 헬륨 등의 불활성기체가 혈액과 조직에 기포를 형성함으로써 기인한다. 탄산음료의 뚜껑을 열어 병 속의 압력이 낮아질 때 용액 속에 용해되었던 탄산가스가 기포로 변하는 것과 같다. 생성된 기포는 혈액순환을 방해하거나, 주위조직에 영향을 주어 다양한 증상을 유발한다. 과격한 수중활동, 낮은 수은, 체내 이산화탄소의 분압이 높을 때, 고령일수록, 여성, 비만, 탈수나 과음 후에 더 잘 발생한다.

정답 60.①

② 호발상황 : 잠함작업, 잠수작업, 터널공사에서 지하수 유입을 막기 위해 시행되는 가압공법을 끝내고 감압하는 과정에서 발생한다. 항공의학적 측면에서는 고공비행, 우주비행사의 선외활동 시, 잠수 후 충분한 시간의 경과 없이 항공기 여행을 할 때, 고공비행을 하던 여객기의 여압기능에 문제가 발생하여 갑자기 고공의 저기압환경에 노출(고공감압병, DSC)될 때 생긴다.
③ 증상

제1형	근골격계에만 통증이 있거나 피부소양감, 대리석양 피부 증상이 나타나는 형(pain-only DCS)
제2형	• 복통 흉통(chokes), 배부통 등의 통증, 전정기관, 뇌, 척수 등의 손상으로 인한 신경학적 증상 • 현기증과 두통부터 운동 및 감각기능 장해, 방광 또는 직장기능의 장해 발생 • 1형과 2형의 발현빈도 : 7:3

④ 예방 : 단계적 감압절차 준수, 잠수 방법에 따른 한계 수심과 해저 체류 시간을 초과하지 않는다.
⑤ 치료 : 고압산소요법

부록

최신 기출문제

환경보건(학)
기출예상문제집

부록 I 서울시 환경보건 9급 기출계고
[2023.10.28.]

01 〈보기〉에서 설명하는 기체로 가장 옳은 것은?

〈보기〉
- 공기 중의 78%로 가장 많은 양을 차지하고 있다.
- 정상 상태에서는 인체에 직접적인 영향을 주지 않는다.
- 고압 상태에서 갑자기 감압 시 혈액 속에서 기포를 형성하여 혈전 현상을 일으킨다.

① 이산화탄소　　　　　② 일산화탄소
③ 질소　　　　　　　　④ 오존

02 「환경영향평가법」 제9조와 관련하여 전략환경영향평가의 대상이 아닌 것은?

① 도시의 개발에 관한 계획　　② 에너지 개발에 관한 계획
③ 항만의 건설에 관한 계획　　④ 의료기관 증축에 관한 계획

03 〈보기〉에서 설명하는 하수처리법으로 가장 옳은 것은?

〈보기〉
- 침전실과 오니소화실로 분리하여 역류를 방지한다.
- 위에서는 침전이 일어나고 아래에서는 오니의 소화가 일어나도록 한다.
- 혐기성처리 방법 중 하나이다.

① 임호프탱크　　　　　② 부패조
③ 활성오니법　　　　　④ 살수여상법

04 흑구온도계로 측정할 수 있는 온열요소로 가장 옳은 것은?

① 기온　　② 기습
③ 기류　　④ 복사열

05 「먹는 물 수질기준 및 검사 등에 관한 규칙」 제2조(수질기준)에서 규정한 먹는 물의 수질기준 항목에 해당하지 않는 것은?

① 미생물에 관한 기준
② 심미적 영향물질에 관한 기준
③ 침전물에 관한 기준
④ 건강상 유해영향 유기물질에 관한 기준

06 환경보건을 위한 국제협약과 그 내용을 옳게 짝지은 것은?

① 런던협약 – 유해 폐기물의 국가 간 이동 및 그 처리를 규제
② 몬트리올 의정서 – 오존층 파괴 물질에 대한 생산과 사용을 규제
③ 바젤협약 – 폐기물 및 기타 물질의 투기에 의한 해양오염 방지
④ 파리협정 – 선진국의 온실가스 감축 목표치를 규정

07 물의 자정작용에 대한 설명으로 가장 옳지 않은 것은?

① 산화작용은 산소와의 결합으로 이루어지는 작용이다.
② 식균작용은 자외선에 의해 오염물질이 분해되는 작용이다.
③ 침전작용은 시간의 경과에 따라 오염물질이 가라앉는 작용이다.
④ 희석작용은 물이 풍부한 하천 및 늪이나 호수에 오염물질이 유입된 상태에서 많은 양의 물과 섞이는 작용이다.

08 우리나라 미세먼지 예보제에 대한 설명으로 가장 옳은 것은?

① 초미세먼지 예보 등급에 따르면 초미세먼지(PM-2.5) 수치 $40\mu g/m^3$은 '보통' 등급이다.
② 미세먼지 예보 등급에 따르면 미세먼지(PM-10) 수치 $50\mu g/m^3$은 '나쁨' 등급이다.
③ 초미세먼지(PM-2.5) 예보 결과를 매일 2회 국민들에게 제공한다.
④ 2015년부터 전국을 대상으로 초미세먼지(PM-2.5) 예보를 시작하였다.

09 〈보기〉에서 적외선에 대한 설명으로 옳은 것을 모두 고른 것은?

〈보기〉
㉠ 과도한 적외선은 일사병의 원인이 되기도 한다.
㉡ 비타민 D의 형성 작용을 한다.
㉢ 파장이 7,800Å 이상인 광선으로, 열선이라고도 한다.
㉣ 눈의 망막을 자극하여 명암과 색채를 구별하게 한다.

① ㉠, ㉡
② ㉠, ㉢
③ ㉡, ㉢
④ ㉢, ㉣

10 「폐기물 관리법」 제2조(정의)에 대한 설명으로 가장 옳은 것은?

① 폐기물이란 사람의 생활이나 사업 활동에 필요한 물질을 말한다.
② 생활폐기물은 일반폐기물 이외의 폐기물을 말한다.
③ 사업장폐기물이란 배출시설을 설치·운영하는 사업장 등에서 발생하는 폐기물을 말한다.
④ 지정폐기물에는 의료폐기물이 포함되지 않는다.

11 〈보기〉의 대기오염물질 중 2차 오염물질에 해당하는 것을 모두 고른 것은?

〈보기〉
㉠ 황산화물   ㉡ 질소산화물
㉢ 스모그   ㉣ 오존

① ㉠, ㉡
② ㉠, ㉣
③ ㉡, ㉢
④ ㉢, ㉣

12 민물 게나 가재가 제2중간 숙주가 되어 발생하는 기생충 질환은?

① 간흡충증
② 폐흡충증
③ 장흡충증
④ 아니사키스증

13 「먹는 물 수질기준 및 검사 등에 관한 규칙」 제2조(수질기준)에서 규정한 먹는 물의 수질기준 중 건강상 유해영향 무기물질과 그 기준을 옳게 짝지은 것은?

① 납 - 0.01mg/L를 넘지 아니할 것
② 수은 - 0.01mg/L를 넘지 아니할 것
③ 크롬 - 0.005mg/L를 넘지 아니할 것
④ 카드뮴 - 0.05mg/L를 넘지 아니할 것

14 〈보기〉에서 설명하는 현상으로 가장 옳은 것은?

〈보기〉
대류권에서 해발고도가 상승하는데도 기온이 떨어지지 않고 오히려 기온이 올라가는 현상을 말한다. 가스나 오염물질이 지표면에 침체되므로 대기오염이 증가하고 중독사고가 나기 쉽다.

① 온실효과 ② 열대야 현상
③ 열섬 현상 ④ 기온역전 현상

15 수질오염의 지표에 대한 설명으로 가장 옳은 것은?

① 용존산소(DO)값은 오염된 물에서 증가한다.
② 부유물질(SS)이 증가하면 용존산소(DO) 값도 증가한다.
③ 화학적 산소요구량(COD)이 작을수록 수질이 좋다는 것을 의미한다.
④ 생물화학적 산소요구량(BOD)이 클수록 수질이 좋다는 것을 의미한다.

16 기습에 대한 설명으로 가장 옳은 것은?

① 밤에는 지열의 복사를 방지하여 온도의 급격한 저하를 막아준다.
② 하루 중 습도의 변화곡선은 대체로 기온과 비례관계를 나타낸다.
③ 절대습도란 공기 1m³ 중에 함유할 수 있는 수증기의 한계량이다.
④ 인간의 체열 방산에 영향을 주어 기습이 낮을 때보다 높을 때 쾌적감을 느낀다.

17 〈보기〉에서 설명하는 자연독으로 가장 옳은 것은?

〈보기〉
탄수화물이 풍부한 쌀, 보리, 옥수수에서 잘 발생하며 매우 강력한 간독소로서 간 출혈, 담관 증식, 신장 출혈 등을 일으킨다.

① 삭시톡신 ② 베네루핀
③ 아미그달린 ④ 아플라톡신

18 〈보기〉에서 설명하는 폐기물 처리방법으로 가장 옳은 것은?

〈보기〉
처리비용이 낮고 공정이 간단하여 우리나라에서 가장 많이 사용되는 방법이다. 운반 과정에서 날리는 먼지 및 찌꺼기로 2차 오염이 유발될 수 있으며, 처리 후 메탄가스로 인한 폭발의 위험성이 있고 지하수의 오염 등이 발생할 수 있다.

① 매립법 ② 소각법
③ 퇴비법 ④ 재활용법

19 「식품안전관리인증기준(HACCP)」은 7원칙 12절차에 의한 체계적인 접근방식을 적용하고 있다. 7원칙 중 원칙 4에 해당하는 것은?

① 중요관리점 결정 ② 모니터링 체계 확립
③ 한계기준 설정 ④ 개선 조치 방법 수립

20 식품의 보존법에 대한 설명으로 가장 옳지 않은 것은?

① 세균은 수분 15% 이하의 환경에서 발육이 현저히 억제되므로, 식품을 건조시켜 부패를 방지한다.
② 2,500~2,700Å의 자외선이 가지는 살균력을 이용하면 식품 보존을 기대할 수 있으며, 식품 본질이 변하지 않는 장점이 있다.
③ 냉장법으로 저장하기 좋은 식품은 과일, 채소류 등이다.
④ 10°C 이하가 되면 세균의 발육이 억제되고, -5°C 이하가 되면 대부분의 미생물의 발육이 억제된다.

부록 Ⅱ 해양경찰청 오염방제환경 9급
[2024.6.29.]

01 다음 중 체온조절의 부조화로 일어나며, 체온 또는 뇌의 온도가 상승하여 중추신경장애가 생기는 열중증으로 가장 옳은 것은?
① 열사병
② 열경련증
③ 열발진
④ 열쇠약증

02 다음 〈보기〉 중 불쾌지수(DI)를 산출하기 위해 필요한 인자로 가장 옳은 것은?

〈보기〉
㉠ 기류
㉡ 기압
㉢ 건구온도
㉣ 습구온도

① ㉠, ㉡
② ㉠, ㉢
③ ㉡, ㉣
④ ㉢, ㉣

03 다음 중 「환경정책기본법」상 대기환경기준에서 일산화탄소(CO)의 1시간 평균치로 가장 옳은 것은?
① 9ppm 이하
② 10ppm 이하
③ 20ppm 이하
④ 25ppm 이하

04 다음 중 소화기계 감염병으로 가장 옳지 않은 것은?
① 콜레라
② 폴리오
③ 파라티푸스
④ 디프테리아

05 다음 중 내분비계 장애 추정물질이 마치 정상호르몬인 것처럼 수용체와 결합하여 정상호르몬과 같은 세포반응을 일으키는 작용으로 가장 옳은 것은?

① 방아쇠작용 ② 간접작용
③ 차단작용 ④ 모방작용

06 다음 중 자외선의 작용으로 가장 옳지 않은 것은?

① 살균작용 ② 비타민 D 형성
③ 일사병의 원인 ④ 멜라닌 피그먼트 합성

07 다음 중 주택 실내 환기의 목적과 직접 관련이 없는 것으로 가장 옳은 것은?

① N_2 ② 온도
③ 습도 ④ CO_2

08 다음 중 소리의 시끄러운 정도를 종합적으로 평가하는 방법으로 가장 옳은 것은?

① SIL ② NRN
③ PNL ④ NC곡선

09 다음 「먹는 물의 수질기준」 중 심미적 영향물질에 관한 기준으로 가장 옳지 않은 것은?

① 색도는 5도를 넘지 아니할 것
② 동은 1mg/L를 넘지 아니할 것
③ 아연은 3mg/L를 넘지 아니할 것
④ 알루미늄은 2mg/L를 넘지 아니할 것

10 다음 중 혐기성 소화법에서 소화에 관여하는 미생물로 가장 옳은 것은?

① 곰팡이균과 바이러스 ② 메탄균과 바이러스
③ 유기산균과 메탄균 ④ 곰팡이균과 유기산균

11 다음 〈보기〉에 해당하는 산업재해지표로 가장 옳은 것은?

$$\frac{재해건수}{평균\ 실근로자수} \times 1000$$

① 도수율　　　　　　　② 건수율
③ 강도율　　　　　　　④ 재해일수율

12 다음 중 「생활화학제품 및 살생물제의 안전관리에 관한 법률」에 따른 구제제류로 분류되는 살생물제품 유형으로 가장 옳지 않은 것은?

① 기피제　　　　　　　② 살충제
③ 살서제　　　　　　　④ 살균제

13 다음 중 물의 염소요구량 9mg/L, 잔류염소농도 0.4mg/L를 유지하기 위하여 30,000m³/d의 물을 정수하는 데 필요한 염소의 양으로 가장 옳은 것은?

① 282kg/d　　　　　　② 270kg/d
③ 258kg/d　　　　　　④ 108kg/d

14 다음 중 「환경보건법」에서 규정한 국민환경보건 기초조사의 내용으로 가장 옳지 않은 것은?

① 환경성질환의 발생 현황
② 환경유해인자의 관리 현황
③ 환경유해인자의 생체 내 농도
④ 환경유해인자로 인한 건강피해 현황

15 다음 중 실내공기오염과 관련된 질환으로 가장 옳지 않은 것은?

① 브루셀라증　　　　　② 새집증후군
③ 레지오넬라증　　　　④ 화학물질과민증

16 다음 중 「실내공기질 관리법(시행령 및 시행규칙 포함)」상 의료기관의 실내공기질 유지기준으로 가장 옳은 것은?

① 일산화탄소 : 10ppm 이하
② 미세먼지(PM-10) : 100μg/m³ 이하
③ 폼알데하이드 : 100μg/m³ 이하
④ 미세먼지(PM-2.5) : 50μg/m³ 이하

17 다음 중 감수성 숙주에 대한 감염병 예방대책으로 가장 옳은 것은?

① 환자격리수용
② 환자치료에 전념
③ 환자의 생활습관 개선
④ 예방접종으로 면역력 강화

18 다음 「대기환경보전법」상 오존경보단계 중 오존주의보 발령기준으로 가장 옳은 것은?

① 1시간 평균 0.5ppm 이상
② 1시간 평균 0.3ppm 이상
③ 1시간 평균 0.12ppm 이상
④ 1시간 평균 0.1ppm 이상

19 다음 중 「식품위생법」에서 다루고 있는 내용으로 가장 옳지 않은 것은?

① 기구, 용기 및 포장에 관한 사항
② 환경보건위원회 심의에 관한 사항
③ 농약 등의 잔류허용기준 설정 요청에 관한 사항
④ 유전자변형식품등의 안전성 심사에 관한 사항

20 다음 중 주택의 채광과 조명에 대한 설명으로 가장 옳지 않은 것은?

① 인공조명의 조도는 작업상이나 생활에 충분한 밝기가 좋다.
② 충분한 일광을 얻기 위해서는 거실 및 기타의 방은 남향이 가장 좋다.
③ 작업상 광원은 직접조명이 좋으며 좌측하방에서 비추는 것이 좋다.
④ 채광을 위한 창의 면적은 방바닥 면적의 $\frac{1}{7} \sim \frac{1}{5}$이 좋다.

정답 및 해설 [2023.10.28. 서울시 환경보건 9급 기술계고]

| 빠른 정답 |

01	02	03	04	05	06	07	08	09	10
③	④	①	④	③	②	②	④	②	③
11	12	13	14	15	16	17	18	19	20
④	②	①	④	③	①	④	①	②	②

01. ③

난이도 상 **중** 하

키워드 공기

해설 **질소(N_2)**

① 공기의 78%로 가장 많은 비중을 차지하고 있으나, 정상 상태에서는 인체에 직접적인 영향을 주지 않는다.
② 생리적 작용이 없는 불활성 기체이나, 4기압 이상의 고기압 상태에서 정상기압으로 급격한 기압 변화 시 인체에 영향을 미친다.
   ㉠ 이상기압 : 1.7기압 이하
   ㉡ 이상고압 : 1기압 초과
   ㉢ 고기압상태

3기압	자극
4기압	마취, 환각
10기압	의식상실

③ 잠함병(감압병, 잠수병)
   ㉠ 신체에 가해지던 주위 압력이 낮아질 때 이전 압력 조건에서 체내에 용해되었던 질소, 헬륨 등의 불활성기체가 혈액과 조직에 기포를 형성함에 기인한다. 이는 사이다 뚜껑을 열어 병 속의 압력이 낮아질 때 용액 속에 용해되었던 탄산가스가 기포로 변하는 것과 같다.
   ㉡ 질소가 기포형태로 변해 혈액 순환을 폐색시키거나(혈전 형성), 주위조직에 기계적 영향을 주어 다양한 증상을 발현시킨다. 격격한 수중활동, 낮은 수온, 체내 이산화탄소 분압이 높을 때, 고령, 여성, 비만, 탈수, 과음 후에 더 잘 생긴다.
④ 질소 산화물(NO_x)을 형성하여 대기오염의 원인이 되기도 한다.

02. ④

난이도 상 중 **하**

키워드 환경영향평가법

해설 **제9조(전략환경영향평가의 대상)**

① 다음 각 호의 어느 하나에 해당하는 계획을 수립하려는 행정기관의 장은 전략환경영향평가를 실시하여야 한다.
   1. 도시의 개발에 관한 계획
   2. 산업입지 및 산업단지의 조성에 관한 계획
   3. 에너지 개발에 관한 계획

4. 항만의 건설에 관한 계획
5. 도로의 건설에 관한 계획
6. 수자원의 개발에 관한 계획
7. 철도(도시철도를 포함한다)의 건설에 관한 계획
8. 공항의 건설에 관한 계획
9. 하천의 이용 및 개발에 관한 계획
10. 개간 및 공유수면의 매립에 관한 계획
11. 관광단지의 개발에 관한 계획
12. 산지의 개발에 관한 계획
13. 특정 지역의 개발에 관한 계획
14. 체육시설의 설치에 관한 계획
15. 폐기물 처리시설의 설치에 관한 계획
16. 국방·군사 시설의 설치에 관한 계획
17. 토석·모래·자갈·광물 등의 채취에 관한 계획
18. 환경에 영향을 미치는 시설로서 대통령령으로 정하는 시설의 설치에 관한 계획

② 제1항에 따른 전략환경영향평가 대상계획(이하 "전략환경영향평가 대상계획"이라 한다)은 그 계획의 성격 등을 고려하여 다음 각 호와 같이 구분한다.
1. 정책계획 : 국토의 전 지역이나 일부 지역을 대상으로 개발 및 보전 등에 관한 기본방향이나 지침 등을 일반적으로 제시하는 계획
2. 개발기본계획 : 국토의 일부 지역을 대상으로 하는 계획으로서 다음 각 목의 어느 하나에 해당하는 계획
   가. 구체적인 개발구역의 지정에 관한 계획
   나. 개별 법령에서 실시계획 등을 수립하기 전에 수립하도록 하는 계획으로서 실시계획 등의 기준이 되는 계획

③ 전략환경영향평가 대상계획 및 제2항에 따른 정책계획 및 개발기본계획의 구체적인 종류는 제10조의2에서 정한 절차를 거쳐 대통령령으로 정한다.

03. ①

난이도 상 **중** 하

키워드 하수처리법-본 처리

해설 **하수처리 과정** : 본 처리(생물학적 처리)

혐기성 (피산소성) 처리	① 개요 ⑤ 무 산소 상태에서 혐기성 균이 증식함으로써 탄소계 물질을 분해하여 이산화탄소, 메탄, 유기산을 생성하고, 단백질 등의 질소계 물질이 분해하여 아미노산 등을 생성하고, 황화물 분해로 황화수소 등의 화합물질을 생성하는 과정이다. ⓒ 호기성 처리에 비해 유기물의 제거율이 다소 낮은 반면에, 산소의 공급은 필요하지 않으며, 오니의 발생량도 적다. ⓒ 혐기성 균에 의한 부패 처리로 메탄가스(CH_4)가 발생한다.	
	부패조	⑤ 한 탱크 내에 침전실과 소화실이 존재하는 단순한 탱크로서, 가벼운 것은 부사(scum, 하수의 부유물)로 되어 공기를 차단하고, 무 산소 상태로 만들어 혐기성 균의 분해 작용을 촉진시켜 오니는 액화되며, 동시에 가스를 발생시킨다.

		ⓒ 충분한 정화를 기대할 수 없어 소규모 처리에 사용되며, 가스가 부사(scum, 하수의 부유물)를 돌파하여 비산(飛散)함으로써 악취가 발생하는 단점이 있다. ⓒ 과거 공공하수도가 없는 주택이나 학교 등에서 이용되고 있었다.
	임호프탱크 (Imhoff Tank)	㉠ 정화조라고도 하며, 독일의 Karl Imhoff가 1907년에 고안한 것으로 침전이 일어나는 상층과 슬러지 소화가 일어나는 하층으로 구성되어 있다. ⓒ 부패조의 결점을 보완하여 침전실과 오니소화실(침사실)로 나누어 처리한 것으로 침전실에서는 부패 작용 없이 고체·액체의 분리작용을 하고, 오니 소화실(침사실)에서는 침전실에서 내려온 오니를 혐기성균에 의해 충분히 부패한 후 방출하도록 되어있어, 침사실에서 발생한 가스와 부사가 상층의 침전실로 역류할 수 없다. ⓒ 가스출구에 검은 거품이 생기고 불쾌한 냄새가 발생하는데 석회를 출구에 투입하여 억제한다. ㉣ 소규모 하수처리에 이용된다.
호기성 (친산소성) 처리	① 개요 ㉠ 산소를 공급하여 호기성 균에 의해 처리하는 방식으로 활성오니법, 살수여상법, 산화지법, 회전원판법 등이 있다. ⓒ 호기성 균에 의한 산화작용으로 이산화탄소(CO_2)가 발생한다.	
	활성오니법	㉠ 1912년 영국을 기점으로 가장 현대적인 도시의 하수 처리 방법으로 이용되고 있다. ⓒ 호기성 균이 풍부한 오니를 하수량의 25%를 첨가하여 충분한 산소를 공급하고, 호기성 균의 활동을 촉진하여 유기물질을 산화하는 방법이다. ⓒ F/M(Food/Microbacterium)비 : 유입 유기물/미생물량의 비 ㉣ 하·폐수의 2차 처리를 위해서 또는 1차 처리를 거치지 않은 하·폐수를 호기성으로 처리하기 위해 선택한다. ㉤ 살수여상법에 비해 경제적이며, 처리면적이 적어도 가능하나, 고도로 숙련된 기술이 필요한 방법으로, 근래 도시 하수의 처리에 가장 빈번하게 이용된다.
	살수여상법	㉠ 하수의 호기성 처리법 중 여과법은 폭기 & 접촉여상법, 살수여상법 등 3가지로 구분하며, 그 중 살수여상법이 가장 많이 이용되고 있는 방법이다. ⓒ 접촉여상법의 진보된 방법으로 큰 돌(2.5~10cm)을 겹쳐서 여과 조로 하되, 돌 층의 두께는 1.8~3cm로 하는 것을 권장한다. ⓒ 통성혐기성균 처리 : 하수를 살포하면 돌에 증식되는 미생물과 더불어 생물 막을 형성하는데, 표면의 미생물은 호기적 활동을 하며, 막의 저부에는 산소의 공급이 단절되므로, 혐기성 미생물의 증식에 의한 혐기성 작용이 진행되기 때문이다. ㉣ 산업폐수처리, 분뇨의 소화처리 후 탈리액(脫離液)의 처리에 이용되는 방법으로 수량의 변화에도 조치가 가능하나, 여름철 위생해충의 발생 및 악취가 심하여 높은 수압이 필요하다.

04. ④

난이도 상 **중** 하
키워드 온열인자
해설 **온열조건** : 기온, 기습, 기류, 복사열 등의 온열인자 측정법

구분	측정 방법
기온	㉠ 실외 : 1.2~1.5m 높이의 건구온도 측정, 직사광선과 복사열, 풍우 등의 제한요소를 줄이기 위해 백엽상 내에서 측정한다. ㉡ 실내 : 45cm 높이 ㉢ 수은온도계 2분, 알코올 온도계 3분, 아스만 통풍온습계, 자기온도계 등을 이용한다.
기류	㉠ 실내 : 카타온도계 • 풍속이 작고 풍향이 일정하지 않은 실내 기류 측정 시 사용한다. • 카타 온도계 눈금 : 최상 100°F, 최하 95°F • 알코올이 100°F의 선에서 95°F의 선까지 강하, 한 시간(초 단위)을 멈춤 시계로 측정하고, 이를 4~5회 저온 되풀이하여 평균값을 구한다. ㉡ 실외 : 풍차 속도계, 아네모미터, 피토튜브
기습	㉠ 아스만 통풍 온습계 • 습도 측정 시에는 습구의 거즈에 물을 떨어뜨려 적신다. • 물의 적심과 동시에 잘 흔들어 물을 뺀 후 금속덮개를 씌우고 팬이 4~5분 회전한 후 습구 눈금의 저하가 멈추면 건구와 습구를 측정한다. ㉡ 아우구스건습계, 모발습도계, 자기습도계
복사열	㉠ 적외선에 의한 열이며 태양 에너지의 약 50%는 적외선이다. ㉡ 발열체로부터의 온도와 다른 물체와의 온도 차이에 의해 발생하며 흑구온도계로 측정된다. ㉢ 거리의 제곱에 비례하여 온감이 감소한다.

05. ③

난이도 상 **중** 하
키워드 먹는 물 수질기준
해설

■ 먹는 물 수질기준 및 검사 등에 관한 규칙 [별표 1] 〈개정 2021. 9. 16.〉

먹는 물의 수질기준(제2조 관련)

1. 미생물에 관한 기준
   가. 일반세균은 1mL 중 100CFU(Colony Forming Unit)를 넘지 아니할 것. 다만, 샘물 및 염지하수의 경우에는 저온일반세균은 20CFU/mL, 중온일반세균은 5CFU/mL를 넘지 아니하여야 하며, 먹는 샘물, 먹는 염지하수 및 먹는 해양심층수의 경우에는 병에 넣은 후 4℃를 유지한 상태에서 12시간 이내에 검사하여 저온일반세균은 100CFU/mL, 중온일반세균은 20CFU/mL를 넘지 아니할 것
   나. 총 대장균군은 100mL(샘물·먹는 샘물, 염지하수·먹는 염지하수 및 먹는 해양심층수의 경우에는 250mL)에서 검출되지 아니할 것. 다만 제4조 제1항 제1호 나목 및 다목에 따라 매월 또는 매 분기 실시하는 총 대장균군의 수질검사 시료(試料) 수가 20개 이상인 정수시설의 경우에는 검출된 시료 수가 5퍼센트를 초과하지 아니하여야 한다.
   다. 대장균·분원성 대장균군은 100mL에서 검출되지 아니할 것. 다만, 샘물·먹는 샘물, 염지하수·먹는 염지하수 및 먹는 해양심층수의 경우에는 적용하지 아니한다.

라. 분원성 연쇄상구균·녹농균·살모넬라 및 쉬겔라는 250mL에서 검출되지 아니할 것(샘물·먹는 샘물, 염지하수·먹는 염지하수 및 먹는 해양심층수의 경우에만 적용한다)

마. 아황산환원혐기성포자형성균은 50mL에서 검출되지 아니할 것(샘물·먹는 샘물, 염지하수·먹는 염지하수 및 먹는 해양심층수의 경우에만 적용한다)

바. 여시니아균은 2L에서 검출되지 아니할 것(먹는 물 공동시설의 물의 경우에만 적용한다)

2. 건강상 유해영향 무기물질에 관한 기준

가. 납은 0.01mg/L를 넘지 아니할 것

나. 불소는 1.5mg/L(샘물·먹는 샘물 및 염지하수·먹는 염지하수의 경우에는 2.0mg/L)를 넘지 아니할 것

다. 비소는 0.01mg/L(샘물·염지하수의 경우에는 0.05mg/L)를 넘지 아니할 것

라. 셀레늄은 0.01mg/L(염지하수의 경우에는 0.05mg/L)를 넘지 아니할 것

마. 수은은 0.001mg/L를 넘지 아니할 것

바. 시안은 0.01mg/L를 넘지 아니할 것

사. 크롬은 0.05mg/L를 넘지 아니할 것

아. 암모니아성 질소는 0.5mg/L를 넘지 아니할 것

자. 질산성 질소는 10mg/L를 넘지 아니할 것

차. 카드뮴은 0.005mg/L를 넘지 아니할 것

카. 붕소는 1.0mg/L를 넘지 아니할 것(염지하수의 경우에는 적용하지 아니한다)

타. 브롬산염은 0.01mg/L를 넘지 아니할 것(수돗물, 먹는 샘물, 염지하수·먹는 염지하수, 먹는 해양심층수 및 오존으로 살균·소독 또는 세척 등을 하여 음용수로 이용하는 지하수만 적용한다)

파. 스트론튬은 4mg/L를 넘지 아니할 것(먹는 염지하수 및 먹는 해양심층수의 경우에만 적용한다)

하. 우라늄은 30㎍/L를 넘지 않을 것[수돗물(지하수를 원수로 사용하는 수돗물을 말한다), 샘물, 먹는 샘물, 먹는 염지하수 및 먹는 물 공동시설의 물의 경우에만 적용한다)]

3. 건강상 유해영향 유기물질에 관한 기준

가. 페놀은 0.005mg/L를 넘지 아니할 것

나. 다이아지논은 0.02mg/L를 넘지 아니할 것

다. 파라티온은 0.06mg/L를 넘지 아니할 것

라. 페니트로티온은 0.04mg/L를 넘지 아니할 것

마. 카바릴은 0.07mg/L를 넘지 아니할 것

바. 1,1,1-트리클로로에탄은 0.1mg/L를 넘지 아니할 것

사. 테트라클로로에틸렌은 0.01mg/L를 넘지 아니할 것

아. 트리클로로에틸렌은 0.03mg/L를 넘지 아니할 것

자. 디클로로메탄은 0.02mg/L를 넘지 아니할 것

차. 벤젠은 0.01mg/L를 넘지 아니할 것

카. 톨루엔은 0.7mg/L를 넘지 아니할 것

타. 에틸벤젠은 0.3mg/L를 넘지 아니할 것

파. 크실렌은 0.5mg/L를 넘지 아니할 것

하. 1,1-디클로로에틸렌은 0.03mg/L를 넘지 아니할 것

거. 사염화탄소는 0.002mg/L를 넘지 아니할 것

너. 1,2-디브로모-3-클로로프로판은 0.003mg/L를 넘지 아니할 것

더. 1,4-다이옥산은 0.05mg/L를 넘지 아니할 것

4. 소독제 및 소독부산물질에 관한 기준(샘물·먹는 샘물·염지하수·먹는 염지하수·먹는 해양심층수 및 먹는 물 공동시설의 물의 경우에는 적용하지 아니한다)

가. 잔류염소(유리잔류염소를 말한다)는 4.0mg/L를 넘지 아니할 것
나. 총트리할로메탄은 0.1mg/L를 넘지 아니할 것
다. 클로로포름은 0.08mg/L를 넘지 아니할 것
라. 브로모디클로로메탄은 0.03mg/L를 넘지 아니할 것
마. 디브로모클로로메탄은 0.1mg/L를 넘지 아니할 것
바. 클로랄하이드레이트는 0.03mg/L를 넘지 아니할 것
사. 디브로모아세토니트릴은 0.1mg/L를 넘지 아니할 것
아. 디클로로아세토니트릴은 0.09mg/L를 넘지 아니할 것
자. 트리클로로아세토니트릴은 0.004mg/L를 넘지 아니할 것
차. 할로아세틱에시드(디클로로아세틱에시드, 트리클로로아세틱에시드 및 디브로모아세틱에시드의 합으로 한다)는 0.1mg/L를 넘지 아니할 것
카. 포름알데히드는 0.5mg/L를 넘지 아니할 것

5. 심미적(審美的) 영향물질에 관한 기준
가. 경도(硬度)는 1,000mg/L(수돗물의 경우 300mg/L, 먹는 염지하수 및 먹는 해양심층수의 경우 1,200mg/L)를 넘지 아니할 것. 다만, 샘물 및 염지하수의 경우에는 적용하지 아니한다.
나. 과망간산칼륨 소비량은 10mg/L를 넘지 아니할 것
다. 냄새와 맛은 소독으로 인한 냄새와 맛 이외의 냄새와 맛이 있어서는 아니될 것. 다만, 맛의 경우는 샘물, 염지하수, 먹는 샘물 및 먹는 물 공동시설의 물에는 적용하지 아니한다.
라. 동은 1mg/L를 넘지 아니할 것
마. 색도는 5도를 넘지 아니할 것
바. 세제(음이온 계면활성제)는 0.5mg/L를 넘지 아니할 것. 다만, 샘물·먹는 샘물, 염지하수·먹는 염지하수 및 먹는 해양심층수의 경우에는 검출되지 아니하여야 한다.
사. 수소이온 농도는 pH 5.8 이상 pH 8.5 이하이어야 할 것. 다만, 샘물, 먹는 샘물 및 먹는 물 공동시설의 물의 경우에는 pH 4.5 이상 pH 9.5 이하이어야 한다.
아. 아연은 3mg/L를 넘지 아니할 것
자. 염소이온은 250mg/L를 넘지 아니할 것(염지하수의 경우에는 적용하지 아니한다)
차. 증발잔류물은 수돗물의 경우에는 500mg/L, 먹는 염지하수 및 먹는 해양심층수의 경우에는 미네랄 등 무해 성분을 제외한 증발잔류물이 500mg/L를 넘지 아니할 것
카. 철은 0.3mg/L를 넘지 아니할 것. 다만, 샘물 및 염지하수의 경우에는 적용하지 아니한다.
타. 망간은 0.3mg/L(수돗물의 경우 0.05mg/L)를 넘지 아니할 것. 다만, 샘물 및 염지하수의 경우에는 적용하지 아니한다.
파. 탁도는 1NTU(Nephelometric Turbidity Unit)를 넘지 아니할 것. 다만, 지하수를 원수로 사용하는 마을상수도, 소규모급수시설 및 전용상수도를 제외한 수돗물의 경우에는 0.5NTU를 넘지 아니하여야 한다.
하. 황산이온은 200mg/L를 넘지 아니할 것. 다만, 샘물, 먹는 샘물 및 먹는 물 공동시설의 물은 250mg/L를 넘지 아니하여야 하며, 염지하수의 경우에는 적용하지 아니한다.
거. 알루미늄은 0.2mg/L를 넘지 아니할 것

6. 방사능에 관한 기준(염지하수의 경우에만 적용한다)
가. 세슘(Cs-137)은 4.0mBq/L를 넘지 아니할 것
나. 스트론튬(Sr-90)은 3.0mBq/L를 넘지 아니할 것
다. 삼중수소는 6.0Bq/L를 넘지 아니할 것

06. ②

난이도 상 중 **하**

키워드 국제협약

해설 **1987몬트리올 의정서**

① 몬트리올 의정서는 오존층 파괴물질인 염화불화탄소(CFC)와 할론의 생산과 소비를 감축하는 방안을 마련하는 것으로 시작되었다.
② 염화불화탄소(CFC)와 할론의 생산과 소비를 1994년까지 1986년 수준의 80%까지 줄이고, 1999년까지는 1986년 수준의 50%까지 줄이는 것으로 계획되었다.
③ 의정서는 추후 주기적인 과학적, 기술적인 평가를 거쳐 개정될 수 있도록 계획되었다. 이러한 주기적인 평가를 거쳐 1990년 런던, 1992년 코펜하겐, 1995년 빈, 1997년 몬트리올, 1999년 베이징, 2007년 몬트리올 등 여러 차례 감축계획이 개정되었다.
④ 사염화탄소와 트리클로로에탄, 수소화플루오르화탄소(HFCS), 브롬화메틸 그 외 다른 오존 파괴물질들의 제조와 사용과 더불어 염화불화탄소(CFC)와 할론의 사용을 점차 줄이면서 전폐시키는 것으로 협약이 개정되어 왔다.

오답해설

① 런던협약 : 1972년 폐기물이나 다른 물질의 투기를 규제하는 해양오염 방지조약
③ 바젤협약 : 1989년 3월 유해 폐기물에 대한 국제적 이동의 통제와 규제를 목적으로 맺은 협약
④ 21차 UN 기후변화협약(2015년 파리 기후변화협약)
  ㉠ 세계 195개국 정부 대표들이 프랑스 파리에 모여 2015년 12월 12일 폐막한 유엔 기후변화협약 당사국 총회에서 온실가스를 줄이는 데 합의한 신(新) 기후체제인 파리협정을 만장일치로 체결하였다.
  ㉡ 극한적인 홍수와 가뭄 등 글로벌 기후 변화에 대응하기 위해 교토의정서를 채택한 지 18년 만에 기후·환경·경제 부문을 망라해서 영향을 미치는 새로운 국제 행동규범이 마련되었다.

07. ②

난이도 상 중 **하**

키워드 물의 자정작용

해설 **물의 자정작용**

① 개념 : 하수, 공장폐수 등으로 오염된 물은 방치해 두면 점차적으로 침전, 분해되어 자연히 안정화된 자연수로 환원하게 된다. 이러한 현상을 물의 자정작용이라고 하며, 이는 물리적, 화학적, 생물학적 작용에 기인한다.
② 자정작용의 분류

생물학적 작용	미생물에 의한 유기물질 분해작용과 식균작용
화학적 작용	산화(환원)작용, 중화작용, 응집작용
물리적 작용	침전(침강)작용, 확산작용, 희석작용, 여과작용 등
살균작용	자외선에 의한 살균

08. ④

난이도 상 **중** 하

키워드 대기오염 경보 단계

해설 **미세먼지 예보제**

① 목적 : 환경부는 미세먼지 발생 상황을 예측하고, 이를 사전에 알려 국민들이 미리 대비할 수 있도록 미세먼지 예보제를 시범적으로 시행하였다(2014. 02.06~).

② 세부 내용

예보횟수	4회/1day(05시, 11시, 17시, 23시)로 좋음, 보통, 나쁨, 매우 나쁨으로 구분
예보권역	전국 19개 권역 : 서울·인천·경기남부·경기북부 / 영동·영서 / 대전·충북·충남·세종 / 광주·전북·전남 / 부산·대구·울산·경북·경남 / 제주

예보등급	구분		등급			
			좋음	보통	나쁨	매우 나쁨
	예보 물질	초미세먼지(PM2.5)	0~15	16~35	36~75	76 이상
		미세먼지(PM10)	0~30	31~80	81~150	151 이상

※미세먼지 예보등급은 PM10과 PM2.5 중 더 나쁜 등급을 기준으로 발표된다.

오답해설

① 초미세먼지 예보 등급에 따르면 초미세먼지(PM-2.5) 수치 $40\mu g/m^3$은 '나쁨' 등급이다.
② 미세먼지 예보 등급에 따르면 미세먼지(PM-10) 수치 $50\mu g/m^3$은 '보통' 등급이다.
③ 초미세먼지(PM-2.5) 예보 결과를 4회/1day(05시, 11시, 17시, 23시) 국민들에게 제공한다.

09. ②

난이도 **상** 중 하

키워드 태양광선

해설 **적외선**

① 7,800~30,000Å(또는 780nm 이상)의 광선으로 일명 열선이라고 부르며 온실효과를 유발한다.

② 종류

근적외선	• 75,000~30,000Å • 물 투과
중적외선	• 30,000~300,000Å • 유리 투과
원적외선	• 30,000~1,000,000Å • 암염, 형석 투과

③ 적외선 장애 : 피부온도 상승, 혈관확장, 피부홍반, 두통, 현기증, 열경련, 일사병, 백내장, 실명 등

오답해설

ⓒ 자외선 : 비타민 D의 형성 작용, 280nm~320nm의 파장을 가진 자외선에 의해, 체내 물질과 광화학적 작용을 일으켜 진피층에서 생성되며, 구루병을 예방한다.
ⓔ 가시광선 : 망막을 자극하여 명암과 색채를 식별하게 한다.

10. ③

난이도 중
키워드 폐기물 관리법령
해설 **폐기물 관리법 제2조(정의)**

1. "폐기물"이란 쓰레기, 연소재(燃燒滓), 오니(汚泥), 폐유(廢油), 폐산(廢酸), 폐알칼리 및 동물의 사체(死體) 등으로서 사람의 생활이나 사업 활동에 필요하지 아니하게 된 물질을 말한다.
2. "생활폐기물"이란 사업장 폐기물 외의 폐기물을 말한다.
3. "사업장 폐기물"이란 「대기환경보전법」, 「물환경보전법」 또는 「소음·진동관리법」에 따라 배출시설을 설치·운영하는 사업장이나 그 밖에 대통령령으로 정하는 사업장에서 발생하는 폐기물을 말한다.
4. "지정폐기물"이란 사업장폐기물 중 폐유·폐산 등 주변 환경을 오염시킬 수 있고 의료폐기물(醫療廢棄物) 등 인체에 위해(危害)를 줄 수 있는 해로운 물질로서 대통령령으로 정하는 폐기물을 말한다.
5. "의료폐기물"이란 보건·의료기관, 동물병원, 시험·검사기관 등에서 배출되는 폐기물 중 인체에 감염 등 위해를 줄 우려가 있는 폐기물과 인체 조직 등 적출물(摘出物), 실험동물의 사체 등 보건·환경보호상 특별한 관리가 필요하다고 인정되는 폐기물로서 대통령령으로 정하는 폐기물을 말한다.
5의2. "의료폐기물 전용용기"란 의료폐기물로 인한 감염 등의 위해 방지를 위하여 의료폐기물을 넣어 수집·운반 또는 보관에 사용하는 용기를 말한다.
5의3. "처리"란 폐기물의 수집, 운반, 보관, 재활용, 처분을 말한다.
6. "처분"이란 폐기물의 소각(燒却)·중화(中和)·파쇄(破碎)·고형화(固形化) 등의 중간처분과 매립하거나 해역(海域)으로 배출하는 등의 최종처분을 말한다.
7. "재활용"이란 다음 각 목의 어느 하나에 해당하는 활동을 말한다.
   가. 폐기물을 재사용·재생이용하거나 재사용·재생이용할 수 있는 상태로 만드는 활동
   나. 폐기물로부터 「에너지법」 제2조 제1호에 따른 에너지를 회수하거나 회수할 수 있는 상태로 만들거나 폐기물을 연료로 사용하는 활동으로서 환경부령으로 정하는 활동
8. "폐기물처리시설"이란 폐기물의 중간분시설, 최종 처분시설 및 재활용시설로서 대통령령으로 정하는 시설을 말한다.
9. "폐기물감량화시설"이란 생산 공정에서 발생하는 폐기물의 양을 줄이고, 사업장 내 재활용을 통하여 폐기물 배출을 최소화하는 시설로서 대통령령으로 정하는 시설을 말한다.

11. ④

난이도 중
키워드 대기오염물질
해설 **대기오염물질의 분류**

1차 대기오염물질	㉠ 1차 오염물질이란 발생원(오염원)으로부터 직접 대기로 배출된 물질을 말한다. ㉡ 아침과 밤에는 대기 중 농도가 증가하나, 1차 오염물질이 자외선과 반응하여 2차 오염물질을 형성하므로 낮에는 감소한다. ㉢ 황산화물, 질소산화물, 일산화탄소, 불화수소가스, 분진 등
2차 대기오염물질	㉠ 2차 오염물질이란 발생원에서 배출된 1차 오염물질 간 또는 1차 오염물질과 다른 물질이 반응하여 생성된 물질로 외부의 광합성도, 반응물질의 농도, 지형, 습도 등의 영향을 받는다. ㉡ 태양광선(자외선)이 있는 낮에 대기 중의 농도는 증가한다. 12시경 증가하고 오후 2시경이 가장 높으며, 오후 4시경 감소 추세를 보인다. ㉢ 오존, PAN, 산성비, 케톤, 황산미스트, 알데히드, 아크로레인, Smog 등

12. ②

난이도 상 **중** 하

키워드 기생충-흡충류

해설 **폐흡충증(폐디스토마, paragonimiasis, oriental lung fluke)**

① 개요 : 우리나라에서 가재를 생식하는 산간지역에 많이 분포되어 있으며 특히, 어린이의 홍역 등에 가재의 생즙을 먹이는 습관이 있는 지역에서 많이 유행되었다.

② 병원체 : paragonimus westermani

③ 전파 : 객담이나 대변으로 배출된 충란이 수중에서 부화하여 제1중간숙주인 다슬기에 침입한 후 제2중간 숙주인 가재, 게 등에 침입한다. 이를 생식함으로써 감염되며, 인체 내의 십이지장에서 탈낭하고 어린 충체는 장벽, 복강, 횡격막, 흉막강을 거쳐 폐에 침입하여 성충으로 발육한다.

④ 감염 증상 : 폐디스토마의 기생 부위에 따라 폐부 폐디스토마증, 복부 폐디스토마증, 뇌부 폐디스토마증, 안와 폐디스토마증 등이다. 기침, 객혈, 흉통, 위장장애, 일부 뇌로 간 폐흡충으로 반신 불수증, 국소 마비, 실어증, 시력장애 등을 일으킨다.

⑤ 예방 대책
  ㉠ 민물 게, 참게, 가재의 생식을 금한다.
  ㉡ 유행지역에서는 생수를 마시지 않는다.
  ㉢ 환자의 객담을 위생적으로 처리한다(매장, 소각).

보충학습

기생충의 감염경로

감염경로	기생충의 종류	제1중간숙주	제2중간숙주
채소류	회충		
	십이지장충(구충)		
	동양모양선충		
	요충		
	편충		
육류	무구조충(민촌충)	소	
	유구조충(갈고리촌충)	돼지	
	선모충	돼지	
	톡소포자충	고양이, 쥐 등	돼지
어패류 및 게	간흡충	왜우렁이	담수어 : 잉어, 붕어, 참붕어, 모래무지, 피라미 등
	폐흡충	다슬기	민물 게, 가재
	광절열두조충	물벼룩	담수어 : 연어, 송어, 농어 등
	요코가와흡충	다슬기	담수어 : 은어, 황어, 숭어 등
	유극악구충	물벼룩	담수어 : 가물치, 메기, 뱀장어 등
	아니사키스	갑각류	바다생선 : 오징어, 대구, 청어, 고등어, 조기, 명태, 꽁치 등

13. ①

난이도 상 **중** 하

키워드 먹는 물 수질기준

해설

- 먹는 물 수질기준 및 검사 등에 관한 규칙 [별표 1] 〈개정 2021. 9. 16.〉

먹는 물의 수질기준(제2조 관련)

1. 미생물에 관한 기준
   가. 일반세균은 1mL 중 100CFU(Colony Forming Unit)를 넘지 아니할 것. 다만, 샘물 및 염지하수의 경우에는 저온일반세균은 20CFU/mL, 중온일반세균은 5CFU/mL를 넘지 아니하여야 하며, 먹는 샘물, 먹는 염지하수 및 먹는 해양심층수의 경우에는 병에 넣은 후 4℃를 유지한 상태에서 12시간 이내에 검사하여 저온일반세균은 100CFU/mL, 중온일반세균은 20CFU/mL를 넘지 아니할 것
   나. 총 대장균군은 100mL(샘물·먹는 샘물, 염지하수·먹는 염지하수 및 먹는 해양심층수의 경우에는 250mL)에서 검출되지 아니할 것. 다만 매월 또는 매 분기 실시하는 총 대장균군의 수질검사 시료(試料) 수가 20개 이상인 정수시설의 경우에는 검출된 시료 수가 5퍼센트를 초과하지 아니하여야 한다.
   다. 대장균·분원성 대장균군은 100mL에서 검출되지 아니할 것. 다만, 샘물·먹는 샘물, 염지하수·먹는 염지하수 및 먹는 해양심층수의 경우에는 적용하지 아니한다.
   라. 분원성 연쇄상구균·녹농균·살모넬라 및 쉬겔라는 250mL에서 검출되지 아니할 것(샘물·먹는 샘물, 염지하수·먹는 염지하수 및 먹는 해양심층수의 경우에만 적용한다)
   마. 아황산환원혐기성포자형성균은 50mL에서 검출되지 아니할 것(샘물·먹는 샘물, 염지하수·먹는 염지하수 및 먹는 해양심층수의 경우에만 적용한다)
   바. 여시니아균은 2L에서 검출되지 아니할 것(먹는 물 공동시설의 물의 경우에만 적용한다)
2. 건강상 유해영향 무기물질에 관한 기준
   가. **납**은 0.01mg/L를 넘지 아니할 것
   나. 불소는 1.5mg/L(샘물·먹는 샘물 및 염지하수·먹는 염지하수의 경우에는 2.0mg/L)를 넘지 아니할 것
   다. 비소는 0.01mg/L(샘물·염지하수의 경우에는 0.05mg/L)를 넘지 아니할 것
   라. 셀레늄은 0.01mg/L(염지하수의 경우에는 0.05mg/L)를 넘지 아니할 것
   마. **수은**은 0.001mg/L를 넘지 아니할 것
   바. 시안은 0.01mg/L를 넘지 아니할 것
   사. **크롬**은 0.05mg/L를 넘지 아니할 것
   아. 암모니아성 질소는 0.5mg/L를 넘지 아니할 것
   자. 질산성 질소는 10mg/L를 넘지 아니할 것
   차. **카드뮴**은 0.005mg/L를 넘지 아니할 것
   카. 붕소는 1.0mg/L를 넘지 아니할 것(염지하수의 경우에는 적용하지 아니한다)
   타. 브롬산염은 0.01mg/L를 넘지 아니할 것(수돗물, 먹는 샘물, 염지하수·먹는 염지하수, 먹는 해양심층수 및 오존으로 살균·소독 또는 세척 등을 하여 음용수로 이용하는 지하수만 적용한다)
   파. 스트론튬은 4mg/L를 넘지 아니할 것(먹는 염지하수 및 먹는 해양심층수의 경우에만 적용한다)
   하. 우라늄은 30㎍/L를 넘지 않을 것[수돗물(지하수를 원수로 사용하는 수돗물을 말한다), 샘물, 먹는 샘물, 먹는 염지하수 및 먹는 물 공동시설의 물의 경우에만 적용한다)]
3. 건강상 유해영향 유기물질에 관한 기준
   가. 페놀은 0.005mg/L를 넘지 아니할 것
   나. 다이아지논은 0.02mg/L를 넘지 아니할 것

다. 파라티온은 0.06mg/L를 넘지 아니할 것
라. 페니트로티온은 0.04mg/L를 넘지 아니할 것
마. 카바릴은 0.07mg/L를 넘지 아니할 것
바. 1,1,1-트리클로로에탄은 0.1mg/L를 넘지 아니할 것
사. 테트라클로로에틸렌은 0.01mg/L를 넘지 아니할 것
아. 트리클로로에틸렌은 0.03mg/L를 넘지 아니할 것
자. 디클로로메탄은 0.02mg/L를 넘지 아니할 것
차. 벤젠은 0.01mg/L를 넘지 아니할 것
카. 톨루엔은 0.7mg/L를 넘지 아니할 것
타. 에틸벤젠은 0.3mg/L를 넘지 아니할 것
파. 크실렌은 0.5mg/L를 넘지 아니할 것
하. 1,1-디클로로에틸렌은 0.03mg/L를 넘지 아니할 것
거. 사염화탄소는 0.002mg/L를 넘지 아니할 것
너. 1,2-디브로모-3-클로로프로판은 0.003mg/L를 넘지 아니할 것
더. 1,4-다이옥산은 0.05mg/L를 넘지 아니할 것

4. 소독제 및 소독부산물질에 관한 기준(샘물·먹는 샘물·염지하수·먹는 염지하수·먹는 해양심층수 및 먹는 물 공동시설의 물의 경우에는 적용하지 아니한다)
    가. 잔류염소(유리잔류염소를 말한다)는 4.0mg/L를 넘지 아니할 것
    나. 총트리할로메탄은 0.1mg/L를 넘지 아니할 것
    다. 클로로포름은 0.08mg/L를 넘지 아니할 것
    라. 브로모디클로로메탄은 0.03mg/L를 넘지 아니할 것
    마. 디브로모클로로메탄은 0.1mg/L를 넘지 아니할 것
    바. 클로랄하이드레이트는 0.03mg/L를 넘지 아니할 것
    사. 디브로모아세토니트릴은 0.1mg/L를 넘지 아니할 것
    아. 디클로로아세토니트릴은 0.09mg/L를 넘지 아니할 것
    자. 트리클로로아세토니트릴은 0.004mg/L를 넘지 아니할 것
    차. 할로아세틱에시드(디클로로아세틱에시드, 트리클로로아세틱에시드 및 디브로모아세틱에시드의 합으로 한다)는 0.1mg/L를 넘지 아니할 것
    카. 포름알데히드는 0.5mg/L를 넘지 아니할 것

5. 심미적(審美的) 영향물질에 관한 기준
    가. 경도(硬度)는 1,000mg/L(수돗물의 경우 300mg/L, 먹는 염지하수 및 먹는 해양심층수의 경우 1,200mg/L)를 넘지 아니할 것. 다만, 샘물 및 염지하수의 경우에는 적용하지 아니한다.
    나. 과망간산칼륨 소비량은 10mg/L를 넘지 아니할 것
    다. 냄새와 맛은 소독으로 인한 냄새와 맛 이외의 냄새와 맛이 있어서는 아니될 것. 다만, 맛의 경우는 샘물, 염지하수, 먹는 샘물 및 먹는 물 공동시설의 물에는 적용하지 아니한다.
    라. 동은 1mg/L를 넘지 아니할 것
    마. 색도는 5도를 넘지 아니할 것
        세제(음이온 계면활성제)는 0.5mg/L를 넘지 아니할 것. 다만, 샘물·먹는 샘물, 염지하수·먹는 염지하수 및 먹는 해양심층수의 경우에는 검출되지 아니하여야 한다.
    사. 수소이온 농도는 pH 5.8 이상 pH 8.5 이하이어야 할 것. 다만, 샘물, 먹는 샘물 및 먹는 물 공동시설의 물의 경우에는 pH 4.5 이상 pH 9.5 이하이어야 한다.

아. 아연은 3mg/L를 넘지 아니할 것
자. 염소이온은 250mg/L를 넘지 아니할 것(염지하수의 경우에는 적용하지 아니한다)
차. 증발잔류물은 수돗물의 경우에는 500mg/L, 먹는 염지하수 및 먹는 해양심층수의 경우에는 미네랄 등 무해 성분을 제외한 증발잔류물이 500mg/L를 넘지 아니할 것
카. 철은 0.3mg/L를 넘지 아니할 것. 다만, 샘물 및 염지하수의 경우에는 적용하지 아니한다.
타. 망간은 0.3mg/L(수돗물의 경우 0.05mg/L)를 넘지 아니할 것. 다만, 샘물 및 염지하수의 경우에는 적용하지 아니한다.
파. 탁도는 1NTU(Nephelometric Turbidity Unit)를 넘지 아니할 것. 다만, 지하수를 원수로 사용하는 마을 상수도, 소규모급수시설 및 전용상수도를 제외한 수돗물의 경우에는 0.5NTU를 넘지 아니하여야 한다.
하. 황산이온은 200mg/L를 넘지 아니할 것. 다만, 샘물, 먹는 샘물 및 먹는 물 공동시설의 물은 250mg/L를 넘지 아니하여야 하며, 염지하수의 경우에는 적용하지 아니한다.
거. 알루미늄은 0.2mg/L를 넘지 아니할 것

6. 방사능에 관한 기준(염지하수의 경우에만 적용한다)
가. 세슘(Cs-137)은 4.0mBq/L를 넘지 아니할 것
나. 스트론튬(Sr-90)은 3.0mBq/L를 넘지 아니할 것
다. 삼중수소는 6.0Bq/L를 넘지 아니할 것

14. ④

난이도 상 중 하

키워드 대기오염 현상

해설 **기온역전**

대기오염이 가장 잘 발생하는 기상 조건으로 정상적인 경우 대류권에서는 고도의 상승에 따라 대기의 온도가 하강하지만, 지표면이 상층보다 낮아서 공기의 상승이 일어나지 않고 가스나 오염물질이 지표면에 침체되어 생기는 현상을 말한다. 기온역전은 지표면뿐만 아니라 대기층의 도중에서 층상으로 일어나는 경우도 있다. 기온역전이 있을 때에는 안개가 발생하기 쉽다.

오답해설

① 온실효과(green house effect) : 탄산가스의 지구 표면에서 복사되는 적외선 흡수로 인해 지구의 온도가 상승하는 것을 말한다. 주로 수증기, 이산화탄소, 아산화질소, 메탄, 오존, 프레온가스 등이 온실효과를 일으킨다(산소와 질소 제외).
② 열대야 현상 : 여름밤의 기온이 25℃ 이상인 경우를 말한다.
③ 열섬 현상(heat island effect) : 열섬 현상은 대형건물 및 아스팔트 등으로 인근 교외 지역에 비해 도심의 태양열이 쉽게 달궈지는 것을 말한다. 주택, 자동차 등이 연료를 연소할 때 많은 열이 발생하여, 주변의 지역보다 높은 온도를 형성하여 공기흐름이나 기류를 지연시킨다. 열섬 현상은 국지적인 기온 현상을 유발하여 근교 공업지역으로부터 대기오염 물질이 도심으로 유입되는 현상이다.

15. ③

난이도 상 **중** 하

키워드 수질오염 지표

해설

용존산소(Dissolved oxygen, DO)	• 물에 녹아 있는 유리산소의 양, 물의 오염도를 나타내는 지표 • 깨끗할수록 증가(값이 클수록 좋음)되고 오탁성 유기물이 많을수록 낮아진다. • 수온과 염분은 낮을수록, 기압, 난류, 유속, 경사는 높을수록 DO가 높아진다. • 수중조류의 광합성 작용으로 산소의 공급이 증가되면 DO가 높아진다. • 생물화학적 산소요구량(BOD)이 높으면 DO농도는 감소되어 오염됨을 나타낸다. • WHO 공공수역의 DO 기준 : 4~5ppm 이상으로 규제 • 어족보호 : 5PPm 이상, 보통 물 10ppm 정도
생물화학적 산소요구량 (Biochemical oxygen demands, BOD)	• 물속의 유기물질이 호기성 미생물에 의해 20℃에서 5일간 생화학적으로 분해되어 안정화되는 데 요구되는 산소량으로 유기물질의 양을 간접적으로 나타내는 지표이다. • 수질측정의 대표적인 지표로서 BOD가 높다는 것은 수중에 분해되기 쉬운 유기물이 많음을 의미하므로 수질이 나쁘다는 것이다. • BOD가 높으면 물속의 용존산소(DO)를 결핍시켜 수중생물의 서식이 어렵고 각종 세균 번식의 원인이 된다. • 어족보호 : 5PPm 이하 • 구분 : 탄소계 화합물이 산화될 때 소비되는 산소량인 1단계(20일)와 질소화합물의 산화가 끝날 때까지 소비되는 산소량인 2단계(100일)로 구분하며, 보통 20℃에서 5일간 소비되는 산소량 BOD 5로 표시한다.

화학적 산소요구량 (Chemical oxygen demands, COD)	• 물속의 유기물질과 산화성 무기물질을 강력한 산화제인 과망간산칼륨($KMnO_4$), 중크롬산칼륨($K_2Cr_2O_7$)에 의해 화학적으로 산화시킬 때, 소비되는 산화제의 양에 상당하는 산소의 소비량을 측정하여 폐수 내 유기물의 양을 간접적으로 측정하는 지표이다.
	• 생물·화학적으로 분해되지 않는 폐수나 유독물질(독성물질)을 함유한 공장폐수의 오염도와 오염도의 시간적 변화를 알아보는 데 편리하다.
	• COD는 해양, 호수의 오염지표로 주로 사용한다. 그 이유는 다량의 유기물이나 염류가 BOD값에 오차를 주기 때문에 이러한 저해요인을 피하기 위해 COD값으로 나타낸다.
	• COD값이 클수록 오염 물질이 많은 물임을 의미한다.
	• BOD에 비해 단시간에 처리가 가능하다(2시간 소요).
	• 폐수의 COD>BOD
	  – 미생물에 의해서 분해되지 않는 유기물이 산화제에 의해 산화되기 때문이다.
	  – 미생물에 독성을 끼치는 물질을 함유하고 있다.
	• 폐수의 COD<BOD
	  – BOD 시험 중 질산화 발생
	  – COD 시험에 방해물질이 폐수에 존재한다.
	• COD=BOD : 미생물과 산화제에 의해 완전 분해

부유물질 (suspended solids, SS)	• 입자의 크기가 2mm 이하로 물속에 현탁되어 있는 고형물을 말하며 유기질과 무기질이 있다. • 물의 탁도를 유발시키는 원인이 되며 전반적인 수질을 판단하는 데 이용되고 있다. • 수중의 부유물질이 유기물인 경우 용존산소를 소모시키고, 어류 아가미에 부착되어 어패류를 폐사시킨다. • 빛의 수중 전달을 방해하여 수중식물의 광합성 장해를 일으킨다.

수소이온 농도(pH)	• 외부로부터 산성 및 알칼리성 물질이 혼입되면 쉽게 변화를 받기 때문에 오염여부를 판단하는 좋은 지표가 된다. • 어류생존에 적합한 농도는 pH 6.0~8.0

미생물 검사	• 대장균군
	  – 분변성 오염의 지표, 자체의 병원성은 무시할 수 있을 정도로 낮으나, 대장균군이 검출되면 분변에 의해 전파될 수 있는 수인성 전염병의 유해 가능성을 간접적으로 나타내므로 수질오염의 중요한 지표로 이용된다.
	• 특징
	  – 대장균이 검출되지 않으면 병원균 오염이 있었다 하더라도 이미 사멸되었음을 의미한다.
	  – 병원균보다 물속에서 생존력이 길고 저항력이 강하다.
	  – 소독에 대한 저항력이 바이러스보다 약하다.
	  – 검출방법이 간단하고 정확하다.
	• 대장균지수 : 대장균이 검출된 최소 검역량의 역수
	  예 물 10ml 중 대장균 양성 → 0.1

오답해설

① 용존산소(DO)값은 수질이 깨끗할수록 증가한다.
② 부유물질(SS)이 증가하면 용존산소(DO)를 소모시킨다.
④ 생물화학적 산소요구량(BOD)이 낮을수록 수질이 좋다는 것을 의미한다.

16. ①

난이도 상 **중** 하

키워드 온열조건

해설 **기습**

특성	㉠ 일반적으로 공기는 약 4%의 수증기를 함유하고 있으며, 기온이 상승하면 공기 중에 포함될 수 있는 수증기의 양은 증가한다. ㉡ 기습은 낮에는 태양의 복사열을 흡수하여 지표면이 과열되는 것을 막고, 밤에는 지열의 복사열은 차단하여 일기와 기후를 완화시키는 작용을 한다. ㉢ 기온이 높아지면 공기 중 절대 수분량(절대습도)은 높아지지만, 비교습도는 낮아지며 이러한 현상은 체열 방산에 유리하게 작용한다. 즉, 기온이 높을 때는 비습(比濕)이 낮아 땀의 증발을 촉진시켜 상쾌함(쾌적감)을 느낀다.
표시방법	㉠ 절대습도 : 공기 $1m^3$ 중에 함유된 수증기량이나 수증기의 장력을 의미한다. ㉡ 비교(상대)습도 : 현재 공기 $1m^3$가 포화상태에서 함유할 수 있는 수증기량과 현재 함유되어 있는 수증기량과의 비를 %로 표시한 것이다. ㉢ 포화습도 : 일정 공기가 함유할 수 있는 수증기량에는 한계가 있는데, 이 한계를 넘었을 때의 공기 중 수증기량(g)이나 수증기의 장력(mmHg)을 의미한다. ㉣ 포차 : 현재 공기 $1m^3$ 내 포화상태에서 함유할 수 있는 수증기량과 현재 그 중에 함유되어 있는 수증기량과의 차이를 의미한다(포차=포화습도-절대습도). ※기온에 따른 습도의 변화 : 기온 상승 → 포화습도 상승, 상대습도 하강, 절대습도 일정
측정	㉠ 비교(상대)습도 : 건구온도와 습구온도를 사용하여 측정한다. ㉡ 아우구스트 건습한랭계, 회전습도계, 아스만 통풍온습도계, 자기습도계, 모발습도계

17. ④

난이도 **상** 중 하

키워드 자연독

해설 **아플라톡신(Aflatoxin)**

㉠ 아스퍼질러스플라브스 : 아플라톡신(Aflatoxin)의 대사산물로서 강력한 발암물질이다.
㉡ 땅콩, 밀, 쌀, 옥수수, 된장, 간장, 고추장 등에 존재
㉢ 장기간 섭취 시 간암 발생

오답해설

① 삭시톡신(saxitoxin) 중독(마비성 조개 중독)
  ㉠ 섭조개, 대합조개, 검은 조개 등의 독성분
  ㉡ 5~9월 특히 한여름에 독성이 강하며 열에 안정적이다.
  ㉢ 섭취 후 30분~3시간 후 입술, 혀 마비 → 사지마비와 기립 보행 불능, 언어장애, 갈증, 두통, 구토(마비 증상을 나타내는 것이 특징) → 중증일 경우 호흡 마비로 사망
② 베네루핀 : 조개류 중독의 원인인 독성 물질은 바다 속의 유독 플랑크톤에 의해 형성된 독소를 섭취하여 체내에 축적되는 것으로 알려져 있다(먹이연쇄 현상). 그러므로 적조 해역에서 잡은 조개류의 섭취를 하지 않도록 한다.
  ㉠ 모시조개, 바지락, 굴, 고동 등의 독성분
  ㉡ 3~4월에 호발
  ㉢ 열에 강하여 100℃에서 1시간 가열에도 파괴되지 않으며 치사율은 44~50%를 보인다.
  ㉣ 중독 증상 : 발열, 복통, 비 출혈, 적색 또는 암적색의 피하출혈 반점(배, 목, 다리 등), 황달, 혼수 상태
③ 아미그달린 : 미숙한 매실인 청매 중독

18. ①

난이도 상 **중** 하

키워드 폐기물 처리

해설 **매립법(매몰 처분)**

① 쓰레기를 홈이나 기타 저지대에 매립하고 복토하는 방법으로 현대 문명국에서 가장 많이 사용한다.
② 매립 후 영향
  ㉠ 처음에 매립한 1~2m의 쓰레기는 적당히 통기가 되어 호기성균에 의해 고열성 발효가 일어나서 분해가 잘 되며, 여기에서 발생한 열로 병원균, 기생충란이 사멸한다.
  ㉡ 그 위에 60~100cm의 흙을 덮어 공기의 공급을 막으면, 혐기성균에 의한 부패가 서서히 일어나게 되고 이로 인해 메탄, 암모니아, 황화수소 등의 악취, 가스가 발생하므로 주의를 요한다(폭발의 위험).
  ㉢ 지하수의 오염에 주의한다.

오답해설

② 소각법
  ㉠ 가장 위생적인 방법으로 소각로에서 쓰레기를 태우는 방법이다. 병원 등에서 주로 사용하는 방법으로 화재 위험과 대기 오염의 문제가 되고, 연료비가 든다는 것이 단점이다.
  ㉡ 소각 처리의 전제 조건으로 쓰레기에 가연성 물질의 함유량이 높아야 되고, 가연성과 비가연성의 분리수거가 선행되어야 한다.

③ 퇴비법
  ㉠ 농촌이나 농촌 주변의 도시에서는 미생물을 이용하여 4~5개월 발효시켜 퇴비로 이용한다.
  ㉡ 최근 고속 퇴비화 시설이 설비되어 2~3일이면 양질의 비료를 얻게 된다.
  ㉢ 발효과정에서 60~70℃의 발열이 생겨서 병원성 미생물이나 기생충을 사멸시킬 수도 있다.
④ 재활용법

분리수거	내용
생산자 책임 재활용 (ERP, extended producer responsibility)	제품 생산자나 포장재를 이용한 제품의 생산자에게 그 제품이나 포장재의 폐기물에 대하여 일정량의 재활용 의무를 부여하여 재활용을 하도록 하며, 불이행 시 재활용에 소요되는 비용 이상의 부과금을 생산자에게 부과하는 제도
재활용 제품 의무 구매 제도	정부나 투자 기관, 출연기관(해당 공공기관이 운영되기 위해 매년 정부나 지자체에서 예산 총액을 지원받는 기관) 등 공공기관에서 재활용품을 의무적으로 구매하도록 하는 제도
재활용 지정사업자의 폐자원 이용 목표율 부여	일정 규모 이상의 생산 업체에게 부여한다.
재질분류 표시 제도	생산자책임재활용제도의 시행에 따라 재활용 의무 대상 포장재의 분리배출을 용이하게 하고 폐기물의 분리수거율을 향상시켜 생산자로 하여금 재활용의무를 원활하게 수행할 수 있도록 하는 제도
재활용 산업지원	

19. ②

난이도 상 중 **하**

키워드 HACCP

해설 HACCP의 12절차와 7원칙

추진단계	12절차	내용	7원칙
준비 단계	절차 1	HACCP팀 편성	
	절차 2	제품설명서 작성	
	절차 3	용도 확인	
	절차 4	공정 흐름도 작성	
	절차 5	공정 흐름도 현장 확인	
본 단계	절차 6	위해요소 분석	1 원칙
	절차 7	중요 관리점(CCP) 설정	2 원칙
	절차 8	CCP 허용 한계 기준 설정	3 원칙
	절차 9	CCP 모니터링 체계 확립	4 원칙
	절차 10	개선 조치 방법 수립	5 원칙
	절차 11	검증 절차 및 방법 수립	6 원칙
	절차 12	문서화, 기록 유지 방법 설정	7 원칙

> **보충학습**
>
> HACCP의 7원칙(HACCP의 실행단계)
> ㉠ 위해요소 분석(HA) : 위해요소를 분석하고 예방책을 식별하는 단계로 중대한 위해가 발생할 수 있는 공정의 단계를 열거하고, 각 단계별로 모든 잠재적인 생물학적, 화학적, 물리적 위해요소를 분석한다.
> ㉡ 중요 관리점(CCP) 설정 : CCP는 제품별, 공정별로 식별될 수 있도록 설정하고, 관리가 가능해야 한다.
> ㉢ 허용 한계 기준(CL) 설정 : CL은 모든 CCP에 적용되어야 하고 타당성이 있어야 하며, 확인되어야 하고, 또 측정 가능해야 한다.
> ㉣ 모니터링 설정 : CL이 각 CCP에 준수되는지 모니터링 하는 시스템을 수립하는 단계이다.
> ㉤ 개선 조치(Corrective Action) : 모니터링 결과가 관리를 벗어났을 때 시정조치를 하는 단계이며, 여기에는 즉시 조치와 예방 조치가 있다.
> ㉥ 검증(Verification) 설정 : 위해의 발생 방지를 위해 HACCP 계획이 정확하고, 효과적으로 기능하는지를 정기적으로 내부 및 외부 검증이 이루어져야 한다.
> ㉦ 기록(Record) 보관 및 문서화시스템 설정

20. ②

난이도 상 중 **하**

키워드 식품의 보관방법

해설

자외선 중 살균효과가 뛰어난 2600Å 전후의 파장을 이용하여 살균하는 것이며, 그 외에도 방사선에 의한 살균 등이 있으며, 이 방법들은 식품을 다량으로 보존하기 위한 방법이다.

> **보충학습**
>
> 식품의 물리적 보존법
>
> | | | |
> |---|---|---|
> | 가열법 | 미생물의 사멸과 효소의 파괴에 의하여 자기소화 작용을 저지하는 것을 목적으로 하며, 세균은 70℃에서 30분간의 가열로 사멸되나 완전 멸균을 위해서는 120℃에서 20분 정도가 좋다. | |
> | | 저온살균법 | • 62~65℃에서 30분간 가열 후 급냉
• 식품의 영양가 손실을 막고 단백질의 변성을 예방한다. |
> | | 고온 단시간 순간살균법 | 70~75℃에서 15초간 가열 후 급냉 |
> | | 초고온 순간살균법 | 130~140℃에서 2~3초간 가열 후 급냉 |
> | 냉장·냉동법 | 환경의 온도가 낮으면, 화학적 변화, 미생물의 발육, 신진대사 등이 억제됨을 이용한 것이다. | |
> | | 냉장법(0~10℃ 사이) | • 1~4℃ : 야채, 과일류
• 미생물 증식 억제, 변질 지연, 자기소화 지연 |
> | | 냉동법(0℃ 이하) | • 육류, 어류 등 보관
• 냉동 식품 지표균 : 장구균 |
> | 건조(탈수)법 | ㉠ 수분 15% 이하 미생물 생육 저지 Aw 0.6 이하
㉡ 미생물이 번식하는 데 적당한 습도를 제거함으로써 미생물의 번식을 억제한다.
㉢ 효모나 곰팡이의 경우는 수분함량 15%까지도 발육이 진행된다. | |
> | 밀봉(통조림)법 | 호기성 세균 억제 방법 | |
> | 움 저장법 | 농작물을 땅속 1~2m 저장, 10℃, 습도 85% | |
> | 자외선 및 방사선 살균 | 자외선 중 살균효과가 뛰어난 2600Å 전후의 파장을 이용하여 살균하는 것이며, 그 외에도 방사선에 의한 살균 등이 있으며, 이 방법들은 식품을 다량으로 보존하기 위한 방법이다. | |

정답 및 해설 [2024.6.29. 해양경찰청 오염방제환경 9급]

| 빠른 정답 |

01	02	03	04	05	06	07	08	09	10
①	④	④	④	④	③	①	②	④	③
11	12	13	14	15	16	17	18	19	20
②	④	①	②	①	①	④	③	②	③

01. ①

난이도 중
키워드 고온 작업 장해
해설 **열사병/일사병(Heat Stroke)**
체온조절 중추기능 장애로 고온다습한 작업환경에서 육체적 노동을 하거나 옥외에서 태양의 복사열을 머리에 직접 받는 경우 발생한다. 땀의 증발에 의한 체온방출 장애로 체내에 열이 축적되고 뇌막혈관의 충혈, 뇌의 온도가 상승하여 발생한다.

오답해설
② 열경련증 : 고온 환경에서 심한 육체적 노동을 할 때 잘 발생하며, 기전은 지나친 발한에 의한 탈수와 염분소실이다.
③ 열발진(Heat Rash) : 땀관이나 땀관 구멍의 일부가 막혀서 땀이 원활히 표피로 배출되지 못하고 축적되어 작은 발진과 물집이 발생하는 질환이다.
④ 열쇠약증 : 고온작업 시 비타민 B1 결핍에 의한 만성 체력소모를 말한다. 좁은 의미에서 열중증에는 들지 않으나, 고온 작업자에게 흔히 나타나는 만성형 건강장애로 만성 열중증이라 할 수 있다.

02. ④

난이도 중
키워드 DI 계산방법
해설 **불쾌지수(Discomfort Index, DI) 계산공식**
㉠ DI = (건구온도℃ + 습구온도℃) × 0.72 + 40.6
㉡ DI = (건구온도℉ + 습구온도℉) × 0.4 + 15

03. ④

난이도 상
키워드 대기환경 기준
해설 **환경정책기본법 시행령 대기환경 기준**

항목	기준
아황산가스(SO_2)	• 연간 평균치 0.02ppm 이하 • 24시간 평균치 0.05ppm 이하 • 1시간 평균치 0.15ppm

일산화탄소(CO)	• 8시간 평균치 9ppm 이하 • 1시간 평균치 25ppm 이하
이산화질소(NO_2)	• 연간 평균치 0.03ppm 이하 • 24시간 평균치 0.06ppm 이하 • 1시간 평균치 0.1ppm 이하
미세먼지(PM-10)	• 연간 평균치 $50\mu g/m^3$ 이하 • 24시간 평균치 $100\mu g/m^3$ 이하
초미세먼지(PM-2.5)	• 연간 평균치 $15\mu g/m^3$ 이하 • 24시간 평균치 $35\mu g/m^3$ 이하
오존(O_3)	• 8시간 평균치 0.06ppm 이하 • 1시간 평균치 0.1ppm 이하
납(Pb)	연간 평균치 $0.5\mu g/m^3$ 이하
벤젠	연간 평균치 $5\mu g/m^3$ 이하

※ PM-10 : 입자의 크기가 $10\mu m$ 이하인 먼지
　PM-2.5 : 입자의 크기가 $2.5\mu m$ 이하인 먼지

04. ④

난이도 상 중 하

키워드 호흡기계 감염병

해설 **디프테리아**

제1급 감염병으로 주 감염경로는 호흡기로 배출되는 균과의 접촉(비말, 비말핵)을 통해 전염되지만 간혹 피부병변 접촉이나 비생물학적 매개체에 의해서 전파가 일어나기도 한다.

보충학습

감염병의 계통별 분류		
호흡기계 감염병	① 홍역 ② 디프테리아 ③ 백일해 ④ 수두 ⑤ 풍진 ⑥ 유행성이하선염 ⑦ 성홍열 ⑧ 인플루엔자 ⑨ b형 헤모필루스 인플루엔자 ⑩ 폐렴구균 ⑪ 수족구병 ⑫ 중증급성호흡기증후군(SARS) ⑬ 중동호흡기증후군(MERS) ⑭ 코로나바이러스감염증-19 ⑮ 신종인플루엔자A(H1N1) ⑯ 레지오넬라증	소화기계 감염병	① 콜레라 ② 장티푸스 ③ 파라티푸스 ④ 세균성이질 ⑤ 장출혈성대장균감염증 ⑥ A형간염(유행성 간염) ⑦ 폴리오(소아마비) ⑧ 로타바이러스감염증 ⑨ 노로바이러스

절지동물 매개 감염병	① 페스트 ② 발진티푸스 ③ 말라리아 ④ 일본뇌염 ⑤ 쯔쯔가무시증 ⑥ 뎅기열 ⑦ 지카바이러스감염증 ⑧ 중증열성혈소판감소증후군(SFTS)	만성 감염병 (3개월 이상 지속되는 질환)	① 결핵 ② 한센병 ③ B형간염 ④ C형간염 ⑤ 후천성면역결핍증(AIDS)
인수공통 감염병	① 렙토스피라증 ② 신증후군출혈열(유행성출혈열) ③ 브루셀라증 ④ 탄저병 ⑤ 공수병(광견병) ⑥ 동물인플루엔자 인체 감염증 ⑦ 큐열	성 접촉 매개 감염병	① 매독 ② 임질 ③ 연성하감 ④ 클라미디아감염증 ⑤ 성기 단순 포진 ⑥ 첨규콘딜로마

05. ④

난이도 중

키워드 환경호르몬

해설 **내분비계 장애물질의 작용기전**

㉠ 호르몬 유사(mimics, 모방) 작용 : 내분비계 장애 물질이 정상호르몬인 것처럼 호르몬 수용체와 결합하여 세포 반응을 일으키는 것으로 디에틸스틸베스트롤(DES)이나 식물성 에스트로겐 등이다.
㉡ 호르몬 봉쇄(blocking, 봉쇄) 작용 : 호르몬 수용체 결합부위를 봉쇄함으로써 정상호르몬이 수용체에 접근하는 것을 막아 내분비계가 기능을 발휘하지 못하도록 한다.
 • 합성에스트로겐 DES(Diethylstilbestrol), PCB(Polychlorinated Biphenyl), 비스페놀 A 등 DDE(DDT의 분해산물)의 경우 정소의 안드로겐 호르몬의 기능을 봉쇄한다.
㉢ 호르몬 촉발(trigger, 방아쇠) 작용 : 내분비계 교란물질이 수용체와 반응함으로써 정상적인 호르몬 작용에서는 나타나지 않는 생체 내에 해로운 대사 작용을 유발한다(암, 대사작용 이상, 다이옥신).
㉣ 간접영향작용 : 수용체와 결합하지 않고 간접적으로 호르몬의 합성, 저장, 배설, 분비, 이동 등에 작용하여 정상적인 내분비 기능을 방해하는 것이다.
 • 성장호르몬, 갑상선호르몬의 기능 방해(납, 농약 등)

06. ③

난이도 하

키워드 자외선

해설 **자외선의 순기능**

자외선은 체내에서 프로비타민 D가 비타민 D로 전환되어 구루병을 예방하고, 피부결핵과 관절염의 치료작용을 한다. 또한 신진대사 및 적혈구, 백혈구, 혈소판의 생성을 촉진하고, 혈압과 혈당 강하작용 및 살균작용도 한다.

07. ①

난이도 상 중 **하**

키워드 실내공기 오염

해설

실내공기의 오염은 공기를 호흡하며 생명을 이어가는 인간에게는 위생상 중요한 문제로 그 원인은 다음과 같다.
① 실내온도와 습도의 증가(인체에서 발산하는 열, 냄새, 수증기 등)
② 먼지, 세균, 흡연 등에 의한 오염
③ 호흡에 의한 이산화탄소 농도의 증가
④ 산소의 감소

08. ②

난이도 상 중 **하**

키워드 소음의 평가

해설 **소음의 평가 방법**

대화방해 레벨 (SIL)	⊙ 소음에 의해 대화가 방해되는 정도를 표시하기 위해 사용되는 양으로, 소음의 주파수 성분 중 600~1,200Hz, 1,200~2,400Hz, 2,400~4,800Hz의 세 가지 성분의 음압 레벨의 값을 산술 평균한 값이다. ⓒ 3m 떨어진 위치에서 보통 회화할 수 있을 때 SIL 55dB 이하이고, 큰 소리로 말할 수 있는 것은 SIL 61dB 이하이다.
소음평가 지수 (NRN)	⊙ 각종 소음 평가 방법을 통하여 소리의 시끄러운 정도를 종합적으로 평가하기 위한 방법으로서 NC곡선을 더욱 발전시킨 것이다. ⓒ 이 NRN에 소음평가의 목적에 따라 보정하여 청력 보호, 회화 방해, 시끄러운 정도 등의 소음을 평가하는 방법이 정해진다.
NC곡선 (Noise Criteria)	소음의 크기 레벨(LL)과 회화 방해 레벨(SIL)의 2개의 요소를 조합한 실내 소음의 기준 곡선을 말한다.
PNL (Perceived Noise)	항공기 소음에 관한 연구로서 소음의 크기가 아닌 시끄러움의 정도를 평가하기 위해 제안된 지표의 하나로서, 항공기 소음 평가의 기초 척도로 쓰이고 있다.

09. ④

난이도 상 **중** 하

키워드 먹는 물 수질기준

해설 **심미적(審美的) 영향물질에 관한 기준**

가. 경도(硬度)는 1,000mg/L(수돗물의 경우 300mg/L, 먹는 염지하수 및 먹는 해양심층수의 경우 1,200mg/L)를 넘지 아니할 것. 다만, 샘물 및 염지하수의 경우에는 적용하지 아니한다.
나. 과망간산칼륨 소비량은 10mg/L를 넘지 아니할 것
다. 냄새와 맛은 소독으로 인한 냄새와 맛 이외의 냄새와 맛이 있어서는 아니될 것. 다만, 맛의 경우는 샘물, 염지하수, 먹는 샘물 및 먹는 물 공동시설의 물에는 적용하지 아니한다.
라. 동은 1mg/L를 넘지 아니할 것
마. 색도는 5도를 넘지 아니할 것
바. 세제(음이온 계면활성제)는 0.5mg/L를 넘지 아니할 것. 다만, 샘물·먹는 샘물, 염지하수·먹는 염지하수 및 먹는 해양심층수의 경우에는 검출되지 아니하여야 한다.

사. 수소이온 농도는 pH 5.8 이상 pH 8.5 이하이어야 할 것. 다만, 샘물, 먹는 샘물 및 먹는 물 공동 시설의 물의 경우에는 pH 4.5 이상 pH 9.5 이하이어야 한다.
아. 아연은 3mg/L를 넘지 아니할 것
자. 염소이온은 250mg/L를 넘지 아니할 것(염지하수의 경우에는 적용하지 아니한다)
차. 증발잔류물은 수돗물의 경우에는 500mg/L, 먹는 염지하수 및 먹는 해양심층수의 경우에는 미네랄 등 무해성분을 제외한 증발잔류물이 500mg/L를 넘지 아니할 것
카. 철은 0.3mg/L를 넘지 아니할 것. 다만, 샘물 및 염지하수의 경우에는 적용하지 아니한다.
타. 망간은 0.3mg/L(수돗물의 경우 0.05mg/L)를 넘지 아니할 것. 다만, 샘물 및 염지하수의 경우에는 적용하지 아니한다.
파. 탁도는 1NTU(Nephelometric Turbidity Unit)를 넘지 아니할 것. 다만, 지하수를 원수로 사용하는 마을상수도, 소규모급수시설 및 전용상수도를 제외한 수돗물의 경우에는 0.5NTU를 넘지 아니하여야 한다.
하. 황산이온은 200mg/L를 넘지 아니할 것. 다만, 샘물, 먹는 샘물 및 먹는 물 공동시설의 물은 250mg/L를 넘지 아니하여야 하며, 염지하수의 경우에는 적용하지 아니한다.
거. **알루미늄은 0.2mg/L를 넘지 아니할 것**

10. ③

키워드 하수처리

해설 **혐기성 소화의 단계**

1단계	유기물이 알코올과 유기산을 생성하는 미생물에 의해 분해되는 단계로 그 반응성이 매우 강하여 강한 냄새를 발생시킨다.
2단계	1단계에 의해 생성된 물질이 메탄을 생성하는 미생물에 의해 분해되어 CH_4, CO_2, H_2S, NH_3 등을 생성시키는 단계이다.

11. ②

키워드 산업재해지표

해설 **산업재해의 지표**

구분	내용	수식
건수율 (발생률, 천인률)	• 근로자 1,000명당 재해 발생 건수 • 산업재해 발생 상황을 총괄적으로 파악할 수 있는 지표 • 분모에 작업시간이 고려되지 않은 것이 단점이다.	재해건수/평균 실근로자수×1,000
도수율(빈도율)	• 100만 연 작업시간당 재해발생건수 • 위험에 노출된 단위 시간당 재해가 얼마나 발생했는가를 보는 재해발생 상황을 파악하기 위한 지표(실질적인 재해 정도를 나타냄)	재해건수/연 근로시간수×1,000,000
강도율	• 1,000 연 작업시간당 작업손실일수 • 재해에 의한 손상의 정도를 나타낸다.	손실근로(작업)일수/연 근로시간×1,000
재해일수율		연 재해일수/연 근로시간수×100

평균작업손실일수 (중독률)	재해 건수당 평균 작업손실의 규모가 어느 정도인지 나타내는 지표이다.	작업손실일수/재해건수
사망만인률	근로자 1,000명당 연간 사망자수	연간 사망자수/근로자수×10,000
근로손실일수		신체장애자 등급별 손실 일수 + 사망자 손실 일수(7,500일 계산) + 부상자·업무상 질병요양자의 요양 일수
재해율		재해자수(재해 건수)/평균 근로자수×100
재해일수율		연 재해일수/연 근로시간수×100
이환율		업무상 질병자수/평균근로자수×1,000

12. ④

난이도 중

키워드 살생물제품

해설 **살생물제품유형(제9조 제1항 관련)**

분류	살생물제품유형	내용
1. 살균제류 (소독제류)	살균제	가정, 사무실, 다중이용시설 등 일상적인 생활공간 또는 그 밖의 공간에서 살균, 멸균, 소독, 항균 등의 용도로 사용하는 제품
	살조제(殺藻劑)	수영장 등 실내·실외 물놀이시설, 수족관, 어항 등 수중에 존재하는 조류의 생육을 억제하여 사멸하는 용도로 사용하는 제품(공공수역에 사용하는 것은 제외)
2. 구제제류	살서제(殺鼠劑)	쥐 등 설치류를 제거하기 위한 용도로 사용하는 제품
	기타 척추동물 제거제	설치류를 제외한 그 밖에 유해한 척추동물을 제거하기 위한 용도로 사용하는 제품
	살충제	파리, 모기, 개미, 바퀴벌레, 진드기 등 곤충을 제거하기 위한 용도로 사용하는 제품
	기타 무척추동물 제거제	곤충을 제외한 그 밖에 유해한 무척추동물을 제거하기 위한 용도로 사용하는 제품
	기피제	기피의 방법을 이용하여 유해생물을 무해(無害)하게 하거나 억제하기 위한 용도로 사용하는 제품(인체에 직접 적용하는 것은 제외)
3. 보존제류 (방부제류)	제품보존용 보존제	제품의 유통기한을 보장하기 위하여 제품의 보관 또는 보존을 위한 용도로 사용하는 제품
	제품표면처리용 보존제	제품 표면의 초기 속성을 보호하기 위하여 제품 표면 또는 코팅을 보존하기 위한 용도로 사용하는 제품
	섬유·가죽류용 보존제	섬유, 가죽, 고무 등을 보존하기 위한 용도로 사용하는 제품
	목재용 보존제	목재 또는 목재 제품을 보존하기 위한 용도로 사용하는 제품
	건축자재용 보존제	목재를 제외한 다른 건축자재, 석조, 복합 재료를 보존하기 위한 용도로 사용하는 제품

	재료·장비용 보존제	다음의 재료·장비 등을 보존하기 위한 용도로 사용하는 제품 1) 산업공정에서 이용되는 재료·장비·구조물 2) 냉각 또는 처리 시스템에 사용되는 담수 등의 액체 3) 금속·유리 또는 그 밖의 재료를 가공하거나 자르거나 깎는 데 사용되는 유체(流體)
	사체·박제용 보존제	인간 또는 동물의 사체나 그 일부를 보존하기 위한 용도로 사용하는 제품
4. 기타	선박·수중시설용 오염방지제	선박, 양식 장비, 그 밖의 수중용 구조물에 대한 유해생물의 생장 또는 정착을 억제하기 위한 용도로 사용하는 제품

13. ①

난이도 상 **중** 하

키워드 염소소독법

해설

염소주입량 = 염소요구량 + 잔류염소량 ⇒ 9mg/L + 0.4mg/L = 9.4mg/L

30,000m³/day = 30,000,000L/day

30,000,000L/day × 9.4mg/L = 282,000,000mg/day = 282kg/day

14. ②

난이도 상 중 **하**

키워드 환경보건법

해설

제14조(국민환경보건 기초조사 등)

① 환경부장관은 3년마다 **환경유해인자의 생체 내 농도**, 환경유해인자로 인한 건강피해 현황, 환경성질환 및 그 밖에 환경유해인자에 대한 적절한 시책 마련과 조치가 필요한 질환의 발생 현황 등 국민환경보건에 관한 기초조사를 하여야 하며, 필요하면 관계 중앙행정기관의 장과 공동조사를 할 수 있다.

② 환경부장관은 제1항에 따른 기초조사 결과 다음 각 호의 어느 하나에 해당하는 경우에는 원인규명 등을 위한 정밀조사를 실시하여야 한다.

    1. 특정 인구집단이나 특정 지역에서 **환경유해인자의 생체 내 농도**가 환경유해인자의 생체 내 농도기준보다 높은 경우

    2. **환경유해인자로 인한 건강피해**가 큰 경우

    3. **환경성질환이 어느 지역에 많이 발생한 경우**

15. ①

난이도 상 **중** 하

키워드 실내공기오염

해설

브루셀라증은 염소, 양, 소의 소독되지 않은 젖이나, 젖으로 만든 치즈를 먹고 산발적 또는 집단적으로 발병할 수 있는 제3급 인수공통 감염병이다. 임상적으로 열, 오한, 발한, 두통, 관절통, 근육통 등의 증상이 나타난다.

 **보충학습**

실내공기오염과 관련된 질환

새집증후군 (Sick House Syndrome, SHS)	㉠ 집이나 건물을 신축할 때 사용하는 건축자재나 벽지 등에서 배출되는 유해 물질로 인해, 거주자들이 느끼는 건강상의 문제 및 불쾌감 ㉡ 원인 : 휘발성 유기화합물인 벤젠, 톨루엔, 클로로포름, 아세톤, 스틸렌, 포름알데히드(HCHO) ㉢ 베이크아웃 : 새로 지은 건축물이나 개·보수 작업을 마친 건물 등의 실내 온도를 높여 유해물질인 휘발성 유기화합물과 포름알데히드(HCHO) 등의 배출을 일시적으로 증가시킨 후 환기시킨다.
빌딩(새 건물)증후군 (Sick Building Syndrome, SBS)	㉠ 건물 내에서 두통, 눈의 이상, 피로, 졸음, 호흡곤란 등을 유발하는 현상을 말하며, 불량한 환기가 그 원인이다. ㉡ 특정원인이 확인된 경우
군집독 (crowd poisoning)	㉠ 밀폐된 방에 다수의 사람이 장시간 있을 때 실내공기의 물리적·화학적 조성의 변화로 불쾌감, 권태감, 두통, 구토, 식욕부진, 현기증 등을 일으키는 것을 말한다. ㉡ 요인 : 고온, 고습, 구취, 채취 등의 냄새, 일산화탄소(CO) 및 이산화탄소(CO_2) 등의 가스, 무기류, 먼지, 분진 등 ㉢ 증상 : 불쾌감, 두통, 권태, 현기증, 구토, 식욕저하 ㉣ 예방 : 실내 환기
레지오넬라증 (Legionellosis)	㉠ 레지오넬라균은 25~45℃의 따뜻한 물에서 잘 번식하며 수돗물이나 증류수 내에서 수 개월간 생존할 수 있고, 온수기, 에어컨의 냉각탑, 가습기, 온천, 분수, 중증 호흡 치료기기 등에도 존재한다. ㉡ 레지오넬라균에 오염된 물이 아주 작은 물 분무 입자의 형태로 공기 중에 퍼졌을 때, 이를 사람이 들이마시면 호흡기를 통해 균이 침투한다. ㉢ 레지오넬라균은 공기순환장치 또는 냉각탑 등에 주로 기생한다.
다중(복합)화학물질과민증 (Multiple Chemical Sensitivity, MCS)	㉠ 다중 화학 민감증, 복합화학물질과민증 또는 특발성 환경 민감증이라고도 하는 다중 화학물질과민증은 일상생활에서 흔하게 사용되는 낮은 농도의 화학물질에 노출되어 불편감이나 증상이 나타나는 비특이적인 증후군을 의미한다. ㉡ 화학물질과민증(MCS)은 1980년대 중반 미국 예일대 마크 컬렌 교수가 처음 명명한 것으로 샴푸, 세제, 향수, 책, 신문 등의 냄새만 맡아도 구토, 발열, 두드러기 등의 증상이 나타나 평생 격리된 채 살아야 하는 질병이다. ㉢ 화학물질과민증은 새집증후군의 극단적인 현상으로 볼 수 있다. ㉣ 증상 유발 물질 : 세제, 담배 연기, 살충제, 향수나 화장품, 자동차배출가스, 이·미용실 등과 같이 일상생활에서 흔하게 노출되는 화학물질

16. ①

난이도 중

키워드 실내공기오염

해설

실내공기질 관리법 시행규칙[별표 2] 〈개정 2020. 4. 3.〉

실내공기질 유지기준(제3조 관련)

오염물질 항목 다중이용시설	미세먼지 (PM-10) ($\mu g/m^3$)	미세먼지 (PM-2.5) ($\mu g/m^3$)	이산화탄소 (ppm)	폼알데하이드 ($\mu g/m^3$)	총부유세균 (CFU/m^3)	일산화탄소 (ppm)
가. 지하역사, 지하도상가, 철도역사의 대합실, 여객자동차터미널의 대합실, 항만시설 중 대합실, 공항시설 중 여객터미널, 도서관·박물관 및 미술관, 대규모 점포, 장례식장, 영화상영관, 학원, 전시시설, 인터넷컴퓨터게임시설제공업의 영업시설, 목욕장업의 영업시설	100 이하	50 이하	1,000 이하	100 이하	—	10 이하
나. 의료기관, 산후조리원, 노인요양시설, 어린이집, 실내 어린이놀이시설	75 이하	35 이하		80 이하	800 이하	
다. 실내주차장	200 이하	—		100 이하	—	25 이하
라. 실내 체육시설, 실내 공연장, 업무시설, 둘 이상의 용도에 사용되는 건축물	200 이하	—	—	—	—	—

비고

1. 도서관, 영화상영관, 학원, 인터넷컴퓨터게임시설제공업 영업시설 중 자연환기가 불가능하여 자연환기설비 또는 기계환기설비를 이용하는 경우에는 이산화탄소의 기준을 1,500ppm 이하로 한다.
2. 실내 체육시설, 실내 공연장, 업무시설 또는 둘 이상의 용도에 사용되는 건축물로서 실내 미세먼지(PM-10)의 농도가 200$\mu g/m^3$에 근접하여 기준을 초과할 우려가 있는 경우에는 실내공기질의 유지를 위하여 다음 각 목의 실내공기정화시설(덕트) 및 설비를 교체 또는 청소하여야 한다.
   가. 공기정화기와 이에 연결된 급·배기관(급·배기구를 포함한다)
   나. 중앙집중식 냉·난방시설의 급·배기구
   다. 실내공기의 단순배기관
   라. 화장실용 배기관
   마. 조리용 배기관

오답해설

② 미세먼지(PM-10) : 75$\mu g/m^3$ 이하
③ 폼알데하이드 : 80$\mu g/m^3$ 이하
④ 미세먼지(PM-2.5) : 35$\mu g/m^3$ 이하

17. ④

난이도 상 중 **하**

키워드 감염병 예방

해설

감염병에 대한 저항이나 면역성이 없어서 감염이 잘 될 수 있는 숙주를 말하므로, 예방접종이 가장 좋은 방법이다.

숙주의 감수성

① 감수성의 정의: 숙주의 체내에 병원체가 침입하였다고 해서 반드시 감염이나 발병이 되는 것은 아니다. 그 숙주가 감수성 상태에 있을 때 감염 또는 발병이 일어난다. 침입한 병원체에 대항하여 감염 또는 발병을 막을 수 있는 능력에 미치지 못하는 방어력 상태(숙주의 병원체에 대한 저항력이 낮은 상태)를 감수성(susceptibility)이라고 한다.

② 감수성 숙주: 숙주의 감수성이 높은 인구집단은 감염병 유행이 잘 일어나지만, 면역성이 높은(감수성이 높은) 집단에서는 유행이 잘 이루어지지 않는다. 즉, 감염병에 대해 저항성이나 면역성이 없어 감염에 취약한 숙주를 말한다.

저항력(resistance)	병원체가 숙주의 체내에 침입했을 경우의 방어 작용
면역(immunity)	저항력이 충분히 클 때를 면역이라 하는데, 주로 후천적으로 획득하는 면역을 말한다. 이것은 병원체의 침입에 대한 절대적인 방어를 의미하는 것이다.
감염지수 (contagious index)	미감염자의 체내에 병원체가 침입했을 때 100% 발병하지는 않는다. 두창, 홍역의 경우 95%는 발병하고 나머지 5%의 사람은 발병하지 않는데, 어떤 것은 선천면역과 관련해서 설명이 되기도 하지만 Gottstein은 이런 수치를 접촉지수 또는 감염지수(contagious index)라고 명명하였다. De Rudder는 다음과 같이 감염지수를 산출하였다. 홍역, 두창(95%) > 백일해(60~80%) > 성홍열(40%) > 디프테리아(10%) > 소아마비(0.1% 이하)

18. ③

난이도 **상** 중 하

키워드 대기오염경보

해설

대기오염경보 단계별 대기오염물질의 농도기준(제14조 관련)

대상 물질	경보 단계	발령기준	해제기준
미세먼지 (PM-10)	주의보	기상조건 등을 고려하여 해당지역의 대기자동측정소 PM-10 시간당 평균농도가 $150\mu g/m^3$ 이상 2시간 이상 지속인 때	주의보가 발령된 지역의 기상조건 등을 검토하여 대기자동측정소의 PM-10 시간당 평균농도가 $100\mu g/m^3$ 미만인 때
	경보	기상조건 등을 고려하여 해당지역의 대기자동측정소 PM-10 시간당 평균농도가 $300\mu g/m^3$ 이상 2시간 이상 지속인 때	경보가 발령된 지역의 기상조건 등을 검토하여 대기자동측정소의 PM-10 시간당 평균농도가 $150\mu g/m^3$ 미만인 때는 주의보로 전환

초미세먼지 (PM-2.5)	주의보	기상조건 등을 고려하여 해당지역의 대기자동측정소 PM-2.5 시간당 평균농도가 75μg/m³ 이상 2시간 이상 지속인 때	주의보가 발령된 지역의 기상조건 등을 검토하여 대기자동측정소의 PM-2.5 시간당 평균농도가 35μg/m³ 미만인 때
	경보	기상조건 등을 고려하여 해당지역의 대기자동측정소 PM-2.5 시간당 평균농도가 150μg/m³ 이상 2시간 이상 지속인 때	경보가 발령된 지역의 기상조건 등을 검토하여 대기자동측정소의 PM-2.5 시간당 평균농도가 75μg/m³ 미만인 때는 주의보로 전환
오존	주의보	기상조건 등을 고려하여 해당지역의 대기자동측정소 오존농도가 0.12ppm 이상인 때	주의보가 발령된 지역의 기상조건 등을 검토하여 대기자동측정소의 오존농도가 0.12ppm 미만인 때
	경보	기상조건 등을 고려하여 해당지역의 대기자동측정소 오존농도가 0.3ppm 이상인 때	경보가 발령된 지역의 기상조건 등을 고려하여 대기자동측정소의 오존농도가 0.12ppm 이상 0.3ppm 미만인 때는 주의보로 전환
	중대경보	기상조건 등을 고려하여 해당지역의 대기자동측정소 오존농도가 0.5ppm 이상인 때	중대경보가 발령된 지역의 기상조건 등을 고려하여 대기자동측정소의 오존농도가 0.3ppm 이상 0.5ppm 미만인 때는 경보로 전환

비고
1. 해당 지역의 대기자동측정소 PM-10 또는 PM-2.5의 권역별 평균 농도가 경보 단계별 발령기준을 초과하면 해당 경보를 발령할 수 있다.
2. 오존 농도는 1시간당 평균농도를 기준으로 하며, 해당 지역의 대기자동측정소 오존 농도가 1개소라도 경보단계별 발령기준을 초과하면 해당 경보를 발령할 수 있다.

19. ②

난이도 상 중 **하**

키워드 식품위생법

해설

① 기구, 용기 및 포장에 관한 사항 → 식품위생법 제9조
③ 농약 등의 잔류허용기준 설정 요청에 관한 사항 → 식품위생법 제7조의3
④ 유전자변형식품등의 안전성 심사에 관한 사항 → 식품위생법 제18조

20. ③

난이도 상 **중** 하

키워드 인공조명

해설

작업상 가급적 간접조명이 좋으며, 위치는 좌측상방을 비추는 것이 좋다.

MEMO